高校转型发展系列教材

物流管理理论与实务

汪楠 主编

曹辉 刘飒 成鹰 孟骕 副主编

清华大学出版社

北京

内 容 简 介

本书紧密结合现代物流发展的新形势和新特点，在理论篇系统阐述物流概述，采购与供应链管理，仓储与库存管理，包装、装卸搬运与流通加工，运输管理，配送与配送中心管理，生产物流管理，国际物流管理和物流系统管理等基础知识。同时，本着“知识学习与任务训练”相结合的指导思想，在实务篇设计了采购管理实务、仓储作业管理实务、运输管理实务、配送与配送中心管理实务和电商物流技术实务等岗位实训项目。

本书知识系统、内容丰富、语言简练、案例经典，注重能力训练，集理论和实务于一体，既可以作为普通高等院校物流管理及交通运输等专业的基础教材，也可作为物流从业人员掌握和提高物流行业知识与技能的自学教材。

图书在版编目(CIP)数据

物流管理理论与实务 / 汪楠 主编. —北京：清华大学出版社，2020.2
(高校转型发展系列教材)
ISBN 978-7-302-53602-4

Ⅰ. ①物… Ⅱ. ①汪… Ⅲ. ①物流管理—高等学校—教材 Ⅳ. ①F252.1

中国版本图书馆 CIP 数据核字(2019)第 174013 号

责任编辑：施 猛
封面设计：常雪影
版式设计：方加青
责任校对：牛艳敏
责任印制：丛怀宇

出版发行：清华大学出版社
网 址：http://www.tup.com.cn，http://www.wqbook.com
地 址：北京清华大学学研大厦 A 座 邮 编：100084
社 总 机：010-62770175 邮 购：010-62786544
投稿与读者服务：010-62776969，c-service@tup.tsinghua.edu.cn
质 量 反 馈：010-62772015，zhiliang@tup.tsinghua.edu.cn
印 装 者：北京鑫海金澳胶印有限公司
经 销：全国新华书店
开 本：185mm×260mm 印 张：25 字 数：577 千字
版 次：2020 年 2 月第 1 版 印 次：2020 年 2 月第 1 次印刷
定 价：62.00 元

产品编号：074507-01

前　言

物流业是融合运输、仓储、货运代理和信息等产业的复合型服务业，涉及领域广，吸纳就业人数多，其发达程度直接关系着经济整体运行效率和质量。党的十九大报告提出，我国经济已由高速增长阶段转向高质量发展阶段，并强调，在中高端消费、创新引领、绿色低碳、共享经济、现代供应链、人力资本服务等领域培育新增长点、形成新动能。这些都对我国发展现代物流业提出了新的要求。未来一段时间，我国物流业将进入以质量和效益提升为核心的发展新阶段。

本书适应形势发展的需要，准确选取了物流行业的经典案例，精心设计了物流实训任务。理论部分设计了学习目标和综合练习；实务部分设计了任务目标和实训项目。读者能在目标指引下学习理论知识，明确岗位任务，并通过丰富的章后综合练习和实训项目训练，巩固和验证学习效果，提高物流应用技能。

本书的编写本着理论与应用相结合的原则，力求做到以专业技能培养为主线，既突出基础理论，又注重实际应用。在编写结构上，“学习目标”明确各章的学习任务；“引导案例”促进学生学习兴趣；“小阅读”帮助学生了解行业新资讯；“小贴士”“知识窗”补充专业概念或知识；“关键术语”凝练主题和中心思想；“问题引导”分析行业现状；“任务目标”提升专业能力。

本书由两部分组成，第一部分理论篇，共9章；第二部分实务篇，共5章。本书由沈阳大学的汪楠教授担任主编，由沈阳大学的曹辉、刘飒、成鹰和沈阳工程学院的孟骕担任副主编。刘飒完成第1、5、12章；汪楠完成第2、8、10章；成鹰完成第3、4、11章；曹辉完成第6、9、13章；孟骕完成第7、14章。

本书可作为高等院校的物流管理、交通运输等专业的基础教材，也可作为物流从业人员掌握和提高物流行业知识与技能的自学教材。

本书在编写过程中，借鉴了国内外许多专家学者的学术观点和物流企业优秀案例，参阅了相关期刊、著作、报纸以及网站资料，在此表示感谢。由于作者水平有限，书中难免有疏漏和谬误，敬请各位专家、读者指正。反馈邮箱：wkservice@ vip.163.com。

编　者

2019年12月

目 录

第一部分 理论篇

第二部分　实务篇

第一部分
理　论　篇

第1章　物流概述

学习目标

- 了解“物流”由来，掌握物流概念
- 理解物流的分类、特征与基本功能
- 理解物流在经济中的作用与效用
- 了解物流相关学说
- 熟悉现代物流管理的目标和发展趋势

引导案例

初识“物流”

1978年11月，原国家物资总局会同国家计委、财政部，山东、陕西、广西三省有关单位共17人组成中国物资工作考察团，由原国家物资总局副总局长陶力同志带队，赴日本考察生产资料管理和流通现状，在日本国际贸易促进协会和日本工业技术文化中心的协助下，分组访问了日本的商社、生产企业、物流企业，与日本通产省、运输省官员，日本钢铁联盟、日本物的流通协会的物流专家和学者进行了专题座谈。考察团听到了一个新名词，这就是“物流”。

资料来源：中国物资经济学会. 外国和港澳地区物资管理考察[M]. 北京：中国物资出版社，1981.

思考：你如何理解物流？

1.1　物流的概念与作用

物流属于第三产业，它是社会生产、生活中物质层面的传导机制，自始至终构成流通的物质内容。没有物流，社会物质产品的价值和使用价值就不能实现，社会再生产无法进行。

1.1.1　物流概念的形成

“物流”一词是由日本经济学界于20世纪50年代中期从美国的“Physical Distribution”一词引进的，原意指“物的分发”，日本人最初把它翻译成“物的流通”；20世纪60年代中期，“物的流通”改称为“物流”；20世纪70年代末，“物流”这个词传入中国。

自从人类出现生产与交换，物流活动也就随之产生。随着社会的发展，生产方式的多样化、分工的专业化，人们为了实现“物”的交换，于是有了“物”的流通；在“物”的流通过程中，人们为了实现“物”的所有权变换，就有了“商流”；而为了实现“物”的使用价值，就有了“物”的生产地与消费地的转移，就产生了“物流”的过程。

今天，我们说的“物流”是指“Logistics”，原词直译为“后勤”。这个词起源于西方的早期战争时期，并在第二次世界大战中被广泛使用，当时是指为战争提供所需的人和物的军队后勤供应管理系统，包括军需品的订货、生产计划制定、购进、库存管理、配给、运输以及通信等。

第二次世界大战后，军事后勤管理的思想被广泛运用到工业和商业领域，这样就促进了军事后勤的极大发展，企业物流逐渐形成。从概念上来说，企业物流经历了Physical Distribution(实物分销)到Logistics(后勤、物流)两个重要时期，并且随着经济的发展进步而不断地完善。

早在1935年，美国市场营销协会(American Marketing Association，AMA)将Physical Distribution定义为：“销售活动中所伴随的物质资料从产地到消费地的种种企业活动，包括服务过程。”1948年，该协会将其定义修改为：“物质资料从生产者到消费者或消费地流动过程中所决定的企业活动。”20世纪50年代，该协会将其定义修改为：“物质资料从生产阶段移动到消费或使用者手中，并对该移动过程进行管理。”该定义强调的重点不在于物质资料的移动，而在于对这种移动的管理。

1960年，全美实物分配管理协会(National Council of Physical Distribution Management，NCPDM)将Physical Distribution 定义为：“把完成品从生产线的终点有效地移动到消费者手里的广范围的活动，有时也包括从原材料的供给源到生产线的始点的移动。”该定义的物流功能范围有所扩大，不仅包括制品从生产厂的生产线经过批发、零售最终到消费者手里，还包括把原材料从生产厂到加工生产线的始点的移动。1963年，该协会将其定义修改为：“对原材料、在制品和制成品由生产地到消费地的高效运动的过程所实施的一系列功能性活动进行计划和控制，包括货物的运输、仓储、物料搬运、防护包装、存货控制、工厂和仓库选址、订单处理、市场预测和客户服务等。”该定义的物流功能范围更为扩大，更加强调物流管理计划的重要性。

1965年，日本财团法人机械振兴协会将“Physical Distribution”定义为：“所谓物的流通，就是把制品从生产者手里物理性地移动到最终需求者手里所必要的各种活动。”具体来讲，物的流通即包装、装卸、运输、通信等诸种活动。该定义从销售角度出发，强调的是实物分配过程。

20世纪70年代，日本产业构造审议会将“Physical Distribution”定义为“物的流动”，指有形、无形的物质资料从供给者手里向需求者手里物理性地流动。具体是指包装、装卸、运输、保管以及通信等各种活动。与商流相比，这种物的流动创造了物质资料的时间性、空间性价值。

1985年，全美实物分配管理协会更名为美国物流管理协会(Council of Logistics Management，CLM)并将Logistics (后勤、物流)定义为：“为满足客户需求而进行的计划、执行和控制过程，该过程要求高效和低成本地组织原材料、半成品、制成品以及相关信息从供应地到消费地的运动和储存。”这时候“物流”才被正式定义为“Logistics”，并强调信息在物流管理中的重要性，将企业物流视为与生产、销售等其他企业活动一样重要的企业管理活动。

1992年，美国物流管理协会(CLM)将Logistics定义为：“为满足客户需求而进行的计划、执行和控制过程，该过程要求高效和低成本地组织产品、服务以及相关信息从供应地到消费地的运动和储存。”该定义将“原材料、半成品、制成品”改成“产品、服务”，把物流管理从生产制造企业扩大到所有的输出产品和服务的企事业单位。

1998年，美国物流管理协会(CLM)将Logistics定义修改为：“物流是供应链流程中的一部分，是为满足客户需求而进行的计划、执行和控制过程，该过程要求高效和低成本地组织产品、服务以及相关信息从供应地到消费地的运动和储存。”该定义不仅把物流纳入企业间互动协作关系的管理范畴，还要求企业在更广阔的背景下来考虑自身的物流运作。

《中华人民共和国国家标准：物流术语(GB/T 18354—2006)》(以下简称《物流术语》)将物流(Logistics)定义为：“物品从供应地向接收地的实体流动过程，根据实际需要，将运输、储存、装卸搬运、包装、流通加工、配送、信息处理等基本功能实施有机结合。”

顾名思义，物流由“物”和“流”两个基本要素组成。物流中所称的“物”，是物质资料世界中同时具备物质实体特点和可以进行物理性位移的那一部分物质资料。物流中的“流”指的是物理性运动，即物质资料在“空间的位移”或在“时间的推移”。

综合各种物流的定义，我们可以得到以下结论：物流是有形物品从产出源点到最终消费点的流动和储存活动，具体包括运输、储存、包装、装卸搬运、流通加工及信息处理等作业。

1.1.2 物流与流通

一个完整的流通活动必然涉及商流、物流、资金流和信息流等流动过程(见图1.1)。资金流是在所有权更迭过程中发生的，可以从属于商流；信息流则分别从属于商流和物流，属于物流的部分称为物流信息。

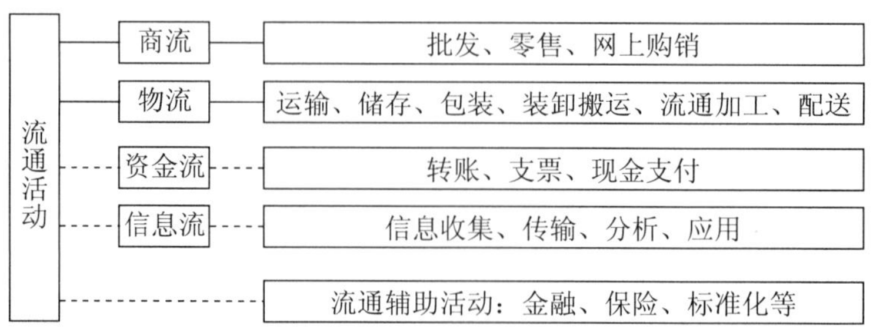

图1.1 流通活动的内容

流通实际上是由商流和物流组成的，它们分别解决两方面问题：一个是产成品从生产者所有转变为用户所有，解决所有权的更迭问题；另一个是对象物从生产地转移到使用地以实现其使用价值，也就是实现物的流转过程。可见，物流是整个商务活动最重要组成部分，是信息流和资金流的基础与载体。物流在以供应链为核心的商务大系统工程中使商流、信息流、物流、资金流达到四流合一，真正实现企业追求高效一体的理想目标。

1. 商流

货物所有权转移的活动称为商流。商流中的货物也称为商品，商流活动一般称为贸易或交易。商品通过交易活动由供应方转让给需求方，这种转让是按价值规律进行的。商流的研究内容是商品交换活动的全过程，具体包括市场需求预测、计划分配与供应、货源组织、订货、采购调拨、销售等，其中既包括贸易决策，也包括具体业务及财物的处理等。

2. 物流

物流是指实物从供给方向需求方的转移，这种转移既要通过运输或搬运来解决空间位置的变化，又要通过储存、保管来调节双方在时间节奏方面的差别。物流中“物”有物资、物体、物品的含义；而物流中的“流”泛指一切运动形态，有移动、运动、流动的含义，静止也作为一种形态。

物流系统中的“物”不改变其性质、尺寸、形状，也就是说物流活动和加工活动不同，不创造“物”的形质效用，但是它克服了供给方和需求方在空间维和时间维方面的距离，创造了空间价值和时间价值，在社会经济活动中起着不可缺少的作用。

3. 资金流

资金流与物流的运行方向相反，是从需求方向供给方的移动，是反映资金的转移过程，主要包括结算、付款(现金、支票)、转账、托收等财务过程。在市场经济条件下，这也是一切经济活动、流通活动的最终目的。

4. 信息流

信息流是伴随流通全过程的活动，它包括货物采购、加工制造、库存管理、市场销售、供销预测、售后服务等各种信息的收集、整理、传递、分析等，同时也包括交易中的询价、报价、付款通知、到货通知等具体业务事宜。信息流既贯穿于商务活动的始终，又引导商务活动的发展。在信息爆炸的时代，合理收集和运用信息对企业的经营成败至关重要，因此信息流是流通的重要构成之一。

商流是物流、资金流和信息流的起点，一般情况下，没有商流就不太可能发生物流、资金流和信息流。反过来，没有物流、资金流和信息流的匹配和支撑，商流也不可能达到目的。所以说，商流是动机和目的，资金流是条件，信息流是手段，物流是过程。商流、资金流和信息流产生后，必须有一个物流的过程，否则商流、资金流和信息流都没有意义。

1.1.3　物流的作用与效用

物流是经济社会大系统中重要的子系统，它与经济社会发展的关系极为密切。在市场经济条件下，经济社会发展离不开物流，市场经济越发达，物流的作用越突出，无论是在微观经济的运行下，还是在宏观经济的运行下，物流都显得尤为重要。

1. 物流的作用

1) 物流是连接国民经济各要素的纽带

一个国家的基本经济构架是由众多职能部门、产业部门和具体企业组成的，企业间相互依赖又相互竞争，形成了极其复杂的关系，物流是维系这种复杂关系的纽带。科学技术的发展带来了社会发展中经济结构、产业结构、消费结构的一系列变化，而物流把国民经济中众多的部门、企业、复杂多变的产业以及成千上万种产品连接起来，形成一个均衡有序的整体。

2) 物流是实现商品价值和使用价值的条件

无论是生产资料还是生活资料，在进入生产过程和消费领域之前，商品价值和使用价值都是潜在的、观念性的存在。为了把这种存在变为现实，物品必须通过实体运动(如储存、运输、包装等)的物流过程。物流是实现商品价值和使用价值的基础条件。

在生产资料物流中，物流具有将生产资料按质、按量、及时、完备、均衡地供应给生产单位的作用。生产资料物流的畅通与否将直接决定生产能否顺利进行。在生活消费品物流中，各种消费品能否顺利地转移到消费者手中，物流是基本决定因素之一，没有货畅其流的完善的物流系统，消费者对生活消费品的需求便无法从实体上得到满足。

3) 物流业是现代经济的重要产业之一

随着社会物资贸易的扩大，社会经济领域的拓展，物流已经发展为能带来直接经济利益的独立产业。由于科技的进步和生产管理水平的提高，通过降低物资消耗和提高劳动生产率来降低产品成本已经取得很大成效，但这方面可挖掘的潜力越来越小；而物流领域却是一块“未被开垦的处女地”，若在管理和技术上加以改进，将是“大幅度降低成本的宝库”；通过采取合理组织运输、减少装卸次数、提高装卸效率、改进商品包装和装卸工具来减少物品损耗等措施，降低物流费用，将成为企业“第三利润”的源泉。

4) 物流对经济整体发展的促进作用

物流技术的发展从根本上改变了产品的生产和消费环境，为经济的发展创造了重要前提。没有高效、快速、及时、均衡、稳定的物流产业，经济稳定有序的发展便不能实现。更重要的是，随着现代科学技术的发展，物流对生产发展的这种制约作用也越来越明显。

2. 物流的效用

1) 空间效用

物流的空间效用是指通过商品流通过程中的劳动克服商品的生产和消费在地理空间上的分离。不同的地区具有不同的生产优势和生产结构，而商品的消费却可能遍布在另外的地区，甚至全国、全世界。正是商品流通所消耗劳动创造的空间效用使我们可以享受瑞士生产的手表，购买法国的时装，品尝意大利的咖啡。

2) 时间效用

物流的时间效用是指通过商品流通过程中的劳动克服了商品生产和消费时间上的不一致。这种不一致有多种表现情况，如农产品之类的商品只能间断性生产而不必连续消费；又如一些时令性或集中性消费商品，其生产又是长期连续的；更多的情况是，虽然生产和消费都是连续的，但是商品从生产到消费有一定的时间差，这种时间差表现为商品生产与消费的时间矛盾。商品流通过程的储存、保管等劳动恰好解决了这种矛盾，增加了商品的时间效用。

3) 品种效用

无论是生产资料还是生活资料，消费者需要的是多种多样的商品，而专业化生产使某一生产厂家只提供单一的商品，商品流通则可以集中多家生产商的产品提供给消费者，这方面的劳动投入表现为商品品种效用的增加。越来越多的流通企业承担起生产厂家“采购代理”任务。

4) 批量效用

批量效用表现为通过商品流通过程中的劳动克服生产和消费批量上的不一致。社会化大生产的一种重要方式是生产的专业化和规模化，而很多时候消费的需求量都是很有限的。商品流通中所消耗劳动的一个重要用途就是将生产的大批量分割成最终的小批量需求，在此表现为由整到散的分流过程；反过来的情况也同样存在。商品流通过程中的劳动表现为从散到整的集流过程，这方面的成果都表现为批量效用。

1.2 物流的分类、特征与基本功能

物流存在于整个社会再生产过程之中，但由于应用领域的不同，产生了与其相适应的物流活动，体现出共性和特性。

1.2.1 物流分类

社会经济领域中的物流活动无处不在，虽然物流的基本要素都共同存在，但是由于物流对象、目的、范围、范畴的各不相同，形成了不同类型的物流。这里我们按照物流系统的涉及领域、作用、空间范围、性质从不同角度对物流活动进行分类。

1. 按照物流系统的涉及领域分类

1) 宏观物流

宏观物流是指社会再生产总体的物流活动，是从社会再生产总体角度认识和研究的物流活动。这种物流活动的参与者是构成社会总体的大产业、大利益集团。宏观物流主要研究物流总体构成、物流与社会的关系、物流在社会中的地位、物流与经济发展的关系、社会物流系统和国际物流系统的建立和运作等内容。

宏观物流也指物流全体，即从总体认识和研究物流而不是从物流的某一个环节来。在物流活动中，社会物流、国民经济物流、国际物流都属于宏观物流。

2) 微观物流

消费者、生产者企业所从事的实际的、具体的物流活动属于微观物流。在整个物流活动之中的一个局部、一个环节的具体物流活动也属于微观物流，在一个小地域空间发生的具体的物流活动也属于微观物流，针对某一种具体产品所进行的物流活动也是微观物流。企业物流、生产物流、供应物流、销售物流、回收物流、废弃物物流、生活物流等均属微观物流。

2. 按照物流系统的作用分类

1) 供应物流

为生产企业提供原材料、军部件或其他物品时，物品在提供者与需求者之间的实体流动，称为供应物流，也就是物资生产者、持有者到使用者之间的物流。对于工厂而言，供应物流是指生产活动所需要的原材料、备品备件等物资的采购、供应活动所产生的物流；对于流通领域而言，供应物流是指交易活动中，从买方角度出发的交易行为所发生的物流。

2) 销售物流

生产企业和流通企业出售商品时，物品在供应方与需求方之间的实体流动，称为销售物流，也就是物资的生产者或持有者到用户或消费者之间的物流。对于工厂而言，销售物流是指售出产品的物流；对于流通领域而言，销售物流是指交易活动中，从卖方角度出发的交易行为所发生的物流。

3) 生产物流

生产过程中，原材料、在制品、半成品、产成品等在企业内部的实体流动，称为生产物流。生产物流是制造产品的工厂企业所特有的，它和生产流程同步。原材料、在制品、半成品等按照工艺流程在各个加工点之间不停移动、流转，便形成了生产物流。如果生产物流中断，生产过程也将随之中断。

生产物流是否合理化对工厂的生产秩序、生产成本有很大影响。生产物流均衡稳定，可以保证在制品的顺畅流转，进而缩短生产周期。

4) 回收物流

不合格物品的返位、退货以及周转使用的包装容器从需求方返回供给方所形成的物品实体流动，称为回收物流。在生产及流通活动中有一些物资是要回收并加以利用的，如作为包装容器的纸箱、塑料筐、酒瓶等，建筑行业的脚手架也属于这一类物资；还有可用杂物的回收分类和再加工，例如旧报纸、书籍、金属废弃物、塑料等。因为回收物资品种繁多，流通渠道不规则且多有变化，所以回收物流管理和控制的难度较大。

5) 废弃物物流

将经济活动中失去原有使用价值的物品，根据实际需要进行收集、分类、加工、包装、搬运、储存等，并分送到专门处理场所时形成的物品实体流动，称为废弃物物流。开采矿山时产生的土石、炼钢生产中的钢渣、工业废水以及其他一些无机垃圾等都属于废弃物，对这类物资的处理过程便产生了废弃物物流。废弃物物流没有经济效益，但具有不可忽视的社会效益。为了减少资金消耗，提高效率，更好地保障生活和生产的正常秩序，对废弃物资综合利用的研究很有必要。

3. 按照物流系统的空间范围分类

1) 区域物流

区域物流是指一个国家或某个区域的物流。区域物流有多种划分原则，按行政区划分，如西南地区、河北地区等；按经济圈划分，如苏(州)无(锡)常(州)经济区、黑龙江边境贸易区；按地理位置划分，如长江三角洲地区、河套地区等。

区域物流系统对于提高该地区企业物流活动的效率，以及保障当地居民的生活福利环境，具有不可缺少的作用。如在某城市建设一个大型物流中心，显然能提高当地物流效率、降低物流成本、稳定物价。

2) 国内物流

国内物流是指国家或相当于国家的实体在自己的领土、领海和领空范围内开展的物流活动。这个政治经济实体所制订的各项计划、法令政策都应该是为其自身的整体利益服务的。物流作为国民经济的一个重要方面，也应该纳入国家的总体规划的内容。国家整体物流系统的推进，必须发挥政府的行政作用，具体来说，政府在国内物流应起到以下几方面作用。

(1) 建设物流基础设施，如公路、高速公路、港口、机场、铁道及大型物流基础配置。

(2) 制定各种交通政策法规，如铁路运输、公路运输、海路运输、航空运输的价格，以及税收标准等。

(3) 与物流活动有关的各种设施、装置、机械的标准化。

(4) 物流新技术的开发、引进和物流技术专门人才的培养。

3) 国际物流

供应点与需求点处于不同国家(或地区)之间的物流，称为国际物流。国际物流是伴随国际贸易发生而产生的，经济一体化是当今世界经济发展的一大趋势，国家与国家之间的经济交流越来越频繁，跨国公司大量涌现也加剧了这一趋势的发展。国际物流是现代物流系统发展较快、规模较大的一个物流领域。

4. 按照物流系统的性质分类

1) 社会物流

社会物流一般指流通领域所发生的物流，是全社会物流的整体，所以称之为大物流或宏观物流。也有人认为社会物流是企业外部的物流活动的总称。社会物流是伴随商业活动(贸易)发生的，也就是说物流过程和所有权的更迭是相关的。

2) 行业物流

同一行业中的企业是市场上的竞争对手，但是在物流领域中常常互相协作，共同促进行业物流系统及物流活动的合理化。行业物流系统化的结果是使参与的各个企业都得到相应的利益。

3) 企业物流

企业根据生产和经营的需要在企业经营范围内安排的物品实体流动，称为企业物流。企业是为社会提供产品或服务的一个经济实体。一个生产制造工厂要购进原材料，经过若干工序的加工，形成产品销售出去；一个运输公司要按客户要求将货物输送到指定地点。因此，企业物流也是指企业经营范围内由生产或服务活动所形成的物流系统。

除了上述几种物流分类，还有许多物流的提法，如绿色物流、军事物流、第三方物流、定制物流、虚拟物流等。

1.2.2 物流特征

特征反映了事物与其他事物的区别，了解物流的特征，把握好物流发展的基本思路，才能有效推动物流业的发展。物流的主要特征可归纳为以下几方面。

1. 信息化

物流信息化是现代物流的基本特征之一。具体表现为物流信息的商品化、物流信息收集的数据库化和代码化、物流信息处理的电子化和计算机化、物流信息传递的标准化和实时化、物流信息存储的数字化等。因此，条码技术、数据库技术、电子订货系统(EOS)、电子数据交换(EDI)、快速反应(QR)及有效客户反应(ECR)、企业资源计划(ERP)、供应链管理(SCM)等技术与观念在我国的物流中将会得到普通的应用。信息化是现代物流的基础，没有信息化，任何先进的技术设备都不可能有效地应用于物流领域，信息技术及计算机技术在物流中的应用将会彻底改变物流的面貌。

2. 网络化

物流的网络化有两种含义：一是各个物流企业间、物流企业与生产企业之间、商业企业之间，甚至全社会之间通过信息网络连接在一起。比如，物流配送系统借助订货系统和数据交换技术，自动向供应商提出订单，通过计算机通信网络自动与下游客户完成订货。二是指物流组织的网络化，即组织内部的网络结构。物流的网络化是物流信息化的必然，是电子商务时代物流活动的主要特征之一。当今全球网络资源的可用性和网络技术的普及性，为物流的网络化提供了良好的外部环境。

3. 自动化

自动化的基础是信息化，自动化的核心是机电一体化，自动化的外在表现是无人化，自动化的效果是省力化。另外，自动化可扩大物流作业能力、提高劳动生产率、减少物流作业差错等。自动化的物流设施繁多，如条码/语音/射频自动识别系统、自动分拣系统、自动存取系统(自动化立体仓库)、自动导向车(AGS)、货物自动跟踪系统(GPS)等。

4. 智能化

物流自动化与信息化的更高发展，就是智能化。物流作业过程中大量的运筹和决策，仅有自动化是不够的，如库存水平的确定、运输路径的选择、自动导向车的运行轨迹和作业控制、自动分拣线的运行、物流配送中心经营管理的决策支持等问题都需要借助大量的知识才能解决。在物流自动化的进程中，物流向智能化方向发展将成为必然。

5. 柔性化

客户需求的多样化导致生产的柔性化，作为服务于生产与流通的物流业也必将走柔性化物流之路，生产中的敏捷制造(AM)、计算机集成制造系统(CIMS)、精益生产(LP)等都是为适应需求多样化而形成的制造技术，这其中没有配套的柔性化物流系统是不可能达到目的的。柔性化的物流正是适应生产、流通与消费而发展起来的一种新型物流模式。物流配送要根据需求“多品种、小批量、多批次、个性化、快速反应”的特点，灵活组织和实施物流作业。

6. 标准化

标准化是现代经济社会的发展趋势，物流业中的托盘、集装箱等物流工具都是标准化的产物，物流国际化、全球化的发展，更是对物流标准化技术提出了新的要求——全球标准化。物流设备、物流系统的设计与制造必须满足统一的国际标准，才能适应各国、地区之间实现高效率物流运作的要求。标准化是现代物流得以壮大发展的基础之一。

7. 增值性

物流属于服务行业，它可以提高和增加原有物品的价值，而增加的幅度取决于物流企业服务能力、服务水平与信誉。如对客户需求的快速反应；高质量的装卸搬运，降低货损货差；完善的库存养护设施、技术与制度；网络化服务系统；低差错甚至无差错的订单处理系统；高质量的服务承诺等，都能使物品增值。现代物流快速发展的两大因素：一是社会需求；二是高附加值。

1.2.3 物流基本功能

从物流的定义中可以看到物流具有七大基本功能。

1. 运输功能

《物流术语》指出，运输(Transportation)是“用专用运输设备将物品从一地点向另一地点运送。其中包括集货、分配、搬运、中转、装入、卸下、分散等一系列操作”。运输是物流服务的基本职能之一。

运输是社会再生产过程的一个生产过程，同时作为联系社会生产、分配、交换和消费的纽带，它是实现整个商品流通过程必不可少的重要环节。运输具有扩大市场、稳定价格、促进社会分工、扩大流通范围等社会经济功能。运输可以使商品在物流据点之间流动，从而实现商品的空间价值。

2. 储存功能

储存(Storing)是指保护、管理、储藏物品(见《物流术语》)。储存是物流服务的基本职能，是商品流通的重要环节之一，实现了商品的时间价值。

储存是以改变“物”的时间状态为目的的活动，从而克服产需之间的时间差异。储存可以调节商品的时间需求，进而消除商品的价格波动。储存也可以降低运输成本，提高运输效率。

3. 包装功能

包装(Packaging)是为在流通过程中保护产品、方便储运、促进销售，按一定技术方法而采用的容器、材料及辅助物等的总称，也指为了达到上述目的而采用容器、材料和辅助物的过程中施加一定技术方法等的操作活动(见《物流术语》)。

在社会的再生产过程中，商品包装处于生产过程的末尾和物流过程的开端，它既是生产的终点，又是物流的起点。包装具有保护功能、便利功能和促销功能。物流的包装作业目的不是要改变商品的销售包装，而在于通过对销售包装进行组合、拼配、加固，形成适于物流和配送的组合包装单元。

4. 装卸搬运功能

装卸(Loading and Unloading)是物品在指定地点以人力或机械实施垂直位移的作业。搬运(Handing Carrying)是在同一场所内，对物品进行水平移动为主的作业(见《物流术语》)。

物品的装卸搬运是随着运输和储存而附带发生的作业，它本身并不能够产生新的价值和效用，但是在整个物流作业中所发生的频率最高，因此，装卸搬运是控制物流成本和提高物流服务的重要环节。

5. 配送功能

配送(Distribution)是在经济合理区域范围内，根据客户要求，对物品进行拣选、加工、包装、分割、组配等作业，并按时将物品送达指定地点的物流活动(见《物流术语》)。配送是物流进入最终阶段，以配货、送货形式完成社会物流，并最终实现资源配置的活动。配送集经营、服务、库存、分拣、装卸搬运于一身，在现代物流中的作用尤为突出。

6. 流通加工功能

流通加工(Distribution Processing)是物品从生产地到使用地的过程中，根据需要施加包装、分割、计量、分拣、刷标志、拴标签、组装等作业的总称(见《物流术语》)。流通加工是生产加工在流通领域中的延伸，也是流通领域在职能方面的服务扩大。流通加工的主要作用是弥补生产加工过程的不足，更有效地满足用户或本企业的需要，提高原材料和设备的利用率，为流通企业增加利益。

7. 物流信息处理功能

物流信息(Logistics Information)是反映物流各种活动内容的知识、资料、图像、数据、文件的总称。物流信息是伴随着企业的物流活动的发生而产生的，企业要准确掌握物流信息，才能有效控制物流活动。随着物流系统的发展，物流的信息量越来越大，信息更新的速度也越来越快，建立基于计算机和通信技术的物流信息系统是现代物流业发展的必由之路。

1.3 物流相关学说

1.3.1 商物分离说

“商物分离”是指流通过程中的两个组成部分(商业流通和实物流通)各自按照自己的规律和渠道独立运动。

商物分离就是流通总体中的专业分工、职能分工，是通过这种分工实现大生产式的社会再生产的产物，是指商流物流在时间、空间上的分离。商贸企业不再有实际的存货，不再有真实的仓库，仅仅拥有商品的所有权，存货可以由工厂保管，也可以由市郊的物流中心保管。商品销售时，商贸企业完成的仅仅是所有权的转移，而具体的物流则交给工厂或物流中心处理。简单来说，商家可以把货物直接储存在物流公司，发货的时候直接让物流公司配送。

商流和物流分离充分发挥了资金运动和实物运动的各自规律性和有效性，从而推动了商品流通向更现代化的方向发展。

1.3.2　黑暗大陆学说

“黑暗大陆”主要是指尚未认识、尚未了解的领域。财务会计把生产经营费用大致划分为生产成本、管理费用、营业费用、财务费用，然后把营业费用按各种支付形态进行分类。这样，在利润表中的物流成本在整个销售额中只占极少的比重。因此，物流的重要性当然不会被认识到，这就是物流被称为“黑暗大陆”的一个原因。

1962年，美国著名的管理学家彼得·德鲁克(Peter F. Drucker)在《财富》杂志上发表了《经济的黑暗大陆》一文，文中指出：消费者在支付的商品价格中，约50%是与商品流通有关的费用，所以物流是降低成本的最后领域。他将物流比作“一块未开垦的处女地”，强调应高度重视流通及流通过程中的物流管理，这就是物流“黑暗大陆学说”。

1.3.3　物流冰山说

物流冰山理论由日本早稻田大学的西泽修教授提出，他认为：“由于物流成本大多混入其他费用之中，从物流过程中所支付的运费和保管费，很难看出费用水平的全貌，就像冰山的一角。”

企业一般只把支付给外部运输、仓库企业的费用列入成本，这些费用在整个物流费用中确实犹如冰山一角。因为物流基础设施建设费和企业利用自己的车辆运输、利用自己的库房保管货物、由自己的工人进行包装和装卸等费用都没计入物流费用科目内。一般来说，企业向外部支付的物流费用很少，真正的大宗费用是企业内部发生的物流费，这些潜藏在“海水中的冰山”才是物流费用的主体部分。

“物流成本冰山说”之所以成立，有三个方面的原因。

第一，物流成本的计算范围太大。物流成本的计算包括采购与供应物流、厂内物流、生产物流、销售物流、回收和废弃物物流成本的核算。

第二，物流成本计算牵涉的环节太多。在运输、保管、包装、装卸以及信息等各物流环节中，不管以哪个环节作为物流成本的计算对象，其计算结果相差很大。

第三，物流成本的支付方式多种多样。向外支付的运输费，燃料费，与物流相关人员的人工费、折旧费、物流设备维修费等都与物流费用的大小直接相关，就其复杂程度而言，物流费用确实只是露出水面的冰山一角。

1.3.4　第三利润源说

“第三利润源”是日本早稻田西泽修教授最早提出的，主要描述了物流管理的潜力和效益，在生产力相对落后、社会产品处于供不应求的阶段，需大力通过设备更新改造，扩大生产能力、增加产品数量、降低生产成本来创造企业剩余价值，此即第一利润。当产品充斥市场，转为供给大于需求，销售达到瓶颈时，也就是第一利润达到一定极限，很难持续发展时，便采取扩大销售的办法来寻求新的利润源，这就是第二利润源。然而，当销售也达到了一定极限时，物流不仅可以帮助扩大销售，还是一个很好的新利润增长源泉，这便是西泽修教授的“第三利润源说”。

所谓第三利润源是相对第一利润源和第二利润源而言的，第一利润源是以“降低生产成本，节约物化劳动消耗”为途径，实现利润最大化；第二利润源是以“提高劳动效率，降低活劳动消耗”为途径，实现利润最大化；第三利润源不同于前两项，主要是以“降低物流费用”为途径，实现利润最大化，因此人们又把现代物流管理称为“第三利润源”。

1.3.5 效益背反说

“效益背反”又称为“二律背反”或“交替损益”，是18世纪德国古典哲学家康德(Immanuel Kant)提出的哲学基本概念，是指当两种目的对于同种资源会产生两种不同的结果时，为了更好地完成一种目的，就可能需要对另一目的的完成做出部分牺牲。

“效益背反”是一种此消彼涨、此盈彼亏的现象。从现代物流的角度出发，“效益背反”可以理解为改变物流系统中任一要素都会影响到其他要素：物流系统中任一要素的增益都将对系统其他要素产生减损。

在企业的物流系统中典型的“效益背反”关系有以下几种：物流服务水平和物流成本之间的效益背反；构成物流系统的各子系统之间的效益背反；各子系统的活动费用之间的效益背反；个别职能和个别费用之间的效益背反等。

例如，物流成本与服务水平的效益背反是指物流服务的高水平必然带来企业业务量的增加、收入的增加，同时也带来企业物流成本的增加，使得企业效益下降，即高水平的物流服务必然产生高水平的物流成本，而且物流服务水平与成本之间并非呈线性关系。在没有很大技术进步的情况下，企业很难做到同时提高物流水平和降低物流成本。

1.4 现代物流管理

1.4.1 现代物流管理的目标

物流管理的基本目标就是以最低的成本向客户提供最满意的物流服务，将客户所需要的物品以合适的方式按照指定的时间送达需要的场所。现代物流管理的目标具体包括以下几个方面。

1. 现代物流管理以实现顾客满意为第一目标

现代物流管理中顾客服务优先于其他各项活动。为了使顾客服务有效开展，物流系统的建设必须做到如下几点。

1) 物流中心网络的优化

物流中心网络的优化要求工厂、仓库、配送、加工等中心的建设(规模、地理位置等)既要符合分散化的原则，又要符合集约化的原则，从而为顾客提供更便利的全面服务。

2) 物流主体的合理化

从生产阶段到消费阶段的物流活动主体常常有单个主体和多个主体之分。另外，也存在着自己承担物流和委托物流等形式的区分。物流主体的选择直接影响到物流活动的效果或顾客服务的实现程度。

3) 物流信息系统的高度化

物流信息系统的高度化就是指物流系统能及时、有效地反映物流信息和顾客对物流的期望，从而及时、准确地调整物流系统和物流服务。

4) 物流作业的效率化

物流作业的效率化是指在配送、装卸、加工等过程中应当运用适当的方法、手段使企业能最有效地实现商品价值。

2. 现代物流管理注重整个流通渠道的商品运动

传统的物流管理认为，物流是从生产阶段到消费阶段商品的物质运动，也就是说，物流管理的主要对象是“销售物流”和“企业内物流”，而现代物流管理的范围不仅包括从原材料的供应到消费者(用户)的所有过程和环节，还包括退货物流以及废弃物物流过程。

现代物流管理中的销售物流概念也有新的延伸，其不仅是单个阶段的销售物流(如厂商到批发商、批发商到零售商、零售商到消费者的相对独立的物流活动)，还是一种整体的销售物流活动，也就是将销售渠道的各个参与者(厂商、批发商、零售商和消费者)结合起来，以保证销售物流的合理化。

3. 现代物流管理以企业的整体最优为目的

随着经济的全球化和科学技术的进步，全球的商品市场发生了巨大的革新与变化，商品的生产周期越来越短、消费者的需求变化和要求越来越高、商品流通的地域也越来越广，这就要求物流系统实现高效而经济，实现企业的调拨、生产、销售、物流等各环节整体最优。例如，从现代物流管理观念来看，跨国公司的生产全球化或企业工厂的生产集约化，虽然造成了物流输送成本的增加，但是由于这种生产战略有效利用了低价生产要素，降低了总成本，从而提高了企业竞争力。

4. 现代物流管理既重视效率更重视效果

现代物流管理在物流手段方面，从原来重视物流的机械、机器等硬件要素转向重视信息等软件要素；在物流活动领域方面，从原来以运输、储存为主的活动转向物流部门的全体，也就是从原材料供应到消费者(用户)的整个物流活动扩展；在管理方面，从原来的执行作业层次转向管理控制层次，进而向经营决策层次发展；在物流需求的对应方面，从原来强调运力的确保、降低成本等企业内需求的对应，转变为强调物流服务水准的提高等市场需求的对应，甚至进一步地发展到重视环境、公害、交通、能源等有关可持续发展的社会需求的对应。

综上所述，原来的传统物流管理以提高效率、降低成本为重点，而现代物流管理不仅重视效率方面的因素，更强调整个流通过程的物流效果。

5. 现代物流管理以信息为中心，是一种供应链管理

供应链管理就是从供应商开始到最终用户，对整个流通过程中的全体商品运动的综合管理。现代物流管理认为，物流活动不是物流系统中某单个生产、销售部门或企业的活动，而是包括供应商、批发商、零售商等关联企业在内的整个统一体的共同活动，因而现代物流通过这种供应链强化了企业间的关系。这种供应链通过企业计划的联结、企业信息的联结、在库风险共同承担的联结，包含了流通过程的所有企业信息，从而使物流管理成为一种供应链管理。

1.4.2 物流合理化的目标

物流合理化是物流管理追求的总目标，它是对物流设备配置和物流活动组织进行调整改进，实现物流系统整体优化的过程。对于一个企业而言，物流合理化是降低物流成本的关键因素，它直接关系到企业的效益，也是物流管理追求的总目标。物流的合理化要根据实际的流程来系统设计、规划，不能单纯地强调某环节的合理、有效、节省成本。

1. 物流系统设计的基本原则

从物流的需求和供给两个方面谋求物流的大量化、时间和成本的均衡化、货物的直达化以及搬运装卸的省力化是物流系统设计的基本原则。实现这种目的的有效条件包括运输、保管等的共同化，订货、发货等的计划化，订货标准、物流批量标准等有关方面的标准化，以及流通加工和情报功能的扩大化等。物流结构既指物流网点的布局构成，也泛指物流各个环节(装卸、运输、仓储、加工、包装、配送等)的组合情况。物流网点在空间上的布局，在很大限度上影响物流的路线、方向和流程，而物流各环节的内部结构模式又直接影响着物流运动的成效。

2. 各原则之间的关系

(1) 物流的系统化最终目标是实现物流的合理化，而物流的系统化必须满足系统的共同化、计划化、标准化、扩大化和层次化。物流系统化为物流合理化创造了条件，即物流系统化是手段，物流合理化是目的，两者是相辅相成的。

(2) 物流的大量化、稳定化、直达化服务于物流的计划化，同时，物流的大量化必须满足物流的共同化。

(3) 物流系统化原则体现了一体化物流和整合物流的思想。因此，要实现物流系统化的原则，要求企业各部门必须按照企业综合能力和综合经济的思想去思考问题，合理利用企业资源，从而实现企业整体物流的优化。

1.5　物流发展趋势

20世纪50年代以来，发达国家发生的五次流通革命打破了物流一直落后于生产发展的状况，物流完成了从生产主导的经济向市场主导型经济的转变，呈现多样的现代物流的发展趋向。

1.5.1　物流代理(第三方物流)

物流代理(Third Party Logistics，TPL，即第三方提供物流服务)的定义为：物流渠道中的专业化物流中间人，以签订合同的方式，在一定期间内，为其他公司提供的所有或某些方面的物流业务服务。

从广义的角度以及物流运行的角度看，物流代理包括一切物流活动，以及发货人可以从专业物流代理商处得到的其他一些价值增值服务。提供这一服务是以发货人和物流代理商之间的正式合同为条件的。这一合同明确规定了服务费用、期限及相互责任等事项。

狭义的物流代理专指本身没有固定资产但仍承接物流业务，借助外界力量，负责代替发货人完成整个物流过程的一种物流管理方式。

生产经营企业为集中精力搞好主业，把原来属于自己处理的物流活动，以合同方式委托给第三方物流服务企业(TPL)，同时通过信息系统与物流企业保持密切联系，以达到对物流全程管理控制。

1.5.2　电子商务物流

电子商务物流是伴随电子商务技术和社会需求的发展而出现的，它辅助了电子商务真正经济价值的实现，是电子商务不可或缺的重要组成部分。

电子商务物流有人也理解为物流企业的电子商务化。其实，可以从更广义的角度去理解这一个概念，既可以理解为“电子商务时代的物流”，即电子商务对物流管理提出的新要求，也可以理解为“物流管理电子化”，即利用电子商务技术(主要是计算机技术和信息技术)对传统物流管理的改造。因此，有人称其为虚拟物流(Virtual Logistics)，即以计算机网络技术进行物流运作与管理，实现企业间物流资源共享和优化配置的物流方式。

电子商务时代的来临，给全球物流带来了新的发展，使物流具备了一系列新特点。

1. 物流是电子商务不可或缺的部分

电子商务可以用下面的等式来表示

电子商务＝网上信息传递+网上交易+网上支付+物流配送

一个完整的商务活动必然涉及信息流、商流、资金流和物流四个流动过程。在一定意义上说，物流是电子商务的重要组成部分，是信息流和资金流的基础和载体。

2. 物流与电子商务相辅相成

电子商务的发展带动了物流的发展与物流网络的形成；而物流网络的快速发展，使得电子商务向大众化发展，电子商务与现代物流业是一种互为条件、互为动力、相互制约、相互辅助的关系。

3. 物流是电子商务发展的基础

在电子商务下，商品生产和交换的全过程都需要高效的、畅通的物流系统的支持，否则电子商务具有的优势难以发挥。从某种程度上说，物流成为电子商务发展的基础，它对电子商务的发展起支撑作用。

4. 电子商务可以对物流网络进行实时控制

在电子商务下，物流的运作是以信息为中心的，信息不仅决定了物流的运行方向，还决定着物流的运作方式。在物流实际运作当中，网络的信息传递可以有效对物流实时控制，实现物流的合理化。

5. 电子商务促进物流技术的进步

物流技术主要包括物流硬技术和物流软技术。物流技术水平是实现物流效率的重要因素，所以，建立一个适合电子商务运作的高效率的物流系统，对提高物流的技术水平至关重要。

1.5.3 绿色物流

1. 绿色物流的定义

绿色物流(Environmental logistics)是指在物流过程中抑制物流对环境造成危害的同时，实现对物流环境的净化，使物流资源得到最充分利用。绿色物流是指以减少环境污染、减少资源消耗为目标，利用先进物流技术规划和实施运输、储存、包装、装卸、流通加工等物流活动。

从物流作业环节来看，绿色物流包括绿色运输、绿色包装、绿色流通加工等。

从物流管理过程来看，绿色物流主要从环境保护和节约资源的目标出发来改进物流体系，既考虑了正向物流环节的绿色化，又考虑了供应链上的逆向物流体系的绿色化。

从管理学的角度讲，绿色物流是指为了实现顾客满意，连接绿色需求主体和绿色供给主体，克服空间和时间限制，有效、快速地实现绿色商品和服务流动的绿色经济管理活动过程。

绿色物流是以经济学一般原理为基础，建立在可持续发展理论、生态经济学理论、生态伦理学理论、外部成本内部化理论和物流绩效评估的基础上的物流科学发展观。

2. 绿色物流的内涵

绿色物流的内涵包括以下几个方面。

1) 集约资源

集约资源是绿色物流的本质内容，也是物流业发展的主要指导思想之一。通过整合现有资源，优化资源配置，企业可以提高资源利用率，减少资源浪费。

2) 绿色运输

交通运输工具的大量能源消耗；运输过程中排放的大量有害气体，产生的噪声；运输易燃物、易爆物、化学品等危险原材料或产品可能引起的爆炸、泄漏等事故，都会对环境造成污染。因此，构建绿色物流体系就显得至关重要，构建绿色物流体系可以从以下几个方面入手：对运输线路进行合理布局与规划，通过缩短运输路线、提高车辆装载率等措施实现节能减排的目标；实施联合运输，以单元装载系统为媒介，有效地巧妙组合各种运输工具，通过运输方式的转换可削减总行车量；评价运输者的环境绩效，有专门运输企业使用专门运输工具负责危险品的运输，并制定应急保护措施；注重对运输车辆的养护，使用清洁燃料，减少能耗及尾气排放。

3) 绿色仓储

绿色仓储一方面要求仓库选址要合理，有利于节约运输成本；另一方面要求仓储布局要科学，使仓库得以充分利用，实现仓储面积利用的最大化，减少仓储成本。布局过于密集，会增加运输的次数，从而增加资源消耗；布局过于松散，则会降低运输的效率，增加空载率。仓库建设前还应当进行相应的环境影响评价，充分考虑仓库建设对所在地的环境影响，例如，易燃易爆商品仓库不应设置在居民区，有害物质仓库不应设置在重要水源地附近。采用现代储存保养技术是实现绿色储存的重要途径，例如，气幕隔潮、气调贮藏和塑料薄膜封闭等技术。

4) 绿色包装

包装是物流活动的重要环节，绿色包装可以提高包装材料的回收利用率，有效控制资源消耗，避免环境污染；包装是商品营销的重要手段，但大量的包装材料在使用一次以后就被消费者遗弃，从而造成环境问题，例如，白色污染问题就是不可降解的塑料包装随地遗弃引起的。所以，绿色包装是指节约资源、保护环境的包装，其特点是使用材料最省，造成废弃物最少，节约资源和能源；易于回收利用和再循环；包装材料可自然降解，并且降解周期短；包装材料对人体和生态无害。

5) 废弃物物流

废弃物物流是指在经济活动中失去原有价值的物品，根据实际需要对其进行收集、分类、加工、包装、搬运、储存等，然后分送到专门处理场所后形成的物品流动活动。

6) 绿色流通加工

绿色流通加工的途径主要有两种：一是变消费者分散加工为专业集中加工，以规模作业方式提高资源利用效率，以减少环境污染；二是集中处理消费品加工中产生的边角废料，以减少消费者分散加工所造成的废弃物污染。

知识窗

非绿色物流因素

运输方面：大量能耗造成的大气污染和噪声污染；道路需求面积的增加；输送的物品对环境造成损害。

储存方面：化学产品对周边会造成污染；保管不当，爆炸和泄漏。

装卸搬运方面：商品损坏；废弃物造成环境污染。

其他方面：过大包装、过分包装、包装废弃物处理、包装物难以回收再利用；流通加工中产生的边角废料、废水、垃圾等。

1.5.4 全球化物流

国际化已经成为众多企业发展的目标，越来越多的企业通过成功经营不断扩大了规模，将企业的生产、销售等经营活动的着眼点放在全球，从宏观的角度来考虑企业的发展，这也就促使更多的大型跨国企业的出现。这些跨国企业要想取得竞争优势，获取超额利润，就必须在全球范围内进行资源的配置和利用；在全球范围内选择生产基地和供应源，安排企业的生产活动，通过采集、生产、营销等方面的全球化实现资源的最佳利用，发挥最大的规模效益。因此，全球化物流是大势所趋。

在经济全球化趋势进一步强化的社会里，物流也必须是全球化的，并趋向无国界。但是，当一个企业服务于全球化市场时，物流系统会变得更昂贵、更复杂，结果导致前量时间延长和库存水平上升。因而，企业在实施全球化物流时必须处理好集中化与分散化物流的关系，否则将无法确立全球化的竞争优势。从当今全球化物流的实践看，全球化物流出现了三种形式的发展趋势。

1. 全球化采购和生产

全球化的生产企业大多在全世界范围内寻找原材料、零部件来源，并选择一个适应全球化分销的物流中心以及关键供应物资的集散仓库，在获得原材料以及分配新产品时使用当地现有的物流网络，并推广先进的物流技术和方法。

许多知名跨国企业都采用了全球采购和生产的方式，在全球劳动力成本最低的地区建设制造厂，并将最终产品所需的各种零部件的生产基地分布于全球，标准化的零部件在企业总部进行组装，最后再运往全球全地。

2. 生产企业与专业第三方物流企业的同步全球化

随着生产企业的全球化，其完善的第三方物流网络也被带入市场。第三方物流企业根据主要客户(工商企业)的发展战略，安排企业的发展战略，第三方物流企业的发展则有助于推动全球化物流的协同发展。

3. 国际运输企业之间的结盟

为了充分应对全球化，国际运输企业之间开始形成一种覆盖多种航线，相互之间以资源、经营的互补为纽带，形成面向长远利益的战略联盟。这样不仅使全球物流更便捷地运行，还使全球范围内的物流设施得到充分利用，有效地降低了运输成本。例如，起始于1997年，目前仍在如火如荼发展的国际航空业的大联盟，正是全球化经营的一种形式。

小阅读一

2020年中国绿色快递将超五成

网购和电商平台的发展带动着快递业迅猛发展。中国国家邮政局预计，2018年中国快递业务量将完成490亿件，同比增长22.2%；快递业务收入达到5950亿元，同比增长20.2%。按2016年末中国(不含港、澳、台地区)13.8亿人口计算，人均快递量达35件。

包裹量呈井喷增长的同时，快递包装带来的环境压力也令人担忧。根据菜鸟网络数据，2016年中国快递数量超过300亿件，其中使用120亿个塑料袋、144亿个包装箱、247亿米封箱胶带，这些胶带可绕地球赤道600多圈。

近年来，针对快递包装处理问题，加快构建绿色快递、绿色物流，国家制定了各方面的政策。从绿色节能，减量化、绿色化、可循环，再到回收利用，快递包装绿色环保化的法律标配逐渐齐全。

据了解，2017年，全国快递电子运单占比已达80%。相比传统快递运单，电子运单用纸量减少70%以上。胶带正在变薄变窄且用量减少，单个快件使用封装胶带量同比减少1/3。

中通、韵达、菜鸟等快递企业加大力度推进快递包装绿色化、减量化。如菜鸟网络联合物流伙伴和商家推出20个“绿仓”，从“绿仓”发出的包裹，将使用免胶带快递箱和100%可生物降解快递袋；京东则推出可循环抽绳包装袋；苏宁在13个城市试点投放共5万个共享快递盒；中通、韵达等企业推出了绿色可循环使用帆布袋，一条帆布袋可重复使用4～6个月，平均下来，一条帆布袋的使用率是以往单条编织袋的100倍；2017年“双11”，蜜芽物流仓库里首次采用拉链纸箱作为商品包装，不仅节省至少60%的包装材料，也使包装效率大大提高。

与此同时，中国快递协会还将联合几十家快递和包装企业、行业组织和电商平台共同成立的快递绿色包装联盟。联盟将在研究推广科技环保包装材料、快递包装物料的循环利用、快件包装简便化等方面共同努力，从而促进快递包装的绿色化发展。

未来绿色快递的科技创新趋势在于ABC，即人工智能(AI)、大数据(Big Data)和云计算(Cloud Computing)，这一套系统的研发、深入和运用将直接作用于整个绿色快递行业。

“2017年是绿色快递持续推进的一年，到2020年中国的快递业包装物绿色程度要达到50%。”国家邮政局副局长刘君表示。快递、物流、商业分属不同的行业，真正实现“绿色快递”需要政府出台政策，甚至通过立法来出台国家标准。

2018年5月，我国第一部专门针对快递业的行政法规《快递暂行条例》正式施行。《快递暂行条例》明确指出：促进行业绿色发展，鼓励经营快递业务的企业和寄件人使用可降解、可重复利用的环保包装材料，鼓励经营快递业务的企业采取措施回收快件包装材料，实现包装材料的减量化利用和再利用。

随着利好政策的持续催化、市场呼声的高涨以及技术的成熟，绿色快递已进入加速推广期。

资料来源：江楚雅. 长江商报[EB/OL].(2018-10-16)[2019-06-05]. http://news.chinawutong.com/wlzx/wlzx/wlkx/201810/56572.html.

小阅读二

2018年中国物流行业发展现状及发展趋势分析

1. 全球物流行业发展状况

物流服务是指物流供应方通过对运输、储存、装卸、搬运、包装、流通加工、配送和信息管理等功能的组织与管理来满足其客户物流需求的行为。现代物流是借助现代科技特别是计算机网络技术的力量对社会现有的物流资源进行整合，实现物品从生产地到消费地的快速、准确和低成本转移的全过程，获取物流资源在时间和空间上的最优配置。

随着全球和区域经济一体化的深度推进，以及互联网信息技术的广泛应用，全球物流业的发展经历了深刻的变革并获得了越来越多的关注。现代物流已经发展成包括合同物流(第三方物流)、地面运输(公路和铁路系统提供的物流)、快递及包裹、货运代理、第四方物流、分销公司在内的庞大体系。中国物流市场规模位居全球第一，美国位列其次，预计未来几年，全球物流业仍将快速发展。目前，现代物流行业的发展趋势是从基础物流、综合物流逐渐向供应链管理发展。供应链概念是传统物移理念的升级，将物流划为供应链的一部分，综合考虑整体供应链条的效率和成本。供应链是生产及流通过程中将产品或服务提供给最终用户活动的上游与下游企业所形成的网链结构。供应链管理渗透至物流活动和制造活动，涉及从原材料到产品交付最终用户的整个物流增值过程。供应链管理属于物流发展的高级阶段，供应链管理的出现标志着物流企业与客户之间从物流合作上升到战略合作高度。物流企业从基础服务的提供逐渐转变为供应链方案的整合与优化，在利用较少资源的情况下，为客户创造更大的价值。

2. 中国物流业发展现状

现代物流业属于生产性服务业，是国家重点鼓励发展的行业。现代物流业作为国民经济基础产业，融合了道路运输业、仓储业和信息业等多个产业，涉及领域广，吸纳就业人数多，现代物流业的发展可以推动产业结构调整升级，其发展程度成为衡量综合国力的重要标志之一。物流行业规模与经济增长速度具有直接关系，近十几年的物流行业快速发展主要得益于国内经济的增长，但是与发达国家物流发展水平相比，我国物流业尚处于从发展期向成熟期过渡的阶段。首先，物流企业资产重组和资源整合步伐进一步加快，形成了一批所有制多元化、服务网络化和管理现代化的物流企业；其次，物流市场结构不断优化，以“互联网+”带动的物流新业态增长较快；最后，社会物流总费用与GDP的比率逐渐下降，物流产业转型升级态势明显，物流运行质量和效率有所提升。我国社会物流总费用占GDP比重一直远高于发达国家，2016年，我国该比例为14.9%，美国、日本、德国均不到10%，因此我国物流产业发展还有较大空间。2010—2017 年，全国社会物流总额从125.4万亿元攀升至252.8万亿元，实现10.53%的年均复合增长率，社会物流需求总体呈增长态势。

2017年，全国社会物流总额252.8万亿元。从构成上看，工业品物流总额234.5万亿元，按可比价格计算，比上年增长6.6%；进口货物物流总额12.5万亿元，比上年增长8.7%；农产品物流总额3.7万亿元，比上年增长3.9%；再生资源物流总额 1.1万亿元，比上年下降 1.9%；单位与居民物品物流总额1.0万亿元，比上年增长29.9%。我国社会物流总额逐步扩张的同时，现代物流产业的发展速度和专业化程度不断提升，社会物流效率有所改进，物流市场环境不断转好。

3. 行业未来发展趋势

网络信息技术升级带动行业新技术、新业态不断涌现。随着信息技术和供应链管理不断发展并在物流业得到广泛运用，通过物联网、云计算等现代信息技术，现代物流实现了货物运输过程的自动化运作和高效化管理，提高了物流行业的服务水平，降低了成本，减少了自然资源和市场资源的消耗。现代物流行业兼并收购趋势明显，行业整合加速。自2005年开始，中国物流行业受经济环境波动影响、国家政策刺激以及行业自身发展的三重因素影响，企业并购热潮不断，成为物流产业增长的新驱动力。2015年以来，各类资本不断挖掘物流企业的投资机会。2015年1月3日至12月9日，中国物流行业公开融资58起，大部分是新型的平台型商业模式创新企业，同时物流企业也通过兼并重组等多种方式，实现规模化和协同化运作。2015年，四大航运央企启动重组，预示着市场向强势企业进一步集中，物流行业的集中程度将逐渐增加。物流行业服务不断向供应链两端延伸，逐渐与制造业建立深度合作。物流企业从最初只承担简单的第三方物流，逐步拓展到全面介入企业的生产、销售阶段，并通过整合供应链上下游信息，优化了企业各阶段的产销决策，使物流企业专业化服务水平和效益显著提高。在国家政策的鼓励和引导下，更多物流企业向提供供应链服务方向延伸发展。

资料来源：智研咨询发布，2018年4月8日.

物流学是在20世纪50年代新发展起来的一门实践性很强的综合性交叉学科。随着现代信息技术和电子商务技术的发展，与之相伴而生的现代物流逐渐成为新的迫切的社会需求。现代物流管理揭示了物品运输、储存、包装、装卸搬运、配送、流通加工和信息处理等物流活动的内在联系，使物流活动从经济活动中凸现出来。本章介绍现代流通的内容，物流概念的产生过程，物流在经济中的作用，详细介绍物流的概念和作用、分类与特征，以及物流相关的概念与学说，并对现代物流管理的发展以及物流趋势进行了解析。

流通　物流　商流　物流管理　物流代理

综合练习

一、单选题

1. 物流中“二律背反”的特性是指(　　)两方面的要求是相互矛盾的。

A. 物流服务与成本　　B. 物流数量与服务

C. 物流结构与成本　　D. 物流数量与结构

2. 1962年在美国《财富》杂志上发表《经济的黑暗大陆》一文，从而使企业物流受到了发达国家理论界和企业界的普遍认同和高度重视的是(　　)。

A. 西泽修　　B. 麦格雷戈　　C. 德鲁克　　D. 哈默尔

3. 生产季节性商品的企业，为了协调旺季和淡季需求的不均匀性，通常在淡季生产储备一定数量的商品以调节旺季的巨大需求，这种储备克服了(　　)。

A. 所有权间隔　　B. 场所间隔　　C. 时间间隔　　D. 使用权间隔

4. 绿色物流的最终目标是(　　)。

A. 保护环境　　B. 节约资源　　C. 保持生态平衡　　D. 可持续发展

5. 企业将自己的物流业务外包，(　　)承接这些业务，就产生了第三方物流的概念。

A.第三方物流企业　　B. 运输企业　　C.仓储企业　　D. 社会其他企业

6. 宏观物流包括(　　)。

A.社会物流　　B. 国民经济物流　　C.国际物流　　D. 以上都是

7. 下列选项中，(　　)与物流业相关。

A. 军事领域　　B. 生产领域　　C. 流通领域　　D. 无形资产领域

8. 物流合理化的要求是(　　)。

A. 通过高成本实现高水平服务

B. 通过低水平服务节省成本

C. 以尽可能低的总成本达到既定的服务水平

D. 以最低的成本实现最高水平的服务

二、简答题

1. 现代物流管理的目标是什么？

2. 商流与物流有什么关系？

3. 电子商务物流的特点有哪些？

4. 物流合理化的目标包括什么？

5. 解释“第三利润源泉”的含义。

6. 解释物流系统中典型的“效益背反”。

7. 什么是绿色物流，快递企业如何实现绿色物流？

第2章　采购与供应链管理

学习目标

- 掌握采购管理一般理论，熟悉现代科学采购的常用方法
- 掌握采购管理的基本原则，熟悉采购组织的设置与职责
- 掌握供应商选择和管理基本方法
- 熟悉供应链的概念和意义
- 掌握供应链管理的技术

引导案例

蒙牛借天猫新零售重塑供应链

2017年6月，蒙牛与菜鸟达成了全品入仓的协议，将线上销售所有的仓储、配送都交由菜鸟智能供应链负责。一年后，蒙牛稳居线上销售的行业第一，这条新型的供应链体系起到了重要作用，而且成本居然下降了40%。蒙牛正在打通线上和线下渠道，通过供应链的创新，收获了数量惊人的“回头客”。

1. 重塑供应链，物流成本下降40%

在蒙牛传统的物流配送体系中，所有的线上发货基本都由一到两个仓库完成，频繁的调拨不仅导致大量商品过期，更平添了高额的运输成本。使用菜鸟提供的解决方案后，蒙牛的商品将提前送到菜鸟各地的仓库。“配送距离的缩短直接带来了成本的下降，我们做了统计，截至2018年上半年，蒙牛的物流成本已经比2017年降低了40%。”蒙牛电商总经理郭锐表示。

同时，天猫和菜鸟会根据消费数据、库存数据及大促等内容进行提前预警。阿里能够提前告知哪款商品销售火爆，需要提前准备，哪款商品有些滞销，需要进行促销处理。凭借强大的数据能力，天猫和菜鸟在短时间内就重塑了蒙牛的整条供应链，使蒙牛告别了压货、退货造成的巨额浪费。

2. 按按手指，订奶也是“朝发夕食”

通过天猫超市与菜鸟联盟提供的直送服务，蒙牛推出一套新型订奶供应链，使得消费者的订奶实现“朝发夕食”。现在，蒙牛在阿里全平台的订单几乎都能在24小时内送抵消费者手中，而在去年，这个数字还是4~5天。高效便捷的购物体验为蒙牛的线上店铺带来大批回头客，优质的供应链使蒙牛收获了一批新式订奶的死忠粉。

3. 新零售加快落地，未来远不止于线上

天猫对蒙牛供应链的重塑延伸到了线下。蒙牛将与天猫在9月全面展开冰品的销售，届时线上冰品的所有配送都将由菜鸟和合作伙伴安鲜达一起完成。在双方的合作协议中，蒙牛的冰品将不再通过快递寄到消费者的手中，消费者能在一天左右收到最新鲜的冰品，而这种服务耗费的成本比冷链快递还要低。

“双方的合作不光是为蒙牛带来价值，更多的也是为行业进行新零售的探索。总结以前，展望未来，两家企业能碰撞出更多的火花。”郭锐表示。

资料来源：中国物流与采购网[EB/OL].(2018-07-16)[2019-06-05]. http://www.chinawuliu.com.cn/information/201807/16/332946.shtml.

思考：

(1) 什么是供应链？

(2) 蒙牛供应链包含哪几个企业？

(3) 蒙牛与菜鸟达成的全品入仓协议有何意义？

2.1 采购概述

采购是企业从供应商处获得商品或服务的一种商业行为，是企业重要的经济活动，企业经营活动所需要的物资绝大部分是通过采购获得的。当今竞争环境下，采购是实现企业经济利益最大化的基本利润源泉。

2.1.1 采购概念与目标

1. 采购概念

一般来讲，采购是指个人或者组织为生产、消费等目的购买商品或劳务的行为。采购过程包括提出采购需求、选定供应商、谈妥价格、确定交货及相关条件、签订合同并按要求收货付款的过程。企业经营活动所需要的物资绝大部分是通过采购获得的，采购是企业物流管理的起点。

根据人们取得商品方式与途径的不同，我们可以从狭义与广义两方面来理解采购的定义。

狭义的采购是指买东西，无论是个人还是企业单位，满足消费或者生产的需求大多都采用“购买”的方式。对于企业而言，采购就是根据需求提出采购计划、审核计划、选好供应商、经过商务谈判确定价格、确定交货及相关条件，最终签订合同并按要求收货付款的过程。这种以货币换取物品的方式与简单的“购买”不同，采购更侧重于对商品的查找、比较、选择和研究。在买卖双方的交易过程中，一定会发生“所有权”的转移。因此，在狭义的采购中买方一定要先具备支付能力，才能换取他人的物品，以满足自己的需求。

广义的采购是指除了以购买的方式获取产品与服务以外，还可以通过各种不同的途径，包括租赁、借贷、交换、外包等方式，取得产品与服务的使用权或所有权，以满足某种特定的需求；另外，要加强对供应商的管理，建立长期的合作伙伴关系，从而适应供应链管理的需要。

国内外机构关于采购还有着不同的描述，代表性观点有以下几种。

第一种，采购是指企业在一定的条件下从供应市场获取产品或服务作为企业资源，以保证企业生产及经营活动正常开展的一项企业经营活动。

第二种，采购是指从合适的货源那里，获得合适数量和合适质量的物资，并以合适的价格递送到合适的收货地点。

第三种，采购是由组织单位实施的一个过程，不论是作为一种功能还是集成供应链的一部分，它既负责采办合适的质量、数量、时间和价格的货物，又负责管理供应商，并由此对企业的竞争优势和企业共同的战略目标做出贡献。此种观点由英国皇家采购与供应学会(CIPS)提出。

第四种，采购是企业购买有关需要的物品和服务的职能，包括采购计划、采购活动、存货控制、运输、接受、入库检验等业务活动。此种观点由美国供应链管理专业协会(CSCMP)提出。

第五种，采购是企业资源运营的主要的职能，跨越了战略、运营和作业三个层面。在战略层面，包括在尽可能大的范围内为企业寻求资源、决定资源获取方式以及采购方式；在运营层面，包括供应商选择与管理、采购计划、存货控制、价格控制、综合成本控制以及内向运输管理等；在作业层面，包括接受、入库验收、货款支付等。

第六种，从物流的角度看，采购引起物料向企业内流动，被称为内向物流，它是企业与供应商联系的重要环节。从采购的概念看，现代采购过程和企业物流必须协调一致，两者相辅相成，互相交错。从供应链的角度看，采购活动和企业物流活动都是整个供应链的一部分。从供应的角度看，采购是整个供应链管理中“上游控制”的主导力量。

第七种，所有采购都是从资源市场获取资源的过程。这些资源包括生活资料，也包括生产资料；包括物资资源(如原材料、设备、工具等)，也包括非物资资源(如信息、软件、技术、文化用品等)，能够提供这些资源的供应商，形成了一个资源市场。

2. 采购目标

采购主要涵盖以下几个关键目标。

1) 采购资源的寻求和获取

采购即要从企业整体目标和客户价值的视角，寻求最佳的外部资源，还要设计最佳的资源获取方式，以有利于稳定地获取优质、低成本的资源。

2) 按需采购

采购的最终目标就是要最大限度地满足企业的需求，所有的物品和服务的采购活动必须在企业经营计划的框架下进行。

3) 采购成本控制

采购是企业经济活动的主要组成部分，既要遵循经济规律，也要追求经济效益。在满足企业需求的前提下，采用优化采购策略，使采购成本最小化。

4) 采购质量控制

采购的物品和服务必须满足必要的质量要求，通过供应商选择、供应商开发、供应商绩效管理以及接收检验等手段和质量控制方法来监控。

5) 采购策略

依据企业经营战略而制定的有关供应商选择、管理和激励、采购方法和采购计划模式的原则体系。

6) 采购计划

采购计划要依据企业经营战略、市场需求和生产计划来制订，力求用最小的成本满足企业内、外客户对采购对象的数量和质量要求。

7) 存货控制

存货是指能满足客户需求的原材料、在制品、产成品以及补给品等。存货控制是指将存货控制在一定的水平上，既能满足及时需求，又能将存货成本控制在最低水平。

8) 供应商选择与管理

资源市场是企业的生命线，它是企业的物质来源，同时，物资采购又是资源市场的信息来源。因此，供应商的合理选择与管理对企业至关重要。

2.1.2 采购分类

依据不同的标准，采购可以分为多个种类，了解每种采购的特点，有助于我们合理地选择采购方式。常见的采购分类如表2.1所示。

表2.1 采购分类

序号	分类标准	分类结果
1	采购主体	个人采购、企业采购、政府采购
2	采购价格	招标采购、询价采购、比价采购、议价采购、定价采购、公开市场采购
3	采购技术	定量订货法采购、定期订货法采购、MRP采购、JIT采购、供应链采购、电子商务采购
4	采购对象形态	有形采购、无形采购
5	采购合同时间	长期合同采购、短期合同采购

1. 按照采购主体分类

1) 个体采购

个体采购是指个人生活用品的采购，一般特征是单一品种、单次、单一决策、带有随机性。

2) 企业采购

企业采购分为生产企业采购和流通企业采购。生产企业采购必须保证生产所需的各种物资的适时适量供应；流通企业采购是用于商品的批发业务而不是商品的生产。

3) 政府采购

政府采购也称公共采购，是指各级国家机关、实行预算管理的事业单位和社会团体

(采购机关)，使用财政性资金(包括预算内和预算外资金)，以单独采购或批量采购、租赁、委托或雇用等方式获取货物、工程和服务的购买行为。

知识窗

企业采购与消费品采购

企业采购不同于消费品采购，消费品采购活动往往是个人行为，而企业采购主体通常是企业、机关等单位或机构。无论是在采购的目的、动机，还是在采购决策与特点等方面，两者都存在着明显区别。企业采购与消费品采购的区别如表2.2所示。

表2.2　企业采购与消费品采购的区别

项目	企业采购	消费品采购
采购目的	保证生产	满足个人需求
采购动机	主要出于理性考虑	带有个人喜好或冲动
采购功能	专业职能、企业行为	消费者个人行为
采购决策	多人参与，程序化过程	个人决定
采购市场	系统、宽广	零散、有限
采购量	大	小
采购需求	由生产及发展驱动、波动性强	由生活所需导向、较稳定
采购市场价格	弹性有限	弹性相对较大
顾客	数量有限、往往地域集中	数量很多、地域较分散

2. 按照价格分类

1) 招标采购

招标采购是指采购方作为招标方事先提出采购的条件和要求，邀请众多企业参加投标，然后由采购方按照规定的程序和标准从中择优选择交易对象，并与投标方签订协议等过程。招标采购过程一般由供应商调查和选择、招标、投标、开标、评标、决标、合同授予等阶段组成。招标采购是政府采购最常用的方法之一。

2) 询价现购

询价现购是指采购人员选取信用可靠的厂商将采购条件讲明，询问价格或寄发询价单并促请对方报价，比较后现价采购的采购方式。

3) 比价采购

比价采购是指采购人员请数家厂商提供价格，加以比价后决定厂商进行采购的方式。

4) 议价采购

议价采购是指采购人员与厂商经讨价还价后，议定价格进行采购的方式。一般来说，询价、比价和议价是结合使用的，很少单独进行。

5) 定价收购

定价收购是指购买物资数量巨大，实非一两家厂商所能全部提供的或当市场上该物资匮乏时进行收购的方式，如纺织厂订购棉花、糖厂订购甘蔗等。

6) 公开市场采购

公开市场采购是指采购人员在公开交易或拍卖时随机采购的采购方式。

3. 按照采购技术分类

1) 订货点采购

订货点采购是指紧密根据需求的变化和订货提前期的大小，精确确定订货点、订货批量或订货周期、最高库存水准等的采购方式。订货点采购能建立起连续的订货启动、操作机制和库存控制机制，既满足需求又使库存总成本最小。

2) 物料需求计划

物料需求计划，也称MRP(Material Requirement Planning)采购，它是生产企业根据主生产计划(Master Production Schedule，MPS)和物料清单(Bill of Materials，BOM)以及主主产品及其零部件库存情况，逐步计算出主产品的各个零部件、原材料所应投产时间、投产数目，或者订货时间、订货数目等的生产计划和采购计划。

3) 准时化采购

准时化采购，也称JIT(Just In Time)采购，它要求供应商恰好在用户需要时，将合适的品种、合适的数量送到用户需求的地点。准时化采购灵敏度高，使库存趋于零库存。

4) 供应链采购

供应链采购，也称SC(Supply Chain)采购，它是由供应商操作，采购者把需求信息及库存信息实时传递给供应商，供应商根据产品的消耗情况及时地、小批量地补充库存，既满足采购者的需要，又保证总库存最小。

5) 电子商务采购

电子商务采购，也就是网上采购。它是指B2B企业在网上寻找供应商、寻找品种、网上洽谈贸易、网上订货甚至在网上支付。这种采购模式扩大了采购市场的范围，缩短了供需距离，简化了采购手续，减少了采购时间，降低了采购成本。

4. 按照采购对象形态分类

1) 有形采购

有形采购是指采购具有实物形态的物质，例如汽车、矿石、机床、原木、电脑等。有形采购的对象主要是指原材料、辅料、机械设备、零部件、事务用品等。

2) 无形采购

无形采购是指采购的结果不具有实务形态，例如技术、服务、软件、保险、工程外包等。无形采购的对象主要是咨询服务和计划，或采购设备时附带的服务。

5. 按照采购合同时间

按照合同时间长短，采购可以分成长期合同采购和短期合同采购。

1) 长期合同采购

长期合同采购是指采购商和供应商具有稳定的交易关系，合同期一般以一年为限，主要适合采购需求量大且连续不断的物资(如企业的主要原材料、燃料、动力)和主要设备及配套设备的采购。

2) 短期合同采购

短期合同采购是指采购商和供应商通过合同实现一次交易，来满足生产经营的需求的采购。短期合同采购适合采购下列物资：①非经常消耗的物资(如运输车辆、办公设备等)；②补缺的物资(为弥补由于供需关系变化造成的供货中断，签订短期合同作为补充)；③价格变动大的物资；④质量不稳定的物资(如农产品、新试制产品)。

2.1.3 采购原则

企业采购目标就是要以尽可能低的成本，满足企业经营活动所需的物资和服务需求，而且这种需求的满足具有明显的时效性。为保证物资供应的有效性，在采购过程中就应该做到5R(Right)原则，即在确保适当的质量水平下，能够以适当的价格，在适当的时期从适当的供应商那里采购到适当数量的物资和服务所采取的一系列原则。

1. 适当的供应商(Right Supplier)

选择供应商是采购管理的首要目标，供应商是否合适将直接影响采购方的利益。选择适当的供应商有利于建立相互信任的长期合作关系，实现采购与供应双赢。

2. 适当的质量(Right Quality)

采购的原材料质量应该做到"适当"，如果原材料质量过高，将加大采购成本，造成质量过剩(如果某种原材料或零部件的品级大大超过其他零部件的品级，则该原材料的质量效果无法实现)；如果原材料的质量不能满足企业生产的要求，则将影响最终产品质量。

3. 适当的价格(Right Price)

采购中能够做到以"适当的价格"完成采购任务是采购管理的重要目标之一。采购价格过高，加大了采购方的生产成本，产品将失去竞争力。采购价格过低，供应商利润空间缩小，将会影响其供货积极性，甚至出现以降低产品质量来维护供应的情况。

4. 适当的数量(Right Quantity)

采购数量决策也是采购管理的一个重要目标。采购量大，价格就会优惠，但同时资金的周转率、仓库储存的成本都直接影响采购成本。因此，企业需要根据资金周转率、仓库储存成本、货物需求计划等计算出最经济的采购量。

5. 适当的时间(Right Time)

采购管理对采购时间有严格的要求，采购时间过早，不仅造成采购资金的积压，也会加大库存成本，甚至会造成原材料贬值；采购时间过晚，又会影响到产成品的生产和交付，会引起客户不满，导致市场销售份额的减少。

随着现代企业采购模式的变化，委托采购、远程采购等新型采购模式的出现，在遵循5R的基本原则后，我们还要遵循另外两个原则，也就构成了7R原则。

6. 适当的地点(Right Place)

随着供应链管理模式的多样化，尤其是在全球化采购日趋流行的背景下，是否具备多区域交货能力逐步成为考查供应商的一个基本指标。提供适当的交货地点也成为采购过程中需要考虑的因素之一。

7. 适当的服务(Right Service)

除了资源本身的质优价廉，产品的服务环节也是影响采购决策的重要因素，如质量争议的解决方案、退货渠道是否畅通等，现代企业的采购策略对供应商的服务承诺日益看重。

总之，现代的企业采购是一个复杂的职能集合体，正确理解采购、创新采购模式是现代企业在全球信息化的市场经济竞争中赖以生存的重要保障，也是现代企业谋求发展壮大的必然途径。

2.2 采购管理概述

采购管理是企业管理的重要领域之一，是指为了维护企业利益，实现企业的经营目标、保障企业物资供应而对企业采购活动进行的管理。

2.2.1 采购管理概念与作用

1. 采购管理概念

采购管理(Procurement Management)就是对整个企业采购活动进行计划、组织、指挥、协调和控制等，它包括计划下达、采购单生成、采购单执行、到货接收、检验入库、采购发票的收集、采购结算，是对采购过程中物流运动的各个环节状态进行严密的跟踪、监督，实现对企业采购活动执行过程的科学管理。

采购管理是面向整个企业的管理活动，一般由企业的采购部门来承担，其使命是保证整个企业的物资供应，其权利是可以调动整个企业的资源。采购管理不仅面向全体企业的采购人员，还面向与采购协调配合的企业组织其他人员。

而相对来说，采购只是指具体的采购业务活动，一般是由采购人员个人承担，其使命是完成采购主管布置的具体采购任务，其权利只是能调动采购主管分配的有限资源。

2. 采购管理作用

从采购的职能来看，一方面，它要实现整个企业的物质供应；另一方面，它是联系整个资源市场的纽带。总体而言，采购管理可以发挥以下几方面强大的作用。

(1) 对制定最优的采购策略提供支持。企业可以利用这些信息选择优质的供应商、优质的产品和最佳的运输路线、运输方式，进行最有效率的采购。

(2) 及时获取货源市场中资源的发展变化动态、技术动态信息等，对企业随时制定和调整产品策略提供有力的支持。

(3) 有利于与供应商建立起一种比较友好的关系，为企业的货物采购和企业生产提供宽松的、高效率的外部环境条件。

2.2.2 采购管理内容

采购管理的主要内容包括采购计划管理、采购组织实施、采购监管与控制、采购绩效评估。

1. 采购计划管理

采购计划管理是对企业的采购计划进行制订和管理，为企业提供及时准确的采购计划和执行路线。采购计划包括定期采购计划(如周、月度、季度、年度计划)、非定期采购任务计划(如系统根据销售和生产需求产生的计划)。

2. 采购组织实施

1) 选择供应商

优秀的供应商不仅能保障采购企业日常的物资供应，还能成为企业良好的战略伙伴，是维持竞争优势的重要因素。

2) 采购谈判

采购谈判是指企业为采购商品与供应商对购销业务有关事项(如商品的品种、规格、技术标准、质量保证、订购数量、包装要求、售后服务、价格、交货日期与地点、运输方式、付款条件等)进行反复磋商，谋求一致的合作意向，建立双方都满意的购销关系的过程。采购谈判的程序包括计划和准备阶段、开局阶段、正式洽谈阶段和成交阶段。

3) 签订采购合同

采购合同是企业(供方)与分供方，经过双方谈判协商一致同意而签订的“供需关系”的法律性文件，是双方联系的共同语言基础，双方都应遵守和履行。签订合同的双方都有各自的经济目的，采购合同是经济合同，双方受《中华人民共和国经济合同法》保护。

4) 采购订单管理

采购订单管理是以采购单为源头，对确认订单、发货、到货、检验、入库等采购订单流转的各个环节进行准确的跟踪。

5) 采购财务管理

发票管理是采购财务管理的重要内容。采购货物是否需要暂估、劳务采购、非库存的消耗性采购、直运采购业务、受托代销业务等均在此进行处理。

3. 采购监管与控制

采购监管与控制的主要目的是保证采购目标的顺利完成，主要包括采购人员的监控、采购事务活动的监控、采购资金的监控。

1) 采购人员的监控

采购人员是采购工作的执行者，要按照行为规范对其进行监管。采购人员应具备较高的职业素养，要品性正派，不贪图私利，有敬业精神；应有较高的业务素质，对材料的特性、生产过程、运输保管、采购渠道、市场交易规则等有深入了解。

2) 采购事务活动的监控

采购事务活动的监控涉及整个采购流程，主要包括采购计划的制订、采购文件的审批和保管、采购合同的审批和签订、对供应商进行审核、对供应商提供的产品进行检验等。

3) 采购资金的监控

对采购资金的审批、领取和使用，要规定具体的权限范围、制定严格的审批制度和书面证据制度。对于货款的支付，企业要根据对方的信用程度及具体的风险情况进行妥善处理。采购人员必须按照预算使用采购资金，采购预算为采购资金的控制提供了明确的标准。

4. 采购绩效评估

采购绩效评估是指从数量和质量上来评估采购职能部门和采购工作人员达到规定目标的程度。采购绩效的评估内容包括采购方案的设计、采购方式的确定、作业的标准化程度等。采购绩效评估首先要确立衡量采购绩效的指标体系，然后选择绩效标准(以往绩效、预算或标准绩效、行业平均绩效、目标绩效等)，最后通过量化的指标实施绩效考核，分析采购活动是否达到了最佳效果(包括经济效果和社会效果)。

知识窗

采购管理的关键业绩指标

(1) 衡量采购的质量

订单质量完成率 =质量合格单数 ÷ 总到达单数 × 100%

(2) 采购成本控制

采购成本控制率 =(采购预算−实际采购) ÷ 采购预算 × 100%

(3) 订单准确率

订单准确率 =准确单数 ÷ 总到达单数 × 100%

准确单数是指供应商按时按要求将货物送到采购方的数量。

(4) 库存成本控制

库存周转率 = 出货金额 ÷ 平均库存金额 × 100%

(5) 获取利润

投资回报率 = 利润 ÷ 资本 × 100%

2.2.3 采购管理流程

采购作业流程是采购活动具体执行的标准，也是采购管理的重要部分。采购作业流程是提出采购需求、选定供应商、谈妥价格、确定交货及相关条件、签订合同并按要求收货付款的过程。采购管理的基本流程如图2.1所示。

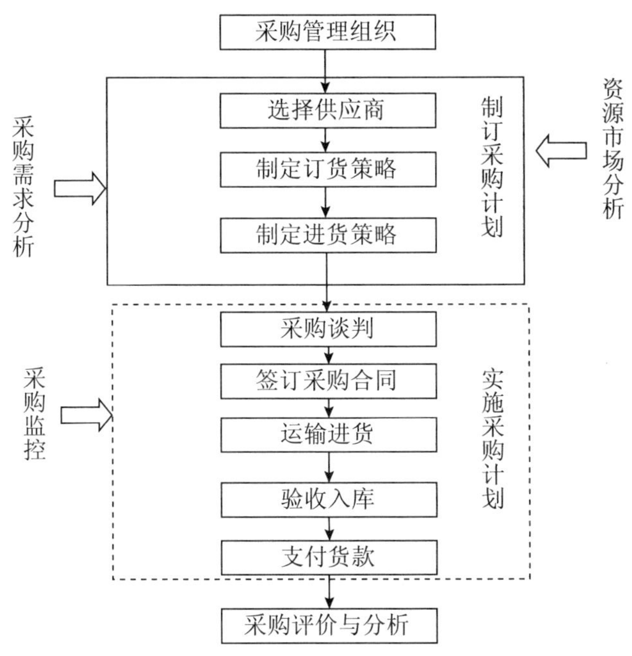

图2.1　采购管理的基本流程

1. 采购需求分析

采购需求分析就是弄清企业需要采购什么品种，需要采购多少，什么时候需要什么品种、需要多少等问题。物资采购部门应当掌握企业的物资需求情况，制订物资需求计划，从而为制订科学合理的采购计划做好准备。

2. 资源市场分析

资源市场分析就是根据企业所需求的物资品种，分析资源市场的情况，包括资源分布情况、供应商情况、品种质量、价格情况、交通运输情况等。资源市场分析的重点是供应商分析和品种分析，分析的目的是为制订采购订货计划做好准备。

3. 制订采购计划

制订采购计划就是根据需求品种情况和供应商情况，制订切实可行的采购计划，包括选择供应商、供应品种、具体的订货策略、运输进货策略以及具体的实施进度计划等，具体解决什么时间订货、订购什么、订购多少、向谁订、怎样订、怎样进货、怎样支付等问题。

4. 实施采购计划

实施采购计划就是把制订好的采购订货计划分配落实到工作人员，然后工作人员根据既定的进度去实施。具体内容包括联系指定的供应商、进行采购谈判、签订订货合同、运输进货、到货验收入库、支付货款以及善后处理等。经过这样一系列的具体活动即完成了一次完整的采购活动。

5.采购监控

采购监控是对采购活动进行的监控活动，包括对采购的有关人员、采购成本、采购商品质量进行监控。

6.采购评价与分析

采购评价与分析就是在一次采购完成后，对这次采购进行评估，或月末、季末、年末对一定时期内的采购活动进行总结评估，主要目的是评估采购活动的效果、总结经验教训、找出问题、提出改进方法等。通过总结评估，企业可以肯定成绩、发现问题、制定措施、改进工作，这是不断提高采购管理水平的保证。

2.2.4 采购管理组织

采购管理组织是采购管理的基本组成部分，采购管理工作需要在合理的管理机制和管理组织机构下由合适的管理人员来完成。

1. 采购管理组织设置的原则

设置采购管理组织有三点原则：①采购部门设置应同企业的性质、产品和规模相适应；②采购部门设置应同企业采购目标、方针相适应；③采购部门设置应同企业的管理水平相适应。

2. 采购组织的设计

采购组织的设计解决采购职能应安排在哪个部门、采购经理应向组织的哪个层次报告、采购权利如何分配等问题。虽然说采购部门在企业中拥有较高的地位，但采购部门的设置要根据企业的规模和产品等具体情况来决定。采购职能在组织目标中的作用越大，采购职能在组织中的管理层次就越高。

1) 单一的采购部门

企业规模较小，产品结构较单一(如独立的工厂或企业、分公司距离较近的大公司)可以设置单一的采购部门，如图2.2所示。

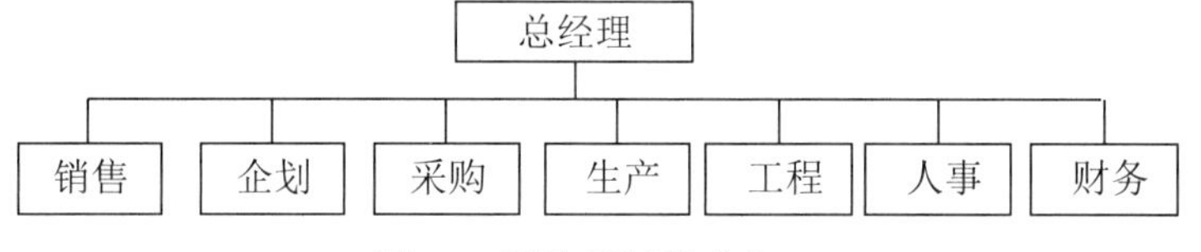

图2.2 采购部门形式之一

2) 独立的采购部门体系

企业的规模较大(如大型的跨国公司、国内的大型国有企业)，业务较多、管理繁杂，可以设置独立的采购部门体系，由分管采购的副总经理主管，如图2.3所示。

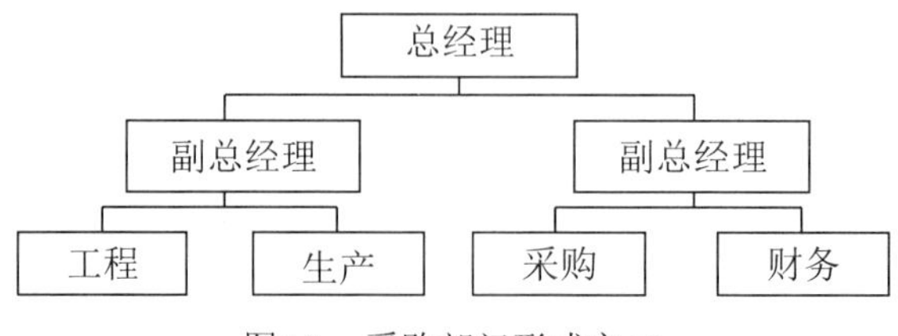

图2.3 采购部门形式之二

3) 集团采购部

对于一些规模大、产品种类多、原材料需求差异性大、各子公司的地理位置距离远的企业，可采用集中分散的采购设置模式。在公司总部设采购部，集中采购各公司共性化的产品和服务，在子公司或某一地理区域分设采购部，满足个性化的需求，如图2.4所示。

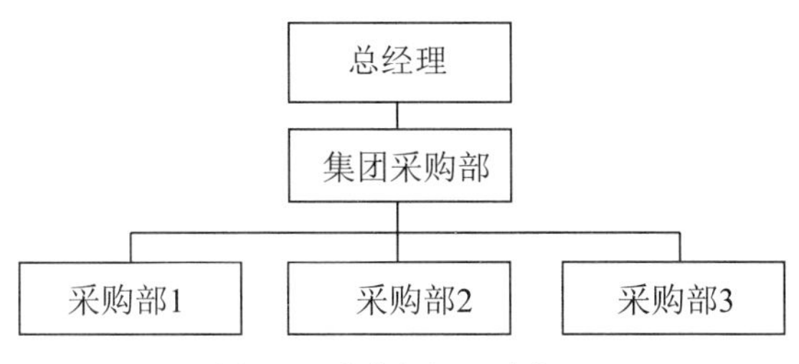

图2.4　采购部门形式之三

3. 采购管理部门的岗位职责

采购管理部门的职责，一方面是对外职能，即选择和管理供应商，控制并保证价格优势；另一方面是对内职能，即控制和保证采购流程的实施，保证采购质量和交货周期能够满足公司生产和市场的需要。

采购部内部岗位责任的设置一般有三种方式：一是根据采购的原材料设置采购人员；二是根据采购流程设置采购人员，如图2.5所示；三是根据综合采购原材料和采购流程设置采购人员。第二种采购方式由精通各自业务领域的采购人员合作完成，这样既有利于各个环节之间相互监督，又能减少内部审计成本。

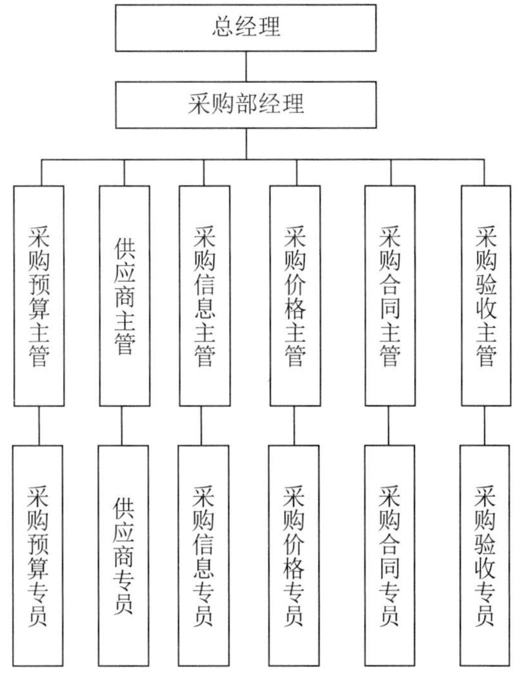

图2.5　采购组织机构示意图

各采购岗位的职责如表2.3所示。

表2.3 各采购岗位的职责

岗位名称	职责概述	工作职责
采购部经理	制订企业的采购战略规划、工作方针、工作目标及采购计划等，指导开展各项采购业务，确保企业所需物资能够得到及时供应	制定并落实采购制度与规范； 建立并规范采购工作流程； 采购业务管理； 采购成本控制； 部门日常管理
采购预算主管	根据企业的经营目标和采购规划制定企业年度采购预算，并根据具体的采购工作将预算进行分解，确保采购费用控制在预算范围之内	采购预算规划； 采购预算编制； 采购预算控制； 人员管理
供应商主管	在采购部经理的指导下建立并完善供应商管理体系，开展供应商的开发、评估、维护等管理工作，协调与供应商之间的关系，为企业建立稳定可靠的供应商队伍	制定供应商管理制度、流程； 供应商筛选； 供应商监督； 供应商评估与维护； 部门日常工作
采购信息主管	负责采购信息的收集、分析和整理工作，保证信息的质量和安全，并有效地传递给信息使用者，提高采购工作效率	制定相关制度和规范； 信息的日常管理； 信息系统的管理； 培训考核
采购价格主管	全面负责采购价格管理工作，协助开展采购谈判，确保采购物品的性价比最优，且采购价格公开、透明，为企业节约采购成本	建立完善的采购价格管理体制； 收集价格信息； 价格谈判； 价格控制
采购合同主管	组织制定并落实采购合同管理规范，与供应商开展合同谈判、起草并送审采购合同、负责采购合同的执行工作	合同管理规则； 合同谈判管理； 合同签订管理； 合同执行管理； 部门人员管理； 合同归档
采购验收主管	制定并落实采购质量规范，对采购物资进行验收，剔除不合格品，确保采购物资的质量符合企业要求	制定采购质量检验标准； 供应商认证管理； 采购物资质量检验； 采购物资质量异常处理； 质量改进； 部门人员管理； 验收资料归档

2.3 供应商管理

供应商是指可以为企业生产提供原材料、设备、工具及其他资源的企业。供应商对企业的物资供应起着非常重要的作用，供应商可以是生产企业，也可以是流通企业。

供应商是企业资源市场的组成部分，与采购者构成相互独立的利益体。企业采购物资的质量水平、价格水平都必然受到资源市场各成员的影响，同时，也将直接影响企业生产和成本效益。

所谓供应商管理就是对供应商的开发、评估、考核和控制等综合性的管理工作的总称。供应商管理的目的是建立一个稳定可靠的供应商队伍，为企业生产提供可靠的物资供应。供应商管理是采购工作的关键环节。

供应商管理应主要抓好以下几个基本环节：①供应商调查与开发；②供应商开发；③供应商选择；④供应商评估；⑤供应商绩效考核。

2.3.1 供应商调查与开发

对供应商的调查与开发，企业管理机构的职责主要是管理和监督，具体地说，就是规定供应商准入采购市场的资格和条件，制定供应商资格申报、审查、认定管理办法。

1. 供应商调查

1) 初步供应商调查

初步供应商调查是指对供应商的基本情况的调查，主要了解供应商的名称、地址、生产能力、能提供什么产品、能提供多少、价格如何、质量如何、市场份额、运输条件等。通过初步供应商调查，可以掌握整个资源市场的基本情况，为选择最佳供应商做准备。

供应商的信息来源主要有以下几方面：①国内外采购指南；②国内外产品发布会；③国内外新闻传播媒体(报纸、刊物、广播电台、电视、网络)；④国内外产品展销会；⑤政府组织的各类商品订货会；⑥国内外行业协会——会员名录、产业公报；⑦ 国内外企业协会；⑧国内外各种厂商联谊会或同业工会；⑨国内外政府相关统计调查报告或刊物；⑩其他各类出版物的厂商名录；⑪媒体招商广告；⑫同行业的市场调查。

2) 资源市场调查

初步供应商调查是资源市场调查的内容之一，但资源市场调查不仅指供应商调查，还应包括资源市场的规模、环境、竞争优势等方面的分析。

(1) 资源市场调查的内容有以下几个方面：①资源市场的规模、容量和性质；②资源市场的环境和发展前景；③资源市场中各供应商的情况(初步供应商调查的情况)。

(2) 资源市场分析的内容有以下几个方面：①资源市场是紧缺型市场还是富余型市场，是垄断性市场还是竞争性市场；②资源市场是成长型市场还是没落型市场，如果是没落型市场，则要准备替换产品；③资源市场总体的水平，并根据市场水平来选择合适的供应商。

3) 深入供应商调查

经过初步调查后，要对准备发展的供应商进行更加深入的考察，包括以下几方面：①供应商产品的品种、规格和质量水平是否符合企业需要；②供应商的实力、规模、产品的生产能力、技术水平、管理水平、企业的信用度；③供应商产品是竞争性的还是垄断性的，如果是竞争性商品，则调查供应商的竞争态势、产品的销售情况、市场份额、产品的价格水平；④对供应商的地理位置情况，分析运输方式、运输时间和运输费用。

2. 供应商开发

所谓开发供应商是指寻找新的供应商，建立起适合于企业需要的供应商队伍。一般来说，开发新供应商有两个原因：①现有供应商的综合服务水平不能满足企业的要求，需开发新供应商去取代现有供应商或给现有供应商施加压力；②企业不断开发新产品，现有供应商不能提供新产品所需的原材料或零部件，或现有供应商的产能不够。

开发供应商时，首先要明确开发需求，如开发时间、需要何种原材料或零部件、年/月需求量多少等；第二步，编制一份开发供应商的进度表，依照步骤进行开发工作；第三步，在跟供应商取得联系后，如果有必要的话，采购人员可以进行访厂；第四步，双方商议价后，如果对价格基本满意，就可以要求供应商提供适当数量的样品供检验、装配，这是开发新供应商的一个重要环节；第五步，如果对新供应商的工厂审核及样品评估均达到采购方的要求，那么此供应商将被列入合格供应商清单中。供应商的开发操作流程如表2.4所示。

表2.4 供应商开发流程

步骤	总经理	采购部经理	供应商主管	供应商
供应商信息调查			(1)收集信息	(1)提供信息
			(2)发放、回收调查表	(2)填写并提交供应商调查表
			(3)初步分析评价筛选	(3)提供相关信息和资质证明
供应商分析评审		(5)审核	(4)提出候选名单	
			(6)供应商分类	
			(7)是否现场评审？[是到(8)否到(10)]	
			(8)组织现场评审	
		(10)审核	(9)汇总评审结果	
确定供应商名单			(11)是否需要样品？[是到(12)否到(15)]	(12)提供样品
			(13)样品检查	
			(14)汇总质量信息	
资料存档	(17)审核	(16)审核	(15)确定供应商名单	
			(18)相关资料存档	

2.3.2　供应商选择

供应商选择是供应商管理中的一项重要工作，选择新供应商应遵循目标定位原则、优势互补原则、择优录用原则、共同发展原则。供应商的选择融合在供应商开发的全过程中，在初步调查阶段，每个品种要选择5~10个供应商，然后再选择1~3个供应商进行深入调查，最终确定一两个供应商。供应商选择与考核的基本流程如图2.6所示。

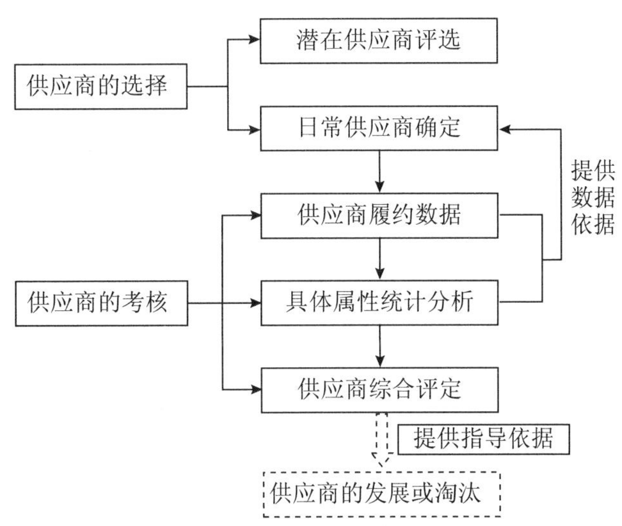

图2.6　供应商选择与考核基本流程

供应商的选择主要有以下两方面工作。

1. 潜在供应商评选

1) 寻找潜在供应商

采购人员向潜在供应商发放“供应商基本信息表”；录入潜在供应商资料库。

2) 考核潜在供应商

供应商先进行自我考评；再派考察小组(多部门)对有合作可能的供应商进行实地考核。此阶段的考核范围仅限于日常供应商，主要考核任务是收集供应商履约数据(价格、质量、交付、服务和研发的各方面表现情况)，具体属性统计分析和综合评定，为选择与发展合作提供依据。

2. 日常供应商确定

日常供应商的确定有以下四个步骤。

第一步，询价与报价。要求供应商按统一格式(如门到门送货)报价。

第二步，沟通与谈判。沟通交流澄清报价条款疑问。

第三步，供应商排名。根据物料性质对供应商综合排序。

第四步，签供货协议。签订框架性质的供货协议(时间、地点、供需当事人、协议标的物、价格及有效期或有效数量、交货条款、双方的责任与权利、违约责任、担保条款、保密条款等。

2.3.3 供应商评估

供应商的评估一般有定性和定量两种方法。

1. 定性法

定性法是企业根据以往的经验，凭借已有的信息来选择供应商。主要有直观判断法、招标法、协商选择法。

1) 直观判断法

直观判断法是指根据征询和调查所得的资料并结合个人的分析判断，对供应商进行分析、评价。这种方法常用于选择企业非主要原材料的供应商。这种方法简单易行但主观性较强，容易受到采购人员人为因素的影响，可靠性差。

2) 招标法

由企业提出招标条件，各投标供应商进行竞标，然后由企业决标，再与提出最有利条件的供应商签订合同或协议，这种方法称为招标法。招标法的优点是企业能在更广泛的范围内选择适当的供应商，以找到供应条件有利的供应商，获得便宜且适用的物资。但招标法手续较繁杂，时间长，不能适应紧急订购的需要。当采购数量巨大、涉及资金较多、供应商较多，并且竞争激烈时，企业可采用招标法来选择供应商。

3) 协商选择法

协商选择法是指由采购企业选出供应条件比较好的若干家供应商，分别进行协商，再确定合适的供应商。协商选择法的优点是经过充分协商，供应商在产品质量、交货日期和售后服务等方面较有保证；缺点是在有限的选择范围内，不一定能找到供应条件最为有利的供应商。在潜在供应商较多、供应市场不激烈、所购产品的技术规格复杂、交货时间紧迫时，企业可以考虑使用协商选择法。

2. 定量法

定量法是对分析对象的数量特征、数量关系与数量变化进行分析的方法。常用的定量方法有线性权重法、采购成本法、ABC成本法。

1) 线性权重法

线性权重法是目前定量选择供应商最常用的方法，其基本原理是给每个指标分配一个权重，每个供应商的定量评价结果是该供应商对各项准则的得分与相应权重的乘积的总和。通过对各候选供应商定量选择结果的比较，实现对供应商的选择。其计算公式为

$$X=\sum_{i=1}^{n}\omega_i x_i$$

式中，X表示被评价方案的综合评价值；ω_i表示各单项评价指标的权重数，$0\leqslant\omega_i\leqslant1$，$\sum_{i=1}^{n}\omega_i=1$，$x_i$表示各单项指标评价的评价值；$n$表示评价指标的数量。综合评价值可以作为供应商表现的综合描述，数值越高，供应商表现越好。

2) 采购成本法

采购成本法是通过计算和分析各个不同的供应商的采购成本，选择采购成本较低的供应商的一种办法。采购成本一般包括产品售价、采购费用、运输费用等各项支出的总和。

对质量和交货期都能够满足要求的供应商，采购方通过计算采购成本来进行比较分析，选择采购成本较低的供应商。

3) ABC成本法

ABC成本法即作业成本法，作业成本法把直接成本和间接成本(包括期间费用)作为产品(服务)消耗作业的成本同等地对待，拓宽了成本的计算范围，使计算出来的产品(服务)成本更准确真实。作业成本法用于分析企业因采购活动而产生的直接和间接的成本大小，采购方通过计算，选择总成本最小的供应商。

总成本模型为

$$S_i=(P_i-P_{\min})Q+\sum_j C_j D_{ij}$$

式中，S_i表示第i个供应商的成本值；P_i表示第i个供应商的单位销售价格；$P_{\min}$表示所有供应商中单位销售价格的最小值；Q表示购买量；C_j表示因企业采购相关活动导致的成本因子j的单位成本；D_{ij}表示因供应商i导致的在采购企业内部的成本因子j的单位成本。

2.3.4　供应商绩效考核

供应商绩效考核是指对已经获得采购方认可的现有供应商的实际工作表现的考核。考核的主要目的是了解供应商的表现、促进供应商改进，为供应商绩效评价提供依据。不同性质的企业对供应商的考核对象要求也不尽相同，以生产企业采购原材料的过程为例，考核的对象应该包括伙伴型供应商、优先型供应商和重点供应商。

1. 供应商绩效考核的内容

供应商绩效考核的内容一般包括以下几个方面。

- 货品符合要求：合同交货期内交货的数量和质量是否符合约定；
- 遵守供货准则：有无主观欺诈行为，协议价与平均价是否有差异；
- 职业道德规范：是否具有社会责任与诚信；
- 售后服务支持：电话畅通率、电邮回复率与速度是否达标，紧急技术支持是否及时；
- 改进开创意识：技术人员是否具有开创意识，技术的先进性如何，技术合作的可能性怎样等；
- 运作管理制度：是否具有流程控制能力，如进出货检验、投诉反馈程序、质量监管措施等；
- 沟通协调能力：信息化程度如何，沟通机制、沟通渠道是否健全，能否协商解决冲突等；
- 风险应对能力：是否能保证企业的生产和经营的稳定性。

2. 供应商绩效考核的指标体系

在对供应商进行考核的过程中，生产企业通常会首先考核供应商的交货质量及交货表现，其次关注供应商的技术支持与服务、供应商参与本公司的产品开发等表现。

1) 供应商考核的质量指标

质量指标是考核供应商的基本指标，包括来料批次合格率、来料抽检缺陷率、来料在线报废率、供应商来料免检率等。其计算公式为

$$来料批次合格率=\frac{合格来料批次来料总批次}{来料总批次}\times 100\%$$

$$来料抽检缺陷率=\frac{抽检缺陷总数}{抽检样品总数}\times 100\%$$

$$来料在线报废率=\frac{来料总报废数（含生产在线数）}{来料总数}\times 100\%$$

$$来料免检率=\frac{来料免检的种数}{该供应商供应的产品总种类数}\times 100\%$$

2) 供应商考核的供应指标

供应指标又称企划指标，是与供应商的交货表现及其企划管理水平相关的因素，主要有准时交货率、交货周期、订单变化接受率等。

准时交货率的计算公式为

$$准时交货率=\frac{按时按量交货的实际批次}{订单确认的交货总批次}\times 100\%$$

交货周期是指自订单开出之日到收货之时的时间长度，通常以天为单位。

订单变化接受率的计算公式为

$$订单变化接受率=\frac{订单增加或减少的交货数量}{订单原定交货数量}\times 100\%$$

3) 供应商考核的经济指标

经济指标与采购价格和成本相关，质量指标和供应指标一般每月考核一次，而经济指标则相对稳定，多数企业是每季度考核一次，且对经济指标是定性考核，常用经济指标有如下几种。

(1) 价格水平。价格水平通常与市场行情比较，或根据供应商的实际成本结构及利润率进行判断。

(2) 降低成本。供应商是否主动地开展降低成本活动，是否定期与本公司共同检查价格。

(3) 分享降价利益。供应商能否将降低成本的利益与本公司共享。

(4) 付款发票及时。供应商开出的付款发票是否准确、及时，是否符合有关财税要求。

4) 供应商考核的技术支持与服务配合指标

技术支持与服务配合指标属于定性考核指标，每季度考核一次，相关的指标有反应与沟通、合作态度、参与本公司的改进与开发项目、售后服务等。

(1) 反应表现。供应商对订单、交货、质量投诉等反应是否及时、答复是否完整，对退货、换货处理是否及时。

(2) 沟通手段。供应商是否有相对固定的人员负责与本公司沟通，沟通渠道是否

畅通。

(3) 合作态度。供应商是否将本公司看成重要客户，供应商的内部沟通协作是否能整体配合并满足本公司的要求。

(4) 共同改进。供应商是否积极参与或主动参与本公司的质量、供应、成本等改进活动。

(5) 售后服务。供应商是否主动征询本公司的意见或主动告知预防问题出现的方法。

(6) 参与开发。供应商是否积极参与本公司的产品或业务开发的过程。

(7) 其他支持。供应商是否在参观、访问、报价与送样、文件归档等方面顺利配合。

2.4　供应链管理概述

随着社会经济的发展和买方市场的基本形成，以生产和产品为中心的管理模式已经不能适应现代市场竞争的需要，取而代之的是以顾客为中心的供应链管理。

2.4.1　供应链基础知识

著名物流专家马丁·克里斯多夫曾说，市场上只有供应链没有企业，真正的竞争不是企业与企业之间的竞争，而是供应链和供应链之间的竞争。

1. 供应链的定义

美国的供应链专家罕菲尔德(Handfield)和尼尔斯(Niches)认为：供应链包括从原材料阶段一直到最终产品送到最终顾客手中与物品流动以及伴随的信息流动有关的所有活动。

英国的艾伦·哈里森(Alan Harrison)认为：供应链是通过采购原材料，将它们转换为中间产品和成品，并且将成品销售到用户的功能网链。

中国学者马士华认为：供应链是围绕核心企业，通过对信息流、物流、资金流的控制，从采购原材料开始，制成中间产品以及最终产品，最后由销售网络把产品送到消费者手中，将供应商、制造商、分销商、零售商直到最终用户连成一个整体的功能网链结构。

《物流术语(GB/T 18354—2006)》对供应链(Supply Chain)的定义为：生产及流通过程中，涉及将产品或服务提供给最终用户所形成的网链结构。

目前，各国研究机构和学者对供应链的表述不尽相同，有关描述有以下几种。

第一种，供应链不仅是一条连接供应商到用户的物流链、信息链、资金链，还是一条增值链，物料在供应链上因加工、包装、运输等过程而增加其价值，给相关企业都带来收益。

第二种，供应链是一个范围更广的企业结构模式，它包含所有加盟的节点企业，包括原材料的供应商、服务供应商、生产商等，从原材料供应开始，经过供应链中不同企业直到最终用户。

第三种，供应链都有一个核心企业，供应链管理主要靠核心企业运作，除了核心企业外，一条完整的供应链还包括上游供应链和下游供应链。

第四种，供应链是一种联合体，这种联合体包括结构联合和功能联合，结构联合指参与特定产品运作的有关企业的联合，功能联合指产品运作各功能的联合。供应链的生命力就在于协调各企业单元之间的配合。

2. 供应链特征

供应链是由围绕核心企业的供应商、供应商的供应商和客户等组成的，具有以下几点特征。

1) 复杂性

供应链往往由多个、多种类型节点企业构成，各企业之间形成了基于供应、生产和销售的多级复杂交易关系。

2) 动态性

因企业战略和市场需求的变化，供应链上的节点企业需要不断地更新，这就使得供应链具有明显的动态性。

3) 面向顾客需求

供应链的形成、存在、重构都是基于一定的市场需求而发生的，并且在供应链的运作过程中，顾客的需求拉动是供应链中信息流、产品流、服务流、资金流运作的驱动源，因此供应链也称为需求链。

4) 交叉性

供应链上的节点企业相互交易，但其往往又处于不同的供应链上，它们可以是这个供应链的成员，同时又是另一个供应链的成员，众多的供应链形成交叉结构，增加了协调管理的难度。

5) 层次性

各企业在供应链中的地位不同，其作用也不同。供应链中的企业可以分为核心主体企业、非核心主体企业和非主体企业。主体企业一般是行业中实力较强的企业，它拥有决定性资源，在供应链管理中起主导作用。核心主体企业是供应链业务运作的关键，它不仅推动整个供应链运作，为客户提供最大化的附加值，更能够帮助供应链上的其他企业参与新的市场活动。

3. 供应链结构模型

从供应链的定义可以看出，供应链是以核心企业为根节点的双向树状结构所组成的网络系统，如图2.7所示。供应链基本结构要素包括供应商、核心企业、制造商、销售企业、零售企业、物流企业、终端客户。

从供应链结构模型中我们可以看出，供应链的组织结构一般围绕核心企业来构建。供应链的核心企业具有掌握供应链上的一种或多种资源或能力，比如核心原材料、销售客户资源、物流资源、技术创新能力。这些资源或能力决定着供应链的竞争力。

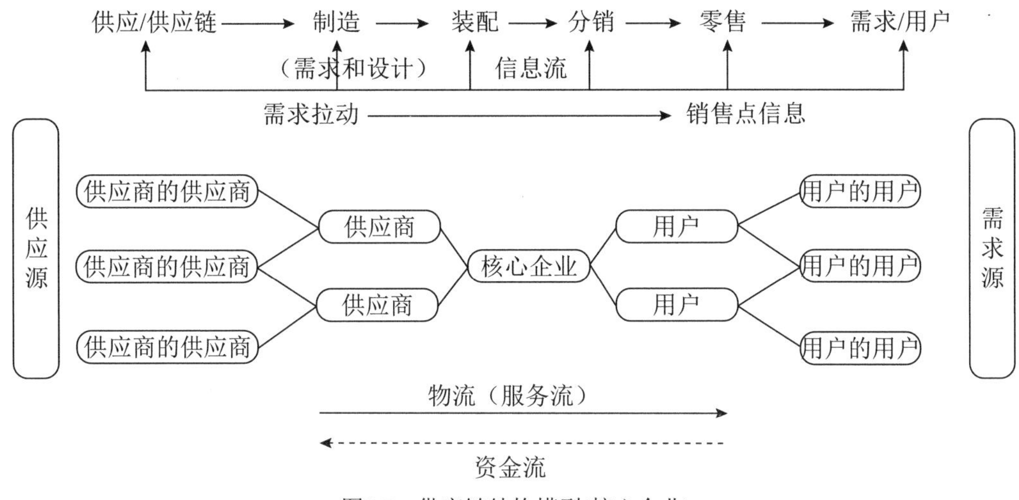

图2.7　供应链结构模型(核心企业)

核心企业主要有4种类型：一是资源依赖型，以生产资料消耗型工业企业为主，如宝钢集团在全球范围内掌控矿产资源，保障其生产销售；二是技术依赖型，主要以汽车、船舶和机械制造业为主，通过掌控核心技术影响整个供应链，如海尔集团通过五大研发中心整合世界范围内的研发资源，利用用户、供应商及研发资源并联交互设计解决方案；三是渠道依赖型，以日用消费品制造业为主；四是物流依赖型，多以对物流成本要求高或对物流方式有特殊要求的行业为主。

核心企业往往规模较大，拥有较多的现金流、较高的市场份额较高，在商业谈判中占据优势地位，能够通过掌控资金流、信息流等方式对供应链上下游产生较强影响力。核心企业的地位也体现在其具有较强的利益共享意识和较好的协作能力等方面。

2.4.2　供应链管理基础知识

供应链管理(Supply Chain Management)对企业资源管理的影响是一种资源配置的创新。供应链中的每个节点企业在网络中扮演着不同的角色，它们既相互合作，谋求共同的收益，同时在经济利益上又相互独立，存在着竞争和冲突。企事业要使供应链取得良好的整体绩效，实现供应链节点企业双赢或多赢，在市场竞争中获得优势，就必须对供应链进行有效管理。

1. 供应链管理的定义

供应链管理是一种集成的管理思想和方法，它执行供应链中从供应商到最终顾客的物流计划和控制等职能。供应链管理的定义较有代表性的有以下几种。

第一种，美国物流管理协议会对供应链管理下的定义：供应链管理是以提高企业个体和供应链整体的长期绩效为目标，对传统的商务活动进行总体的战略协调，对特定公司内部跨职能部门边界的运作和在供应链成员中跨公司边界的运作进行战术控制的过程。

第二种，美国供应链管理专业协会认为：供应链管理包括对涉及外包、采购、转化等过程的全部计划和管理活动及全部物流管理活动。它也包括与渠道其他成员之间的协调和协作，主要涉及供应商、中间商、第三方服务供应商和客户。供应链管理是企业内部和企业之间的供给和需求管理的集成。

第三种，《物流术语(GB/T 18354—2006)》将供应链管理定义为：供应链管理是指对供应链涉及的全部活动进行计划、组织、协调与控制。

综上所述，供应链管理把供应链上的各个节点企业作为一个不可分割的整体，通过对节点企业的相关运营活动进行同步化、集成化管理，整合它们的竞争能力和资源，从而形成较强的竞争力，为客户提供最大价值。

供应链管理的目标是供应链整体价值最大化。供应链管理所产生的价值是最终产品对顾客的价值与顾客需求满足所付出的供应链成本之间的差额。

2. 供应链管理特征

1) 以满足客户需求为根本出发点

客户服务是供应链管理的出发点，并贯穿供应链的全过程。企业通常把改善客户服务质量、实现客户满意作为实现利润、创造竞争优势的根本手段。

2) 以共同价值观为战略基础

供应链上的企业要从整个供应链系统出发，实现信息的共享，简化操作环节，降低供应链成本，在保证合作伙伴获得合理利润的基础上，提升企业竞争能力和盈利能力，在供应链合作伙伴之间形成一种相互信任、相互依赖、互惠互利和共同发展的价值观和依赖关系。

3) 以提升供应链竞争能力为主要竞争方式

供应链管理的出现改变了企业的竞争方式，形成共享利益和共担风险的密切合作关系，将企业之间的竞争转变为供应链之间的竞争。

4) 以信息技术为主要管理手段

供应链管理以信息技术为基础，重新组织和安排业务流程，进行集成化管理，使供应链的运营实现协调、同步、和谐的动态平衡。信息流管理是影响供应链效益和效率的关键因素。

5) 以物流一体化管理为突破口

在供应链管理过程中，企业把从供应商到最终消费者的物流活动作为一个整体，从全局上把握物流的各项活动，使得供应链整体库存水平最低，实现供应链整体物流最优。

6) 以非核心业务外包为主要经营策略

供应链管理体系充分发挥供应链上合作伙伴的资源和优势，企业在保留核心业务的同时，对非核心业务采取外包的方式，即可优化各种资源，也可提高企业的核心竞争能力。

3. 供应链管理内容

由于供应链管理是一种整体观念，因此不仅涉及企业内部的管理，还涉及链上其他企业(主要是供应商)的管理。供应链管理的目标在于提高服务水平和降低交易成本，并且寻求两个目标之间的平衡。

供应链管理可以分为具体作业领域和决策领域。作业领域主要包括采购、库存控制、仓库管理等内容，而决策领域包括客户服务、选址、网络设计等内容。所以，企业的供应链管理不仅是实物在供应链中流动的作业管理，还应包括以下主要内容：①战略性供应商和顾客合作伙伴关系管理；②供应链中商品的需求和预测计划；③供应链的设计，具体包括供应链节点企业的选择、资源设备的评价、选址和定位等；④企业内部与企业之间供应与需求管理；⑤帮助供应商基于供应链管理的产品设计与制造管理、生产集成化计划、跟踪和控制；⑥基于供应链的顾客服务和物流作业(运输、库存、包装等)管理；⑦基于Internet/Intranet的供应链交互信息管理。

2.4.3　供应链网络需求分析

供应链网络节点企业包括制造商、分销商、零售商、物流服务商等，这些节点企业在供应链网络中的位置及需求将影响整个供应链网络结构特征。

1. 制造商对供应链网络的需求

制造商面临的供应链物流问题不仅与原料、配件供应紧密联系，还与最终消费者息息相关。在供应链网络中，制造商关心的主要问题是销售网络部分应该在什么时候生产什么产品，选择什么样的方式、什么样的渠道把生产好的商品按照客户的要求在适当的时间交付到客户手上。

2. 分销商对供应链网络的需求

供应链网络中分销商大致可以分成两类：一类是纯粹为某一个生产厂商做分销的企业，具有排他性；另一类是为多个厂商做产品分销的企业，具有兼容性。

对供应链分销渠道来讲，分销商主要关心以下问题。

(1) 如何提高商品的分销业务量，这就要求分销商必须了解下游零售商的要求。

(2) 如何加速周转，这与供应链系统的需求、供应、仓储、配送有关。

3. 零售商对供应链网络的需求

零售是供应链网络中经营主体和客户交互的最末端环节，零售商所关心的是产品的销售和使用，其中主要包括以下问题。

(1) 如何组合商品，即选择什么商品或商品组合进行销售。

(2) 何时进货，即怎样使客户所需要的商品能够适时适量地得到。

(3) 向什么样的厂商、分销商采购更合适。

(4) 如何了解连锁经营的企业每个分散的连锁店每天动态的销售情况和缺货情况，从而及时、便利地给不同的商场补货、配货，并保证成本最低。

4. 物流服务商对供应链网络的需求

第三方物流服务商是供应链物流专业化、网络化、高级化的服务提供者，它依托与客户建立长期合作关系才能获得生存与发展，因而关心以下问题。

(1) 客户后勤保障的主要问题，即如何利用第三方物流服务满足客户需要。

(2) 物流成本攀升的关键问题，即关注高库存产生的费用、规模不经济原因、物流管理过程质量差造成的损失等。

(3) 客户满意度下降、不能准时交付商品、库存缺货等原因以及如何去解决的问题。

(4) 如何解决分销渠道不畅、供应链缺乏竞争力、对新区域市场缺乏渗透力等问题。

2.5 供应链管理运作

2.5.1 供应链管理实施步骤

企业要有效地实施供应链管理，就要制定合理的规划方案，指导整个实施过程。

1. 调查并分析市场竞争环境

分析市场竞争环境是为了识别企业所面对的市场特征和市场机会，通过调查、访问、分析，企业能对供应商、客户、现有竞争者和潜在竞争者进行深入研究，在掌握详细的市场信息的基础上，做出正确的分析和判断。

2. 分析客户价值

供应链管理的目标就在于提高客户价值和降低交易成本，分析客户价值就是发现市场机会，从客户价值的角度定义产品或服务的具体特征，不断为客户提供超值的产品，满足客户的需求，拉动整个供应链运作。

3. 确定竞争战略

确定相应的竞争战略，选择相应的合作伙伴以及与合作伙伴的联盟方式。根据波特的竞争理论，企业获得竞争优势有三种基本战略形式，即成本领先战略、差别化战略和目标集中战略。当确定应用成本领先战略时，企业就应选择与具有相似资源的企业结成联盟，以形成规模经济；当确定应用差别化战略时，企业就必须选择具有很强的创新能力和应变能力的企业作为自己的合作伙伴。

4. 分析核心竞争力

核心竞争力是企业供应链管理的重点和核心。供应链管理强调企业应专注于核心业务，建立核心竞争力，在供应链上明确定位，将非核心业务外包，从而使整个供应链具有竞争优势。

5. 重建企业业务流程和组织结构

供应链管理建立在整合的业务流程基础上。企业要实施供应链管理，就必须重整业务流程，以核心业务为中心，改造原有的组织结构，使之符合业务流程的整体要求。

6. 评估和选择合作伙伴

选择适当的合作伙伴是供应链管理成功运营的重要环节。企业必须建立有效的评估体系，从管理水平、生产研发能力、合作诚意、产品的交货时间、质量、售后服务和产品价格等方面全面对合作企业进行考核，选择真正具有合作诚意、能够与企业实现优势互补的合作伙伴。

7. 供应链企业运作

供应链企业运作属于战术层面的工作，其主要内容包括生产计划与控制、库存管理、物流管理、采购管理和信息技术支撑体系的建立等。

8. 绩效评价和成员激励

企业必须建立一系列评价指标体系和度量方法，以对供应链的运作进行实时监测，发现问题并及时解决。同时，企业要制定相应的奖惩机制，激励供应链节点企业诚意合作，树立供应链整体价值观念，不断提高供应链管理运作的效果。

9. 反馈和学习

有效的供应链运作关系到每个节点企业，通过反馈的信息修正供应链，并寻找新的市场机会，成为每个节点企业的职责。因此，企业必须建立一定的信息反馈渠道，且逐渐从根本上使企业演变为自觉的学习型组织。

2.5.2　供应链采购管理

在供应链管理模式下，采购的地位发生了巨大的变化。在供应链上，企业既是需求者，又是供应者，都是通过满足最终用户的需求而获得利润。而原材料、半成品和产成品的采购，为企业之间的生产需求和物资供应架起一座桥梁。

1. 供应链采购的地位与作用

供应链模式下的采购对供应和采购双方是双赢的。采购方可以获得稳定且具有竞争力的价格，从而降低库存水平，实现更快的产品反应速度；供应方在拥有稳定的需求市场的同时，可以提高运作质量，降低生产成本，获得比传统采购模式更高的利润。

2. 供应链采购的特点

在供应链管理思想下，采购的驱动力、管理的对象以及采供双方的关系都出现了新的特点，具体表现在以下几个方面。

1) 订单驱动采购

供应链管理模式下的采购活动是以订单驱动方式进行的，即用户需求订单驱动制造订单，制造订单驱动采购订单，采购订单再驱动供应商。这种准时化的订单驱动模式，使供应链系统得以准时响应用户的需求，从而降低了库存成本，提高了物流的速度和库存周转率。

2) 外部资源管理

供应链管理模式下的采购把组织的制造能力扩展到外部资源——供应商，通过与供应商建立一种新的供需合作模式，把对采购的事后控制转变为事中控制，也就是实现了管理的延伸，将对本企业内部的采购职能的管理转变为对外部资源的管理。

3) 战略合作伙伴关系的建立

供应链管理模式下的战略伙伴关系的采购方式，解决了传统模式下的诸多问题。

(1) 库存控制问题。在供应链管理模式下，通过双方的合作伙伴关系，供应方与需求方可以共享需求和库存数据，从而减少了需求信息的失真现象，避免了在传统采购模式下

“牛鞭效应”的发生。

(2) 风险规避问题。供需双方通过战略性合作关系，可以降低由于不可预测的变化带来的风险，比如运输过程的风险、信用的风险、产品质量的风险等。

(3) 采购流程问题。合作伙伴关系的建立，使双方从烦琐的日常采购事务性工作中解放出来，集中力量共同协商、制订战略性的采购供应计划，精简了采购流程。

(4) 采购成本问题。通过合作伙伴关系，双方减少了不必要的手续和谈判过程，也避免了信息不对称可能造成的成本损失，从而进一步降低企业的采购成本。

(5) 组织障碍问题。战略性的伙伴关系消除了供应过程的组织障碍，为实现准时化采购创造了条件。

3. 供应链采购与传统采购比较

供应链采购是指供应链内部企业之间的采购。供应链管理环境下的采购管理则以采购的过程为管理对象，通过对过程中的资金流、物流和信息流的统一控制，以达到采购总成本和总效率的最优匹配。供应链采购与传统采购相比，物资供需关系没有改变，采购的概念没有改变，采购的观念和采购的操作却发生了很大变化，如表2.5所示。

表2.5 供应链采购与传统采购比较

项目	供应链采购	传统采购
基本性质	基于需求的采购	基于库存的采购
	供应方主动型、需求方无采购操作的采购方式	需求方主动型、需求方全采购操作的采购方式
	合作型采购	对抗型采购
采购环境	友好合作环境	对抗竞争环境
信息关系	信息传输、信息共享	信息不通、信息保密
库存关系	供应商掌握库存	需求方掌握库存
	需求方可以不设仓库、零库存	需求方设立仓库、高库存
送货方式	供应商小批量、多频次连续补充货物	大批量、少频次进货
双方关系	供需双方关系友好	供需双方关系敌对
	责任共担、利益共享、协调性配合	责任自负、利益独享、互斥性竞争

小阅读

供应链中“牛鞭效应”

“牛鞭效应(Bullwhip Effect)”在如今的供应链管理中表现得尤为突出。1998年，在英国举办的供应链管理专题会议上，一位与会者提及，在他的欧洲日杂公司，生产、供应环节发生着这样的现象：从渔场码头得到原材料，经过加工、配送到产品的最终销售需要150天时间，虽然消费者得到这样的商品没有感觉到不好，而且所有的中间环节也都是按照企业原本的最优效率运转着，但是这位管理者做了一个数据对比后，感到非常惊讶，这个产品加工的整个过程仅仅占用了150天中的45分钟。为什么供应链条被拖得这么长，而真正最有价值的只有45分钟？大部分时间被如何浪费掉了呢？

整条供应链有零售商、批发商、分销商和制造商等各个环节，每一个节点企业的订单都会产生波动，需求信息都有扭曲发生(这不过是或多或少罢了)，这样下来，通过零售商、批发商、分销商、制造商，逐级而上，信息的扭曲越来越严重。美国著名的供应链管理专家Hau L. Lee教授这样解释“牛鞭效应”：尽管特定产品的顾客需求变动不大，但是这些商品的库存和延期交货波动水平却相当大。

解决“牛鞭效应”最好的方法是将这个“鞭子”缩得越短越好，这样引起的变化也会很小。透过高效的供应链管理系统，可以减少“牛鞭效应”，直接降低企业的营运成本，实现实时响应客户需求的理想境界。高效的整合供应链被认为是解决这个问题的最有效武器，但是一些传统的模式必须改变才能达到真正的高效运转。通过分析，管理学家认为，问题不在于是否对供应链进行了管理，而在于有没有通过新的管理模式，尤其是在分销与库存管理方法上。

传统的供应链管理中，供应链每一个环节都是企业各自管理库存，每个企业都有自己的库存控制目标和相应的策略，但各个企业相互缺乏信息沟通，彼此独占库存信息，因此不可避免地产生了需求信息的扭曲和时滞，使供应商无法快速准确地满足用户的需求。这就要求供应链各个环节的活动都应该是同步进行的，用户需求能够快速响应，而传统的库存和分销管理思想显然无法满足这一要求，所以解决问题必须从这两方面入手。

国外首先出现了一种全新的供应链库存管理——VMI(Vender Managed Inventory，供应商管理库存)，正在成为避免“牛鞭效应”的突破点。VMI与RMI(Retailer Managed Inventory，零售商管理库存)的传统库存管理方式完全相反。在VMI模式下，库存不再由各自企业自行管理，而是作为供需双方共同管理的“第三方库存”。

2.5.3　供应链管理技术

常用的供应链管理技术有电子数据交换(EDI)、快速反应(QR)、有效客户反应(ECR)、销售时点(POS)信息、连续补货计划(CRP)、电子订货系统(EOS)、电子资金转账(EFT)和供应商管理库存(VMI)等。

1. 电子数据交换(EDI)

1) 电子数据交换(EDI)定义

电子数据交换(Electronic Data Interchange，EDI)是一种利用计算机进行商务处理的方式，是将贸易、运输、保险、银行和海关等行业的信息用一种国际公认的标准格式，形成结构化的事务处理的报文数据格式，通过计算机通信网络，使各有关部门、公司与企业之间进行数据交换与处理，并完成以贸易为中心的全部业务过程。

EDI要求企业将其业务单证转换成行业标准格式，并传输到某个增值网(VAN)，贸易伙伴在VAN上接收到这些单证，然后从其标准格式转为自己系统可识别的格式。EDI 可传输的单证包括订单、发票、订单确认、销售和存货数据及提前运输通知等。

构成EDI系统的要素是EDI软件和硬件、通信网络、数据标准化。EDI数据标准是整个EDI最关键的部分，由于EDI是以实现商定的报文格式形式进行数据传输和信息交换，一次制定统一的EDI标准至关重要。EDI标准主要分为基础标准、代码标准、报文标准、单证标准、管理标准、应用标准、通信标准、安全保密标准等几个方面。

2) 电子数据交换(EDI)的特点

(1) EDI传输的企业间的报文是企业间信息交流的一种方式。

(2) EDI所传送的资料是业务资料，如发票、订单等。

(3) EDI传输的报文是格式化的，是符合国际标准的。

(4) EDI使用的数据通信网络一般是增值网、专用网。

(5) 数据传输由收送双方的计算机系统直接传送、交换资料，不需要人工介入操作。

2. 快速反应(QR)

1) 快速反应(QR)的定义

快速反应(Quick Response，QR)是在20世纪70年代后期从美国纺织服装业发展起来的一种供应链管理方法，是美国零售商、服装制造商及纺织品供应商开发的整体业务概念，以减少原材料到销售点的时间和整个供应链上的库存，提高供应链的动作效率为目的。

《物流术语(GB/T 18354—2006)》对QR的定义为：QR是指在供应链成员企业之间建立战略伙伴关系，利用EDI等信息技术进行信息交换和信息共享，用高额度、小数量配送方式连续补货，以实现缩短交货周期、减少库存、提高客户服务水平和企业竞争力为目标的一种供应链管理策略。

为了获得时间上的竞争优势，提高系统反应速度是QR的指导思想。面对批量小且需求多样化的买方市场，零售商不应该是储备“产品”而是准备各种“要素”，在获取顾客需求后，能在最短时间内提取所需“要素”进行“组装”，从而为顾客提供所需服务或产品。

QR要求零售商和供应商通力合作，通过双方信息资源共享，对顾客需求做出快速反应。在具体运作中，产销双方利用数据电子化来提高信息流动速度，以便最大限度缩短交货时间、减少成本费用。

2) 快速反应(QR)的实施

QR系统通过信息技术的应用，增强了企业对市场的快速反应能力。主要表现为以下几点。

(1) 现代信息技术的应用。开发和应用现代信息处理技术是成功进行QR活动的前提条件。零售商必须使用条形码、POS扫描和EDI等技术设备，以获得更准确的销售数据，并使信息沟通更加流畅。零售商和制造商利用EDI传输订购单报文和发票报文，来保证快速反应。

(2) 建立先进的补货联盟，固定周期自动补货。为了保证补货业务的流畅，零售商和制造商联合起来成立先进的补货联盟，根据销售数据，预测并制订未来的需求计划，在保证有货和减少缺货的情况下降低库存水平。制造商管理零售商的存货和补货，能加快库存周转速度。

(3) 联合产品开发，缩短新产品上市时间。QR的运用可以促进制造商和零售商联合开发新产品，从而缩短了新产品(一般是周期性很短的商品)上市的时间，并且可以保障新产品在店内顺利试销。

(4) 制造商缩短生产周期，降低商品库存水平。制造商应采用 JIT 生产方式进行多品种小批量生产，缩短商品的生产周期，减少自身的库存水平，并通过高频率小数量配送，降低零售商的库存水平，提高顾客服务水平。

(5) 快速反应的集成。零售商和制造商重新设计其整个组织、业绩评估系统、业务流程和信息系统，通过业务重组，将供应链企业的整体业务集成起来，以支持供应链整体战略。

3. 有效客户反应(ECR)

1) 有效客户反应(ECR)的定义

有效客户反应(Efficient Consumer Response, ECR)是1992年从美国的食品杂货业发展起来的一种供应链管理战略。ECR的最终目标是建立一个具有高效反应能力和以客户需求为基础的系统，使零售商及供应商以业务伙伴方式合作，提高整个供应链的效率，降低整个系统的成本、库存和物资储备，同时为客户提供更好的服务。

《物流术语(GB/T 18345—2006)》给ECR的定义：有效客户反应是以满足顾客要求和最大限度降低物流过程费用为原则，能及时做出准确反应，使提供的物品供应或服务流程最佳化的一种供应链管理策略。

2) 有效客户反应(ECR)的实施

零售商通过ECR，无须签发订购单，即可实现订货。供应商则可利用ECR的连续补充技术，随时满足客户的补货需求，使零售商的存货保持在最优水平，从而提供高水平的客户服务，同时，供应商也可从商店的销售点数据中获得新的市场信息，改变销售策略。分销商通过ECR可快速分拣运输包装，加快订购货物的流动速度，增加消费者购物的便利性。

ECR的实施可以节约多种成本，包括商品的成本、营销费用、销售和采购费用、管理费用和店铺的经营费用等。由于商品在流通环节中缩少了不必要的成本，零售商和批发商之间的价格差异也随之降低，最终使消费者受益。

3) QR与ECR的比较

而QR主要集中在一般商品和纺织行业，其主要目标是对客户的需求做出快速反应，并快速补货。ECR主要以食品行业为实施对象，其主要目标是降低供应链各环节的成本，提高效率。两者的差异主要有以下几点。

(1) 侧重点不同。QR侧重于缩短交货提前期，快速响应客户需求；ECR侧重于减少和消除供应链的浪费，提高供应链运行的有效性。

(2) 管理方法的差别。QR主要借助信息技术实现快速补货，通过联合产品开发缩短产品上市时间；ECR除了快速引入新产品外，还能有效管理商品、有效促销商品。

(3) 适用的行业不同。QR适用于单位价值高、季节性强、可替代性差、购买频率低的行业；ECR适用于产品单位价值低、库存周转率高、毛利少、可替代性强、购买频率高的行业。

(4) 改革的重点不同。QR改革的重点是补货和订货的速度，目的是最大限度消除缺货，并且只在商品需求时才去采购；ECR改革的重点是效率和成本。

知识窗

销售时点(Point of Sales，POS)信息是利用光学式自动读取设备，按照商品的最小类别读取实时销售信息以及采购、配送等阶段发生的各种信息，并通过通信网络将其传送给计算机系统进行加工、处理和传送，以便使各个部门可以根据各自的目的有效地利用上述信息的系统。

连续补货计划(Continuous Replenishment Program，CRP)是利用及时准确的销售时点(POS)信息确定已销售的商品数量，根据零售商或批发商的库存信息和预先规定的库存补充程序确定发货补充数量和配送时间的计划方法。

电子订货系统(Electronic Order System，EOS)是不同组织间利用通信网络和终端设备进行订货作业与订货信息交换的体系。

电子资金转账(Electronic Funds Transfer，EFT)是指使用电子通信设备将现金从一方转付给另一方，在电子资金转账过程中不需要使用纸质凭证。

本章小结

采购与供应管理是企业物流与供应链管理的重要环节。本章从采购与供应链管理的角度介绍了采购、供应链的基本概念，阐述了采购的目标、采购的原则、采购管理的基本内容、采购管理组织设置原则、现代科学采购的常用方法以及供应商选择应遵循的目标和原则。随着社会经济的发展和买方市场的形成，真正的竞争已经转化为供应链和供应链之间的竞争。本章以集成化的供应链管理思想为纽带，介绍了核心企业模式下供应链结构模型的特点、供应链管理的目标以及供应链环境下采购的特点，并指出供应链管理需要运用先进的技术与方法，才能实现供应链各环节之间快速、高效的无缝衔接。

关键术语

采购管理　供应链管理　供应商　快速反应(QR)　有效客户反应(ECR)

综合练习

一、单选题

1. 某公司欲购买一款软件，它属于采购对象分类中的(　　)。

A. 有形采购　　B. 无形采购　　C. 招标采购　　D. 议价采购

2. (　　)是生产企业根据主生产计划(MPS)和物料清单(BOM)以及库存情况，逐步计算出主产品的各个零部件、原材料等的生产计划和采购计划。

A. JIT采购　　B. 电子商务采购　　C. 供应链采购　　D. MRP采购

3. (　　)是指采购人员与厂商经讨价还价后，议定价格进行采购。

A. 询价采购　　B. 招标采购　　C. 议价采购　　D. 比价采购

4. 选择新供应商应遵循目标定位原则、优势互补原则、择优录用原则、(　　)。

A. 共同发展原则　　B. 价格最低原则　　C. 服务最优原则　　D. 配送最快原则

5. 供应链管理是指对供应链涉及的全部活动进行(　　)、组织、协调与控制。

A. 决策　　B. 计划　　C. 管理　　D. 监控

6. 供应链管理下的供需关系是一种(　　)。

A. 竞争性关系　　B. 联盟关系　　C. 供应关系　　D. 战略性合作关系

二、多选题

1. 按照采购主体分类，采购可以分成(　　)。

A. 公共采购　　B. 个体采购　　C. 企业采购　　D. 政府采购

2. 采购管理的主要内容包括(　　)。

A. 采购计划管理　　B. 采购组织实施　　C. 采购监管与控制　　D. 采购绩效评估

3. 供应商管理应主要抓好的基本环节有(　　)。

A. 供应商调查　　B. 供应商开发　　C. 供应商选择　　D. 供应商考核

4. 核心企业主要有4种类型：资源依赖型、(　　)。

A. 资金依赖型　　B. 技术依赖型　　C. 渠道依赖型　　D. 物流依赖型

5. 供应链不仅是一条连接供应商到用户的(　　)，还是一条增值链。

A. 物料链　　B. 信息链　　C. 资金链　　D. 价值链

6. 供应商选择的定量方法有(　　)。

A. 招标法　　B. 线性权重法　　C. 采购成本法　　D. ABC成本法

三、判断题

1. 采购应遵循成本效益原则、质量原则、进度配合原则、公平竞争原则。　(　　)

2. 供应链管理就是对整个企业采购活动进行计划、组织、指挥、协调和控制。　(　　)

3. 长期合同采购的合同期一般以五年为限。　(　　)

4. 著名物流专家马丁·克里斯多夫曾说，市场上只有供应链没有企业，真正的竞争不是企业与企业之间的竞争，而是供应链和供应链之间的竞争。　(　　)

5. 在供应链结构模型中，供应链的组织结构一般围绕制造企业来构建。　(　　)

6. 有效客户反应是在20世纪70年代后期从美国纺织服装业发展起来的一种供应链管理方法。　(　　)

四、思考题

1. 企业在什么情况下需要开发新供应商？

2. 供应链的核心企业一般应具有哪些特点？

3. 供应链采购与传统采购有哪些差异？

4. QR与ECR的区别有哪些？

5. 供应链中“牛鞭效应”的出现说明了什么？

五、案例分析题

中外运空运发展股份有限公司：融合与创新，打造全程供应链运营平台

作为中央企业中国外运长航集团旗下的专业空运公司、中国外运股份有限公司的控股子公司，中外运空运发展有限公司注册资本90 548.172万元。公司于2000年在上海证交所上市，股票代码600270，简称“外运发展”，是一家拥有全国性经营网络的上市物流公司，拥有大量的仓储、运输业务，尤其是华北分公司的索尼VMI业务，既涉及传统的仓储、报关业务，又同时包含保税仓库和国内仓库派送到线边的业务。面对业务需求与自身能力的巨大差异，外运发展充分发扬自主创新精神，打造全程供应链运营平台，在物流服务的技术和模式上取得了质的飞跃。

1. 引入RFID技术，实现了货物流与信息流的实时同步

外运发展利用RFID射频识别技术将货物、单据和信息的流转有效地结合起来，通过对业务流程、系统架构、系统接口、RFID精准识别等内容的重点攻关，实现了货物流与信息流的实时同步，从根本上解决了传统仓储管理中普遍存在的货位、提货环节差错率高，理货、上架、出库速度慢、效率低，多人操作时容易出现混乱等问题，实现了移动终端和仓库操作叉车与核心业务系统的信息通信。

2. 依托互联网，打造全程供应链运营平台

外运发展通过立足现代仓储，依托互联网技术建设了能够适应新型综合物流服务的全程供应链运营平台。平台除了包含仓储管理外，还涵盖了订单管理(自动挂PO)、运输管理(手机App客户端)和结算管理(智能计费引擎)等物流活动的主要管理、操作环节，使自身的物流服务能力进一步提升。

3. 动态盘库提高了仓储操作的效率和准确率

外运发展的全程供应链运营平台可以在不影响库内的正常操作的前提下实现动态盘库。在盘库查询作业中，由阅读器自动获取标签上的信息，自动识别材料，迅速准确传递信息，缩短了作业流程和作业时间，降低物流环节的成本。

4. 解决了物流运输空载率居高不下的问题，提高物流链的整体运营效率

通过全程供应链运营平台，将物流所涉及的各类业务主体(托运人、承运人、运输公司、车辆、驾驶员、收货人、服务机构、仓储配送中心)整合起来，有效解决了运力和货物难以高效整合匹配、空载率居高不下的问题，实现了物流业务的无缝连接，提高物流链的整体运营效率，降低运营成本。

全程供应链运营平台在华北分公司索尼VMI项目上线仅一个月，就取得了保税库库存530 托盘材(物)料，入库69 301箱，出库70 101箱材(物)料。国内库库存521托盘材(物)料，入库35 740箱，出库33 347箱材(物)料。2015年9月30日，索尼业务一次出库17 000 箱，保税库13 000箱，国内库4 000箱，业务操作人员从容面对，10小时内全部完成，所有操作零差错的优异成绩。

另一家部署应用该平台的外运发展天津分公司国际进口仓储已累计完成25 971笔仓储业务，操作仓储货物共计12 327.2吨，累计节省仓储操作时间约3 462.8小时，与传统物流

仓储操作相比，人员成本投入降低了至少40%，而且由于单位时间内工作效率的大幅提升，来自经营成本的压力也得到了有效缓解。

外运发展的物联网+全程供应链运营平台，将推动我国物流行业整体管理运营水平提升，同时还会引领物流行业走出一条绿色发展的道路。

资料来源：中国物流与采购网[EB/OL].(2016-11-24)[2019-06-05].http://www.chinawuliu.com.cn/xsyj/201611/24/317201.shtml.

分析：

(1) RFID射频识别技术在外运发展的物流管理环节上起到哪些作用？

(2) 外运发展的全程供应链运营平台主要解决了哪些问题？

(3) 结合全程供应链运营平台带来的经济效益，谈谈其有哪些社会效益？

第3章　仓储与库存管理

学习目标

- 熟悉仓库的设备情况
- 了解仓储管理的概念以及仓储的作用
- 掌握ABC分类法的基本库存控制策略
- 掌握仓储作业的流程
- 熟悉自动化立体仓库的特点及优势

引导案例

内蒙古蒙牛乳业(集团)股份有限公司乳制品自动化立体仓库库区面积8323平方米，货架最大高度21米，托盘尺寸1200毫米×1000毫米，库内货位总数19 632个；入库能力150盘/小时，出库能力300盘/小时，出入库采用联机自动。

入库区由66台链式输送机、3台双工位高速穿梭车组成。输送机负责将生产线端码垛区完成的整盘物品转入各入库口；双工位穿梭车则负责生产线端输送机输出的物品向各巷道入库口的分配、转动及空托盘回送。

储存区包括高层货架和17台巷道堆垛机。高层货架采用双托盘货位，完成货物的存储功能；巷道堆垛机则按照指令完成从入库输送机到目标货位的取货、搬运、存货及从目标货位到出货输送机的取货、搬运、出货任务。

托盘(外调)回流区由12台出库输送机、14台入库输送机、巷道堆垛机和货架组成，分别完成空托盘回收、存储、回送、外调物品入库、剩余产品和退库产品入库、回送等工作。

工作人员通过电子看板、RF终端扫描，利用叉车完成装车作业，实时反馈配送信息。计算机用于出入库登记、出入库高度管理和联机控制。

思考：

(1) 自动化仓库与传统仓储有哪些区别？

(2) 蒙牛乳业自动化立体仓库的运营有哪些优势？

3.1　仓储管理概述

仓储是商品流通的重要环节之一，也是物流过程中的两大关键环节之一，被人们称为“物流的支柱”。仓储管理与库存控制是现代物流管理的重要内容，是企业获取“第三利润源”的重要途径。

3.1.1　仓储及仓储管理

仓储是指通过仓库对暂时不用的物品进行储存和保管。《物流术语(GB/T 18354—2006)》将仓储定义为：仓储是利用仓库及相关设施设备进行物品的入库、存贮、出库的活动。从物流系统(Logistics System)观念上看，仓储是物流系统的基本要素，承担着物流系统的存储功能。

仓储管理(Inventory Management)就是对仓库及仓库内的物品所进行的管理，根据《物流术语(GB/T 18354—2006)》的定义，仓储管理是指对仓储设施布局和设计以及仓储作业所进行的计划、组织、协调和控制。

1. 仓储管理内容

仓储业是经济活动的一种，既具有一般企业管理的共性，也体现出其本身的管理特点。从理论和实务角度来看，仓储管理涉及以下诸方面内容：仓储网点的布置和选址，仓储设施的选择，仓储规模的确定，仓储商务管理，特殊物品的仓储管理，库存货源组织，仓储计划，仓储作业，物品包装和养护，仓库治安、消防和生产安全，仓储经济效益分析，仓储物品的保税制度和政策，库存管理与控制，仓储管理中信息技术的应用以及仓储系统的优化等。

2. 仓储管理对象

随着仓储业的发展，仓储管理的地位日益重要，仓储已成为物流过程中的核心环节，它的功能已不是单纯的物品储存，而是兼有包装、分拣、整理、装备等多种辅助性功能。因此，广义的仓储管理应该包括对这些工作的管理，是一种动态的管理。

仓储管理研究的是物品流通过程中对物品储存环节的经营和管理，以及为提高经营绩效而进行的计划、组织、指挥、监督以及调节活动。

仓储管理主要是从整个物品流通中的购、销、储、运各个环节的相关关系中，研究物品的收、管、发及其加工经营活动，以及围绕物品储存业务所展开的对人、财、物的运用与管理。

3. 仓储管理作用

仓储管理的基本作用是对物品进行存储、流通调控、数量管理、质量管理、交易中介、流通加工、配送和配载。利用仓储活动可开展多种服务，从而可以提高仓储附加值、促进物品流通、提高社会资源效益。

1) 物品存储

存储是指在特定的场所，将物品收存并进行妥善保管，确保被存储的物品不受损害。存储也是仓储的基本任务，是仓储产生的根本原因。存储的对象是有价值的物品，存储必须将存储物品移到特定的存储地，存储的目的是确保存储物品的价值不减少，保管人有绝对的义务妥善保管好存储物品，存货人有权控制存储物品。物品的存储可能是长期存储，也可能是短时间的周转存储。

2) 流通调控

仓储既可以长期进行，也可以短期开展。存期的控制自然形成了对流通的控制，换言之，市场需求决定了物品是存储还是流通，即当交易不利时，将物品储存，等待有利的交易机会，这就是仓储的“蓄水池”功能。

流通调控的任务就是对物品是仓储还是流通做出安排，确定储存时机、计划存放时间，当然还包括储存地点的选择。

3) 数量管理

仓储的数量管理包括两个方面：一方面是存货人交付保管的仓储物品的数量和提取仓储物品的数量必须一致；另一方面是保管人可以按照存货人的要求，分批进货和分批出货，对储存的物品进行数量控制，同时向存货人提供存货数量的信息服务，以便客户控制存货。

4) 质量管理

保证仓储物品的质量不发生变化是保管人的基本义务。保管人需要采用先进的技术、合理的保管措施，妥善地保管仓储物品。当仓储物品将发生质量变化时，保管人不仅要及时通知存货人，还要及时地采取有效措施减少损失。

5) 交易中介

仓储经营人便于利用存放在仓库的有形资产、利用与物品使用部门广泛的业务联系开展现货交易中介。仓储经营人利用仓储物品开展交易活动不仅会给仓储经营人带来收益，吸引仓储客户，还能充分利用社会资源，加快社会资金周转，减少资金沉淀。交易功能的开发是仓储经营发展的重要方向。

6) 流通加工

加工原本是生产的环节，但是为了适应消费多样化、个性化、变化快的特点，又为了严格控制物流成本，生产企业将产品的定型、分装、组装、装潢等留到最接近销售的仓储环节进行，使得仓储成为流通加工的重要环节。

7) 配送

对于设置在生产和消费集中地区附近的从事生产原材料、零部件或商品的企业，向生产车间和销售点的配送是仓储的基本业务。根据生产的速度和销售的需要，仓库及时地、小批量地将仓储物品送到生产线、零售商或店主的手里。仓储配送业务的发展，有利于生产企业减少存货、减少固定资金投入，实现准时制生产，有利于商店减少存货，降低流动资金使用量，且能保证销售。

8) 配载

大多数运输转换仓储都具有配载的任务。物品在仓库集中集货，按照运输的方向进行分类仓储，当运输工具到达时出库装运。通过对运输工具进行配载，确保物品配送及时进行和运输工具充分运用。

3.1.2 仓储基本设备

仓储设备是指存储业务中所需要使用的技术装置和工具，其担负着仓储作业的各项任务，影响着仓储活动的每一个环节，在仓储活动中处于重要地位。

1. 货架

通俗地讲，货架就是存放货物的架子，是指用支架、隔板或托盘组成的立体储存货物的设施。

1) 货架的作用及功能

货架是由具有一定强度的材料，按一定的要求建成的，用来存放物品的几何建筑体。它对物品的储存和堆码起着重要作用。货架的功能包括以下几点。

(1) 用钢材或钢筋混凝土制成的架子，可通过提升货架高度来扩大仓库的储存能力。

(2) 货架上的物品相互不接触、不挤压，减少货损。

(3) 物品存取方便，结合计算机管理易实现先进先出。

(4) 可采用防潮、防尘、防盗等措施来提高物品储存质量。

(5) 有利于实现仓储系统的自动化管理。

2) 货架的种类

货架的种类主要有层架式货架，托盘式货架，阁楼式货架，悬臂式货架，移动式货架，重力式货架，橱柜式货架，U形架，棚架，鞍架，轮胎专用架，驶入、驶出式货架，自动化立体仓库货架等，如图3.1所示。下面简要介绍几种货架。

图3.1　货架示意图

(1) 层架式货架。

① 分类：层架式货架的应用非常广泛，如果按层架存放物品的重量分类，可以分为重型和轻型货架；按其结构特点分类，有层格式、抽屉式等类型。

② 特点及用途：层架式货架结构简单，适用性强，有利于提高空间利用率，方便存取，是人工作业仓库主要的存储设备。层格式货架主要用于存放规格复杂多样、必须互相隔开的物品。抽屉式货架主要用于存放比较贵重或怕尘土、怕湿的小件物品。

(2) 托盘式货架。

① 结构：托盘式货架专门用于存放堆码在托盘上的物品，其基本形态与层架式货架类似，但承载能力较大，每层空间适于存放整托盘物品。

② 特点及用途：托盘式货架结构简单，可调整组合，安装简易，费用经济；入库不受先后顺序的限制；储物形态为托盘装载物品，配合升降式叉车存取。

(3) 阁楼式货架。

① 结构：阁楼式货架是将储存空间规划为上、下两层，利用钢架和楼板将空间隔为两层，下层货架结构支撑上层楼板。

② 特点及用途：阁楼式货架可以有效增加空间利用率，通常上层存放轻量物品，不适合重型搬运设备运行，需配备垂直输送设备进行搬运。

(4) 悬臂式货架。

① 结构：在立柱上装设杆臂便构成了悬臂式货架。杆臂常用金属材料制造，其尺寸一般根据所存放物料尺寸的大小确定。为防止物品损伤，常在悬臂上加垫木质衬垫或橡胶带，以起保护作用。

② 特点及用途：悬臂式货架为开放式货架，不便于机械化作业，需配备跨距较宽的设备。货架一般高度在6米以下，空间利用率较低，为35%～50%。

(5) 移动式货架。

① 结构：移动式货架底部装有滚轮，通过开启控制装置，滚轮可沿轨道滑动。

② 特点及用途：移动式货架平时密集相接排列，存取物品时通过手动或电力驱动装置使货架沿轨道水平移动，形成通道，可以大幅度减少通道面积，地面使用率可达80%，而且可直接存放每一箱物品，不受先进先出的限制。但相对来说，机电装置较多，建造成本较高，维护也比较困难。

(6) 重力式货架。

① 结构：与水平面成一定的倾斜角度，低端作为出货端，而高端作为入货端。

② 特点及用途：重力式货架能够大规模密集存放物品，减少了通道数量，可有效节约仓库面积；重力式货架能保证先进先出，并且方便拣货，作为分拣式货架，普遍应用于配送中心；重力式货架其拣货端与入货端分离，能提高作业效率和作业的安全性。重力式货架还可以根据需要设计成适合托盘、纸箱、单件物品储存的结构和形式。

2. 托盘

作为单元负荷的物品和制品的水平平台装置，托盘主要用于集装、堆放、搬运和运输。通常在平台上集装一定数量的单件物品，并按要求捆扎加固，组成一个运输单位，便于运输过程中使用机械进行装卸、搬运和堆放。托盘的使用提高了出入库效率和仓库利用率，实现了储存作业的机械化。采取货物带托盘的存储方法，可以消除转载时码盘、拆盘的繁重体力劳动，逐渐实现了托盘流通与循环使用，达到“托盘装卸—托盘搬运—托盘储存—托盘售货”的一贯化托盘物流。托盘的类型主要有平板托盘、立柱托盘、箱式托盘、轮式托盘，以及在特殊行业中使用的特种专用托盘，如图3.2所示。我国国家标准GB/T2934—2007规定的联运通用平托盘的平面尺寸为1200毫米×1000毫米和1100毫米×1100毫米。

图3.2　托盘示意图

托盘的主要优点是自重小；返空容易；装盘容易；装载量适宜，比一般包装的组合量大；节省包装材料，降低包装成本。托盘除了具有以上所述优点外，也有一些不足，例如保护产品性能不如集装箱；露天存放困难，需要有仓库等设施；托盘本身的回运需要一定的运力消耗和成本支出。

3.其他设备

仓储管理还涉及其他相关设备，如计量检验设备、养护检验设备、通风照明保暖设备、消防安全设备等。

1) 计量检验设备

计量检验设备是在物品的入库验收、在库检查和出库交接过程中使用的度量衡称量设备、量具和检验商品的各种仪器仪表。称量设备包括地中衡、轨道衡、磅秤、汽车磅秤以及自动称量装置等；量具包括直尺、卷尺、卡钳、线规、游标卡尺和千分卡等。检验商品的仪器仪表有测湿仪、拉力机、硬度机、显微镜、原子吸收分光光度计、光谱仪、矽钢片测试仪、光学分析仪器等。

2) 通风照明保暖设备

常见的通风照明保暖设备有联通开窗机械、抽风机、各式电扇、普通加罩电灯、探照灯、防爆式电灯、暖气装置、防护火炉等。

3) 消防安全设备

为了保证现代仓库的安全，企事业单位必须根据储存商品的种类配备相应的消防设备，常见的消防安全设备有消防栓、灭火器等。

3.2 仓储作业管理

3.2.1 仓储作业管理概述

仓储作业是指以保管活动为中心，从仓库接收物品入库开始，到按需要把物品全部完好地发送出去的全部过程。仓储作业过程主要由入库、保管、出库3个阶段组成，按其作业顺序来看，一般可以分为卸车、检验、整理入库、保管保养、检出与集中、装车、发运7个作业环节；按其作业性质可归纳为物品检验、保管保养、装卸与搬运、加工、包装和发运6个作业环节。某企业的仓储作业内容如图3.3所示。

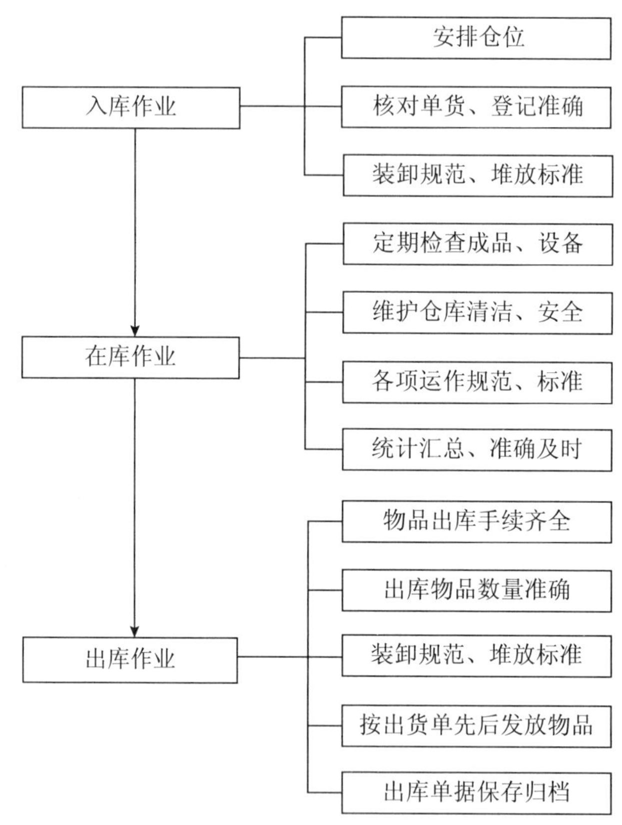

图3.3 仓储作业内容

仓储各个作业环节之间并不是孤立的，既相互联系，又相互制约。

1. 入库作业

入库是指物品进入仓库时进行的卸货、验收、上架、堆码以及单据、账卡处理传递等手续的总称。物品入库作业的流程主要包括入库准备、接运、验收、入库等。

1) 入库准备

(1) 信息。供应商发货后，仓储部要及时取得发货信息(发货时间、发货地点、运输方式、在途天数、预计到货时间、到货地点、联系电话、名称、规格、数量、包装、形状、单件体积、保管要求、自提还是送货上门、是否需要与货站结算货款等)和采购合同或订单，了解需求信息。

对于未按通知时间到货的货物，仓储部应及时向供应商和运输部门查询，看看收货单位的名称、地址、电话等信息是否有错，是否中途发生车祸、车辆故障、封道、倒车等情况。收货时要重点关注货物是否发生中转、反复装卸是否引起包装异常，对于这种不正常的到货要逐件检查，延迟到货的过程容易发生多种意外情况。进口物品应附码头提单、装箱单、合同、发票，做到四证齐全。

(2) 人力。按照到货信息，预先组织人员，安排接收、装卸搬运、检验、堆码等工作环节。

(3) 物力。按照到货信息，准备装卸搬运的车辆，检验器材度量衡、秤、尺，移动照明，撬棍，堆码的工具以及危险品需要的必要防护用品。

(4) 货位。预计货位的面积，提前清场、清洁、预留验收场地。为了保证先进先出，要单独起垛，不要让后到的货压在先到货的上面，避免底下的货成为死货。

(5) 遮垫。准备遮盖用品、托盘、容器等工具，使堆码和遮垫工作同时完成。

2) 接运

入库接运分为到货和提货两种方式，到货不需要仓库组织库外运输，但提货需要仓库组织库外运输，并注意返回途中的物品安全。仓储管理人员要了解公路、铁路、航空、海运等接收方式，认真检查、分清责任、取得必要的证件，避免将入库前就已经变异的物品带回仓库，造成验收中的责任混淆和不必要的损失。

(1) 入库接运前的处理。接运差异处理包括错发、混装、漏装、丢失、损坏、污损等。差错可能是由供应商造成的，也可能是由运输企业或自己装卸运输造成的。

(2) 入库接运的方式。

① 铁路专用线。仓库接到火车站的到货通知后，应确定卸车货位，力求缩短场内搬运距离，准备好卸车所需的人力和工具。车皮到达后，要引导到位。

② 公路配货站、车站、码头提货。提货人凭货主和本人的身份证到指定货站提货；提货人凭领货凭证的原件和复印件加单位证明信，到车站提货；在码头，提货人要先在提货单上签字并加盖单位公章或附单位提货证明，到港口货运处取回货运单，再到指定的库房提货。

另外，接运还有直接到供应商处提货、供应商直接送到仓库、生产下线收货入库等形式。

3) 验收

在物品正式入库前，按照一定的程序和手续，对到库物品进行数量和外观质量的检查，以验证其是否符合订货合同的规定。通过验收避免给企业带来不必要的经济损失，监督供应商和承运人的服务质量，将验收记录作为退货、换货和索赔的依据。仓储管理人员判明实属本库保管物品后，应对物品及凭证认真检查，核对所收物品名称、规格、数量、质量等。当证件完全符合后，仓储管理人员按公司物品检验制度规定提请品质部及有关技术部门进行质检，暂不验收，存放在待验区。

验收包括数量验收和质量验收，其基本要求为准确、及时、严格、经济。

(1) 数量验收。数量验收是核对到库物品的编码、名称、规格、型号、数量(件数、长度、重量)等是否与到货通知单、运单、发货明细表、技术标准、装箱清单等资料相符。数量验收的方法有逐件清点、检斤丈量、堆码后清点和抽检。当天的到货当天完成入库，隔日入库须避免重复入库。

(2) 质量验收。质量验收是对物品的外观质量和内在质量进行检查测定，以验证其是否符合物品的质量标准或合同的要求。质量验收的内容有核对物品的品名、规格、型号和材质等；检查物品的外观质量状况；核对合格证或技术证件；检查设备是否成套，配套的零件是否齐全；进行一般性的内部结构检查，如对机电设备作必要的电阻测试；在外观检查中发现问题，物品需要作进一步理化性能检验时，库管员应报技术部门、质检部门决定处理；需要开箱和拆件时，应保证不损坏物品本身，检验后尽量恢复原包装。

对于验收时的争议有以下几种处理方法：①到货与订货合同不一致时，库管员应及时通知有关部门，做出退货、寄存、变更采购订单的处理。库管员可在管理系统或到货通知上查看是否有采购订单，注意供应商送货到仓库的情况，详细登记处理结果。②入库前若发生短缺，按照实际数量入库，并作出与来货清单差异的报告，仓储部与供应商沟通，向运输部门索赔。进口物品按有关规定及时验收，以免延误索赔期。③应附的合格证或技术标准等文件不符合时，理论上将物品作为待验物品处理，通知有关部门向供应商索取文件；实际运作中经常是先单独验收寄存，等待质量部门的通知。④对于验收过程中发现的不合格品，应该保存证据，作出不合格品报告。下列情况应严格把关，不予验收：无公司领导批准采购的、与合同订货单几乎不符的、违反公司规定或采购员工作标准的、没按规定进货渠道采购的、质量不合格的等。⑤对于待处理的物品，不得办理入库手续，应该单独存放，妥善保管，防止与正品混杂出库，防止丢失、变异。⑥发生差异时，库管员应及时通知采购负责人；送错或数量不足时，要及时补充订货，并办理拒收、寄存、入库等手续；超过采购数量时，超出部分原则上要拒收，避免增加仓储管理费用，如果采购员同意接收，要求他补充一笔采购订单。⑦库管员要根据经验目检并通知质检人员到现场抽检，由于抽检造成数量不符时，应要求质检人员开具出库单。⑧包装异常时，库管员要会同送货人员一起开包验收。发现数量减少或质量变异时，库管员要及时登记索赔，拒绝其入库，将其单独存放，与正品隔离，等待处理。能当场更换包装的，在条件允许的情况下，应立即处理，避免在运输途中丢失。

4) 入库

入库即将验收后的物品放在规定的预留货位上。主要包括以下几个步骤。

(1) 手工填写入库单，要求字迹清晰，信息全面、不漏项。

(2) 录入管理系统，要求必须在采购订单或生产订单中录入。没有订单的，属于非法入库，应注明货位。

(3) 填写物品管理卡片，注明入库时间和经手人。出入库随时调整，保证卡片和实际库存一一对应。

(4) 登账。填写手工账单或电子表格账单。

(5) 建档。仓库应给所有库存物品建立档案，以便物品管理，也为将来可能发生的争议保留凭证，同时也有助于积累保管经验和研究仓储管理规律，最好做到“一品一档”。

(6) 调拨入库。

2. 在库作业

1) 物品的堆码

堆码即将物品整齐、规则地摆放成货垛的作业。物品堆码的基本原则有以下几点：分类存放；保持适当的搬运活性，摆放整齐；尽可能码高，货垛稳固；面向通道，不围不堵；下重上轻；根据出库频率选定位置；便于识别，点数堆码时可以有计划地按照“五五化”堆码的方式进行。

堆码的垛形有平台垛、起脊垛、立体梯形垛、行列垛、井形垛、梅花形垛等。

(1) 平台垛。平台垛(见图3.4)是先在底层以同一个方向平铺摆放一层物品，然后垂直继续向上堆积，每层物品的件数、方向相同，垛顶呈平面，垛形呈长方体。平台垛适用于包装规格单一的大批量物品；包装规则的方形箱装物品、大袋物品；规则的软袋成组物品、托盘成组物品。

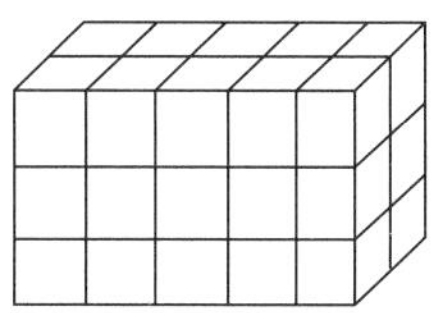

图3.4　平台垛示意图

(2) 起脊垛。起脊垛是先按平台垛的方法码垛到一定高度，以卡缝的方式逐层收小，将顶部收尖成屋脊形，如图3.5所示。起脊垛是货场堆货的主要垛形，货垛表面的防雨遮盖从中间起向下倾斜，便于雨水排泄，防止弄湿物品。

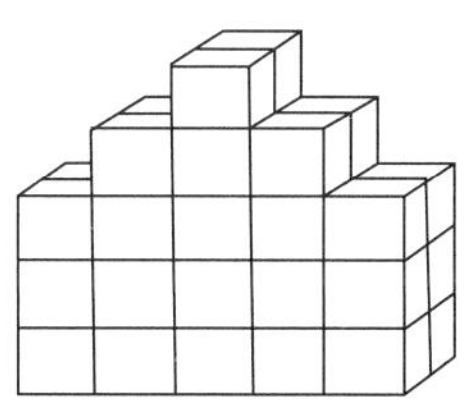

图3.5　起脊垛示意图

(3) 立体梯形垛。立体梯形垛是在最底层以同一方向排放物品的基础上，向上逐层同方向减数压缝堆码，垛顶呈平面，整个货垛呈下大上小的立体梯形形状，如图3.6所示。立体梯形垛用于包装松软的袋装物品和上层面非平面而无法垂直叠码的物品，如横放的桶装、卷形、捆包物品。

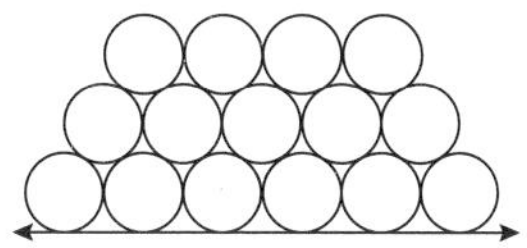

图3.6　立体梯形垛示意图

(4) 行列垛。行列垛是将每票物品按件排成行或列，每行或列一层或数层高，垛形呈长条形，如图3.7所示。行列垛适用于存放批量较小的物品，如零担物品。因每垛货量较少，垛与垛之间都需留空，垛基小而不能堆高，使得占用库场面积大，库场利用率较低。

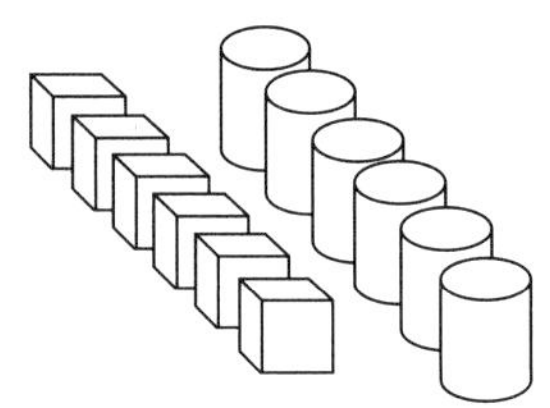

图3.7　行列垛示意图

(5) 井形垛。井形垛用于长形的钢材、钢管及木方的堆码，如图3.8所示。它是在一个方向铺放一层物品后，再以垂直的方向铺放第二层物品，物品横竖隔层交错逐层堆放，垛顶呈平面。井形垛垛形稳固，但层边物品容易滚落，需要捆绑、使用木契卡住或者向内收进。

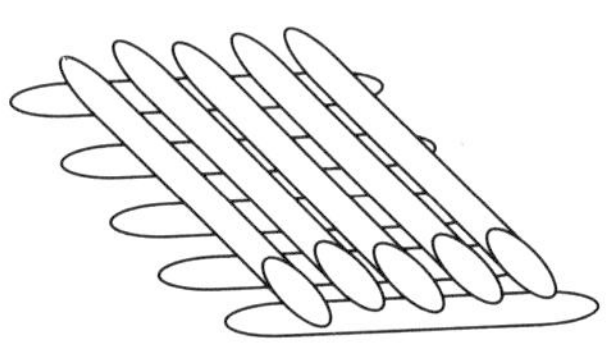

图3.8　井形垛示意图

(6) 梅花形垛。对于需要立直存放的大桶装物品，将第一排(列)物品排成单排(列)，第二排(列)的每件靠在第一排(列)的两件之间卡位，第三排(列)同第一排(列)一样，而后每排(列)依次卡缝排放，形成梅花形垛，如图3.9所示。梅花形垛物品摆放紧凑，充分利用了货件之间的空隙，可节约库场面积。

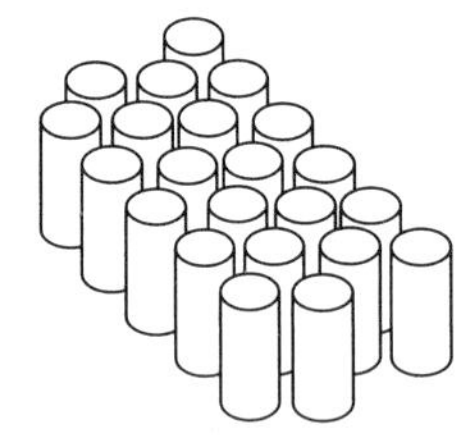

图3.9　梅花形垛示意图

2) 保管

仓储保管的目标是空间的最大化利用，劳力及设备的有效使用，所有物品都能随时存取，物品能有效移动，物品有良好保护，完善管理物品。

库管员要经常对物品进行检查测试，及时处理异常情况，合理地使物品通风，控制阳光照射，防止雨、雪水浸湿物品，及时排水除湿，除虫灭鼠，进行温湿度控制，防止货垛倒塌，防霉除霉，剔除贬值物品，对特殊物品采取有针对性的保管措施。

3) 盘点

盘点就是定期或不定期地对库场内的物品进行全部或部分清点，以确实掌握该期间内的库存状况，使库存信息改善。盘点是为了确实掌握物品的“进、销、存”，可避免囤积太多物品或缺货情况的产生，盘点过程中的数据对于计算物品成本及损失是不可或缺的。

(1) 依据不同的划分标准，有多种盘点方法。

以账或物来分，可分为账面存货盘点和实际存货盘点。账面存货盘点是指根据数据资料，计算出物品存货的方法；实际存货盘点是针对未销售的库存物品进行实地的清点统计，清点时只记录零售价即可。

以盘点区域来划分，可分为全面盘点和分区盘点。以盘点时间来划分，可分为营业前盘点、营业中盘点、营业后盘点和停业盘点。以盘点周期来划分，可分为定期盘点和不定期盘点。仓库盘点常用方法是账面盘点和现货盘点(动态盘点、期末盘点、循环盘点和定期盘点)。

(2) 盘点作业有以下几个步骤。

第一步，盘点基础工作，包括盘点方法、账务处理、盘点组织、盘点配置图等内容。

第二步，盘点前准备，包括人员准备、环境准备、盘点工具准备、盘点前指导、盘点工作分派和单据整理。

第三步，盘点中作业，分为初点作业、复点作业和抽点作业。初点作业应注意先点仓库、冷冻库、冷库，后点卖场；若在作业中盘点，先盘点购买出入库频率较低的物品；盘点货架或冷冻、冷藏柜时，要依序由左而右、由上而下进行盘点；每一台货架或冷冻、冷藏柜都应视为一个独立的盘点单元，使用单独的盘点表、按盘点配置图进行统计清理。复点作业可在初点进行一段时间后再进行，复点人员应手持初点的盘点表依序检查，把差异填在差异栏，复点人员需用红色圆珠笔填表。抽点作业规定抽盘可以根据不同的商品分类及具体的盘点情况，按10%左右进行盘点。对整个区域的抽点视同复点；抽点商品要选择库场内的死角，或体积小、单价高、量多的商品；抽点用红色盘点表，注明为抽点；抽点是对初点和复点无差异商品的抽验。

第四步，盘点后处理，包括资料整理，计算盘点结果，根据盘点结果实施奖惩措施，根据盘点结果找出问题并提出改善对策，做好盘点的财务会计财务处理等工作。

某企业的盘点作业流程如图3.10所示。

(3) 盘点盈亏处理。

盘点盈亏处理包括盈亏原因分析和库存盈亏处理。

① 盈亏原因分析包括以下几个方面：物品盘点的相关规章制度是否建立健全，制度是否有漏洞，是否存在丢失、损坏的可能；登账人员的素质；进出库作业人员的素质；物品盘点方法是否妥当；物品的特性如何；盘点差异是否可事先预防、如何预防，如何降低账货差异等。

② 库存盈亏处理包括以下几个方面：建立健全“进、存、出”物品检验、记录、核对制度，并落实到岗位、人员；分别培训登账人员和出入库物品的作业人员，提高仓库管理人员的素质；推行赏罚分明的奖励制度；对易发生货损、货差的物品，可委派专人进行循环盘点，发现问题及时解决；对于盘点中发现的呆滞物品，应及时通知采购部门停购，并对库存的呆滞物品进行处理；对于废、次品及不良品，应迅速处理。

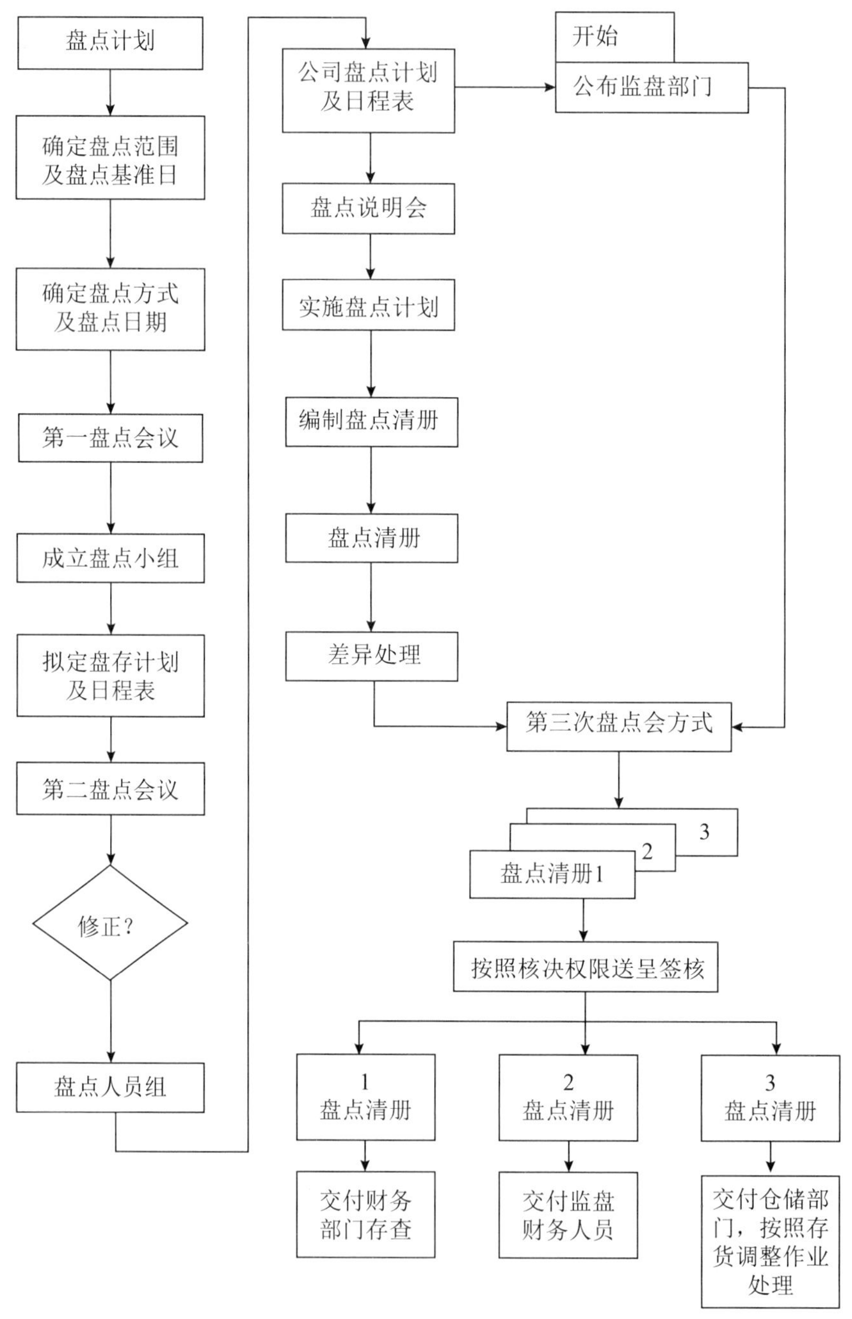

图3.10 盘点作业流程

3. 出库作业

出库作业又称发货业务，是根据业务部门或存货单位开具的出库凭证进行拣货、分货、发货检查、包装直到把货物点交给要货单位或者发运部门的一系列作业过程。货物出库的基本方式有提货、送货、托运、过户、移仓、取样。

出库作业流程是出库工作顺利进行的基本保证。为防止出库工作失误，在进行出库作业时必须严格履行规定的出库业务工作流程，使出库有序进行。物品出库作业的流程主要包括出库准备、备货、出库等。

1) 出库准备

(1) 出库物品准备。通常情况下，仓库调度在商品出库的前一天，接到提货单(出库单)后，应按商品的流量、流向等，分理和复审提货单，及时正确地编制好有关班组的出库任务单、配车吨位、机械设备单以及提货单等，分别送给工班长、机械班和保管员或收发、理货员，以便做好出仓准备工作。

(2) 审核出库凭证。仓库部门接到出库凭证后必须对出库凭证进行审核。审核出库凭证的合法性、真实性；手续是否齐全，内容是否完整；核对出库商品的品名、型号、规格、单价、数量；核对收货单位、到站、开户行和账号是否齐全和准确。

(3) 出库信息的处理。出库凭证经审核确实无误后，将出库凭证信息进行处理。在采用人工处理信息方式时，记账员将凭证上的信息按规定手续登记入账，同时在凭证上批注出库货物的货号，及时核对发货后的结存数量；当采用计算机进行库存管理时，记账员将出库凭证的信息录入计算机后，由出库业务系统自动进行信息处理，并打印生成相应的拣货信息(拣货单等凭证)，作为拣货作业的依据。

2) 备货

(1) 拣货。拣货作业就是依据客户的订货要求或仓储配送中心的送货计划，尽可能迅速地将物品从其储存的位置或其他区域拣取出来的作业过程。

(2) 分货。分货作业又称配货作业，是在拣货作业完成后，根据订单或配送路线等的不同组合方式进行的物品分类工作。分货作业可分为摘果法分货和播种法分货两种方式。

① 摘果法分货具有如下特点：储物货位相对固定，而拣选人员或工具相对运动，即工作人员拉着集货箱在排列整齐的仓库货架间巡回走动，按照拣选单上标明的品种、数量、规格，拣选出用户需要的物品并放入集货箱内，再按一定方式进行分类。这种方式的优点是按单拣选，配货准确度高，简单易行，机动灵活，适应性强。

② 播种法分货具有如下特点：用户的分货位固定，而分货人员或工具相对运动。这种配货方式的原理是将若干用户的共同需求，即多张单子的特征集成为一批统一集中的需求，再分别满足。这种配货方式计划性较强，作业管理水平要求较高。其优点是先集中再分类，可以缩短拣取物品时分货人员或工具的行走时间，提高单位时间的拣货效率。

(3) 出货检查。为了保证出库物品没有差错，配好货后企业应该立即进行出货检查。出货检查就是将物品一个个点数并逐一核对出货单，进而查验出物品的数量、品质及状态情况。出货检查的方法有物品条码检查法、声音输入检查法、质量计算检查法等。

(4) 包装。由仓库分装、改装或拼装的物品，装箱人员要填制装箱单，标明箱内所装物品的名称、型号、规格、数量以及装箱日期等，并由装箱人员签字盖章后放入箱内，供收货单位核对。出库物品包装要求牢固、干燥。

3) 出库

(1) 点交。出库物品无论是要货单位自提，还是交付运输部门发送，发货人员必须向收货人员或运输人员按车逐件交代清楚，划清责任。如果本单位内部领料，则将物品和单据当面点交给提货人，办理好交接手续。若送料或将物品调出本单位办理的，则与送货人或运输部门办理交接手续，当面将货物点交清楚。交清后，提货人员应在出库凭证上签字盖章。发货人员在经过接货人员认可后，在出库凭证上加盖货物付讫印章，同时给接货人员填发出门证，门卫将出门证核验无误后方可放行出库货物。

(2) 登账。物品点交后，仓储管理人员应在出库单上填写实发数、发货日期等内容并签名，然后将出库单连同有关证件及时交给货主，以便货主办理结算。出库凭证应当日清理，定期装订成册，妥善保存，以备查用。

(3) 货物出库单证的流转及账务处理。出库单证包括提货单、送货单、移库单和过户单等。其中，提货单为主要的出库单证，它是从仓库提取货物的正式凭证。不同单位会采用自提和送货这两种不同的出库方式，不同的出库方式及其单证流转与账务处理的程序也有所不同。

(4) 货物出库时发生问题的处理。

① 出库凭证上的问题。出库凭证是指用户自提情况下的“出库通知单”和仓库配送计划通知书。仓储管理人员发货前验单时，凡发现提货凭证有问题，应及时与仓库保卫部门联系，妥善处理。任何白条都不能作为发货凭证，特殊情况(如救灾等)发货必须符合仓库有关规定。提货时，用户发现开错规格，仓储管理人员不得自行调换规格发货，必须重新开票方可发货。物品进库未验收或者期货未进库的出库凭证，一般暂缓发货，并通知供应商，待货到并验收后再发货。

② 漏记账和错记账。当遇到提货数量大于实际货物库存量时，无论是何种原因造成的，都需要与仓库部门、提货单位及时取得联系，再做处理。如果属于入库时错账，则可采用报出/报入方法进行调整。报出/报入方法即先按库存账面数开具出库单销账，然后再按实际库存数量入库登记，并在入库单上签明情况。如果属于仓储管理人员串发、多发、错发等，应由仓库方面负责解决库存数与提单数之间的差额。如果属于财务部门漏记账而多开出库数，应由单位开具新的提货单，重新组织提货和发货。如果属于仓储过程中的损耗，要考虑该损耗数量是否在合理范围之内，并与货主单位协商解决。合理范围内的损耗应由货主单位承担，而超过合理范围的损耗则应由仓储部门负责解决。

③ 串发货和错发货。所谓串发货和错发货，是指发货人员在对物品品种、规格不熟悉的情况下或者由于工作中的疏漏把错误规格、数量的物品发出库的情况。如果提货单开具某种物品的甲规格出库，而在发货时将该物品的乙规格发出，造成甲规格账面数小于实存数、乙规格账面数大于实存数。这种情况下，如果物品尚未出库，应立即组织人力重新发货，如果物品已经提出仓库，仓储管理人员要根据实际库存情况，如实向本库主管部门和运输单位讲明串发货、错发货物品的品名、规格、数量、提货单位等情况，会同货主单位和运输单位共同协商解决。一般在无直接经济损失的情况下，由货主单位重新按实际发货数冲票解决。如果形成直接的经济损失，应按赔偿损失单据冲转调整保管账。

④ 包装损坏。若发现包装内的物品有破损、变质等质量问题或数量短缺，不得以次充好，应以溢余补短缺，这样方可出库，否则造成的损失由仓储部门承担。

⑤ 货未发完。仓库发货，原则上是按提货单上的数量在当天一次发完，如果确实有困难不能在当日提取完毕的，应办理分批提取手续。

3.2.2　仓库规划

1. 仓库规划概念

仓库规划就是从空间和时间上对仓库的新建、改建和扩建进行全面系统的规划。仓库规划建设代表一个企业在赢得时间与地点效益方面所做出的努力，在一定程度上还是企业实力的一个标志。更为重要的是，建设规划的合理性将对仓库的设计、施工和运用、仓库作业的质量和安全，以及所处地区或企业的物流合理化产生直接和深远的影响。

2. 仓库规划原则

一般来说，仓库库区总体布局是指在城市规划管理部门批准使用地的范围内，按照一定原则把仓库的各种建筑物、道路等各种用地进行合理协调的系统布局，使仓库的各项功能得到发挥，且能保证仓库的安全管理及符合仓库业务发展的客观要求。

1) 适应仓储企业生产流程

(1) 单一的物流方向。仓库内商品的卸车、验收、存放地点之间的安排，必须适应仓储生产流程，按一个方向流动。

(2) 最短的运距。尽量减少迂回运输，专用线的布置应在库区中部，并根据作业方式、仓储商品品种、地理条件等合理安排库房、专用线与主干道的对应位置。

(3) 最少的装卸环节。减少在库商品的装卸搬运次数和环节，商品的卸车、验收、堆码作业最好一次完成。

2) 有利于提高仓储经济效益

(1) 要因地制宜，充分考虑地形、地质条件，满足商品运输和存放上的要求，并能保证仓库充分利用。

(2) 平面布置应与竖向布置相适应。所谓竖向布置是指建立场地平面布局中每个因素(如库房、货场、转运线、道路、排水、供电、站台等)在地面标高线上的相互位置。

(3) 总平面布置应能充分、合理地使用机械化设备。合理配置(数量和位置方面)门式、桥式起重机一类的固定设备，并注意与其他设备的配套，便于开展机械化作业。

3) 有利于保证安全生产和文明生产

(1) 库内各区域、各建筑间应根据“建筑设计防火规范”的有关规定，留有一定的防火间距，并有防火、防盗等安全设施。

(2) 总平面布置应符合卫生和环境要求，既要满足库房的通风、日照等需要，又要考虑环境绿化、文明生产，有利于职工身体健康。

3.2.3　储位管理

仓库储位管理是指根据仓库总平面布置和物品储存任务，对库房、货棚、货物进行合理分配，并对其内部空间进行科学布置。存储区主要由货架或堆垛组成，其平面布置有垂直式布置和倾斜式布置两大类。

1. 垂直式布置

垂直式布置是指货架或堆垛的排列与仓库的侧墙和通道互相垂直，垂直式布置又分为横列式布置、纵列式布置和纵横式布置。

1) 横列式布置

横列式布置指货架或货垛的长度方向与库房的长度方向互相垂直(与库房的宽度方向平行)，如图3.11所示。横列式布置有主通道长且宽、副通道短、整齐美观，方便商品的存取、盘点；通风和自然采光良好；便于机械化作业的优点。但这种布置主通道占用面积多，影响仓库面积利用率。

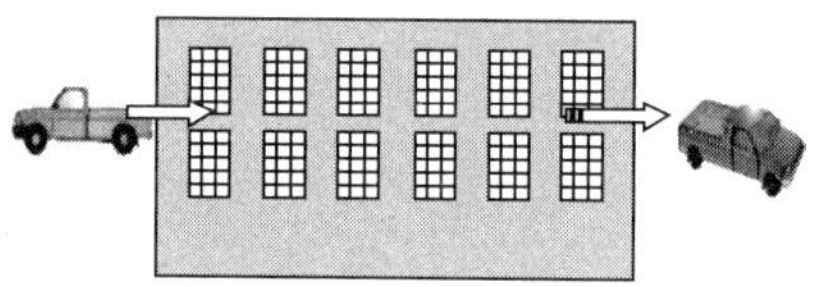

图3.11　横列式布置

2) 纵列式布置

纵列式布置是指货架或货垛的长度方向与库房的长度方向平行(与库房的宽度方向垂直)，如图3.12所示。这种布置方式的优缺点正好与横列式相反，这种布置形式的库房平面利用率比较高，但存取商品不便，通风和采光不良。

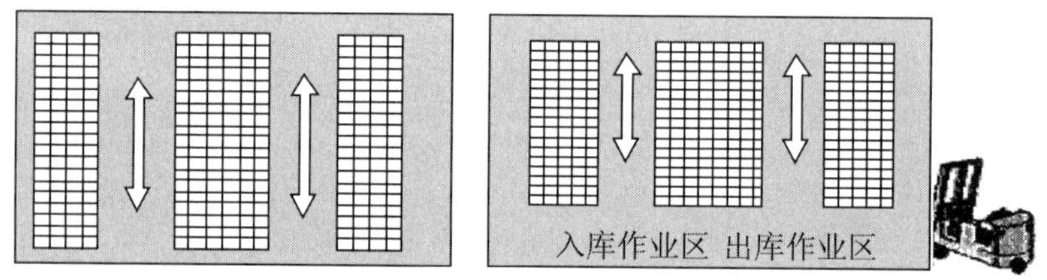

图3.12　纵列式布置

3) 纵横式布置

纵横式布置是指在同一保管场所，兼有横列式布置和纵列式布置，如图3.13所示。这种布置结合了上述两种方式的特点。

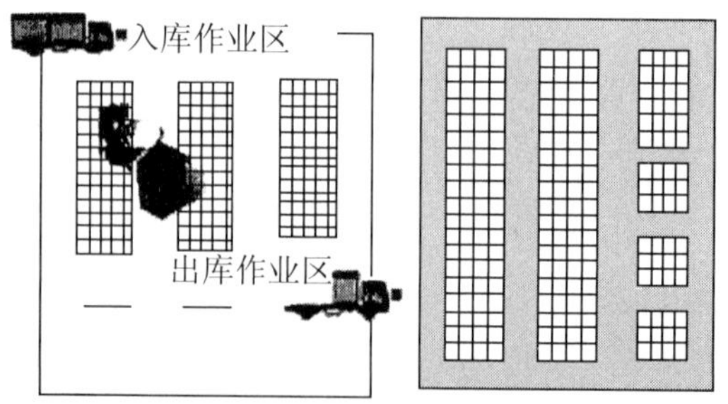

图3.13　纵横式布置

2. 倾斜式布置

倾斜式布置是指货架或堆垛与主通道之间不是互相平行或垂直，而是成60°、45°或

30° 的锐角。这种布置方式又分为货垛倾斜式和通道倾斜式两种情况。

1) 货垛倾斜式

货垛倾斜式是指货垛的布置与库墙和通道之间成一锐角，如图3.14所示。这种布置的好处是叉车作业回转角度小，装卸搬运效率提高；而缺点是仓库面积不能充分利用，有死角。

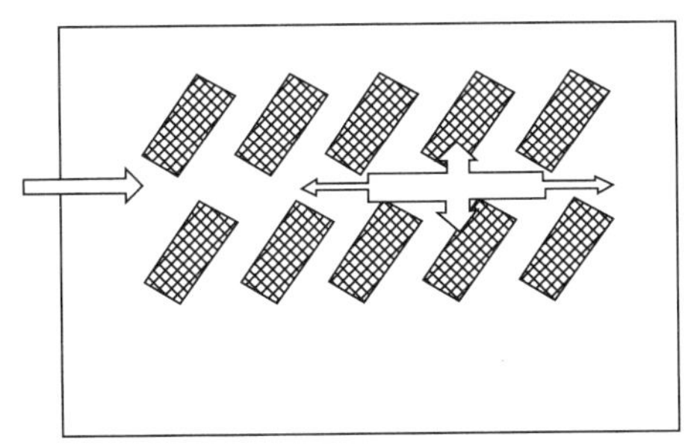

图3.14　货垛倾斜式布置

2) 通道倾斜式

通道倾斜式是指货垛与库墙之间仍垂直，而通道与货垛和库墙之间成锐角，如图3.15所示。这种布置方式既能避免形成死角，也便于商品搬运，提高作业效率。

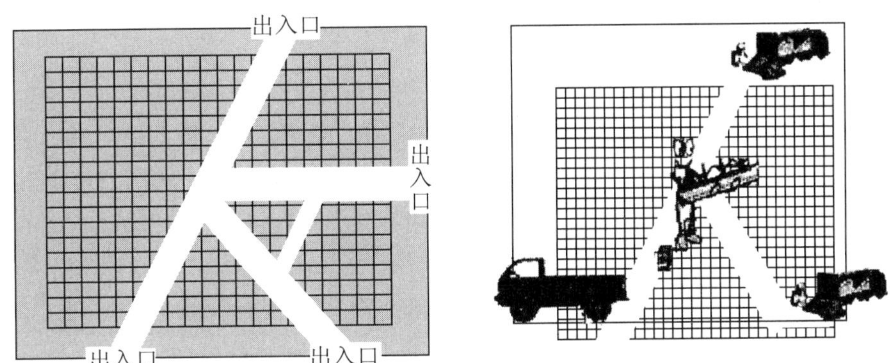

图3.15　通道倾斜式布置

3.3　库存管理基础

3.3.1　库存管理概述

1. 库存管理概念

库存控制(Inventory Control)又称库存管理，是对制造业或服务业生产、经营全过程的各种物品、产成品以及其他资源进行管理和控制，使其储备保持在经济合理的水平上。

一般认为，库存管理就是库存控制，它们的主要内容基本上是相同的。但从管理层次上看，库存管理主要针对策略层，而库存控制主要针对作业层。因此，所谓库存管理(Inventory Management)是指对库存的各种物品及其储备进行科学严格的管理，即根据外界对库存的要求、企业订购的特点、预测、计划和执行一种补充库存的行为，并对这种行为进行控制，重点在于确定如何订货、订购多少、何时订货。

库存管理的目标分为3个层次。第一层次是站在比较高的层次之上，以库存管理致力于整个供应链中物品的有效流动为目标。第二层次是站在一个商业组织的立场上，以库存管理支持物流运作，从而促进该商业组织整体目标的实现。第三层次是站在库存管理职能的立场上，当库存管理者对物品产生需求的时候，要确保物品的顺利到位。

2. 库存管理方法

库存管理方法同样分为传统库存管理方法与现代库存管理方法，如图3.16所示。

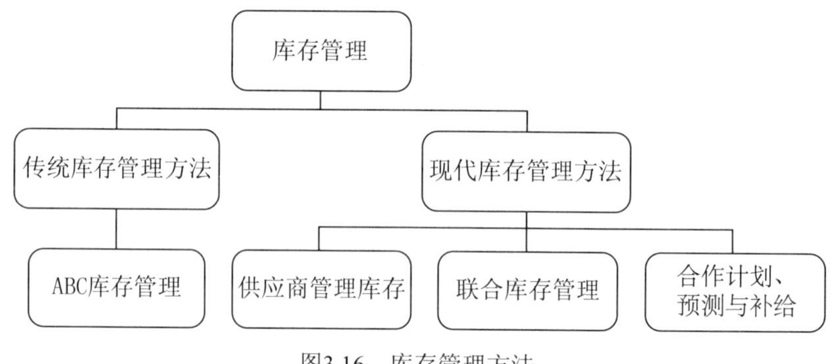

图3.16 库存管理方法

1) 传统库存管理方法

传统库存管理方法主要指ABC库存管理方法。ABC库存管理是依据“对应价值大小的投入努力”来获得非常得益的有效管理技巧。1951年，ABC库存管理由美国通用电气公司的迪基开发出来以后，在各企业迅速普及。该方法适用于各类管理实务，取得了卓越绩效。

2) 现代库存管理方法

现代库存管理方法有供应商管理库存(Vendor Managed Inventory，VMI)、联合库存管理(Jointly Managed Inventory，JMI)和合作计划、预测与补给(Collaborative Planning Forecasting and Replenishment，CPFR)等。1980年，宝洁公司与密苏里州圣路易市一家超市将双方计算机连接起来，形成一个自动补充纸尿布的雏形系统，从而开启了供应商管理库存的先河。联合库存管理方法源自宝洁公司与沃尔玛公司的合作，这改变了两家企业的营运模式，实现了双赢。CPFR则主要为了实现对供应链的有效运作和管理，以及对市场变化的科学预测和快速反应，并逐步成为供应链管理的一个成熟商业流程，解决了高昂补货费用和低效率沟通方式的两大难题。

3.3.2 库存分类管理

企业要对库存进行有效的管理和控制，首先要对存货进行分类。常用的存货分类方法有ABC分类法和CVA分类法。

1. ABC分类法

我国国家标准《物流术语(GB/T 18354—2006)》指出，ABC分类法(ABC

Classification)是指将库存物品按品种和占用资金的多少分为特别重要的库存(A类)、一般重要的库存(B类)和不重要的库存(C类)3个等级，然后针对不同等级分别进行控制，又称重点管理法或ABC分析法。它是一种从名目众多、错综复杂的客观事物或经济现象中，通过分析，找出主次，分类排队，并根据其不同情况分别加以管理的方法。该方法是巴雷特曲线所揭示的“关键的少数和次要的多数”的规律在管理中加以应用的。通常是将手头的库存按年度货币占用量分为A、B、C三类。A类是年度货币量最高的库存，这些品种可能只占库存总数的15%，但用于它们的库存成本占总数的70%～80%；B类是年度货币量中等的库存，这些品种占全部库存的30%，成本占总价值的15%～25%；那些年度货币量较低的为C类库存品种，它们只占全部年度货币量的5%，但却占库存总数的55%。

建立在ABC分类基础上的库存管理策略内容如表3.1所示。

表3.1　不同类型库存的管理策略

库存类型	特点(按货币占用量)	管理方法
A	品种可能只占库存总数的15%，成本却占总数的70%～80%	进行重点管理；现场管理更加严格，物品应放在更安全的地方；经常进行检查和盘点；数据预测要准确
B	品种占全部库存的30%，成本占总价值的15%～25%	进行次重点管理；现场管理不必投入比A类更多地精力；检查和盘点的周期可以比A类的长一些
C	品种占全部库存的55%，成本占总价值的5%	进行一般管理；现场管理可以粗放一些；但由于品种多，易出差错，也要定期进行检查和盘点，但周期可比B类的长一些

除货币量指标外，企业还可以按照销售量、销售额、订购提前期、缺货成本等指标将库存进行分类。通过分类，管理者就能为每一类的库存品种制定不同的管理策略，实施不同的控制。

为了更好地理解ABC法则的运用，下面对电视机部件库存加以分析，如表3.2所示。显示器的生产成本最高，属于A类；电视机外壳相对便宜，属于B类；电视机中所用的螺丝钉成本很低，属于C类。

表3.2　电视机部件的ABC分析

物品	显示器	外壳	螺丝钉
项目比率	15%	35%	50%
占用资金比率	65%	20%	15%
价格	高单价	中单价	低单价
类别区分	A	B	C

利用ABC分析法可以使企业更好地进行预测和现场控制，以及减少安全库存和库存投资。ABC分类法并不局限于分成3类，可以增加。但经验表明，最多不要超过5类，过多的种类反而会增加控制成本。

2. CVA管理法

ABC分类法也有不足之处，通常表现为C类商品得不到应有的重视，而C类商品往往也会导致整个装配线的停工。因此，有些企业在库存管理中引入了关键因素分析法(Critical Value Analysis，CVA)。

CVA的基本思想是把存货按照关键性分成3～5类，分别如下所述。

(1) 最高优先级。这是经营的关键性商品，不允许缺货。

(2) 较高优先级。这是指经营活动中的基础性商品，但允许偶尔缺货。

(3) 中等优先级。这多属于比较重要的商品，允许合理范围内缺货。

(4) 较低优先级。经营中需用这些商品，但可替代性高，允许缺货。

表3.3列出了按CVA库存管理法所划分的库存种类及其管理策略。

表3.3　CVA法库存种类及其管理策略

库存类型	特点	管理措施
最高优先级	生产经营中的关键物品，或A类重点客户的存货	不允许缺货
较高优先级	生产经营中的基础性物品，或B类客户的存货	允许偶尔缺货
中等优先级	生产经营中的比较重要物品，或C类客户的存货	允许合理范围内缺货
较低优先级	生产经营中需要但可替代的物品	允许缺货

CVA管理法比起ABC分类法有着更强的目的性，但需要注意的是，人们往往倾向于制定高的优先级，这样会导致高优先级的商品种类很多，最终造成哪种商品也得不到应有重视的情况。CVA管理法和ABC分析法结合使用，可以达到分清主次、抓住关键环节的目的。

3.4　库存运作管理

3.4.1　库存管理方法

1.传统库存管理方法——ABC库存管理方法

仓储过程中，货物品种繁杂，有些物品的价值较高，对地区经济发展影响较大，或者对保管的要求较高，而多数被保管的物品价值较低，保管要求不是很高。如果对每一种物品都采用相同的保管管理方法，则可能投入的人力、资金很多，效果却不大。在管理中突出重点，做到事半功倍，这是应用ABC分析方法的目的。

ABC库存管理的实施有以下几个步骤。

(1) 收集数据，即确定构成某一管理问题的因素，收集相应的特征数据。以库存控制涉及的各种物品为例，如拟对库存物品的销售额进行分析，则应收集年销售量、物品单价等数据。

(2) 计算整理，即对收集的数据进行加工，并按要求进行计算，包括计算特征数值、特征数值占总计特征数值的百分数、累计百分数、因素数目及其占总因素数目的百分数、累计百分数等。

(3) ABC分类。根据一定分类标准，进行ABC分类，列出ABC分析表。各类因素的划分标准并无严格规定，习惯上把主要特征值的累计百分数达70%～80%的若干因素称为A类，累计百分数为10%～20%的若干因素称为B类，累计百分数在10%左右的若干因素称C类。

(4) 绘制ABC分析图。以累计因素百分数为横坐标，累计主要特征值百分数为纵坐标，按ABC分析表所列示的对应关系，在坐标图上取点，并联结各点成曲线，即绘制成ABC分析图。除利用直角坐标绘制曲线图外，也可绘制成直方图。

(5) 实施对策。实施对策是“分类管理”的过程。根据ABC分类结果，权衡管理力量和经济效果，制定ABC分类管理标准表，对三类对象进行有区别的管理。

2. 现代库存管理方法

1) 供应商管理库存

(1) 供应商管理库存的含义。

供应商管理库存(VMI)是指在供应链环境下，由供应链上的制造商、批发商等上游企业对众多分销商、零售商等下游企业的流通库存进行统一管理和控制的一种新型管理方式，其主要思想就是实施供应厂商一体化。在这种方式下，供应链的上游企业不再是被动地按照下游订单发货和补货，而是根据自己对众多下游经销商需求的整体把握，主动安排更合理的发货方式，既满足下游经销商的需求，同时又使自己的库存管理和补充订货策略更合理，从而使供应链上供需双方成本降低，实现双赢。

供应商管理库存能够实现信息共享，零售商帮助供应商更有效地做出计划。供应商从零售商处获得销售点数据并使用该数据来协调其生产、库存活动以及零售商的实际销售活动。在供应商管理库存模式下，供应商完全管理和拥有库存，直到零售商将其售出为止，但是零售商对库存有看管义务，并对库存物品的损伤或损坏负责。

(2) 供应商管理库存系统的构成。

供应商管理库存系统可分为两个模组：第一个是需求预测计划模组，可以产生准确的需求预测；第二个是配销计划模组，可根据实际客户订单、运送方式，产生客户满意度高及成本低的配送。

① 需求预测计划模组。需求预测的主要目的就是协助供应商做库存管理决策，准确预测可让供应商明确了解应该销售何种商品、销售给谁、以何种价格销售、何时销售等。

预测所需参考的要素包括客户订货历史资料，即客户平常的订货资料可以作为未来预测的需求；非客户历史资料，即市场情报，如促销活动资料等。

需求预测程序有以下几个步骤：第一，供应商收到用户最近的产品销售资料，然后做出需求历史分析；第二，使用统计分析方法，以客户的平均历史需求、客户的需求动向、客户需求周期为参考，产生最初的预测模式；第三，由统计工具模拟不同的条件，如促销活动、市场动向、广告、价格异动等，产生调整后的预测需求。

② 配销计划模组。配销计划主要是有效地管理库存量，供应商管理库存便于比较库存计划和实际库存量，并得知目前库存量尚能维持多久。所产生的补货计划是依据需求预测模组得到的需求预测、与用户约定的补货规则(如最小订购量、配送提前期、安全库存等)、配送原则等。至于补货订单方面，供应商管理库存可以自动完成最符合经济效益的建议配送策略(如运送量、运输工具的承载量)及配送进度。

(3) 供应商管理库存的实施方法。

① 基于标准的托付订单处理方式。改变订单的处理方式，建立基于标准的托付订单

处理方式。由供应商和批发商一起确定供应商的订单业务处理过程所需要的信息和库存控制参数，然后建立一种订单处理标准模式，如EDI标准报文，最后将订货、交货和票据处理等各种业务功能集成在供应商一边。

② 库存状态透明性。库存状态透明性(对供应商)是实施供应商管理用户库存的关键。供应商能够随时跟踪和检查到销售商的库存状态，从而快速地响应市场的需求变化，对企业的生产(供应)状态做出相应的调整。为此，需要建立一种能够使供应商和用户(分销商、批发商)的库存信息系统透明联结的方法。

供应商管理库存使用EDI使供应商与客户彼此交换资料。交换的资料包括产品活动资料、计划进度及预测资料、订单确认资料、订单资料等。每个交换资料内容如表3.4所示。

表3.4　供应商与客户交换资料项目

项目	资料内容
产品活动资料	可用产品、被订购产品、计划促销产品、零售产品
计划进度及预测资料	预测订单量、预定或指定的出货日期
订单确认资料	订单量、出货日期、配货地点
订单资料	订单量、出货日期、配送地点

(4) 供应商管理库存的实施步骤。

① 建立顾客情报信息系统。供应商要想有效地管理销售库存，必须获得顾客的有关信息。通过建立顾客的信息库，供应商能够掌握顾客需求变化的有关情况，把由分销商进行的需求预测与分析功能集成到供应商的系统中。

② 建立物流网络管理系统。供应商要想很好地管理库存，必须建立完善的物流网络管理系统，保证自己的产品需求信息和物流畅通。目前，已有许多企业开始采用MRP II或ERP系统，这些软件系统都集成了物流管理的功能，通过对这些功能的扩展，企业就可以建立完善的物流网络管理系统。

③ 建立供应商与分销商的合作框架协议。供应商和分销商一起通过协商，确定订单处理的业务流程以及库存控制的有关参数(如补充订货点、最低库存水平)、库存信息传递方式(如EDI或Internet)等。

④ 组织机构的变革。这一点也很重要，因为供应商管理库存策略改变了供应商的组织模式。引入这一策略后，在订货部门产生了一种新的职能，即负责控制客户的库存，能有效实现库存补给，达到高水平服务。

(5) 供应商管理库存的局限性。

① 企业间缺乏信任。供应商管理库存是跨企业边界的集成与协调，要求供需双方建立互信的合作伙伴关系。如果企业间缺乏信任，要实现信息共享和企业间的集成与协调是不可能的，供需双方互信与合作是供应商管理库存成功的必备条件。供应商管理库存对于企业间的信任要求较高，而且由于供应商和客户实行库存信息共享，也存在滥用信息和泄密的可能。

② 缺乏合作和协调。供应商管理库存中的框架协议虽说是双方协议，但供应商处于主导地位，是单行的过程，决策过程中缺乏足够的协商，难免造成失误。

③ 责任与利益不统一。在供应商管理库存模式下，供应商承担了客户库存管理及需

求预测分析的责任，但供应商比其客户获取的利润要少，造成了责任与利益的不统一，从而影响了供应商实施供应商管理库存的积极性。

2) 联合库存管理

(1) 联合库存管理的含义。

联合库存管理(JMI)，就是供应链上的各类企业(供应商、制造商、分销商)通过对消费需求的认识和预测的协调一致，共同进行库存的管理和控制，利益共享、风险同担。

(2) 联合库存管理的基本思想。

联合库存管理是供应商与客户同时参与、共同制订库存计划，利益共享、风险分担的供应链库存管理策略。它旨在解决供应链系统中，由于各节点企业的相互独立库存运作模式导致的需求放大现象，是提高供应链同步化程度的一种有效方法。

与供应链管理库存不同，联合库存管理强调双方同时参与，共同制订库存计划，使供应链过程中的每个库存管理者(供应商、制造商、分销商)都与相互之间的预期保持一致，从而消除了需求变异放大现象和库存管理“各自为政”的局面。

联合库存管理系统把供应链系统进一步集成为上游和下游两个协调管理中心，从而部分消除了由于供应链环节之间的不确定性和需求信息扭曲现象导致的供应链的库存波动，通过协调管理中心，供需双方共享需求信息，使供应链的运作更加稳定。

(3) 联合库存管理的协调机制。

为了发挥联合库存管理的作用，供需双方应从合作的精神出发，建立供需协调管理的机制，明确各自的目标和责任，建立合作沟通的渠道，为供应链的联合库存管理提供有效的机制。没有一个协调的管理机制，供需双方就不可能进行有效的联合库存管理。供应商与分销商协调管理机制模型如图3.17所示。

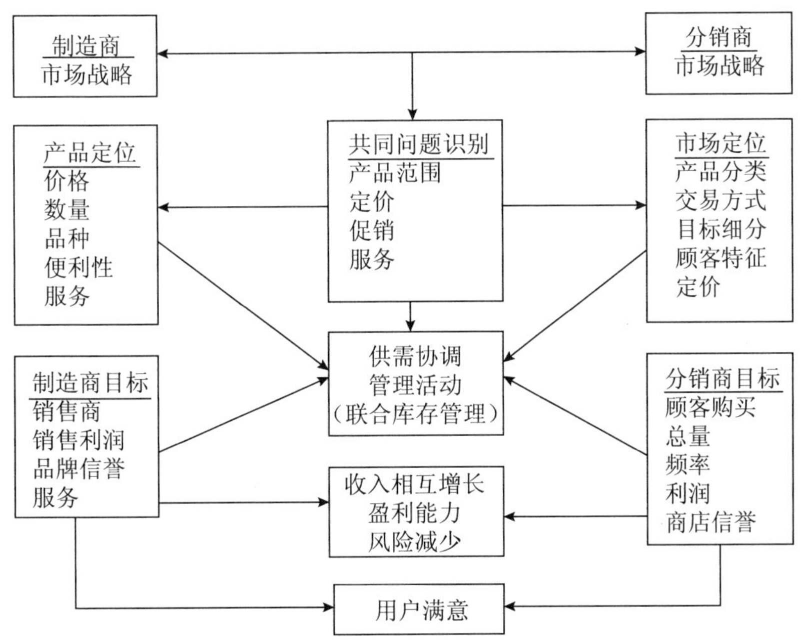

图3.17　联合库存管理中的供需协调管理机制

(4) 联合库存管理的实施步骤。

① 分析物品供应商的现状，如利用现存的关键表现指数(Key Performance Indicator，KPI)对供应商评级。

② 选取级别最高的若干个物品供应商，建立联合库存管理模式、供需双方应本着互惠互利的原则，树立共同的合作目标。采用SWOT法，进行优势(Strengths)、劣势(Weaknesses)、机会(Opportunities)和威胁(threats)的分析，通过协商形成共同的目标。

③ 建立联合库存的协调控制方法。通过供需双方的固定部门采用EDI技术可以建立一个共用的工作平台，将双方的库存信息，最大、最小库存，安全库存，需求的预测等实现实时共享，升级优化。

④ 在供需双方的组员管理系统(如MRPⅡ、DRP)之间建立系统间的共享，增强供需双方的协调机制。

⑤ 定期召开供需双方见面会，就联合库存的协调问题、数据处理和共享问题、双方工作流程的沟通等进行快速响应，从而提升供应链各个节点企业的运行效率，降低库存成本、赢得竞争优势。

(5) 联合库存管理的优势。

基于协调中心的库存管理和传统的库存管理模式相比，具有以下几个方面的优势：为实现供应链的同步化运作提供了条件和保证；减少了供应链中的需求扭曲现象，降低了库存的不确定性，提高了供应链的稳定性；库存作为供需双方的信息交流和协调的纽带，可以暴露供应链管理中的缺陷，为改进供应链管理水平提供了依据；为实现零库存管理、准时采购以及精细化供应链管理创造了条件；进一步体现了供应链管理的资源共享和风险分担的原则。

3) 合作计划、预测与补给(CPFR)管理方法

(1) CPFR的含义。

随着组成供应链的企业间从过去建立在交易基础上的对立型关系向基于共同利益的协作伙伴型关系转变，供应链各个企业间交流、分享信息，协调进行库存管理成为可能，而合作、计划、预测与补给(Collaborative Planning Forecasting and Replenishment，CPFR)正是一种先进的管理方法和技术。

CPFR既是一种哲理，又是一系列的活动过程。它应用一系列的处理和技术模型，提供覆盖整个供应链的合作过程，通过共同管理业务过程和共享信息来改善零售商和供应商的伙伴关系，提高预测的准确度，最终达到提高供应链效率、减少库存额、提高消费者满意度的目的。

(2) CPFR的特征。

① 协同。在CPFR中，供应链上下游企业就是各个子系统，协同效应可以使整个供应链系统发挥的功效大于各个子系统功效的简单相加。供应链上下游企业只有确立起共同的目标，才能使双方的绩效都得到提升，取得综合性的效益。CPFR这种新型的合作关系必须建立在信任和承诺的基础上，要求双方长期承诺公开沟通、信息分享，从而确立协同性的经营战略，这是买卖双方取得长远发展和良好绩效的唯一途径。

② 计划。1995年，沃尔玛公司与华纳公司的CFAR(Collaborative Forecast And Replenishment)为消费品行业推动双赢的供应链管理奠定了基础，此后，当VICS(Voluntary Interindustry Commerce Standards)协会定义项目公共标准时，认为需要在已有的结构上增加“P”，即合作规划以及合作财务。此外，为了实现目标，还需要双方指定促销计划、库存政策变化计划、产品导入和终止计划等。

③ 预测。CPFR中的预测强调买卖双方必须做出最终的协同预测，协同预测可以大大提高整个供应链体系的效率，减少死库存，提高产品销量，节约供应链的资源，提高预测精度，最终实现协同促销计划。CPFR所推动的协同预测还有一个特点，就是其强调双方都应参与预测反馈信息的处理和预测模型的制定和修正，特别是如何处理预测数据的波动等问题。只有把数据集成、预测和处理的所有方面都考虑清楚，才有可能真正实现共同的目标，使协同预测落在实处。

④ 补货。根据VICS的CPFR指导原则，协同运输计划被认为是补货的主要因素。此外，例外情况出现时也要转化存货的百分比、预测精度、安全库存水准，订单实现的比例、前置时间以及订单批准的比例，所有这些都需要在双方公认的计分卡基础上定期协同审核。

CPFR针对合作伙伴的战略和投资能力、市场信息来源不同的特点建成一个方案组。零售商和制造商从不同的角度收集不同层次的数据，通过反复交换数据和业务情报改善制订需求计划的能力，最后得到基于销售时点(Point of Sales，POS)系统的消费者需求的单一共享预测。这个单一共享需求计划可以作为零售商和制造商与产品有关的所有内部计划活动的基础。换句话说，它能使价值链集成得以实现。以单一共享需求计划为基础，企业能够发现和利用许多商业机会，优化供应链库存和改善客户服务，最终为供应链伙伴带来丰厚的收益。CPFR给零售商、生产商及整个供应链带来的利益关系见表3.5，CPFR的实现步骤目的及结果见表3.6。

表3.5 CPFR供应链之间的利益关系

零售商	生产商	供应商
增加销售	增加销售	引导物料流向(减少存货点的数量) 提高预测的准确度 降低系统费用
较高的服务水平(库存水平)	较高的订单满足率	
较短的订单响应时间	降低产品库存较快的循环周期	
降低产品库存、产品过时及变质	减少产能需求	

表3.6 CPFR的实现步骤目的及结果

序号	步骤	目的	输出结果
1	达成前端合作协议	建立制造商、分销商或配送商合作关系的指导文件和游戏规则	指定符合CPFR标准并约定合作关系的蓝本，蓝本约定合作交换的信息和分担风险的承诺
2	建立合作业务计划	合作方法：交换公司策略和业务计划信息，以建立合作业务计划，从而有效地减少例外情况的发生	编制业务计划书并在业务计划书上明确规定策略、具体实施方法

(续表)

序号	步骤	目的	输出结果
3	建立销售预测	POS数据、临时信息和计划事件方面的信息采集并建立销售预测	共同建立销售预测
4	确定销售计划例外项目	由制造商和配送商共同确定销售计划约束的例外情况	例外项目列表
5	合作解决例外情况	通过共享的数据、E-mail、电话、会议等共同解决例外项目	调整修改过的销售计划
6	创建订单预测	POS数据、临时数据、库存策略结合起来制定出订单预测以支持共享的销售预测和合作业务计划，制定以时间数为基础的实际数量和库存目标	以时间数为基础的惊喜订单预测和安全库存
7	确定订单预测的例外情况	由供应商和配送商共同确定订单预测约束计划	例外项目列表
8	合作解决订单预测的例外情况	通过共享的数据、E-mail、电话、会议等解决例外情况	修改过的订单预测
9	订单生成	把订单预测转化为确定的订单	订单及订单确认回执

3.4.2 经济订货批量

经济订货批量(Economic Order Quantity，EOQ)是“通过平衡采购进货成本和保管仓储成本核算，以实现总库存成本最低的最佳订货批量”。经济订货批量模型又称整批间隔进货模型，该模型适用于整批间隔进货、不允许缺货的存储问题，即某种物资单位时间的需求量为常数D，存储量以单位时间消耗数量D的速度逐渐下降，经过时间T后，存储量下降到零。此时开始订货并随即到货，库存量由零上升为最高库存量Q，然后开始下一个存储周期，形成多周期存储模型。

由于需求量和提前订货时间是确定已知的，因此只要确定每次订货的数量是多少或进货间隔期为多长时间就可以做出存储策略。由于存储策略是按照存储总费用最小的经济原则来确定订货批量，故称该订货批量为经济订货批量。

1. 模型假设

若存储某种物资，不允许缺货，其存储参数如下所示。

T表示存储周期或订货周期(年或月或日)；

D表示单位时间需求量(件/年，或件/月，或件/日)；

Q表示每次订货批量(件或个)；

C_1表示存储单价物资单位时间的存储费(元/件年、元/件月、元/件日)；

C_2表示每次订货的订货费(元或万元)；

t表示提前订货时间为零，即订货后瞬间全部到货。

2. 建立模型

某种物资的存储量变化状态如图3.18所示。

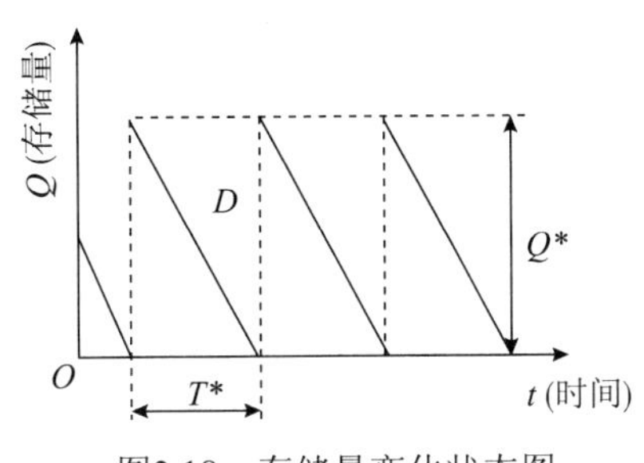

图3.18　存储量变化状态图

图3.18中存储量斜线上的每一点表示在该时刻的库存水平，每一个存储周期存储量的变化形成一个直角三角形。一个存储周期内该种物资的存储量$Q=DT$，一个存储周期的平均存储量为$\frac{Q}{2}$，存储费为$\frac{C_1QT}{2}$，订货一次的订货费为C_2。因此，在这个存储周期内存储总费用为$\frac{C_1QT}{2}+C_2$。

由于订货周期T是变量，所以只计算一个周期内的费用是没有意义的，需要计算单位时间的存储总费用C_z，即

$$C_z=\frac{C_1Q}{2}+\frac{C_2}{T}$$

将$T=Q/D$代入上式，得

$$C_z=\frac{C_1Q}{2}+\frac{C_2D}{Q}$$

显然，单位时间的订货费用随着订货批量的增大而减小，而单位时间的存储费用随着订货批量Q的增大而增大。如图3.19所示，我们可以直观看出，在订货费用线和存储费用线相交处，订货费用和存储费用相等，存储总费用曲线取得最小值。

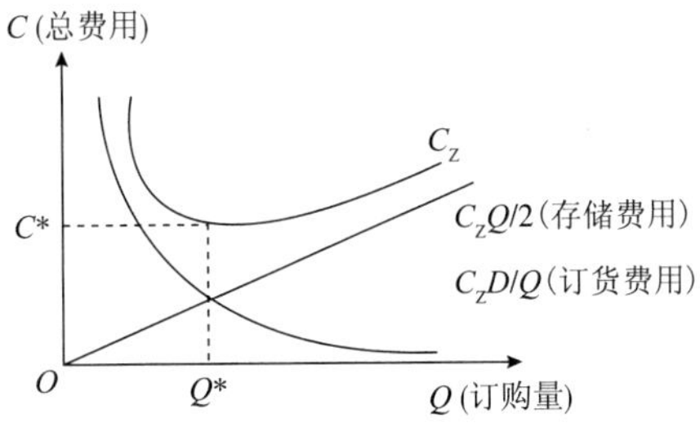

图3.19　存储费用曲线图

利用微积分求极值的方法，令$\frac{dC_z}{dQ}=\frac{C_1}{2}-\frac{C_2D}{Q_2}=0$，即得到经济订货批量$Q^*$，公式为

$$Q^*=\sqrt{\frac{2C_2D}{C_1}}$$

由经济订货批量公式及$Q^*=T^*D$，可得到经济订货间隔期

$$T^*=\sqrt{\frac{2C_2}{DC_1}}$$

将Q^*的值代入最小费用计算公式，得到按经济订货批量进货时的最小存储总费用

$$C^*=\sqrt{2DC_1C_2}$$

需要说明的是，前面在确定经济订货批量时，做了订货和进货同时发生的假设。实际上，订货和到货一般总有一段时间间隔，为保证供应的连续性，需要提前订货。设提前订货时间为t，日需求量为D，则订购点$S=Dt$，当库存下降到s时，即按经济订货批量Q^*订货，在提前订货时间内，以每天D的速度消耗库存。当库存下降到零时，恰好收到订货，开始一个新的存储周期。

另外，以实物计量单位，如件、个表示物质数量时，Q^*是每次应订购的物资数量，若不是整数，四舍五入后取整。

对于以上确定型存储问题，最常使用的策略就是确定经济订货数量Q^*，并每隔T^*时间即订货，使存储量由s^*(往往以零计算)恢复到最高库存量$S=Q^*+s$。这种存储策略可以认为是定量订购制，但因订购周期也是固定的，又可以认为是定期订购制。

【例3.1】某车间需要某种标准件，不允许缺货，按生产计划，年需要量10 000件，每件价格1元，每采购一次的采购费为25元，年保管费率为12.5%，该元件可在市场上立即购得。问应如何组织进货？

[答案]经济订货批量 $Q^*=\sqrt{\frac{2C_2D}{C_1}}=\sqrt{\frac{2\times25\times10\ 000}{0.125}}=2000$件

经济订货周期$T^*=\sqrt{\frac{2C_2}{DC_1}}=\sqrt{\frac{2\times25}{10\ 000\times0.125}}=0.2$年$=73$天

若用D表示某种物资的年需求量，v表示该物资的单价，C_2为一次订货费，r表示存储费率，即存储每元物资一年所需的存储费用，则得到经济订货批量的另一种常用公式

$$Q^*=\sqrt{\frac{2DC_2}{rv}}$$

3.5 自动化立体仓库

作为自动化仓储设施的一种，自动化立体仓库(Automatic Storage & Retrieval System，AS/RS)近年来在国内得到了较快发展，它是随着物流与信息技术的发展而出现的一种新的现代仓库系统。

自动化立体仓库又称自动存取系统、自动仓库、自动化高架仓库、高架立体仓库、无人仓库、无纸作业仓库等，是指采用高层货架以货箱或托盘储存物品，用巷道堆垛机及其他机械进行作业，由计算机进行管理和控制，实现自动收发作业的仓库。

3.5.1　自动化立体仓库构成

1. 仓库建筑与高层货架

一般由钢铁结构构成储存商品的单元格，单元格内存放托盘装置的物品。一个货架的唯一地址由其所在的货架的排数、列数及层数来确定，自动出入库系统据此对所有货位进行管理。

2. 巷道机

在两排高层货架之间一般留有1～1.5米宽的巷道，巷道式堆垛起重机在巷道内做来回运动，巷道机上的升降平台可做上下运动，升降平台上的存取货装置可对巷道机和升降机确定的某一个货位进行物品存取作业。它由机架、运行机构、升降机构、货叉伸缩机构、电气控制设备组成。

3. 周边搬运系统

周边搬运系统所用的机械有运输机、自动导向车等，其作用是配合巷道机完成物品的输送、转移、分拣等作业；同时，当高架仓库内主要搬运系统因故障停止工作时，周边设备可以发挥作用，使立体仓库继续工作。

4. 控制系统

自动化立体仓库的控制系统有手动控制、随机自动控制、远距离自动控制和计算机自动控制等几种形式。自动化立体仓库的计算机中心或中央控制室接收到出库或入库信息后，由仓储管理人员通过计算机发出出库或入库指令，巷道机、自动分拣机及其他周边搬运设备均按指令启动，共同完成出入库作业，仓储管理人员对此过程进行全程监控和管理，保证存取作业按最优方案进行。

5. 库存管理系统

库存管理系统也称中央计算机管理系统，是全自动化立体仓库系统的核心。目前，典型的自动化立体仓库系统均采用大型的数据库系统构筑典型的客户机/服务器体系，可以与其他系统(如EPR系统等)联网或集成。

6. 其他部分

为完成自动化立体仓库的操作，根据仓库的工艺流程及用户的一些特殊要求，可适当增加一些辅助设备，如手持终端和叉车、托盘搬运车、起重机等外围设备。自动化立体仓库还应包括土建、消防、通风、照明等多方面的设施，这些共同构成完整的自动化立体仓库系统。

3.5.2　自动化立体仓库特点

1. 自动化立体仓库可以节省劳动力，节约占地

自动化立体仓库由于采用了电子计算机等先进的控制手段，采用了高效率的巷道堆垛起重机，使生产效益得到了较大提高。一个很大的仓库往往只需要几个工作人员，节约了大量的劳动力。同时，仓库工作的劳动强度也大大降低，劳动条件得到改善。自动化立体

仓库的高层货架能合理地使用空间，使单位土地面积存放物资的数量得到提高。在相同的土地面积上，建设自动化立体仓库比建设普通仓库储存能力高几倍，甚至十几倍。这样，在相同储存量的情况下，自动化立体仓库节约了大量的土地。

2. 自动化立体仓库出入库作业迅速、准确，缩短了作业时间

现代化生产要求物资及时供应、流通迅速进行。自动化立体仓库由于采用了先进的控制手段和作业机械，能以最快速度、最短距离送取货物，使物资出入库的时间大大减少。同时，仓库作业准确程度高，仓库与供货单位和用户能够有机协调，这就有利于缩短物资流通时间。

3. 自动化立体仓库提高了仓库的管理水平

自动化立体仓库由电子计算机控制，结束了普通仓库繁杂的台账手工管理办法，使仓库的账目管理以及大量资料数据通过电子计算机储存，随时需要，随时调出，既准确无误，又便于情报分析。从库存量上看，自动化立体仓库可以将库存量控制在最经济的水平范围。在完成相同的物资周转量的情况下，自动化立体仓库的库存量可以达到最小。

4. 自动化立体仓库有利于物资的保管

在自动化立体仓库中，存放的物资多、数量大、品种多样。由于自动化立体仓库采用了货架—托盘系统，物资在托盘或货箱中，使搬运作业安全可靠，避免了物资包装破损、散包等现象的发生。自动化立体仓库有很好的密封性能，为调节库内温湿度提供了良好的条件，有利于物资的保管保养。自动化立体仓库的报警装置和排水系统可以预防和及时扑灭火灾。

3.5.3 自动化立体仓库优势

作为现代物流系统中的重要物流节点，自动化立体仓库在物流中心的应用已越来越普遍。目前，世界上最高的立体仓库高度已达50米。立体仓库单位面积的储存量可达7.5吨/平方米，是普通仓库的5～10倍，与计算机管理信息系统联网以及与生产线紧密相连的自动化立体仓库更是当今CIMS(计算机集成制造系统)及FMS(柔性制造系统)必不可少的关键环节。具体而言，与传统仓库相比，自动化立体仓库的优势如表3.7所示。

表3.7 自动化立体仓库与传统仓库比较

对比项目	自动化立体仓库	传统仓库
空间利用率	充分利用仓库的垂直空间，其单位面积存储量远远大于普通的单层仓库(一般是单层仓库的4～7倍)	需占用大面积土地，空间利用率低
储存形态	动态储存：不仅使货物在仓库内按需要自动存取，还与仓库以外的生产环节进行有机连接，使仓库成为企业生产物流中的一个重要环节；通过短时储存使外购件和自制生产件在指定的时间自动输出到下一道工序进行生产，从而形成一个自动化的物流系统	静态储存：只是货物储存的场所，保存货物是其唯一的功能

(续表)

对比项目	自动化立体仓库	传统仓库
作业效率和人工成本	高度机械化和自动化，出入库速度快；人工成本低	主要依靠人力，货物存取速度慢；人工成本高
准确率	采用先进信息技术，准确率高	信息化程度很低，容易出错
可追溯性	采用条码技术与信息处理技术，准确跟踪货物的流向	物料的名称、数量、规格、出入库日期等信息大多以手工登记为主，数据准确性和及时性难以保证
管理水平	计算机智能化管理，使企业生产管理和生产环节紧密联系，有效降低库存积压	计算机管理很少，企业生产管理和生产环节紧密度不够，容易造成库存积压
对环境要求	能适应黑暗、低温、有毒等特殊环境	受黑暗、低温、有毒等特殊环境影响很大

目前，自动化立体仓库已经为越来越多的国内外物流企业所重视和应用，建设规模越来越大，系统更加复杂，设备数量越来越多。自动化立体仓库已成为企业内部物流特别是打造现代物流系统中不可或缺的组成部分，成为衡量企业物流运作与管理水平的重要指标。

近年来，自动化立体仓库在我国得到了迅速发展，已在烟草、医药、机器制造、电器制造、航空港、轻工、商业、军需等众多行业领域得到普遍应用。作为现代物流系统最重要的组成部分，自动化立体仓库必然是我国物流产业系统化、信息化、综合化的必然趋势。

本章小结

仓储管理就是对仓库及仓库内的物资进行管理，是仓储机构为了充分利用所具有的仓储资源提供高效的仓储服务所进行的计划、组织、控制和协调过程。仓储系统是企业物流系统中不可缺少的子系统。根据仓储技术作业过程，仓储管理主要包括商品入库管理、在库管理和出库管理。自动化立体仓库是现代物流业的重要组成部分，是未来物流产业发展的必然趋势。

关键术语

仓储管理　库存　ABC分类法　经济订购批量　自动化立体仓库

综合练习

一、 单选题

1. 关于仓库流量计算公式正确的是(　　)。

A. 仓库流量=入库货量÷出库货量

B. 仓库流量=出库货量÷入库货量+出库货量

C. 仓库流量=(入库货量+出库货量)÷存货量

D. 仓库流量=(入库货量+出库货量)÷(入库货量+出库货量+存货量)。

2. 货品如何处理、如何放置的决定性因素是(　　)。

A. 货位分配原则　　B. 储存策略

C. 机械设备的作业能力　　D. 仓库的面积

3. 除了种类少或体积较大的货品适用随机储存外，(　　)也适用随机储存。

A. 库房空间有限，需尽量利用储存空间的货品　　B. 易燃货品

C. 重要货品　　D. 储存条件对货品储存非常稳妥时

4. 分类随机储存兼具分类储存及随机储存的特色，需要的储存空间(　　)。

A.与分类储存相同　　B. 大于分类储存

C.小于随机储存　　D. 介于两者之间

5. 周转率很小，存放时间较长的货品应该采用的货位编码是(　　)。

A. 区段方式　　B.货品类别方式

C. 地址式　　D. 坐标式

6. 考核进出货人员工作分配及作业速度，以及目前进出货时间合理的仓储绩效指标是(　　)。

A. 站台利用率　　B. 人员负担和时间耗用

C. 设施空间利用率　　D. 库存周转率

7. 指标分析法中最普遍、最简单和最有效的方法是(　　)。

A. 对比分析法　　B. 因素分析法

C. 平衡分析法　　D. 帕累托图法

8. CVA分析法中归为最高优先级的库存产品应采取的管理措施是(　　)。

A. 不许缺货　　B. 允许偶尔缺货

C. 允许合理范围内缺货　　D. 允许缺货

9. CVA分析法中归为较高优先级的库存产品应采取的管理措施是(　　)。

A. 不许缺货　　B. 允许偶尔缺货

C. 允许合理范围内缺货　　D. 允许缺货

10. CVA分析法中归为中等优先级的库存产品应采取的管理措施是(　　)。

A. 不许缺货　　B. 允许偶尔缺货

C. 允许合理范围内缺货　　D. 允许缺货

11. CVA分析法中归为较低优先级的库存产品应采取的管理措施是(　　)。

A. 不许缺货　　B. 允许偶尔缺货

C. 允许合理范围内缺货　　D. 允许缺货

12. 库存控制管理的定量订货法中，关键的决策变量是(　　)。

A. 需求速率　　B. 订货提前期

C. 订货周期　　D. 订货点和订货量

13. 在定量订货法中，当订购点和订购量确定后，为实现库存自动管理可以采用(　　)。

A. 永续盘点法　　B. 间断盘点法

C. 定期盘点法　　D. 不定期盘点法

14. 在库存持有成本中反映企业失去的盈利能力的指标是(　　)。

A. 存储空间成本　　B. 资金占用成本

C. 库存风险成本　　D. 库存服务成本

15. 与库存决策最相关的商品价值是(　　)。

A. 商品的成本　　B. 商品的销售额

C. 商品的买价　　D. 商品的利润

16. 在定期订货法中既是安全库存水平的决定因素，又是自动确定每次订货批量的基础的指标是(　　)。

A. 订货周期　　B. 订货点

C. 最大库存水平　　D. 产品需求量

二、多选题

1. 仓储管理的目标中除了空间利用率最大化以外还应包括的目标有(　　)。

A. 人员及设备的有效使用　　B. 所有货品都能随时存取

C. 货品的有效移动　　D. 保证货品的品质

E. 良好的管理

2. 仓储系统的主要构成要素包括(　　)。

A. 储存空间　　B. 货品　　C. 数量

D. 人员　　E. 设备

3. 在选择搬运与输送设备时，需考虑的因素包括(　　)。

A. 货品特性　　B. 货品的单位　　C. 货品的容器和托盘

D. 作业流程与状况　　E. 货位空间的配置

4. 影响储存空间的主要因素有(　　)。

A. 作业　　B. 使用面积　　C. 人员

D. 货品　　E. 设备

5. 仓储空间规划的成功与否需要从(　　)等几个方面评价。

A. 仓储成本　　B. 空间效率　　C. 作业时间

D. 货品流量　　E. 作业感觉

6. 空间效率反映的是(　　)的安排布置。

A. 储存品特性　　B. 储存货品量　　C. 出入库设备

D.梁柱　　E. 通道

7. 货品流量主要指(　　)。

A. 进货量　　B. 保管量　　C. 拣货量

D. 补货量　　E. 出货量

8. 仓库空间的评价指标包括(　　)。

A. 仓储成本指标　　B. 空间效率指标　　C. 时间指标

D. 流量指标　　E. 作业感觉指标

9. 储存场所的空间布局形式有(　　)。

A. 就地堆码　　B. 上货架存放　　C. 架上平台存放

D. 空中悬挂　　E. 散堆

10. 储存方式一般包括(　　)。

A. 定位储存　　B. 随机储存　　C. 分类储存

D. 共同储存　　E. 分类随机储存

11. 定位储存适用于(　　)。

A. 储存条件对货品储存非常重要时　　B. 易燃货品

C. 重要货品　　D. 库房空间较大

E. 种类少或体积较大的货品

12. 下列情况中属于分类储存适用的场合有(　　)。

A. 易燃货品　　B. 库房空间较大　　C. 周转率差别大

D. 产品相关性大，经常被同时订购　　E. 产品尺寸相差大

13. 货位分配方式的前期准备工作有(　　)。

A. 储存空间　　B. 储存设备　　C. 储存策略

D. 储位编码　　E. 人员安排

14. 仓储经营管理综合评价指标除了仓库坪效以外，还包括(　　)。

A. 仓库生产率　　B. 人员作业能力　　C. 直间工比率

D. 固定资产周转率　　E. 产出与投入平衡率

15. 下列做法中可以提高库存周转率的方法有(　　)。

A. 压缩库存量　　B. 建立预测系统　　C. 增加出货量

D. 决定适当的采购、补货的时机　　E. 决定适当的存货量

16. 下列适用于提高紧急订单响应率的措施有(　　)。

A. 找出作业瓶颈，加以解决　　B. 制定快速作业处理流程及操作规程

C. 制定快速送货计费标准　　D. 掌握库存情况，防止缺货

E. 合理安排配送时间

17. 下列属于提升备货效率的方法有(　　)。

A. 选择最合理的备货拣选方式　　B. 加强备货理货人员的培训

C. 备货拣选路径的合理规划　　D. 货位的合理配置

E. 确定高效的拣选方式

18. 库存的作用主要表现在(　　)。

A. 维持销售商品的稳定　　B. 维持生产的稳定

C. 平衡企业物流　　D. 平衡企业流动资金的占用

E. 降低企业的商品成本和管理成本

19. 在ABC分类法中，对库存进行分类时可采用的指标有(　　)。

A. 货币量　　B. 销售量　　C. 销售额

D. 订购提前期　　E. 缺货成本

20. 简单EOQ模型中考虑的成本有(　　)。

A. 库存持有成本　　B. 补货成本　　C. 订购成本

D. 运输成本　　E. 缺货成本

三、判断题

1. 货品具有供应商、货品特性、数量和进货规格和品种四个特征。(　　)

2. 规模极(较)大的仓库中，人员分工比较细，可能包括仓管人员、搬运人员、理货拣货和补货人员等。仓管人员负责盘点作业，拣货人员负责拣货作业，补货人员负责补货作业，搬运人员负责入库、出库搬运作业、翻堆作业。(　　)

3. 仓储系统中的设备只是指储存设备。(　　)

4. 在选择搬运与输送设备时，要考虑货品特性、货品的单位、容器、托盘等因素，以及作业流程与状况、货位空间的配置等，同时还要考虑设备成本与使用操作的方便性。(　　)

5. 储存货品的空间叫作储存空间，储存是仓库的核心功能和关键环节，储存区域规划合理与否直接影响仓库的作业效率和储存能力。(　　)

6. 储存空间指的是仓库中所有的空间。

7. 作业空间指为了作业活动顺利进行所必备的空间，如作业通道、货品之间的安全间隙等。(　　)

8. 在规划仓库布局的过程中，必须在空间、人力、设备等因素之间进行权衡比较。宽敞的空间总是有利的。(　　)

9. 仓储空间规划的成功与否，需要从空间效率、作业时间、货品流量、作业感觉等四个方面进行评价。(　　)

10. 仓储成本主要指固定保管费用、保管设备费用、其他搬运设备费用等。(　　)

11. 空间效率主要指储存品特性、储存货品量、出入库设备、梁柱、通道的安排布置等。(　　)

12. 仓储空间评价指标中流量指标的流量评估基准以月为单位，即以每月的入库量、出库量、库存量三项数值来计算，其值在0～1之间，越接近1说明库存的周转率越低。(　　)

13. 地面堆码适合大量可堆叠货品的储存。(　　)

14. 地面堆码可以兼顾先进先出原则。(　　)

15. 仓库的主要作业是货品的入库作业、在库管理和出库作业。入库、出库作业时间一般较短而货品在库时间较长。(　　)

16. 货位管理就是指货品进入仓库之后，对货品如何处理、如何放置、放置在何处等进行合理有效的规划和管理。(　　)

17. 种类少或体积大的货品适合于定位储存的方式。(　　)

18. 烟、香皂和茶叶可以存放在一起。(　　)

19. 若在产品形式变化少、产品寿命周期长、保管时不易发生损耗破损时，则需考虑先进先出的管理费用和采用先进先出所带来的效益，两者比较后，再决定是否要采用先进先出原则。 (　　)

20. 对于食品或易腐败变味的货品，要考虑的是先到期先出货的原则，应将保存期最新鲜的货最先出库。 (　　)

四、简答题

1. 仓库存储区平面布置有哪些形式？
2. 库房商品堆码设计的内容有哪些？
3. 仓储作业的内容有哪些？
4. 仓储作业管理有哪几个阶段？各个阶段的仓储作业有何特点？
5. 简述ABC分类法的原理和主要步骤。
6. 简述库存管理的目标。

五、项目训练

(一) 商品保管场所的分配

【实训项目】商品保管场所的分配。

【实训目的】使学生接受和掌握商品保管场所分配的理论知识，做到理论联系实际，提高学生对这部分知识的实际动手能力和分析问题、解决问题的能力，为以后从事这方面的工作打下良好的基础。

【实训内容】商品保管区的划分：仓库、货棚、货场的分配；对库房各层的使用分配；确定存入同一库房的商品品种。

(二) 参观仓储货物的堆码

【实训项目】参观仓储货物的堆码。

【实训目的】使学生进一步熟悉仓储管理中货物堆码的原则和要求，并结合具体行业的仓储业务以及具体货物的堆码作业，了解现实作业中几种常见的堆码形式及其适用条件，实现理论知识与企业应用实际的有机结合。

【实训内容】参观企业仓库露天货场中货物的堆码和遮盖；参观室内库房，了解货物堆码。

第4章　包装、装卸搬运与流通加工

学习目标

- 了解包装的定义和功能，了解包装的主要方法
- 掌握主要包装容器的类型、规格和作业
- 了解装卸搬运设备及其配置，熟悉装卸搬运合理化措施
- 了解集装箱装卸搬运系统的功能与结构
- 了解流通加工的地位及作用
- 掌握流通加工管理要点，熟悉不合理流通加工的若干形式，掌握流通加工合理化方法

引导案例

1898年，鲁特玻璃公司一位年轻的工人亚历山大·山姆森根据女友穿的筒型连衣裙样式设计了一个玻璃瓶，这个设计经反复修改，试制出来的瓶子获得大众称赞，有经营意识的他立即到专利局申请专利。

当时，可口可乐的决策者坎德勒在市场上看到了亚历山大·山姆森设计的玻璃瓶后，认为这个瓶子非常适合作为可口可乐的包装，用600万美元的天价买下此专利。实践证明，可口可乐公司这一决策是非常正确的。

亚历山大·山姆森设计的瓶子不但美观，而且使用非常安全，容易把握不易滑落。由于瓶子的结构是中大下小，当它盛装可口可乐时，给人的感觉是分量很多的。可口可乐采用这种包装以后，销量飞速增长，在两年的时间内，销量翻了一倍。从此，采用山姆森设计的玻璃瓶作为包装的可口可乐开始畅销美国，并迅速风靡世界。600万美元的投入，为可口可乐公司带来了数以亿计的回报。

资料来源：费明乾，刘妮丽. 十大经典创意包装案例：价值600万美元玻璃瓶[EB/OL].(2007-09-03)[2019-06-01].http://news.hexun.com/2007-09-03/100413101.html.

思考：可口可乐的包装设计为什么使公司业绩飞速增长？

4.1　物流包装概述

随着经济的发展，包装已成为刺激消费、扩大销售、使产品增值的秘密武器，包装的好坏关系到商品能否完好无损地送达消费者手中，包装的装潢和造型水平也影响到商品的竞争力。

4.1.1 包装概念与作用

1. 包装概念

《物流术语(GB/T 18354—2006)》规定，包装(Packaging)是指为在流通过程中保护产品、方便储运、促进销售，按一定技术方法而采用的容器、材料及辅助物等的总体名称，也指为了达到上述目的而采用容器、材料和辅助物的过程中施加一定技术方法等的操作活动。

2. 包装作用

产品包装是为保持产品数量与质量的完整性而必需的一道工序。由于产品的包装直接影响产品的价值与销路，因而对绝大多数的产品来说，包装是产品运输、储存、销售不可缺少的必要条件，具有如下几个作用。

1) 良好的产品包装可以提高装载率和运输率

适当的包装材料、结构和包装尺寸，可以节约运输空间，提高设备利用率，并有效地保护产品不受自然环境和外力的影响，从而保护产品的使用价值，使产品实体不致损坏、散失、变质和变形。

2) 运输包装对包装产品进行保护

运输包装件在空间转移中往往因冲击力和振动力而受到损伤，一般来说，铁路运输中物品冲撞振动的机会较多，运输时间也长，损坏的可能性最大，汽车运输次之，航空运输的物品损坏率最小。合理运输包装的采用应权衡包装费用与运输方式之间的关系。在运输活动中，运输包装的保护效用还体现在满足运输途中和运输目的地的气候自然环境所提出的要求。

3) 缩短运输时间

在包装中，采用集合的采用包装有利于运输活动的有效管理，能减少差错，大大缩短运输时间。

4) 提高产品的储运效率

现代物流运输特别是冷链物流运输，因其便捷、高速的运输效率受到厂商和消费者的喜爱。冷链物流不仅要求时间上的高速，也要求产品包装的合适。例如，新鲜肉类产品采用保鲜盒加保鲜膜的包装方式，不但占用空间小，便于装卸，而且包装成本低，更适合消费者，最大限度地节约了空间和成本，便于运输。

小阅读

1. 儿童饮料外包装

2004年5月Shasta Shortz推出一款饮料外包装，从图案正面看去，是一件冲浪运动短裤。包装纸箱的一角打有一圈纸孔，其作用是使消费者轻易地在包装纸箱上沿纸孔处打开一个口子，便于(饮料)易拉罐的储存和发放。包装纸箱内侧还印有一些信息，目的是鼓励孩子们登录到Shasta Shortz的产品网站，去发现一些有趣的产品标签、产品主题曲、产品游戏等。孩子们还可以通过网上提供的模板参与易拉罐包装图案的设计，将他们梦想中“最炫”“最酷”的“短裤”发送给Shasta。而孩子们可获得各种积分奖励，甚至其设计有可能被用于未来产品的包装，这确实是一种莫大的诱惑。

2. 儿童饮料专用瓶盖

2006年4月Seaquist公司推出了一种专门为儿童饮料(P’titsMonin)配备的新型瓶盖，其造型如小动物的头一样。这种旋转式的卡通造型瓶盖能轻易吸引儿童的注意力，且用法简单。撕去质量密封条，在开启瓶盖时，瓶盖红色的卡通造型嘴里会弹出一个用塑料橡胶做的柔软“舌头”，能起到吸管的作用。比如，当儿童抓住“舌头”放进杯子里时，挤压瓶体，饮料就可以从“舌头”中流畅地落下，既卫生又安全。当瓶盖被拧紧时，“舌头”就会被瓶盖和瓶体压住，这也是另一种密封的方式。

资料来源：王冶华. 儿童专属饮料包装的成功案例及市场分析[EB/OL]. http：//www.niangzao.net/news/541/54199.html.

4.1.2 包装分类

包装从不同角度可以有多种划分方法。

(1) 按照商品经营习惯，包装可分为内销商品包装、出口商品包装等。

(2) 按在流通过程中的作用，包装一般分为运输包装、销售包装等。

(3) 按使用次数，包装可分为一次性包装、多次用包装和周转包装等。

(4) 按包装容器形态，包装可分为箱、袋、包、桶、罐、瓶、软管等。

(5) 按包装作业顺序，包装可分为一次包装、二次包装、三次包装等。

(6) 按包装容器性状，包装可分为软包装、刚性包装、半刚性包装等。

(7) 按包装材料，包装可分为纸、瓦楞纸板、塑料、金属、玻璃、陶瓷、木材、复合材料等。

(8) 按内装物，包装可分为食品包装、药品包装、电器包装等。

(9) 按包装的保护技术，包装可分为防潮包装、防锈包装、防虫包装、防腐包装、防振包装、危险品包装等。

知识窗

(1) 运输包装。运输包装也叫工业包装，是以强化输送、保护产品为目的的包装。运输包装的重要特点是在满足物流要求的基础上使包装费用越低越好。为此，必须在包装费用和运输时的损失两者之间寻找最优的效果。

(2) 销售包装。销售包装也叫商业包装，是以促进销售为主要目的的包装。这种包装的特点是外形美观，有必要的装潢，包装单位适于顾客的购买量以及商店陈设的要求。在流通过程中，商品越接近顾客，越要求包装有促进销售的效果。

4.1.3 包装标准化

包装标准化是对各种包装标志、包装所用材料规格、质量、包装的技术规范要求、包装的检验方法等的技术规定。包装标准化的主要内容包括以下6个方面。

(1) 包装基础标准化，主要包括包装术语、包装尺寸、包装标志和包装管理标准化。

(2) 包装材料标准化，主要包括各类包装材料，如纸、纸板、塑料薄膜、木材标准化等。

(3) 包装容器标准化，主要包括各类包装容器，如桶、瓶、袋、纸箱和木箱等的标准化。

(4) 包装技术标准化，主要包括包装专用技术、包装专用机械和各种包装防护技术的标准化。

(5) 产品包装标准化，主要包括按商品行业划分的包装技术条件、检查验收、专用检查方法、储运要求和标志等。

(6) 相关标准，即与包装关系密切的标准，如集装箱技术条件和尺寸、托盘技术条件和尺寸等。

4.2 物流包装作业

4.2.1 包装材料及容器

1. 包装材料

包装材料在包装技术的实施中占有重要的地位，是发展包装技术、提高包装质量、降低包装成本的重要基础。随着科学技术的发展，包装材料的种类有了迅速发展，具体包括如下几种。

1) 金属包装材料

金属包装材料主要有钢材和铝材，其主要形式为薄板、金属箔、捆扎带等。金属包装材料牢固、防潮、易加工、可再利用，但其成本较高，且易变形生锈。

2) 玻璃包装材料

玻璃材料的密封性好、不变形、耐热、耐酸、耐磨，但其耐冲击强度低、易破碎、自身重量大、运输成本高，应用范围相对较窄。

3) 木制包装材料

木材的强度高、弹性好，且资源广泛、加工方便，但其易于吸收水分、易变形、易开裂、易腐朽，且价格高涨。

4) 纸质包装材料

纸质包装材料价格低、重量轻、易加工、易成形、耐摩擦、耐冲击和容易回收利用。但是，纸质包装材料易受潮，受潮后强度降低。

5) 塑料包装材料

塑料是包装的主要材料，它除了具备纸质材料的诸多优点外，还具备防腐、防潮、耐酸碱等优良的特性。但是塑料作为包装材料也有很多缺点，如耐热性差、易老化、有异味、废弃物难处理等。

6) 天然生物包装材料

自然界中有很多生物资源，比如竹、麻、棉、柳条、芦苇、秸秆、稻草和麦秆等，都可以作为包装材料。

7) 复合包装材料

复合材料是指由两种或两种以上的材料复合而成的新型材料，如塑料与玻璃复合材料、塑料与金属复合材料、塑料与塑料复合材料等。复合包装材料是现代材料科学发展的结果，它虽然现在不能取代传统的包装材料，但是弥补了很多传统材料的不足，已经在包装领域广泛应用。

2. 包装容器

包装容器一般是为了满足内装商品的销售、仓储和运输过程要求而使用的包装制品。它们是包装材料、包装工艺、包装结构、包装造型以及包装标识的综合产物。包装容器一般分为包装袋、包装盒、包装箱、包装桶等。

1) 包装袋

包装袋属于软包装容器，一般采用纸、塑料和复合材料制作，具有较高的韧性、拉伸强度和耐磨性。包装袋一般结构为管筒状结构，一端预先封死，在完成对内装物的充填操作后再封合另一端。包装袋按照内装容量的大小一般分为集装袋、一般运输包装袋和小型包装袋。

(1) 集装袋。集装袋是一种大容积的包装袋，一般盛装内装物重量在1吨以上，主要用于装运颗粒状、粉状、小型块状和球状的货物，一般由聚丙烯、聚乙烯等聚酯纤维等材料制作。集装袋的顶部一般装有金属吊架或吊环等，便于铲车或起重机的吊装和搬运。卸货时可打开袋底的卸货孔，即可卸货。集装袋的使用可以提高装卸搬运的效率。典型的集装袋如图4.1所示。

图4.1　集装袋

(2) 一般运输包装袋。一般运输包装袋盛装内装物重量为0.5～100千克，主要用于装运粉状、粒状和个体小的货物，制作材料主要为植物纤维或合成树脂纤维。

(3) 小型包装袋。小型包装袋又称普通包装袋，一般盛装内装物重量少于10千克，主要用于装运液状、粉状、块状和异型内装物等物品，制作材料主要为纸、塑料等。其常见的结构为信封式袋、平袋、角撑袋、六角形粘贴袋、方底袋、购物袋等。

2) 包装盒

包装盒是介于刚性包装和柔性包装之间的包装容器，一般用纸、塑料、金属和复合材料制作，具有一定的柔性，不易变形，有较高的抗压强度，刚性高于袋装材料。包装盒整体耐冲击强度不大，包装容量也较小，因此，不适合做运输包装，而适合做商业包装、内包装，适合包装块状及各种异形物品。典型的包装盒如图4.2所示。

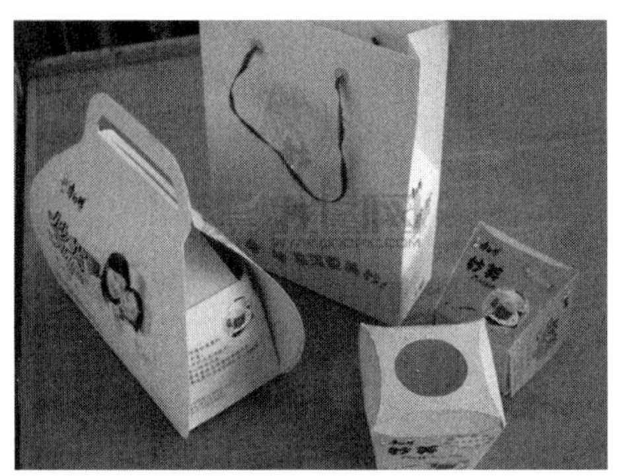

图4.2　包装盒

3) 包装箱

包装箱包装是属于刚性包装容器，一般用瓦楞纸、木板、塑料和金属制作，具有较高的耐冲击强度且不易变形。其结构和包装盒的结构相同，只是容积和外形大于包装盒，一般以10升为分界点。包装箱整体抗变形能力强，包装量也较大，适合做运输包装、外包装，包装范围较广，主要用于固体杂货包装。包装箱一般分为以下几种类型。

(1) 瓦楞纸箱。瓦楞纸箱是用瓦楞纸板制成的箱形容器，一般用于运输包装，由于其多变的造型和精美的印刷可使用在产品的销售包装中，已广泛应用于家电、食品、医药、日化、纺织、烟酒等行业产品的包装。瓦楞纸箱如图4.3所示。

图4.3　瓦楞纸箱

(2) 木箱。木箱是流通领域中常用的一种包装容器，其用量仅次于瓦楞纸箱。木箱主要有木板箱、框板箱、框架箱3种。

(3) 塑料箱。塑料箱一般用做小型运输包装容器和工位器具，其优点是自重轻，耐蚀性好，可装载多种商品，整体性突出，耐冲击、耐用，能满足反复使用的要求，色彩较多，没有木刺，不易伤手，如图4.4所示。

图4.4 塑料箱

(4) 集装箱。集装箱是由钢材或铝材制成的大容积、标准尺寸的物流装运设备。从包装角度看，也是一种大型包装箱，可归属于运输包装的类别之中，也是可反复使用的大型周转型包装，如图4.5所示。

图4.5 集装箱

4) 包装桶

包装桶是刚性包装的一种，桶身抗变形能力强，可用于运输包装，也可作商业包装。按照包装材料，包装桶可分为纸桶、塑料桶和金属桶。纸桶是用纸板作胚料，加内衬材料制成的，一般容积为25～250升，可用于储运干性散装粉粒状产品，经过特殊处理后，也可储存膏状或液状产品。塑料桶的一般容积为5～250升，主要用于装运化工产品、腌渍食品等产品。金属桶是由厚度大于0.5毫米的钢质薄板制成的，容积在10升以上，主要用于包装挥发性强或对气、湿度敏感的物品，不易包装对温度敏感和易爆的货物。

4.2.2 包装操作与技术

1. 包装操作

商品包装操作通常包括充填、封口、捆扎、裹包和加标检重等。

1) 充填

充填是将商品装入包装容器的操作。根据商品性质的不同，充填分为装放、填充与灌装三种形式。

2) 封口

封口保证了商品包装的密封性能。不同容器的密封性能要求不同，封口方法也不同，主要有黏合封口、胶带封口、焊接封口、真空封口、浸蜡封口等。

3) 捆扎

捆扎是将商品或包装件用适当材料扎紧、固定或增强的操作。捆扎的方法主要有直接捆扎、半包装捆扎、夹板捆扎、成件捆扎和密缠捆扎等。

4) 裹包

裹包是用一层挠性材料包覆商品或包装件的操作。用于裹包的材料主要有纸张、纺织品、塑料薄膜等。裹包的方法主要有直接裹包、多件裹包、收缩包装、压缩捆包与卷绕裹包等。

5) 加标检重

加标就是将标签粘贴或拴挂在商品或包装件上，标签是包装装潢的标志。检重是检查包装内容物的重量，目前大多采用电子检重机进行检测。

2.包装技术

1) 包装的一般技术

在进行包装操作业务时，我们经常使用的技术有以下几种。

(1) 对内装物合理放置、固定和加固。对内装物合理放置、固定和加固能达到缩小体积、节省材料、减少损失的目的。外形规则的产品要注意套装，包装薄弱的部分要注意加固，包装内重力分布要均匀，产品与产品之间要隔离等。

(2) 对松泡产品进行压缩。松泡产品占有包装的体积太大，导致运输、储存的费用增加。采用真空包装技术，可有效缩小松泡产品的体积，便于运输和储存。

(3) 合理选择运输包装的形状和尺寸。商品运输包装中需装入集装箱，这就存在包装件与集装箱之间的尺寸配合问题。如果配合得好，集装箱内就不会出现空隙，能有效地利用箱容，还能有效地保护商品。

(4) 包装外的捆扎。捆扎的目的是将单个物件或多个物件捆紧，以有利于运输、储存和装卸。捆扎能压缩货物体积，从而减少保管费和运输费。体积不大的普通包装一般适合在打包机上捆扎；托盘等集合包装适合使用收缩薄膜包装技术和拉伸薄膜包装技术。

2) 包装的特殊技术

除了包装的一般技术，根据包装物的性质和运输要求，货品还需要采用一些特殊的包装技术，具体如下所述。

(1) 防震包装技术。

防震包装技术又称缓冲包装技术，可使被包装物在装卸、运输和仓储过程中免遭冲击和振动的损坏，在各种包装方法中占据重要的地位。

用于防震包装的材料具有高度压缩和复原性的弹性材料，具有弹性或黏弹性、良好的复原性、温湿度稳定性、吸湿性小等特性，这种材料也称缓冲材料。根据商品性质的不同，包装材料的防震水平也不尽相同。防震包装技术分为以下几种。

① 全面缓冲包装技术。全面缓冲包装技术是指将内装物的四周全部用缓冲材料包裹，对内装物进行全面保护的一种包装技术，常采用压缩包装、浮动包装、模盒包装和就地发泡包装等技术措施。图4.6是全面缓冲包装结构示意图。

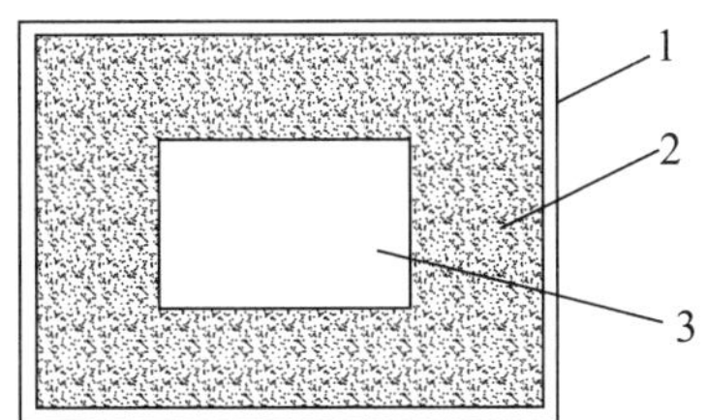

1-外包装：2-缓冲材料；3-内装物

图4.6　全面缓冲包装结构

② 部分缓冲包装技术。部分缓冲包装技术是用角衬垫、棱衬垫、侧衬垫对内装物进行保护的一种包装技术。对于整体性好的产品和内包装为容器的产品，可使用部分缓冲包装技术。部分缓冲包装的类型有面支承包装、角支承包装、棱支承包装、混合支承包装。图4.7是角支承包装结构的示意图。

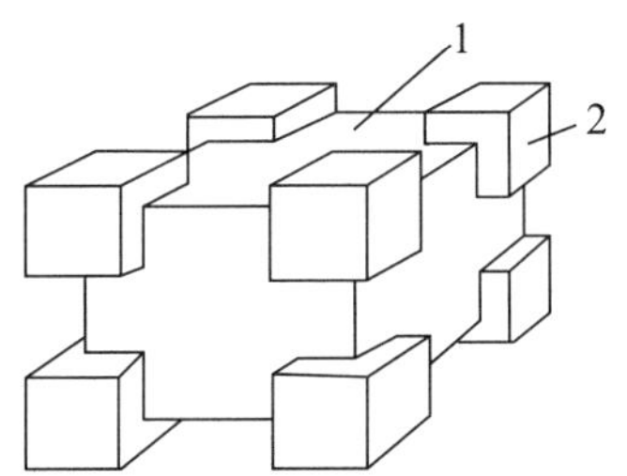

1-内装物；2-角衬垫缓冲材料

图4.7　角支承包装结构

③ 悬吊式缓冲包装技术。悬吊式缓冲包装技术是用弹簧或橡皮带等把内装物和外包装箱连接起来，使得产品被吊装在坚固的包装容器内成悬浮状态的技术。图4.8是悬吊式缓冲包装结构的示意图。

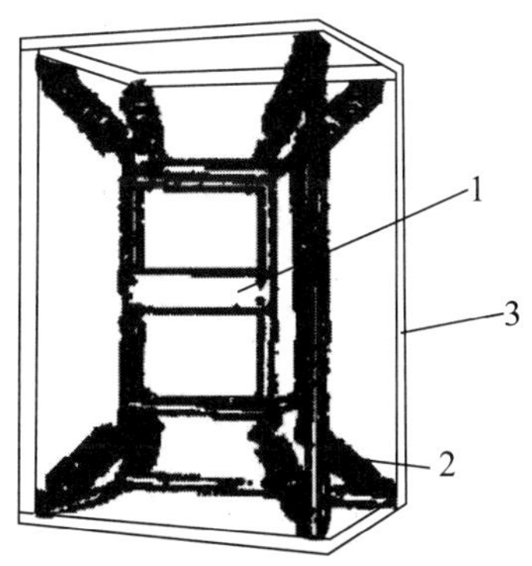

1-内装物；2-弹簧或橡皮带；3-外包装

图4.8　悬吊式缓冲包装结构

(2) 防潮包装技术。

防潮包装技术就是防止物品吸收环境湿气或排出自身水分的防护包装技术。根据商品本身包含的水分程度不同，防潮包装方法分为两大类。第一类是防止被包装物品增加水分而采用的包装方法，包括静态干燥方法和动态干燥方法两种；第二类是使内装物保持一定水分而采用的包装方法。

① 静态干燥方法是给包装内放入一定数量的干燥剂，吸去内部水分来防止内装物受潮的包装方法。包装材料的透湿性、干燥剂的性质和数量，以及包装内空间的大小等决定包装的防潮能力。这种方法常用于小型包装的防潮。

② 动态干燥方法是采用降湿机将干燥的空气输入包装内，同时将包装内的潮湿空气置换出来，从而使产品保持干燥状态。这种方法适合于大型包装的防潮。

③ 内装物保持一定水分的防潮包装方法一般多采用透湿率趋近于零的金属、玻璃、陶瓷或复合薄膜进行密封包装，保证内装物不会脱水变质。

(3) 防锈包装技术。

防锈包装技术是为隔绝或减少大气中的水气、氧气和其他污染物对金属制品表面产生锈蚀而采用的包装方法。防锈包装技术与金属冶炼和制品加工的防锈技术不同，其是用包装封存方法进行的暂时性防锈。内装物在投入使用时，防锈包装材料还要求能顺利除去。防锈包装根据防锈等级要求的不同，一般有以下4种方式。

① 制品本身采用防锈材料被覆或浸涂。

② 制品本身采用防锈材料被覆或浸涂，并且对外包装采用防尘、防潮材料密封，允许透入微量水蒸气。此方法常用于钢铁、铜、铝合金、各种电镀件等产品，是使用最多的一种防锈包装方法。

③ 制品直接浸涂或包扎抗腐蚀的合成纤维织物等后，再浸涂可剥性塑料，在制品周围形成一层茧状塑料外壳，以达到防锈目的。此方法多用于小型金属制品。

④ 制品采用防锈材料被覆或浸涂，并且用防潮材料密封包装外包装，在包装内放入干燥剂，也可在包装容器内充入氮气或干燥空气代替干燥剂，以便吸收透入的微量水分。

(4) 防霉防腐包装技术。

防霉防腐包装技术就是为了防止或抑制商品发生霉腐变质，根据物品的性质和流通条件等要求而采用的包装技术。目前防霉防腐包装技术有以下几种。

① 化学药剂防霉防腐。化学药剂防霉防腐主要是使用防霉防腐化学药剂将待包装产品、包装材料进行适当处理。通常可以将防腐剂直接加在某个生产程序，或者是将其喷洒或涂抹在货品表面，或者浸泡后再包装。但是化学药剂难免会对货品质量带来不同程度的影响。

② 气体防霉防腐。气体防霉防腐是使用具有挥发性的防霉防腐剂，利用其挥发产生的气体直接与霉腐微生物接触，杀死或抑制霉腐微生物的生长，以达到货品防腐的目的。由于气体防腐是气体分子直接渗透到商品上，对其外观和质量不会产生太大影响，但要求包装材料和包装容器具有透气率小、密封性能好的特点。

③ 气调防霉防腐。气调防霉防腐是通过调节空气中氧的浓度，人为地造成一个低氧环境，从而抑制霉腐微生物生长的包装方法。

④ 低温防霉防腐。低温防霉防腐是通过控制货品的温度，使其低于霉腐微生物生长

繁殖的最低温度界限，抑制酶的活性，从而抑制了微生物的呼吸、氧化过程，使其自身分解受阻，以达到防腐的目的。

(5) 无菌包装技术。

无菌包装技术是在内装物、包装容器或材料、包装辅助材料的无菌情况下，在无菌环境中进行填充和封合的一种包装方法，常用于乳制品、果汁、饮料、食品及某些药品等，尤其是液态食品的包装。经过无菌包装的食品无须冷藏库储存、冷藏车运输、冷藏柜台销售，在常温下可以储存12～18个月不变质，从而能减少储运费用，延长产品的储存期。内装物和包装容器或材料不同，采取的灭菌技术也不同。

(6) 危险品包装技术。

交通运输及公安、消防部门根据危险品的危险性质将其分为十大类，即爆炸性物品、氧化剂、压缩气体和液化气体、自燃物品、遇水燃烧物品、易燃液体、易燃固体、毒害品、腐蚀性物品、放射性物品。危险品要采用特殊包装技术予以防护。

① 防毒包装技术。防毒包装要求严密不漏、不透气。比如，重铬酸钾(红矾钾)和重铬酸钠(红矾钠)有毒，其包装应采用坚固铁桶，桶口要严密不漏，制桶的铁板厚度不能小于1.2毫米；有机农药类商品应装入沥青麻袋，缝口严密不漏；用作灭鼠剂的磷化锌有剧毒，应采用塑料袋严封后再装入木箱，箱内用油层牛皮纸、防潮纸或塑料薄膜衬垫，使其与外界隔绝。

② 防蚀包装技术。包装具有腐蚀性的商品时要防止商品和包装容器之间发生化学变化，例如包装合成脂肪酸的铁桶内壁要涂有耐酸保护层，防止铁桶被酸性物质腐蚀进而导致商品变质；包装氢氟酸不能用玻璃瓶容器，而应装入金属桶或塑料桶，然后再装入木箱。

③ 防燃爆包装技术。防燃爆包装用于易燃、易爆商品，例如有强氧化性产品，或遇有微量不纯物或受热即急剧分解引起爆炸的产品。防燃爆的有效包装方法是采用塑料桶，然后将塑料桶装入铁桶或木箱中，每件净重不超过50千克，并应有自动放气的安全阀，当桶内达到一定气体压力时，能自动放气。

(7) 集合包装技术。

集合包装又称组合包装，是将若干单个包装组合成一个大包装，形成一个合适的运输单元。集合包装可以简化内装物的安装、保证运输安全、降低劳动强度、提高储运效率，便于实现运输和装卸机械化。集合包装主要分为集装箱、托盘和集装袋集合包装。

① 集装箱集合包装。集装箱能一次装入若干个内装物，具有安全、迅速、简便、节省人力和包装材料等优点，已成为集合包装的主要方式之一。

② 托盘集合包装。托盘是正方形或长方形扁平垫板，托盘集合包装就是将包装件或内装物通过捆扎、裹包或胶黏等方法固定在托盘上，形成组合包装单元，以便机械化作业的一种包装方式。

③ 集装袋集合包装。集装袋是一种大型的载重量在一吨以上的半散装货物的周转容器，用来装粉状和颗粒物品，如淀粉、食盐、砂糖、化肥、饲料、水泥等，便于机械化作业。

4.2.3 包装标识

包装标识主要分为两类：一类是销售包装标识，另一类是运输包装标识。销售包装标识主要通过包装图案、文字、条形码等信息形式传达商品的信息，能够方便消费者识别、选购，起到促进销售的作用。运输包装标识主要是应用图形或文字在运输外包装箱上对内装物运输过程中的注意事项进行标识。

1. 销售包装标识

销售包装(Sales Package)是指直接接触商品并随商品进入零售店和消费者直接见面的包装。这类包装除必须具有保护商品的功能外，还应具有促销的功能。因此，对销售包装的造型结构、装潢画面和文字说明等方面有较高的要求。销售包装标识包括包装的图案、文字说明和条形码等信息。

1) 图案

销售包装的图案要美观大方，富有艺术吸引力，并突出商品特点。图案和色彩应适应有关国家的民族习惯和喜好，以利于扩大销售。

2) 文字说明

销售包装上应有必要的文字说明，如商标、品名、产地、数量、规格、成分、用途和使用方法等，文字说明要同画面紧密结合，互相衬托，彼此补充，以达到宣传和促销的目的，使用的文字必须简明扼要，并让销售市场的顾客能看懂，必要时也可以中外文并用。使用文字说明或制作标签时，还应注意有关国家的标签管理条件的规定。

3) 条形码

销售包装上的条形码由一组带有数字的黑白及粗细间隔不等的平行条纹组成，这是利用光电扫描阅读设备为计算机输入数据的特殊的代码语言。通过条形码的自动识别，确定品名、品种、数量、生产日期、制造厂商、产地等，并据此在数据库中查询其单价，进行货款结算，打出购货清单，这就有效地提高了结算的效率和准确性，也方便了顾客。

2. 运输包装标识

运输包装(Transport Package)是以满足运输、仓储要求为主要目的的包装。运输包装标识主要是应物流管理的需要而产生的。商品在物流过程中要经过多环节、多层次的运输和中转，要完成各种交接，这就需要标识来识别货物。物流管理中许多事故和差错常常是因为标识不清或错误而造成的，如错发、错运、装卸搬运操作不当、储存保管不善等。所有这些都说明包装标识对有效地进行装卸、运输、储存等物流活动起着重要作用。

运输包装标识就是指在运输包装外部采用特殊的图形、符号和文字，以赋予运输包装件传达各种信息的功能。其主要作用有三点：一是识别货物，实现货物的收发管理；二是明示物流中应采用的防护措施；三是识别危险货物，暗示应采用的防护措施，以保证物流安全。因此，运输标识也区分为三类：一是收发货标识，或叫包装识别标识；二是包装储运图示标识；三是危险货物包装标识。

1) 收发货标识

收发货标识是外包装件上的商品分类图示标志和其他文字说明排列格式的总称。运输包装收发货标识是为在物流过程中方便辨认货物而采用的。它对物流管理中发货、入库以及装车配船等环节起着重要的作用，也是发货单据、运输保险文件以及贸易合同中有关标志事项的基本部分。

2) 包装储运图示标识

包装储运图示标识是根据产品的某些特性如怕湿、怕震、怕热、怕冻等确定的，部分标识如图4.9所示。包装储运图示标识是为了在货物运输、装卸和储存过程中，引起作业人员的注意，使他们按图示的标识要求进行操作。我国参照国际标准ISO 780《包装储运图示标志》，制定了我国国家标准《包装储运图示标志》(GB/T 191—2008)。该标准适用于铁路、水路、公路和航空储运中怕湿、怕震、怕热、怕冻等有特殊要求的货物的外包装。

图4.9　包装储运图标

包装储运图示识志图形应按规定的颜色印刷，如因货物包装关系不宜按规定的颜色涂打，可根据各种包装物的底色，选配与其底色不同的符合明显要求的其他颜色。包装储运图示标识印刷时外框线及标志名称都要印上；涂打时外框线及标志名称可以省略。印刷标志用纸应采用厚度适当、有韧性的纸张。

3) 危险货物包装标识

危险货物包装标识是用来标明化学危险品的，此类标识为了引起人们警惕，通常采用特殊的彩色或黑色菱形图示。1985年，国家标准局参照联合国(UN)、国际海事组织(IMO)、国际民航组织(ICAO)和国际铁路合作组织的有关货物运输规则，制定了《危险货物包装标志》标准，对16种危险货物包装标识做了具体规定。这16种标识为爆炸品标识、易燃气体标识、不燃压缩气体标识、有毒气体标识、易燃液体标识、易燃固体标识、自燃物品标识、遇湿危险标识、氧化剂标识、有机过氧化物标识、有毒品标识、剧毒品标识、有害品标识、感染性物品标识、放射性物品标识、腐蚀性物品标识。该标准还对危险品货物的标识尺寸、颜色、印刷、使用等也做出了具体的规定。

4.3　装卸搬运概述

在整个物流过程中，商品装卸搬运是发生频率最高的一项作业，当商品运输或商品储存等作业发生的时候，商品装卸搬运作业就会发生，每次装卸活动都要花费很长时间，装卸费用在物流成本中所占的比重也较高，所以往往成为决定物流速度的关键。

4.3.1 装卸搬运概念

根据我国国家标准《物流术语》(GB/T 18354—2006)，装卸(Loading and Unloading)是指物品在指定地点以人力或机械载入或卸出运输工具的作业过程。搬运(Handling)是指在同一场所内对物品进行空间移动的作业过程。可见，装卸搬运是在某一物流节点范围内进行的，以改变物料的存放状态和空间位置为主要内容和目的的活动。

装卸搬运的频率比其他物流环节要高，费用比重也较大，以我国为例，铁路运输的始发和到达的装卸作业费占运费的20%左右，船运占40%左右。此外，进行装卸操作时往往需要接触货物，因此，这是在物流过程中造成货物破损、散失、损耗的主要环节。例如袋装水泥纸袋破损和水泥散失主要发生在装卸过程中，玻璃、机械、器皿、煤炭等产品在装卸时最容易造成损失。由此可见，装卸活动是影响物流效率、决定物流技术经济效果的重要环节。据统计，我国火车货运以500千米为分界点，运距超过500千米，运输在途时间多于起止的装卸时间；而运距低于500千米，装卸时间则超过了实际运输时间。美国与日本之间的远洋船运，一个往返需25天，其中运输时间13天，装卸时间12天。我国机械工厂每生产1吨成品，需进行252吨次的装卸搬运，其成本为加工成本的15.5%。

4.3.2 装卸搬运特点

任何其他物流活动间的互相过渡都是以装卸搬运来衔接的，因而，装卸搬运是物流各功能之间能否形成有机联系和紧密衔接的关键。同时，装卸搬运会影响其他物流活动的质量和速度，对其他物流活动有一定的决定性。除此之外，装卸搬运还具有以下特点。

1. 起止节点分散

无论是仓库、车站、码头，还是汽车、火车、轮船、飞机，都是装卸搬运活动的起止节点。分散的起止节点给装卸搬运作业带来了复杂性，不同节点需要不同的装卸搬运作业方法。为适应供应链物流的各个节点运作需要，也就需要合理安排装卸搬运作业，尽量统一机械化运作，提高供应链运行效率。

2. 作业对象繁多

装卸搬运作业的物品是多种多样的，有原材料、零部件、半成品、成品等。它们在性质(物理、化学性质)上、形态上、重量上、体积上以及包装方法上有很大区别。同一种货物的不同状态，可能会产生完全不同的装卸搬运作业，如单件装卸和集装化装卸、袋装装卸搬运和散装装卸搬运都存在着很大差别。另外，不同的运输方式、不同的存储方法在装卸搬运设备运用、装卸搬运方式的选择上都有不同的要求。

3. 辅助设备多样

由于装卸搬运的物品千差万别，相应的辅助设备也多种多样，例如各种叉车、起重设备、输送设备及现代化的自动搬运车等。各种设备都有相应技术参数和使用场合，要根据货物特性、场所等要求恰当选择，装卸搬运从业人员对这些设备的性能特点也要非常熟悉。

4. 作业不均衡

一方面，在生产领域，由于生产活动有连续性和比例性，故企业内装卸搬运相对比较均衡。然而，物资一旦进入流通领域，由于受到物资产需衔接、市场机制的制约，物流量便会出现较大的波动。商流是物流的前提，某种货物的畅销和滞销、远销和近销、销售量的大与小决定了实物流量的变化，装卸搬运量也会出现忽高忽低的现象。另一方面，各种运输方式由于运量的差别和运速的不同，使得港口、码头、车站等不同物流节点也会出现集中到货或停滞等待的不均衡装卸搬运现象。

5. 作业安全性要求高

装卸搬运作业需要人与机械、货物、其他劳动工具相结合，工作量大，情况变化多，很多作业环境复杂，这些都导致了装卸搬运作业中存在着不安全的因素和隐患。装卸搬运同其他物流环节相比安全系数较低，一方面直接涉及人身安全，另一方面涉及物资安全。因此，装卸搬运的安全问题需要引起重视。

小阅读

1970年，日本一家企业为巴西亚马逊河盆地的新建工厂制造了成套的纸浆加工设备。该日本企业先是在日本造船厂专门设计和修造了两艘大型驳船，然后将纸浆加工设备和配套的动力设备按总重量均衡的原则分别安装在两艘驳船上，用拖船拖动到巴西嘉利河的新厂。之后在该厂址筑坝引水。蓄水前，设备安装所在地打进埋入各排木桩作为基础，当驳船驶入坝区停靠在木桩附近以后，将坝筑高，并将坝区完全封闭，然后蓄水灌注，使驳船随着坝区水位升高浮起并停留在木桩的顶部；随即放去坝区内蓄水，使两艘驳船稳定地安置在相应的木桩上端；去掉驳船两边的门窗等隔板，其底座就成为新工厂灌注混凝土基础的底板。据估计，这样要比传统建造工厂(先建厂，将设备解体装船运到巴西后重新组装)节省建设费用20%，新厂建造时间也缩短2年。

资料来源：散装物品的装卸与搬运和特殊货物运输的基本知识[EB/OL].(2010-08-20)[2019-06-01].http://www.chinawuliu.com.cn/xsyj/201008/20/143131.shtml.

4.3.3　装卸搬运方式

1. 单件装卸

单件装卸是指按件计的非集装货物逐个进行装卸操作的作业方法。单件作业对机械、装备、装卸条件要求不高，因而机动性较强，可在各种地域内进行，不受固定设施、设备的地域局限。

单件作业可采取人力装卸、半机械化装卸及机械装卸。由于逐件处理装卸速度慢，且装卸时要逐件接触货体，因而容易出现货损，反复作业次数较多，也容易出现货差。单件作业的装卸对象主要是包装杂货，多种类、小批量货物及单件大型、笨重货物。

2. 集装作业

集装作业是对集装货载进行装卸搬运作业的方法。集装货载，在装卸时对集装体逐个进行装卸操作。其与单件装卸作业都是按件处理，但集装作业“件”的单位大大高于单件作业。集装作业一次作业装卸量大，装卸速度快，且在装卸时并不逐个接触货体，而仅对集装体进行作业，因而货损较小，货差也小。

集装作业的对象范围较广，一般除特大、重、长的货物和粉、粒、液、气状货物外，都可进行集装作业。粉、粒、液、气状货物经一定包装后，也可集合成大的集装货载；特大、重、长的货物，经适当分解处置后，也可采用集装方式进行装卸。集装作业方式有托盘装卸、集装箱装卸、货捆装卸、集装网袋装卸和挂车装卸等。其他集装装卸方式还有滑板装卸、无托盘集装装卸、集装罐装卸等。

3. 散装作业

散装作业指对大批量粉状、粒状货物进行无包装散装、散卸的装卸方法。散装装卸可连续进行，也可采取间断的装卸方式，但都需采用机械化设施、设备。在特定情况下，且批量不大时，也可采用人力装卸。散装作业方式主要有气力输送装卸、重力装卸、机械装卸等。

4.4 装卸搬运技术

4.4.1 装卸搬运设备

装卸搬运设备是装卸作业现代化的重要标志之一。了解设备的类型、主要参数以及特征，才能合理配备各种设备，使装卸搬运组织合理化。常用的装卸搬运设备主要有装卸搬运机械和容器。

1. 装卸搬运机械

1) 起重机类

起重机是将货物吊起在一定范围内作水平移动的机械，是采用输送机之前曾被广泛使用的具有代表性的装卸搬运机械。按其构造或形状，起重机可分为天车、悬臂起重机、桥形起重机、集装箱起重机、巷道堆垛机或库内理货机、汽车起重机、龙门起重机等各种悬臂(转管)式起重机。

2) 输送机类

输送机按自动化水平可分为无动力式(重力式)、半自动化、自动化及无人化；按形式的不同可分为滚筒输送机、皮带输送机、隔板输送机、悬吊式输送机、可累积式输送机、链条输送机、可伸缩式输送机、自动分类输送机。

3) 升降机类和绞车类

升降机和绞车是使物体做垂直方向移动的机械，升降机广泛用于多层楼房仓库，绞车是使用缆绳和链条吊升重物的装置，有电动和手动两种类型。

4) 车辆类

在厂区、仓库、运输的起迄点内专用于搬运的车辆主要有叉车、拖车、卡车、手推车、单轮手推车、手推托盘车等，还有跨运车(将集装箱等大型货物吊在门形架内进行搬运的车辆，常用于集装箱码头)。

5) 其他机械

其他机械包括托盘码垛机、托盘卸垛机、跳板、跳板调平器以及无人搬运车。无人搬运车搬运速度快、噪声低，且又可以达到无人的境界，甚至可以完全由计算机直接控制搬运车系统，常用在物流中心的内部搬运作业中。依据无人搬运车轨道设计的不同，这些机械大致可分为有轨道无人搬运车、无轨道无人搬运车、空中单轨无人搬运车等。

2. 装卸搬运容器

由于处理的时段、产品及产业的不同，所使用的装卸搬运容器也不同。常见的装卸的搬运容器有包装纸箱、塑料箱及托盘等。

4.4.2　装卸搬运的集装化技术

集装化技术是将货物装入具有一定规格尺寸的集装箱、集装袋等容器，或按一定排列方式堆放在标准托盘上，形成货物的储运单元，并以单元方式成组进行运输和装卸搬运等物流作业技术。货物集装后还要注意防止在运输过程中散架，需要采取必要的捆束等措施。

1. 集装技术

集装技术的要求很多，这里仅从包装货物和袋装货物两个方面进行简单说明。

1) 包装货物

包装货物以物流合理化为目的，其度量标准尺寸已经有所规定(参见GB/T 4892—2008)。我国的硬质直方体运输包装的模数尺寸与国际标准化组织及德国、法国等相同，均为600毫米×400毫米，以能有效地装载为前提。在托盘上进行数层堆积时，要考虑把堆积形式交叉重合，以防止货物散乱。另外，关于集装的高度，以1900毫米的高度为基准。

2) 袋装货物

化学工业原料以及制品、饲料、粮食等，适合于袋装包装的场合较多。对这类货品的集装大多采用平托盘的堆积。但是，为了尽量减少堆积作业，提高装卸效率，采取的方法是一面设计出筒式托盘或池罐式托盘，一面利用称作柔性袋的、容积为1～1.5立方米的布制袋，以避免分割成一个个小容量袋。在这种情况下，由于内容物呈颗粒状，布制袋形状难以固定，所以这类货物集装时限堆两层。

饲料和化学原料等用柔性袋盛装时，要实行专用化包装，即集装内容每变化一次，集装箱都要进行洗涤。对粮食等散装物原封不动进行集装时，必须考虑堆积方法，不能妨碍植物的呼吸作用，防止货物品质下降；在收货之后，货物要进行燃气熏蒸，防止虫害，同时要用通气性良好的材质装置。

2. 防止散架技术

考虑到货物包装后在运输途中会因颠簸等原因导致货物散架，不同类型的货物要采取相应的对策。

1) 码货模型

货物堆码要求合理配搭，兼顾密实、防撞、防损、防污染，一般有块式(见图4.10)、砖堆式(见图4.11)、交替排列式(见图4.12)、销轮式(见图4.13)等几种基本模型。这4种堆放模型是常见的托盘码货方法，在实际操作中应该进一步考虑货物的物性、外装状态和条件等，力求应用与基本模型相似的有效方法。

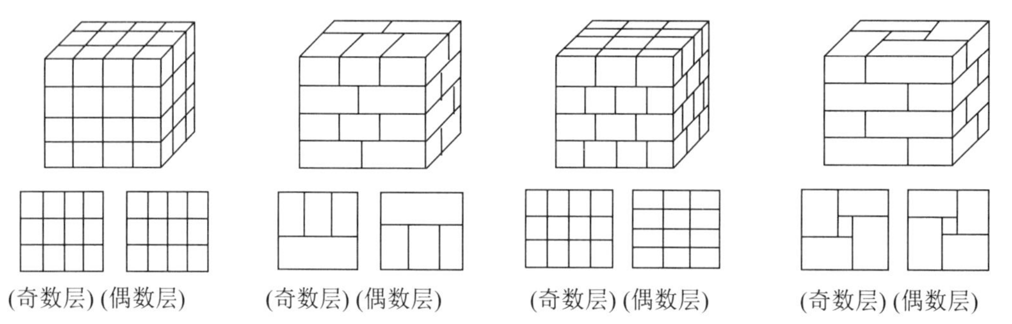

图4.10　块式码货模型　图4.11　砖堆式码货模型　图4.12　交替排列式码货模型　图4.13　销轮式码货模型

2) 集装的捆束

目前，集装的捆束方式也有4种，即带式、打框式、箱式货架式、拉网式，如图4.14所示。

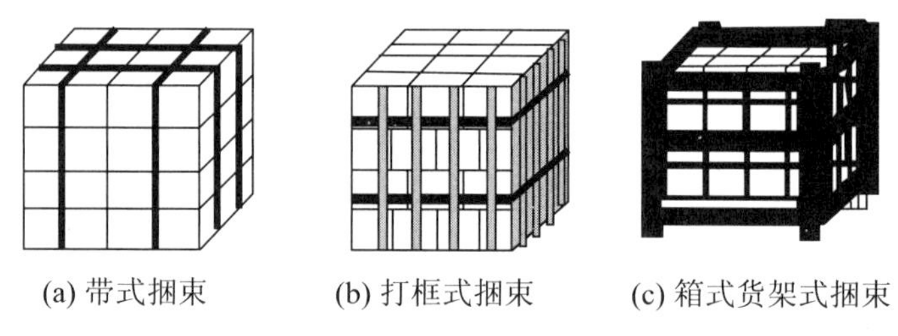

图4.14　常见的捆束示样

此外，因长距离输送和中继装卸等容易发生散货，针对这种情况的对策还可以考虑以下一些方法。

(1) 在每个部件上部接触面喷上极稀薄的橡胶糊，以防止滑动。

(2) 在每个单位部件的中间部分垫入一块薄布，把部件分割开，以增加个装的摩擦阻力。

(3) 增高货架的外围高度，降低中心部位，形成围绕中心的倾斜面，使堆积的个装向货架中心部位倾斜。

(4) 用塑料或金属钩以不损伤内容物为基准把每个接触部分结合起来。

(5) 用经过延伸加工的热收缩性塑料膨胀薄膜做成摩擦外套，裹紧堆装部件。

3) 零散货物的集装

在少数场合，仓储部门把用袋子之类容纳不了的块状零散物进行集装时，必须在充分研究各种形状、物性的基础上，设计出恰当的方法。精密机械部件可利用相互不接触的呈排状的辅助器具(附件或者支撑件)，并与托盘同时回收，但辅助器具需要具有与托盘同等的使用寿命，并要尽量减少使用可能成为废弃物的填充材料。机械部件的原材料为锻造品的，以及压力机械部件之类为金属制品的，为防止损伤、防水或防滴油，最好用波纹钢箱和箱式货架堆装。马铃薯和洋葱之类的农产品，在从农民仓库或挑选作业场到菜场被集中堆放的搬运过程，大量使用箱式托盘。

4.4.3 自动导引搬运技术

1. 自动搬运车概述

自动搬运车在英、美等国被称为自动导引车(Automatic Guided Vehicle，AGV)，在日本被称为无人搬运车，在我国一般被称为自动搬运车(见图4.15)。AGV是一种现代化的物料搬运技术装备，能自动且不受机械约束地把载荷从一个地点移送到一个指定地点。AGV采用先进的电子控制系统或计算机运行系统并形成具有一定柔性的功能网络。

图4.15 自动搬运车

2. 自动搬运车的工作过程

控制台通过计算机网络接受立体仓库管理系统下达的AGV输送任务，再通过无线局域网通信系统实时采集各AGV、拆箱机器人的状态信息。根据需求情况和当前AGV运行情况，将调度命令传递给选定的AGV。AGV完成一次运输任务，在托盘回收站待命，等待下次任务。

各立体仓库出货口和拆箱机器人处均有光导通信装置。对于运行中的AGV，控制台将通过无线局域网通信系统与AGV交换信息，实现AGV间的避碰调度、工作状态检测、任务调度。在立体仓库和拆箱机器人处通过光导通信与AGV交换任务和状态，完成移载。

自动导航系统完成AGV的导引。充电系统由充电器和充电控制器组成，完成在线快速自动充电。AGV接受控制台的任务，完成运输。地面移载设备可实现AGV的自动移载、加载、交换空托盘等任务。

3. 自动搬运车系统的技术组成

AGV通常具有四个子系统，即自动导向系统、动力系统、控制与通信系统、安全系统。

1) 自动导向系统

目前，自动导向系统有电磁感应导向、惯性导向、红外线导向、激光导向、光学导向、示教型导向、磁性式导向、直线感应电机导向、反射式导向等几种导向方式。这些不同的导向方式可根据不同的使用环境来选择。

2) 动力系统

AGV由电机驱动，以工业上常用的铅酸蓄电池作为动力源。AGV有自动电源状况报告装置，通过与主控计算机通信，在电源用完以前由主控计算机指定到维修区充电或更换电源。

为实现连续生产，AGV大多采用在线自动快速充电方式，即在电池容量较低时报告控制台，控制台根据AGV系统运行情况,及时调度需要充电的AGV，执行充电任务。

3) 控制与通信系统

(1) 控制台。AGV采用集中控制，控制台是AGV系统的核心。AGV与自动立体仓库管理的计算机共同接受调度任务。控制台作为AGV系统的控制中心，采集AGV运行情况，实时调度在线AGV运行。控制台负责AGV运行中的交通管理。AGV能在运行中清楚地将所在位置及时报告控制台，为控制台进行交通管理与任务调度提供数据。

(2) 控制台与AGV间的通信。控制台与AGV间采用定点光导通信和无线局域网通信两种方式。控制台和AGV有的构成无线局域通信网，有的在移载站设置红外线通信系统，其主要功能都是完成移载任务的通信。

4) 安全系统

为确保AGV在运行过程中的自身安全，特别是现场人员及各类设备的安全，AGV将采取基于硬件、软件的安全措施。在AGV的前面设有红外光非接触式防碰传感器和接触式防碰传感器——保险杠。非接触式传感器在预定距离内检测障碍物，并控制AGV减速至停止。在最大工作速度每分钟70米的情况，直线段检测设定在4米以外。在AGV四角设有急停开关，任何时间按下开关，AGV立即停止动作。AGV安装醒目的信号灯和声音报警装置，以提醒周围的操作人员。一旦发生故障，AGV自动用声光报警，同时通过无线通信系统通知AGV监控系统。

4.5 流通加工

流通加工是物流中重要的环节，属于物流的辅助功能。流通加工与生产加工合理配合，可以节约运输和配送成本，更好地满足客户需求。

4.5.1 流通加工概述

根据我国国家标准《物流术语》(GB/T 18354—2006)，流通加工(Distribution Processing)是指物品从生产地到使用地的过程中，根据需要施加包装、分割、计量、分拣、刷标志、拴标签、组装等作业的总称。流通加工是现代物流系统中的重要内容之一。流通加工是为了提高物流速度和物品的利用率，在物品进入流通领域后，按客户等要求进行的加工活动，即在物品从生产者向消费者流动的过程中，为了促进销售，维护产品质量，实现物流的高效率所采取的使物品发生物理变化和化学变化的功能。

1. 流通加工类型

从本质上看，各类产品及各种形式的流通加工是没有多大区别的。也就是说，各式各样的流通加工都是生产行为，都是“生产过程在流通领域内的继续”。但是，从加工技术、加工方法和加工目的来观察，不同产品和不同形式的流通加工又存在着一定的差别。根据存在的差别，我们可以把流通加工细分为如下几种类型。

1) 延续性的流通加工

在社会化大生产条件下，生产企业为了实现高效率、大批量生产，其生产加工(即在生产领域内进行加工作业)只能完成到一定程度，从而其产品只能以粗加工(或半成品)的形态进入流通领域或消费领域，这样的产品往往不能充分满足复杂多变的差异性需求。为了既解决产需之间产品适应性差的矛盾，又要保证社会高效率的大生产，一些流通组织兼而承担起了再加工的任务，即能将生产出来的同质化产品进行多样化的改制加工。例如，根据用户需要，把原木改制成方材、板材和枕木等产品。这种旨在完善生产加工，又适应多样化需求的流通加工，属于延续性的流通加工。

2) 方便流通的流通加工

在商品流通实践中，有些流通加工作业主要为了方便流通(或促进流通)而安排的，或者起到保护流通对象的作用，或者起到加速实现流通对象的价值和使用价值的作用。这种立足于促进流通职能的实现、服务于流通自身的加工活动(或加工作业)，属于方便流通的流通加工。

3) 提高物流效率、降低物流损失的流通加工

对于一些物品，由于自身的特殊形状，在运输、装卸作业中效率较低，极易发生损失的情况，则需要进行适当的流通加工以弥补这些产品的物流缺陷。例如，自行车在消费地区的装配加工可防止整车运输的低效率和高损失；造纸木材磨成木屑的流通加工，可极大地提高运输工具的装载效率；“集中煅烧熟料，分散磨制水泥”的流通加工，可有效地防止水泥的运输损失，减少包装费用，也可以提高运输效率。

4) 衔接不同输送方式、促进物流合理化的流通加工

由于现代社会生产的相对集中和消费的相对分散，流通过程中生产的大批量、高效率的输送和消费的多品种、小批量、多户头的输送之间，存在很大矛盾。某些流通加工形式可以较为有效地解决这个矛盾。以流通加工为分界点，从生产部门至流通加工点可以形成大量的、高效率的定点输送；从流通加工点至客户则可形成多品种、小批量、多户头的灵活输送。例如，散装水泥的中转仓库担负起散装水泥装袋的流通加工及将大规模散装转化为小规模散装的任务，就属于这种流通加工形式。

5) 提高加工效率及生产利用率的流通加工

在商品流通实践中，企业可以建立集中加工点，采用效率高、技术先进、加工量大的

专门器具和设备。这样做可以提高加工质量，提高设备利用率和提高加工效率，最终降低加工费用及原材料成本。例如，对钢材进行集中下料的流通加工，有利于合理下料、搭配套裁，减少边角余料，从而达到加工效率高、加工费用低的目的。

6) 实现合理配送的流通加工

配送中心为实现配送活动，满足客户对物品供应的数量、供应构成要求，将对物品进行各种加工活动，如拆整化零、定量备货、定时供应等。随着物流技术水平不断提高，流通加工活动有时在配送过程中实现，如混凝土搅拌车，流通中心可根据客户的要求，在商品混凝搅拌站，把沙子、水泥、石子、水等各种不同材料按比例要求用专用设备进行拌和后，再装入水泥搅拌车上的可旋转罐中。在配送路途中，汽车边行驶边搅拌，到达施工现场后，混凝土已经均匀搅拌好，可直接投入使用。由于配送中心形式多样，配送业务千差万别，因而各配送中心的流通加工活动各具特色。

2. 流通加工特点

流通加工是物品从生产领域向消费领域流动的过程中，为了促进销售、维护产品质量和提高物流效率，对物品进行加工，使物品发生物理、化学变化。流通加工与一般的生产加工在加工方法、加工组织、生产管理方面并无显著区别，但在加工对象、加工程度方面差别较大，生产加工与流通加工的区别表现在如下几个方面。

1) 加工对象的属性不尽相同

生产加工贯穿于整个生产过程。就其对象而言，除了加工原材料以外，生产加工也加工半成品和成品(为了满足个别消费者需要而加工的产品)。因处于生产过程之中的半成品是尚未进入流通领域的劳动产品，故不具有商品属性。由此不难看出，生产加工的对象不完全是商品。

流通加工的对象(不管是成品还是半成品)均为通过交换而获得的劳动产品，具有商品的属性，流通加工的对象是完全性的商品。

2) 加工的复杂程度和深度不同

与流通加工相比较，生产加工不但作业范围广，而且加工的技术、程序也很复杂，常常形成系列化的操作。

在一般情况下，流通加工多为简单的初级加工活动，其复杂程度和加工的深度都远远不及生产加工，它常常是作为生产加工的外延或补充形式而存在和开展的。从这个意义上说，流通加工绝不是对生产加工的否定和完全取代，而是生产加工的延伸。

3) 加工的主体各异

生产加工是由生产企业组织完成的。生产加工的组织者是生产者。而从事流通加工活动的单位是流通企业和商业企业，流通加工的当事人是从事流通活动的经营者。

4) 加工的目的不完全一致

生产加工是为了交换、消费，流通加工是为了消费(或再生产)，这一点与商品生产有共同之处。但是流通加工有时候是以自身流通为目的，纯粹是为流通创造条件，这与直接以消费为目的的加工是有区别的，这也是流通加工不同于一般生产加工的特殊之处。

5) *加工的价值观点不同*

从价值观点来看，生产加工在于创造价值和使用价值，而流通加工在于完善其使用价值并在其不做大改变的情况下提高价值。

4.5.2　流通加工地位与作用

流通加工作为物流的辅助功能，不是所有物流中必然出现的，但它对提高物流水平，实现物流利润起着重要的作用，在国民经济中有着重要的地位。流通加工可以提高产品附加值、增加经济效益、促使物流系统各种运输方式的合理组合，从而提高物流效率，降低物流成本。

1. 流通加工地位

1) *流通加工有效地完善了流通*

流通加工的“时间效用”和“场所效用”不能与运输和储存相比，因而流通加工被认为是物流的辅助功能要素。如图4.16所示，在加工中心、销售中心、输送中心或仓库等场所，通过研磨、切断、涂装、包装、组装、加热、冷却等加工过程，一方面为制造企业减少加工环节，实现大批量生产，并在运输环节中提高空间效率；另一方面为客户提高商品价值及服务水平，充分满足顾客的个性化和多样化需求。因此，流通加工在产品制造完成后起着补充、完善、提高产品价值的重要作用，从而完善了流通。

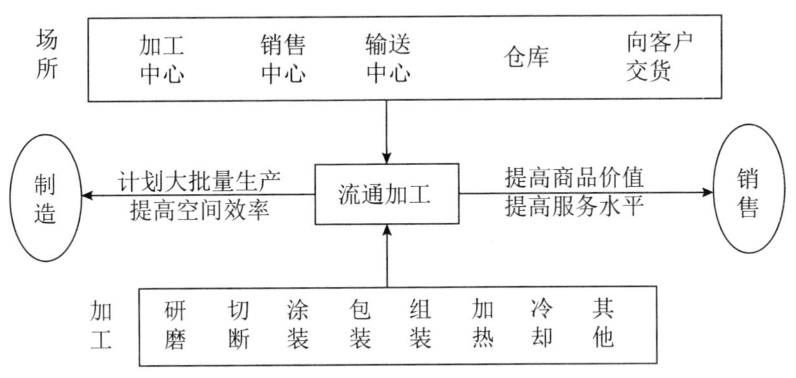

图4.16　流通加工示意图

2) *流通加工是物流中的重要利润源*

与生产加工相比，流通加工是一种较低投入、较高产出的加工方式，往往以简单加工解决大问题。实践证明，有的流通加工通过改变装潢使商品档次跃升而充分实现其价值，有的流通加工将产品利用率提高20%～50%，这是采取一般方法提高生产率所难以企及的。根据我国近些年的实践，流通加工仅向流通企业提供利润这一点，其成效也不亚于从运输和储存中挖掘的利润，是物流中的重要利润源。

3) *流通加工是国民经济中重要的加工形式*

在整个国民经济的组织和运行方面，流通加工是其中一种重要的加工形态，对推动国民经济的发展和完善国民经济的产业结构和生产分工有一定的意义。

2. 流通加工作用

物流领域中的流通加工主要着眼于满足客户的需求，提高服务功能。它的作用不仅针对某一个公司，还具有社会性。流通加工的主要作用体现在以下几个方面。

1) 进行初级加工，方便用户

用量小或临时需要产品的客户，大多缺乏进行高效率初级加工的能力，依靠流通加工可使使用单位省去进行初级加工的投资、设备及人力，从而搞活供应，方便用户。

目前发展较快的初级加工有将水泥加工成生混凝土；将原木或板方材加工成门窗；将冷拉钢筋及冲制异型零件，钢板预处理、整形、打孔等。

2) 提高产品档次，增加经济效益

有些产品，如工艺美术品、玩具娃娃等，在流通过程中对它们进行简单包装，改变其外观，从而提高销售价格。

3) 提高材料利用率，增加商品的附加值，减少设备的重复设置

以钢板为例，厂家生产的钢板，其面积都较大，到用户单位后，需要进行切割，那么，各用户单位都须购置剪刀车。而在商品流通实践中，钢板从生产厂家到流通加工点后，按用户需求进行加工，再运送到各用户手中。从整个社会角度来讲，这样做既可以集中下料、合理套裁，减少钢板在切割过程中的浪费，又可以避免各用户单位自备剪刀车，减少了设备的重复设置。

4) 促使物流系统各种运输方式的合理组合，提高物流效率，降低物流成本

在流通过程中，产品的运输路线基本上是“生产厂家— 流通加工— 用户”，流通加工一般都设在与用户距离较近的位置。生产厂家到流通加工所在地的产品大多采用火车、船舶等运输而流通加工地到用户的产品采用小型货车运输，多种运输方式的组合节省了运费。

5) 提高加工效率及设备利用率

集中加工点的建立有利于效率高、技术先进、加工量大的专门机具和设备的使用。

4.5.3 流通加工技术

由于产品类型多种多样，各类产品的性质、形状差异很大，因此不同类型的产品其加工过程、工艺及操作方法也有很大差别。因此，以水泥、钢材、木材、煤炭等为例，介绍其流通加工方法。

1. 集中搅拌供应商品混凝土

在集中搅拌混凝土工厂(或称商品混凝土工厂)将粉状水泥搅拌成商品混凝土，然后供给各个工地或小型构件厂使用，这是水泥流通加工的另一种重要方式。它优于直接供应或购买水泥在工地现制混凝土，技术经济效果明显，因此，这种加工方式受到许多工业发达国家的重视。

2. 钢板剪板及下料加工

热连轧钢板和钢带、热轧厚钢板等板材的交货长度为7～12米，有的甚至是成卷交

货，消耗批量大的企业可设专门的剪板及下料工设备，按生产需要进行剪板、下料加工；但对于使用量不大的企业来讲，单独设置剪板、下料设备，有设备闲置时间长、人员浪费大、不容易采用先进方法的缺点，而钢板的剪板及下料加工可以有效地解决上述弊病。

剪板加工是在固定地点设置剪板机进行下料加工，或设置各种切割设备将大规格钢板裁小，或切裁成毛坯，降低销售起点，便利用户。与钢板流通加工类似的，还有圆钢、型钢、线材的集中下料、线材冷拉加工。

3. 木材的流通加工

1) 磨制木屑，压缩输送

木材是容重轻的物资，在运输时占有相当大的容积，往往使车船满装但不能满载，同时，装车、捆扎也比较困难。美国采取在林木生产地就地将造纸用原木磨成木屑，然后采取压缩方法使之成为容重较大、容易装运的形状，之后运至靠近消费地的造纸厂。这种为实现流通的加工取得了较好效果，比直接运送原木节约一半的运费。

2) 集中开木下料

在流通加工点将原木锯截成各种规格的锯材，同时将碎木、碎屑集中加工成各种规格的板子，即为集中开木下料。以前用户直接加工原木不但加工复杂、加工场地大、加工设备多，而且资源浪费严重，木材平均利用率不到50%，平均出材率不到40%。按用户要求供应规格料实行集中下料可以使原木利用率提高到95%，出材率提高到72%左右，有相当大的经济效果。

4. 煤炭及其他燃料的流通加工

1) 除矸加工

除矸加工是以提高煤炭纯度为目的的加工形式。煤炭除矸加工消除了无效运输，即少运矸石，能充分利用运力，降低物流成本。

2) 煤浆加工

这是一种经济的运输方式，是在流通的起始环节将煤炭磨成细粉，再用水调成浆状使其具有流动性，从而采用具有连续、稳定、快速等优势的管道进行输送的方式。

3) 配煤加工

在使用地区设置加工点，将某种煤及其他一些发热物资，按不同配方进行掺配加工，生产出各种不同发热量的燃料，称为配煤加工。这种加工方式可以按需要发热量生产和供应燃料，防止热能浪费、“大材小用”，也可避免发热量过小、不能满足使用要求的情况出现。对于工业用煤，配煤加工还可起到便于计量控制、稳定生产过程的作用，在经济及技术上都有重要价值。

4) 液化加工

天然气、石油气的输送可以采用管道，但管道投资大、输送距离有限。目前，天然气、石油气大多采用液化加工的方式进行输送，即在产出地将天然气、石油气压缩到临界压力之上，使之由气体变成液体，用容器装运。这种流通加工使天然气、石油气具有使用机动性较强的特点。

5. 生鲜食品的流通加工

1) 冷冻加工

冷冻加工是指为解决鲜肉、鲜鱼等在流通中保鲜及装卸搬运的问题，采取低温冻结方式的加工。这种方式也用于某些液体商品、药品等。

2) 分选加工

农副产品规格、质量离散情况较大，为获得一定规格的产品，采取人工或机械分选的方式加工。分选加工广泛用于果类、瓜类、谷物、棉毛原料等。

3) 精制加工

农、牧、副、渔等产品在产地或销售地设置加工点，去除无用部分，甚至可以进行切分、洗净、分装等，这种流通加工方式称为精制加工。精制加工不仅大大方便了购买者，还可以对加工的淘汰物进行综合利用。比如，鱼类剔除的内脏可以制某些药物或饲料，鱼鳞可以制高级黏合剂；蔬菜的加工剩余物可以制饲料、肥料等。

4) 分装加工

许多生鲜食品为保证高效输送出厂，包装较大，大多采用集装运输方式发货，运达销售地区后，再按销售地区要求的零售起点重新包装产品，即大包装改小包装、散装改小包装、运输包装改销售包装，这种流通加工方式称为分装加工。

6. 机械产品及零配件的流通加工

1) 组装加工

多年以来，自行车及机电设备储运困难较大，主要原因是这些物品不易进行包装且防护包装成本过大，运输装载困难，装载效率低，流通损失严重。但是，这些货物有一个共同点，产品主要功能已在生产中形成，装配后不需进行复杂检测及调试，即装配较简单，对人员装配技术要求不高，所以为解决储运问题，降低储运费用，这类货物的通常采用组装加工，即半成品(部件)高容量包装出厂，在消费地拆箱组装的方式加工。

2) 石棉橡胶板的开张成型加工

石棉橡胶板是机械装备、热力装备、化工装备中经常使用的一种密封材料，单张厚度3毫米左右，单张尺寸有的达4米，不但难以运输，而且在储运过程中极易发生折角等，尤其是用户单张购买时更容易发生这种损失。此外，许多用户所需的垫塞圈规格比较单一，不可能安排不同尺寸垫塞圈的套裁，利用率也很低。

石棉橡胶板的开张成型加工是按用户所需垫塞物体尺寸进行裁制，不但方便用户使用及储运，而且可以安排套裁，提高利用率，减少边角余料损失，降低成本。这种流通加工套裁的地点一般设在使用地区，由供应部门组织。

7. 平板玻璃的流通加工

平板玻璃一般采用由工厂向套裁中心运输平板玻璃，套裁中心按用户需要裁制的流通加工方式。这种方式可以充分满足顾客的需求，同时使工厂向玻璃套裁加工中心的运输过程简化，节省包装，实现集装化装卸搬运，还可防止流通过程中玻璃大量破损。

本章小结

包装是在流通过程中保护产品、方便储运、促进销售，按一定的技术方法采用容器、材料及辅助物等将物品包封并予以适当的封装和标志的工作总称。包装影响着物流过程中的各个活动和物流系统的生产力。物流系统中各个活动的特征决定着包装的要求和费用，并且恰当的包装可以节省整个物流系统的费用。

装卸搬运具有起止节点分散、作业对象繁多、辅助设备多样、作业不均衡和安全性要求高等特点，其作业方式主要有单件、集装和散装等。

流通加工是指物品在从生产地到使用地的过程中，根据需要施加包装、分割、计量、分拣、刷标志、拴标签、组装等作业的总称。流通加工的主要作用体现在进行初级加工方便用户；增加经济效益；减少设备的重复设置；促使物流系统各种运输方式的合理组合；提高加工效率及设备利用率等方面。

装卸　搬运　集装技术　集装箱装卸　包装　流通加工

综合练习

一、单选题

1. 流通的三个环节，除了贮运、运输，还有重要的一环是(　　)。

A. 吊装　　B. 装卸搬运　　C. 销售　　D. 堆码

2. 集合包装以(　　)为前提。

A. 装卸与搬运作业的机械化　　B. 流通环节少

C. 人力资源成本低　　D. 大体积货物

3. 关于捆扎器材的说法，不正确的是(　　)。

A. 常用的捆扎器材有钢丝、钢带、焊接链、钢丝绳等

B. 捆扎器材的自重轻

C. 捆扎器材的成本较低

D. 捆扎器材就是我们常说的塑料打包带

4. 托盘是与(　　)配合的集装器具。

A. 集装箱　　B. 货运卡车　　C. 叉车　　D. 吊车

5. 对于包装件的设计，能有效地减少粗野装卸的发生的是(　　)。

A. 人工装卸　　B. 机械装卸

C. 缓慢启动　　D. 符合人体因素的包装重量与外部尺寸

6. 电子产品应特别考虑环境(　　)对其性能的影响。

A. 跌落　　B. 静电场　　C. 必要的捆扎　　D. 人工装卸

7. 冲击、振动、压力、滚动、跌落、堆码统一称为(　　)。

A. 机械因素　　B. 环境因素　　C. 包装件　　D. 包装运输环境

8. 物流运输包装标志是指在货物物流运输包装上应用图形或者文字制作的特定记号和说明。物流运输包装标志主要是赋予物流运输包装件以(　　)功能 。

A. 辨别　　B. 传输　　C. 传达　　D. 验证

9. (　　)瓦楞纸板平面抗压强度最好。

A. A型　　B. B型　　C. C型　　D. E型

10. 长途运输用的干式集装箱，内部处于密闭状态，箱内温度状态随外界温度或太阳辐射的变化而变化，为防止可能发生内部结露，应严格控制包装材料的(　　)。

A. 含水量　　B. 含氧量　　C. 含氮量　　D. 含菌量

11. 导致包装件内装产品破损的原因是(　　)。

A. 速度变化大　　B. 极大的加速度，导致包装件在瞬间承受极大的冲击力

C. 冲击作用时间长　　D. 速度变化小，冲击作用时间长

12. 防振包装的目的是(　　)。

A. 防止产品受到振动的影响

B. 减弱包装件对运输中发生冲击时产生的加速度值

C. 减弱包装件对运输振动环境的响应　　D. 防止产品受到冲击的影响

13. 合理包装是(　　)。

A. 不存在包装不足的现象　　B. 不存在过度包装的现象

C. 既要保护产品不受损坏，还要尽可能降低成本，综合考虑科学、适用、经济等各因素

D. 符合国家有关标准、规范和法令的包装

14. 运输包装和销售包装的分类，是按(　　)。

A. 包装的目的来划分的　　B. 包装的形式来划分的

C. 包装所使用的材料来划分的　　D. 包装在流通过程中的作用来划分的

15. 关于流通加工理解，正确的是(　　)。

A. 流通加工的对象是不进入流通过程的商品，不具有商品的属性，因此流通加工的对象不是最终产品，而是原材料、零配件、半成品

B. 一般来讲，如果必须进行复杂加工才能形成人们所需的商品，那么，这种复杂加工应专设生产加工过程，而流通加工大多是简单加工，不是复杂加工，因此流通加工可以是对生产加工的取消或代替

C. 从价值观点看，生产加工的目的在于创造价值及使用价值，而流通加工则在于完善其使用价值并在其不做大改变情况下提高价值

D. 从加工单位来看，流通加工的组织者是从事流通工作的人，流通加工与生产加工都有生产企业完成

16. 根据流通加工定义，下列属于流通加工的是(　　)。

A. 某工厂采购布匹、纽扣等材料，加工成时装并在市场上销售

B. 某运输公司在冷藏车皮中保存水果，使之在运到目的地时更新鲜

C. 杂货店将采购的西红柿按质量分成每斤1元和每斤2元两个档次销售

D. 将马铃薯通过洗涤、破碎、筛理等工艺加工成淀粉

17. 将钢板进行剪板、切裁；钢筋或圆钢裁制成毛坯；木材加工成各种长度及大小的板、方等加工方式是(　　)加工。

A. 生产　　B. 来样　　C. 来料　　D. 流通

18. 以下四个选项中，不属于实现流通加工的合理化的是(　　)。

A. 加工和配套结合　　B. 加工和配送分离

C. 加工和合理运输结合　　D. 加工和合理商流结合

19. 超市对各类肉末、鸡翅、香肠等在上架之前进行的加工，如清洗、贴条形码、包装等属于(　　)。

A. 冷冻加工　　B. 分选加工　　C. 精制加工　　D. 分装加工

20. 在使用地区设置集中加工点，将某种煤及其他一些发热物质，按不同配方进行掺配加工，生产出各种不同发热量的燃料，称为(　　)。

A. 除矸加工　　B. 煤浆加工

C. 配煤加工　　D. 混合加工

21. 我国常用的流通加工主要形式有剪板加工、集中开木下料、燃料掺配加工、冷冻加工和(　　)等。

A. 产品加工　　B. 精制加工　　C. 配额加工　　D. 库存加工

22. 在某工作地完成加工的各项任务平均所需经过的时间是指(　　)指标。

A. 最大流程　　B. 平均流程　　C. 最大延期量　　D. 平均延期量

23. 商品包装分为内销包装、出口包装、特殊包装箱，这是按(　　)进行分类的。

A. 商业经营习惯　　B. 包装形状和材料

C. 防护技术方法　　D. 流通领域中的环节

24. 透明度好，表面光泽，造型和色彩美观，产生陈列效果，能提高商品价值和消费者的购买欲望的销售包装材料体现了其(　　)。

A. 保护性能　　B. 操作性能

C. 附加价值性能　　D. 方便使用性能

25. 商标牌号属于(　　)。

A. 商品说明标志　　B. 制造标志

C. 品名标志　　D. 原产地标志

26. 商品包装分为贴体、透明、开窗、收缩、提袋、易开、喷雾、蒸煮、真空等形式，这是按(　　)分类的。

A. 包装形状和材料　　B. 防护技术方法

C. 商业经营习惯　　D. 流通领域中的环节

27. 下列不属于防潮包装应注意事项的是(　　)。

A. 防潮阻隔性材料应具有平滑均一性，无针孔、沙眼、气泡、破裂现象

B. 尽量缩小货物的体积和防潮包装的总面积、总体积

C. 采用悬浮式包装

D. 若产品有尖突部位，可能损伤防潮包装隔层，要预先采取包扎措施

28. 下列不符合绿色包装原则的是(　　)。

A. 简化包装，节约材料，既降低了成本，又减轻了环境污染

B. 包装重复使用或回收再生，如包装用过之后，可以制成展销陈列架、储存柜等

C. 开发可分解、降解的包装材料，如有的塑料包装品能够在被弃埋入土壤后，成为土壤中微生物的食物，在很短时间内化为腐殖质

D. 使用塑料产品包装，降低成本，减少包装内容物分量

二、多选题

1. 物流运输包装的设计原则是(　　)。

A. 标准化原则　　B. 集装化原则　　C. 多元化原则

D. 科学化原则　　E. 生态化原则

2. 缓冲材料属于黏塑弹性物质，所谓黏塑弹性物质是可以假定由(　　)三要素所构成的物质。

A. 弹性　　B. 塑性　　C. 黏性

D. 非线性　　E. 线性

3. 从包装方式上看，运输包装可以分为(　　)。

A. 混杂包装　　B. 单件包装　　C. 集合运输包装

D. 中性包装　　E. 标牌包装

4. 集合运输包装可以分为(　　)。

A. 集装袋　　B. 集装包　　C. 集装箱

D. 托盘　　E. 桶装

5. 销售包装按其形式、作用和使用的材料，可分为(　　)。

A. 陈列展销类包装　　B. 识别商品类包装　　C. 使用类包装

D. 中性包装　　E. 单件包装

6. 运输标志的作用是(　　)。

A. 便于识别货物　　B. 方便运输　　C. 易于计数

D. 防止错发错运　　E. 促进销售

7. 使用类包装一般包括(　　)。

A. 携带式包装　　B. 易开式包装　　C. 开窗式包装　　D. 习惯式包装

8. 包装标志按其用途可分为(　　)。

A. 运输标志　　B. 指示性标志　　C. 警告性标志

D. 识别标志　　E. 条形码

9. 我们应特别重视销售包装的(　　)。

A. 使用材料　　B. 造型结构　　C. 大小尺寸

D. 包装装潢　　E. 文字说明

10. 包装的基本功能包括(　　)。
A. 保护功能　　B. 方便功能　　C. 销售功能
D. 使用功能　　E. 附加功能
11. 包装的(　　)是基本功能，也是重要功能。
A. 保护功能　　B. 方便功能　　C. 销售功能
D. 使用功能　　E. 附加功能
12. 在包装标志中，小心轻放、由此吊起等标志属于(　　)。
A. 文字标志　　B. 警告性标志　　C. 识别标志
D. 指示标志　　E. 数字标志
13. (　　)是包装的分类标志、供货号、体积、收发货地点及单位、运输号、件数等。
A. 危险品标志　　B. 指示标志　　C. 识别标志
D. 通用标志　　E. 特殊标志
14. 按商品包装的使用范围划分时，包装可分为(　　)。
A. 商流包装　　B. 物流包装　　C. 通用包装
D. 运输包装　　E. 专业包装
15. 流通加工过程包括(　　)。
A. 形成产品零配件、半成品的过程　　B. 产品的辅助性补充加工
C. 创造价值和使用价值的过程　　D. 完善产品使用价值并提高附加价值
16. 关于流通加工的理解，(　　)是不正确的。
A. 流通加工可以是对生产加工的取消或代替
B. 流通加工的目的在于完善其使用价值并在不做大改变情况下提高价值
C. 从加工单位来看，流通加工与生产加工都由生产企业完成
D. 流通加工具有生产制造活动的一般性质
17. 属于生产资料流通加工的是(　　)。
A. 木材流通加工　　B. 玻璃流通加工　　C. 水泥流通加工
D. 大包装或散装物分装成适合依次销售的小包装的分装加工
18. 实现流通加工合理化主要考虑(　　)等方面。
A. 加工和配套结合　　B. 加工和配送结合
C. 加工和合理商流结合　　D. 加工和合理运输结合
19. 不合理流通加工的几种主要形式有(　　)。
A. 流通加工作用不大，形成多余环节　　B. 流通加工成本过高，效益不好
C. 流通加工地点设置不合理　　D. 流通加工方式选择不当
20. 评价加工顺序安排的主要指标包括(　　)。
A. 平均延期量　　B. 平均流程
C. 最大流程　　D. 最大延期量
21. 流通加工作业排序方法应遵循的规则包括(　　)。
A. 最短加工时间规则　　B. 最迟交货期规则

C. 最早预定交货期规则　　　　　　　　D. 综合规则

22. 包装合理化主要做法包括(　　)。

A. 采用单元化包装装载技术　　　　　　B. 包装标准化

C. 由一次性包装向反复使用的周转箱发展 D. 改进包装技术

23. 包装基础标准包括(　　)。

A. 包装术语　　　　　　　　　　　　B. 包装材料标准

C. 包装材料试验方法　　　　　　　　D. 包装基本试验

三、判断题

1. 采用定牌生产的商品或包装，除非买卖双方另有规定，在其商标或品牌下可以标示“中国制造”字样。　(　　)

2. 包装费用通常在单价以外计价。　(　　)

3. 国际上通用的条形码有两类：UPC和EAN。UPC码是目前国际公认的物品编码标识系统。　(　　)

4. 运输标志、指示性标志和警告标志都是刷在商品的外包装上的。　(　　)

5. 对于警告性标志，各国一般都有统一规定。但我国出口危险品货物除印刷我国的危险品标志外，还应标明国际上规定的危险品标志。　(　　)

6. 运输标志是商品包装上的标志。　(　　)

7. 合同和信用证均规定散装货物，出于舱位不足，可以若干桶装或袋装补足合同和信用证规定的数量。　(　　)

8. 定牌和定牌中性包装实质上的同一个概念。　(　　)

9. “小心轻放”属警告性标志。　(　　)

10. 现代包装是从管理角度研究包装与物流关系的规律性及包装作业的一般技术方法。　(　　)

11. 现代，包装是商品的构成要素之一。　(　　)

12. 对“由此起吊”和“重心点”两种标志，在粘贴、涂打或钉附时要求在包装物的两端。　(　　)

13. 指示标志也称收发标志，即物流包装的分类标志、供货号、体积、收发货地点及单位、运输号、件数等。　(　　)

14. 由此撕开标志，表示包装的撕开部位。符号的三个箭头指向表示撕开的方向。一般用于木箱等外包装上。　(　　)

15. 重心偏斜标志，用于货物重心所在平面及外包装上，表示货物重心向右偏离货物的几何中心，货物容易倾倒或翻转。如符号变为其镜像，则表明重心容易向左偏移。　(　　)

四、简单题

1. 简述包装的意义。

2. 简述包装的功能。

3. 简述流通加工的功能。

4. 简述包装容器的分类。

5.简述集装化物流的基本特征。

6.简述装卸搬运组织的基本原则。

五、项目训练

(一) 包装企业调研

【实训项目】包装企业调研。

【实训目的】了解企业包装生产线的流程。

【实训内容】对当地包装企业的产品类型进行调研，了解企业具体生产的产品类型和相应的生产线流程。

(二) 装卸搬运机械装备调研

【实训项目】装卸搬运机械装备调研。

【实训目的】熟悉装卸搬运机械设备。

【实训内容】先浏览物流产品相关网络，熟悉装卸搬运机械设备；再选择某货场或某公司的仓库等有装卸搬运活动的场所，参观装卸搬运过程中用到的机械设备，了解其工作原理及过程。

(三) 流通加工中心作业参观

【实训项目】流通加工中心作业参观。

【实训目的】熟悉流通加工的类型，理解其在物流活动中的重要性。

【实训内容】选择某配送中心或有流通加工作业的场所，参观流通加工作业过程。

第5章　运输管理

学习目标

- 正确理解运输及运输管理的基本内容
- 掌握五大运输方式的特点、分类和组织
- 理解运输管理业务流程
- 熟悉运输决策与优化，以及合理化运输的策略
- 了解运输成本管理、合同管理策略

引导案例

物流领域投资赛道“货运物流”排名第一

2018年11月16日，每日经济新闻联合以太创服旗下投融资服务平台——易项，共同发布了《新一轮消费大淘金——未来商业投资报告》。数万亿元规模的中国公路物流市场中，巨大的市场需求和发展前景已经成为行业共识。但同时，我国作为世界第一大公路运输市场，整车物流规模占比66%，对满足高标准、专业化整车物流公司的需求也是一直存在问题。

在报告中，“货运物流”融资数排名第一。货运物流50%以上成本在司机和能源上，效率改善空间极大，而车货匹配平台在很大程度上解决了货运物流的效率问题。多数业内人士认为，中国在货运物流方面市场集中度极低，无论是以中远为代表的传统企业，还是德邦、安能等民营企业，所占比例都不高，这与美国、日本等国家的高度集约化相比差距较大。

中国物流学会特约研究员杨达卿表示，中国公路运输占比高于发达国家，但市场分散，行业内没有超级龙头企业，资本的投入更多是因为这个市场的巨大增量。公路和企业资源通过车货匹配平台进行嫁接，将成为进行物流导流的数据平台，发展成为干线、零担货运领域的超级市场。未来，传统物流向现代、智慧物流转型过程中将产生巨大的增量空间，大数据导流传统物流、商流则会衍生服务价值。

资料来源：中国交通运输协会物流技术装备委员会[EB/OL].(2018-11-20)[2019-06-03].http://www.56clte.org/2018/wlzb_1120/1757.html.

思考：(1)货物运输的未来发展前景如何？

(2)中国货物运输存在哪些问题？

5.1　运输管理概述

本书所讲的运输是专指物流系统中的运输。在物流系统中，运输是物流作业中最直接

的驱动要素之一，承担着改变物品空间状态的主要任务。因此，提高运输管理水平对降低物流成本至关重要。

不同的运输方式适合于不同的运输情况，合理地选择运输方式不仅能提高运输效率、降低运输成本，还会对整个物流系统的合理化产生有效影响。

5.1.1 运输概述

1. 运输概念

运输是指使用运输工具对物品进行运送的活动，是以改变对象的空间位置为目的的活动，其中包括集货、分配、搬运、中转、装入、卸下、分散等一系列操作活动。运输作为社会生产力的有机组成部分，主要通过完成物品从一个地点向另一个地点的空间位移来实现运输价值。

运输只有与包装、装卸搬运、储存保管、流通加工、配送和信息处理等功能有机结合，才能完成改变物品的空间状态、时间状态，实现物品从供应地到接收地的流动转移任务。

运输包括生产领域的运输和流通领域的运输。生产领域的运输一般在企业内部进行，称为企业内部物流。企业内部物流包括原材料、在制品、半成品和成品的运输，是直接为产品生产服务的，也称为物料搬运。流通领域的运输则是将货物从生产领域向消费领域转移，或从生产领域向物流网点或物流网点向消费所在地移动的活动。流通领域的运输空间范围较大，可以跨城市、跨区域、跨国界。

2. 运输功能

运输是物流系统的基本功能之一，运输工具和运行线路的选择直接关系到货物送达的及时性和物流成本的高低。运输具有两大功能，即货物位移和货物临时储存。

1) 货物位移

无论货物处于何种形态，是原材料、零部件、装配件、在制品，还是制成品，是处于在制造过程中某个工序、某个生产阶段，还是处在流通过程中，运输都是必不可少的。运输的主要功能就是随着货物在价值链中的不断移动，随着运输时间的推移以及货物空间位置的转移，使该货物的价值不断得到提升。换言之，运输通过创造“空间效用”和“时间效用”来提高货物价值。

2) 货物临时储存

利用运输工具对货物进行临时储存是运输的职能之一。如果将货物存放在运输工具上从一地运送到另一地称为动态储存，那么可将运输工具作为存放货物的场所静止不动的状况称为静态储存。将运输工具作为静态储存设施，显然存在动力部分的巨大浪费现象，但在仓库库容有限时，货物无处可卸，或者在短时间内货物又要再次移动的话，货物的装卸搬运成本也许会超过储存在运输工具中的费用，这时货物在运输工具上的临时储存就是必然了。

3. 运输特征

运输生产不同于工农业生产，它隶属于第三产业，运输生产的产品——运输服务是一种特殊的产品，其使用价值就是实现旅客或货物的空间位置移动。计算单位是“吨公里”“人公里”或“装卸吨”。运输产品的特殊性，决定了运输产品质量的特殊性。

1) 服务性

运输是服务于全社会经济建设和人民生产生活的活动，有强烈的社会服务性质。它要求从旅客和货主的需求出发，尽最大可能为旅客和货主提供各种便利条件，并帮助解决运输过程中的困难，满足用户在运输过程中的服务需求。

2) 安全性

运输产品的形成要借助于营运车辆来实现人或货物的位移，因此，保证车辆安全运行，使货物完好无损、旅客平安到达目的地，是旅客和货主的基本要求，也是运输企业的基本职责。运输产品质量的安全还包括货主及旅客从办理托运开始到交付为止的全过程的安全。

3) 及时性

满足旅客和货主对客、货流时间和运输速度的要求就是运输质量及时性的体现及时性的基本要求是按照运输合同、协议规定的(或企业对社会宣布的)发车、运行和到达时间，将货物、旅客及时送达目的地，提供及时的运输服务。

4) 经济性

运输服务与有形产品一样，也具有商品性，运输企业也要依据价值规律，通过市场形式有偿地提供运输服务。运输的经济特性是指旅客的整个旅行费用或者货物运输(包括装卸、中转换装、运输、仓储、包装等)的运输费用及支出要尽可能少。因此，企业要千方百计地降低运输成本和运输费用，以最合理、最经济的运输方式和较低的运价完成运输任务，减轻旅客和货主的经济负担， 在保证社会效益的前提下谋取企业合理的利益。

5) 完整性

运输质量的完整性是指运输过程只使货物(包括客运中的行包)产生位移，而不导致货物数量减少、质量(包括物理、化学性质)发生变化等货差、货损情况发生。

5.1.2 运输地位与作用

1. 运输是物流系统的核心要素

随着经济的全球化、一体化的发展，企业已经不再追求产品的生产和消费在空间位置上的一致性，这种发展趋势的直接影响就是对运输的依赖性越来越大，通过运输实现货物的空间效用呈现明显的强化态势。

随着信息化程度、管理水平和生产技术的提高，生产企业、流通企业、消费企业的计划性会更强。生产企业可做到柔性化和按订单生产，以缩小产品生产与消费在时间上的差异；流通企业或消费企业可做到计划采购，以缩小商品流通与消费在时间上的差异。这些企业通过强化运输和其他物流功能，降低仓库的储存功能，使生产、流通、消费之间无缝连接，甚至可能使理想状态的“零库存”成为现实。

综上所述，运输功能的主导地位和要素核心作用日益强化，运输功能是物流系统最关键的核心功能要素。

2. 实现物流合理化的关键是运输合理化

以尽可能低的成本为用户提供更好、更多的服务是物流合理化的关键。在当代社会，一切物质产品的生产和消费均离不开运输，这不仅是因为运输是物流系统中的大动脉，还因为运输在物流系统的整体功能中发挥着中心环节的作用。除此之外，运输费用在全部物流费用中占较大比重，运输的合理化是降低物流费用、提高物流经济效益和社会效益的关键。因此，物流合理化在很大程度上取决于运输合理化，只有运输合理化，才能使物流系统更加合理，总体功能更优。

3. 运输是主要的“第三利润源”

企业在物流过程中所需支付的费用主要有运输费、仓储费、包装费、装卸搬运费、流通加工费和物流过程中货物损耗的费用等，其中运输费所占比重最高，是影响物流成本的重要因素。有关资料表明，我国运输费用占社会运输费用的50%，甚至有些产品的运输费高于其生产成本，而且运输所需的时间长、距离长、消耗大。在物流各环节中，组织合理运输，不断降低物流运输费用，对提高经济效益和社会效益均起着重要作用。所谓运输是物流“第三利润源泉”的意义也在于此。

5.1.3　运输系统构成

运输系统是由运输基础设施、运输工具和运输参与者等若干动态要素相互作用、相互依赖和相互制约所构成的，是具有特定运输功能的有机整体。

1. 运输系统构成要素

构成运输系统的要素主要包括三部分，即基础设施、运输工具和运输参与者。

1) 基础设施

运输系统的基础设施分为运输线路和运输节点两个要素。

(1) 运输线路是供运输工具定向移动的通道，是运输赖以运行的基础设施之一，是构成运输系统的要素。现代运输系统的运输线路主要有铁路、公路、水路、民航和管道。

(2) 运输节点是指以连接不同运输方式为主要职能，处于运输线路上承担货物集散、运输业务办理、运输工具保养和维修的基地与场所。例如车站、港口、码头等。

2) 运输工具

运输工具是指在运输线路上用于载重货物并使其发生位移的各种设备和装置。运输工具是运输运行的基础设备，也是运输得以完成的主要手段，包括机车(有动力装置但不具有装载货物容器的运输工具，如铁路机车、牵引车、拖船等)和车厢(无动力装置但具有装载货物容器的运输工具，如车皮、挂车、驳船等)。

3) 运输参与者

运输活动的主体就是运输参与者，活动围绕的对象是货物。运输是物流活动，必须由物主和运输参与者共同参与才能进行。运输参与者包括以下几种。

(1) 物主，即货物的所有者，包括托运人(或称委托人)和收货人。

(2) 承运人，即运输活动的承担者，如铁路货运公司、民航货运公司等。承运人受托运人的委托来实际完成货物的运输。

(3) 政府。由于运输是一种经济行业，所以政府要维持交易中的高效率。政府期望形成稳定而有效率的运输环境，以使经济持续增长，使产品有效地转移到各个市场，使消费者以合理的价格获得产品。为此，政府比一般企业要更多地干预了承运人的活动，这种干预往往采取规章制度、政策促进、拥有承运人等形式。政府通过限制承运人所能服务的市场或确定他们所能收取的价格来规范他们的行为；通过支持研究开发或提供诸如公路或航空交通控制系统之类的通行权来促进承运人发展。目前，世界许多国家的运输设施仍然是主要由政府提供，一些公共运输的经营也由政府负责。

(4) 货运代理人，即根据用户的指示为用户的利益而揽取货物运输的人，其本人不是承运人。

(5) 运输经纪人，即代替托运人、收货人和承运人协调运输安排的中间商。其协调的内容包括装运装载、费率谈判、结账和跟踪管理等。运输经纪人也属于非作业中间商。

2. 运输系统分类

运输系统的分类有多种，不同的分类标准对应于不同的分类结果。

1) 按运输方式划分

按运输方式划分，物流运输系统可分为公路运输、铁路运输、水路运输、航空运输和管道运输。(本书后面的章节将会进行详细阐述)

2) 按运输线路的性质划分

按运输线路的性质划分，运输系统可分为干线运输、支线运输、二次运输和厂内运输。

(1) 干线运输是运输的主体，是指利用铁路、公路的干线和大型船舶的固定航线进行的长距离、大批量的运输。干线运输是进行远距离空间位置转移的重要运输形式。

(2) 支线运输是在与干线相接的分支线路上的运输。支线运输是干线运输与收、发货地之间的补充性运输形式，一般路程较短，运输量相对较小。支线的建设水平低于干线，运输工具水平也往往低于干线，因而速度较慢。

(3) 二次运输是指干线、支线运输运到目的站后，目的站与用户仓库或指定地点之间的运输，是一种补充性的运输形式，其路程较短，运量较小。

(4) 厂内运输是在工业企业范围内，直接为生产过程服务的运输。一般在车间与车间之间、车间与仓库之间进行。

3) 按运输作用划分

按运输作用划分，运输系统可分为集货运输和配送运输两部分。

(1) 集货运输是将分散的货物进行集中的运输形式。集货运输是干线大规模运输的前提，在货物集中后才能利用干线进行大批量、长距离的运输，所以集货运输多是短距离、小批量的运输。

(2) 配送运输是按用户要求配装好货物分送到各个用户的运输方式。配送运输一般发生在干线运输之后，属于运输的末端，是对干线运输的一种补充和完善，多为短距离、小批量的运输。

4) 按运输的协作程度划分

按运输的协作程度划分，运输系统可分为一般运输、联合运输和多式联运。

(1) 一般运输是指孤立地采用不同运输工具或同类运输工具而没有形成有机协作关系的运输方式，如单纯的汽车运输、火车运输等。

(2) 联合运输简称联运，是使用同一运输凭证，由不同运输方式或不同运输企业进行有机衔接以接运货物，利用每种运输手段的优势，充分发挥不同运输工具效率的一种运输形式。联合运输的采用，既可简化托运手续，方便用户，又可加快运输速度，有利于节省运费。联合运输的形式主要有铁海联运、公铁联运、公海联运等。

(3) 多式联运是联合运输的一种现代形式，通常在国内大型物流公司和国际物流领域中广泛采用。

5) 按运输中途是否发生换载划分

按运输中途是否发生换载划分，运输系统可分为直达运输和中转运输。

6) 按运输领域划分

按运输领域划分，运输系统可分为生产领域的运输和流通领域的运输。

7) 按运输主体划分

按运输主体划分，运输系统可分为自有运输、营业运输和公共运输。

8) 按运输业的产权性质划分

按运输业的产权性质划分，运输系统可分为国营运输和民营运输。

9) 按运输的空间范围划分

按运输的空间范围划分，运输系统可分为市内运输、城际运输、乡村运输，或者分为国内运输、国际运输。

5.1.4　运输市场

运输需求和运输供给构成了运输市场，狭义的运输市场是指运输劳务交换的场所，该场所为旅客、货主、运输业者、运输代理者提供交易的空间。广义的运输市场则包括运输参与各方在交易中所产生的经济活动和经济关系的总和，不仅是运输劳务交换的场所，还包括运输活动的参与者之间、运输部门与其他部门之间的经济关系。

1. 运输市场组成要素

运输市场是多层次、多要素的集合体，运输市场有以下几个组成部分。

1) 需求方

需求方包括各种经济成分的客货运输需求单位和个人。

2) 供给方

供给方包括提供客货运输服务的各种运输方式的运输业者。在我国有部属运输企业、地方国营运输企业、集体运输企业、外资运输企业、个体运输户等，有时供给方还包括运输业者的行业协会、同业公会或类似组织。

3) 中介方

中介方包括在运输需求和供给双方之间穿针引线，提供服务的各种客货代理企业、经纪人和信息服务公司等。

4) 政府方

政府方代表国家，即一般公众利益对运输市场进行调控的工商、财政、税务、物价、金融、公安、监理、城建、标准、仲裁等机构和各级交通运输管理部门。

在运输市场系统中，需求方、供给方、中介方三个要素直接从事客货运输活动，属于行为主体。运输市场主体如图5.1所示。

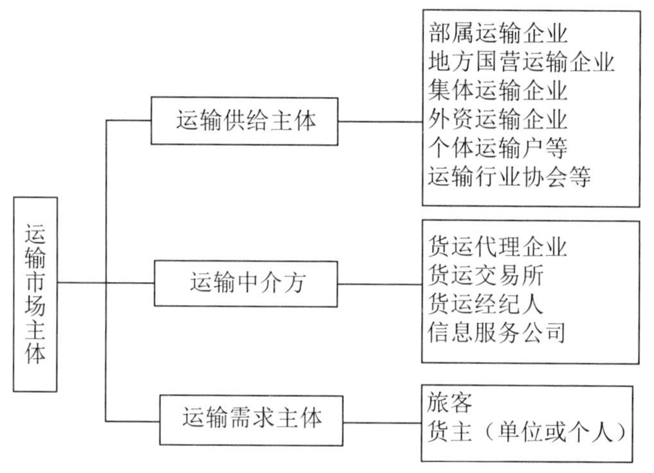

图5.1　运输市场主体

2. 运输市场分类

运输市场是具有多侧面、多重规定性的经济范畴，因此运输市场的类型也可从不同的角度进行划分。

1) 按照运输市场的空间结构划分

(1) 区域性的地方运输市场。区域性的地方运输市场包括城市运输市场、城间运输市场、农村运输市场、城乡运输市场，以及南方运输市场、北方运输市场等。

(2) 全国统一的运输市场。全国统一的运输市场是以整个国家领土、领空、领海为活动空间，包括各个地区、各种运输方式在内的统一的运输市场。它以市场经济的充分发展为基础，在区域运输市场充分发展的前提下才得以形成。

(3) 国际运输市场。国际运输市场是随着国家之间的商品交换及其他经济社会文化交往的增加而逐步形成的，是国际分工、世界经济的发展和经济生活国际化的必然结果，也是市场经济发展的客观要求和必然趋势。

2) 按照运输市场时间结构划分

(1) 现货交易市场。现货交易市场是指出售运输劳务与货币转移是同时进行的运输交易市场，也称为即期交易，它反映市场主体和交换对象的运动在时间上的同步性。

(2) 期货交易市场。期货交易市场是指在交易所当中进行的，通过签订标准化的运输期货交易合同而成交的运输交易市场。在运输期货交易活动中，双方先签订期货交易合同，然后在某一特定时间交割。

3) 按运输市场涉及的运输方式划分

(1) 多式运输市场。多式运输市场指有两种或两种以上运输方式的市场。

(2) 单一方式的运输市场。其包括如铁路运输市场、公路运输市场、航空运输市场、水运运输市场等。

4) 按运输市场的客体结构划分

(1) 客运市场。客运市场也可以细分，如一般客运市场和特种客运市场，特种客运市场又包括旅游客运市场、包机(车、船)市场等。

(2) 货运市场。货运市场又可以分为一般货物运输市场(干货运输市场、散货运输市场、杂货运输市场、集装箱运输市场)和特种货物运输市场(大件运输市场、危禁货物运输市场、冷藏运输市场、搬家运输市场)。

5) 按时间要求划分

运输市场按时间要求可分为定期运输市场、不定期运输市场、快捷运输市场。

6) 按照运输距离的远近划分

运输市场按运输距离的远近可分为短途、中途和长途运输市场。

3. 运输市场特征

1) 运输商品生产、消费的同步性

运输商品的生产过程、消费过程是融合在一起的。在运输生产过程中，劳动者主要不是作用于运输对象，而是作用于交通工具。货物是与运输工具一起运行的，并且随着交通工具的场所变动而改变所在位置。由于运输所创造的产品在生产过程中同时被消费掉，因此不存在任何可以存储、转移或调拨的运输“产成品”。同时，运输产品又具有矢量的特征，不同的到站和发站之间的运输形成不同的运输产品，它们之间不能相互替代。

2) 运输市场的非固定性

运输市场所提供的运输产品具有运输服务特性，它不像其他工农业产品市场那样有固定的场所和区域来生产、销售商品。运输活动在开始提供时只是一种“承诺”，即以货票、运输合同等作为契约保证，随着运输生产过程的开始而进行，通过一定时间和空间而延伸。在运输生产结束时，运输市场才将货物位移实现所带来的运输劳务全部提供给运输需求者。运输市场的交换行为，具有较强的广泛性、连续性和区域性。

3) 运输需求的多样性及波动性

运输企业以运输劳务的形式服务于社会，服务于运输需求的组织或个人。经济条件、需求习惯、需求意向等多方面存在比较大的差异的运输需求者，必然会对运输劳务或运输活动过程提出各种不同的要求，从而使运输需求呈现多样性的特点。

由于工农业生产有季节性的特点，因此货物运输需求也有季节性的波动，特别是水果、蔬菜等农产品的运输需求，季节性十分明显。由于运输产品无法储存，该类产品的运输市场供需平衡较难实现。

4) 运输市场容易形成垄断

运输市场容易形成垄断的特征表现在两个方面：一方面，在某一发展阶段，某种运输方式由于具有技术上的明显优势，往往会形成运输市场上的垄断势力；另一方面，因历史、政策和投资等原因使其他竞争者不易进入运输市场，而容易形成垄断的行业，运输业就是具有自然垄断特征的行业。

4. 运输市场的作用

运输市场的作用表现为以下几个方面。

第一，提供运输供求信息。

第二，协调经济比例。一是协调运输业与其他行业在国民经济中的比例关系，二是在运输体系内部，运输市场调整各种运输方式在市场中应占有比例。

第三，刺激社会生产力发展。发达的运输市场使一个国家的工农业生产实现专业化、规模化、区域化和科学化，使这个国家的社会生产成为世界性的，同时与全球各个区域的联系得到加强。

5.2 运输基本方式

交通运输的基本运输方式有5种，即公路运输、铁路运输、水路运输、航空运输和管道运输。五种运输方式在运载工具、线路设施、运营方式及技术经济特征方面各不相同，具有不同的运输效能和适用范围。

5.2.1 公路运输

公路运输是目前我国重要且普遍的短途运输方式。汽车运输虽然成本高、运量小、耗能大、劳动生产率低，但对不同的自然条件适应性强、投资少、机动灵活、货物送达速度快、货物不需要换载就可以直达指定地点、便于开展“门到门”服务，在物流活动中被广泛采用。

1. 公路运输特点

公路运输的快速直达性能够适应现代物流的发展要求。由于高速公路网的不断延伸，在世界范围内汽车运输迅速发展，并超过铁路和其他运输方式。公路运输的优点是全运程速度快；运营灵活；货物破损率低，原始投资少、回收期短；技术改造容易。

公路运输的缺点是运输能力小、运输能耗高、运输成本高、劳动生产率低。除此以外，由于汽车体积小，无法运送大件物资，不适宜运输大宗货物不适宜长距离运输货物；公路建设占地多，随着人口的增长，公路运输占地多的矛盾将表现得更为突出。

2. 公路运输适用的主要作业

根据公路运输的特点，公路运输适用于以下作业。

1) 近距离的独立运输作业

公路运输作业主要是短途运输(距离为50千米以内)和中途运输(距离为50～200千米)。随着高速公路的完善，汽车运输从短途运输逐渐发展成中短途运输并举，这是不可逆转的趋势。

2) 补充和衔接其他运输方式

当其他运输担负主要运输任务时，汽车运输担负起点和终点处的短途集散运输，完成其他运输到达不了地区的运输任务。

3) 独立承担长途运输

当汽车运输的经济运距超过200千米时，或者其经济运距虽短，但基于国家或地区的政治与经济建设等方面的需要，汽车也常担负长途运输，如对边远地区的长途运输，或基于救灾工作的紧急需要而组织的长途运输，以及公路超限货物的“门到门”长途直达运输等。

3. 公路货物运输分类

按照不同的分类标准，公路货物运输可以分为不同的类型。

1) 按照货物运输条件分类

按货物的运输条件，公路货物运输可分为普通货物运输和特殊货物运输。

(1) 被运输的货物在装卸、运送、保管过程中没有特殊要求的，称为普通货物运输。

(2) 被运输的货物本身性质特殊，在装卸、运送、保管过程中需要特定条件、特殊设备来保证其完好无损的，称为特殊货物运输。特殊货物运输主要包括4种，即长、大、笨重货物运输，危险货物运输，贵重货物运输和鲜活易腐货物运输。各种特殊货物运输都有不同的要求和不同的运输方法。

2) 按照货物运送速度分类

根据货物的运送速度，公路货物运输可分为一般货物运输、快件货物运输和特快专运。

一般货物运输是指普通速度运输或慢运；快件货物运输的速度从货物受理当日15小时起算起，运距在300千米以下的24小时内运达，运距在1000千米以下的48小时内运达，运距在2000千米以下的72小时内运达；特快专运是指按托运人要求在约定时间内快速运达的一种运输方式。

3) 按照运输组织特征分类

根据运输的组织特征，公路货物运输可分为集装化运输和联合运输两种类型。

(1) 集装化运输也称为成组运输或规格化运输，其最主要的形式是托盘运输和集装箱运输。集装化运输促进了各种运输方式之间的联合运输，构成了直达运输集装化的运输体系。

(2) 联合运输是指两种或两种以上运输方式进行的综合运输。联合运输充分发挥各种运输方式的优势，运输组织中各环节的协调配合，能够充分利用运输设备，加快车船、港口、车站、库存周转，提高运输效率，缩短货物运达期限。

4) 按照货物托运批量分类

按一批货物托运批量的大小，公路货物运输可分为整车货物运输和零担货物运输。

(1) 凡一次托运批量在3吨以上或虽不足3吨但其性质、体积、形状需要一辆载重量3吨以上汽车运输的，称为整车货物运输。

(2) 当一批货物的重量或容积不满一辆货车，可与其他几批甚至上百批货物共用一辆货车装运时，称为零担货物运输。零担运输规定：“为便于配装和保管，每批零担货物不得超过300件，每一件零担货物的体积最小不得小于0.02立方米(一件重量在10千克以上的除外)。”

4. 组织公路货物运输的方式

1) 多班运输

多班运输是指在一昼夜内车辆工作超过一个工作班以上的货运形式。采用多班运输方式是增加车辆工作时间、提高车辆生产率的有效措施。例如，实行双班运输，车辆的生产率比单班运输可提高60%～70%，同时也可提高劳动生产率、降低运输成本。

2) 定时运输

定时运输是指车辆按运行计划中所拟定的行车时刻表进行工作。行车时刻表规定汽车从车场开出的时间、每个运次到达时间和开出装卸时间及装卸工作时间等。

3) 定点运输

定点运输是指按发货点固定车队，专门完成固定货运任务的运输组织形式。定点运输既适用于集散地点比较固定的货运任务，也适用于装货地点集中而卸货地点分散的货运任务。

4) 直达联合运输

直达联合运输以车站、港口和物资供需单位为中心，按照运输的全过程把产供销部门多种运输工具组织成一个有机整体，把货物从生产地一直运送到消费地。

5) 零担货物集中运输

零担货物集中运输是指以定线、定点的城市间货运班车将沿线零担货物集中以后进行运输的一种形式。它的特点是收发货单位较为分散且不固定；货物种类繁杂，批数众多，但批量较小，货流也不稳定。

6) 拖挂运输

拖挂运输是指利用由牵引车和挂机车组成的汽车列车进行运输的一种形式。比较常见的搭配是由载货汽车和全挂车两部分组成的汽车列车。通常讲的列车拖挂运输是指牵引车与挂机车不分离，共同完成运行和装卸作业，这种形式又称为定挂机运输；如果根据不同的装卸和运行条件，载货汽车或牵引车不固定挂车，而是按照一定的运输计划更换带挂机车运行，则叫作甩挂运输。

5.2.2 铁路运输

铁路运输是指利用机车、车辆等技术设备沿铺设轨道运行货物和客运的运输方式。铁路运输是现代运输的重要组成部分，也是陆路长途货物运输的主要交通工具。目前，世界上的火车主要由内燃机或电力机车牵引，火车运行速度有较大提高。最先进的磁悬浮列车利用磁力使列车悬浮在铁轨上，速度可超过500千米/时。

1. 铁路运输特点

铁路运输是一种运量大、速度快、运距长、连续性强、受自然条件影响较小、公害相对较小、成本比较低的现代化运输方式。经济社会的持续发展，将有力地刺激和促进全社会货物运输需求的增长，铁路将继续发挥大宗物资运输的主力作用和跨区中长距离运输的优势，以快速货物运输和重载运输作为两个主要发展方向，在现代物流运输中发挥重要作用。

铁路运输优点是运输能力大，这使它适合于大批量、长距离运输低值产品；单车装载量大，加上有多种类型的车辆，使它几乎能承运任何商品，且可以不受重量和容积的限制；车速较高，平均车速在五种基本运输方式中排名第二，仅次于航空运输；铁路运输受气候和自然条件影响较小，在运输的经常性方面占优势；可以方便地实现驮背运输、集装箱运输及多式联运。

铁路运输缺点是铁路线路是专用的，固定成本很高，原始投资较大，建设周期较长；铁路按列车组织运行，在运输过程中需要有列车的编组、解体和中转改编等作业环节，占用时间较长，因而增加了货物在途时间；铁路运输中的货损率较高，而且由于装卸次数多，货物损毁或丢失事故通常比其他运输方式多；不能实现“门对门”的运输，通常要依靠其他运输方式配合，才能完成运输任务，除非托运人和收货人均有铁路支线。

2. 铁路运输适用的主要作业

根据铁路运输的特点，铁路运输主要适用于以下作业。

铁路运输适用于大宗、低值货物的中、长距离运输；也适用于运输散装货物(如煤炭、矿石、谷物等)、罐装货物(如化工产品、石油产品)等；铁路运输的运费相对较低，也适用于大宗货物的一次性高效运输。

3. 铁路货物运输分类

根据托运货物的数量、性质、体积和形状等条件，铁路货物运输的种类分为整车运输、零担运输和集装箱运输三种。

1) 整车运输

一批货物的重量、体积、性质或形状需要一辆以上货车运输的，均按整车运输。

2) 零担运输

没有达到整车运输条件的，按零担运输。按零担托运的货物，一件体积最小不得小于0.02立方米(一件重量在10千克以上的除外)，每批件数不超过300件。

下列货物由于性质特殊或在运输途中需要特殊照料或受到铁路设备条件的限制，尽管数量没有达到整车运输条件，也不能按零担托运：①需要冷藏、保温或加温运输的货物；②规定限按整车运输的危险货物；③易于污染其他货物的污秽品；④蜜蜂；⑤不易计算件数的货物；⑥未装容器的活动物；⑦一件货物重量超过2吨、体积超过3立方米或长度超过9米的货物(经发站确认不影响中转站和到站装卸作业的除外)。

3) 集装箱运输

凡适合集装箱运输的货物，可按集装箱运输。集装箱运输主要用于运输精密、贵重和易损的货物。被纳入集装箱运输的货物有交电类、仪器仪表类、小型机械类、玻璃陶瓷建材类、工艺品类、文教体育用品类、医药类、糖烟酒食品类、日用品类、针纺织品类、小五金类以及其他适合集装箱运输的货物。

5.2.3 航空运输

随着经济社会的高速发展、科学技术的进步以及社会活动节奏的加快，高附加值、对运费承受能力强、追求运送速度的运输业务越来越多，这极大地推动了航空运输的发展。而航空运输的发展不仅加快了世界经济全球化、一体化的进程，也使得国际物流活动越来越便捷。

1. 航空运输特点

航空运输是指使用飞机、直升机及其他航空器运送人员、货物、邮件的一种运输方式。航空货物运输是现代社会重要的交通运输方式之一，也是实现多式联运的一种重要运输方式。

航空运输的优点是运送速度快、机动性大、安全可靠性、包装简单。航空运输的缺点是运费偏高、受重量限制、受气候影响较大、可达性差。

航空运输虽然运费较高，但从总成本考虑，有它的经济、便捷之处。随着世界经济的一体化、多元化、信息化，空运的作用将日益增大。当订购商有紧急的交货时间要求时，将首先采用这种运输方式。

由于航空运输具有快速、机动的特点，因此，在客运和进出口贸易中，尤其是在贵重物品、精密仪器、鲜活易腐货物运输方面，起着越来越重要的作用。

2. 航空运输适用的主要作业

根据航空运输的特点，航空运输适合运输的货物主要有两类：一类是价值高、运费承担能力很强的货物，如贵重设备的零部件、高档产品等；另一类是紧急需要的物资，如救灾抢险物资等。

3. 航空货物运输分类

航空货物运输的营运方式主要有班机运输和包机运输两种。

1) 班机运输

班机运输是指根据班期时刻表，按照规定的航线，定机型、定日期、定时刻的旅客、货物、邮件的航空运输方式。一般航空公司通常使用客货混合型飞机，在保证客运的前提下运载小批量的货物，只有一些货源充足、规模较大的航空公司会在一些航线上采用货运航班。由于航班定期、定点的特点，收货人能确切掌握起运时间、到达时间，这对运输市场上急需的商品、鲜活易腐货物及贵重货物非常有利，因此班机运输比较受托运人和收货人的青睐。

2) 包机运输

包机运输是指包用民航飞机，在民航固定的航线上或者非固定航线上飞行，用以载运旅客、货物或客货兼载的航空运输方式。包机运输按照租用舱位的多少可以分为整机包机和部分包机。整机包机是指航空公司或包机代理公司，按照与租机人事先约定的条件和费率，将整架飞机租给租机人，从一个或几个航空站装运货物运达指定目的地的运输方式；部分包机是指由几家航空货运代理公司(或发货人)联合包租一架飞机，或者由航空公司把一架飞机的舱位分别租给几家航空货运代理公司(或发货人)装载货物的运输方式。

4. 航空货物运输组织方法

航空货物运输通常采用集中托运、航空快件运输、邮件运输、联合运输等方法组织货物。

1) 集中托运

集中托运是指航空货运代理公司(也称集中托运商)将若干批单独发运到同一方向的货物组织成一整批，填写一份主运单，发到同一目的地，由航空货运代理公司委托目的站当地的代理人(也称分拨代理商)负责收货、报关并交付给每个实际收货人的一种航空运输方式。航空货运代理公司对每个发货人分发一份代理公司签发的分运单，以使收发人凭此提取货物或收取货物价款。

2) 航空快件运输

航空快件运输也称国际快递服务，一般指快递公司与航空公司合作，以最快的速度在发货人与收货人之间传递物品的方式。也有些航空快递公司自己拥有货运航空公司，如美国最大的包裹运送服务公司之一的联合包裹速递服务公司(UPS)。航空快递公司的业务性质和运输方式与普通航空货物运输基本一致，可以视为航空货物运输的延续。其业务形式大致有门到门、门到机场、专人运输三种。

3) 邮件运输

邮件运输是指邮政部门与航空公司以运输合同(或协议)方式合作组织的包裹等小件物品的航空运输，其在全部航空货运量中约占10%的比例。

4) 联合运输

由于航线不能延伸到货主所要求的每一处所，于是就出现了航空运输与其他运输方式的联合运用，尤其是与陆路运输的联运。陆空联运主要有以下三种类型：①火车—飞机—卡车的联合运输方式，简称TAT；②火车—飞机的联合运输方式，简称TA；③卡车—飞机的联合运输方式，简称AT。

5.2.4 水路运输

水路运输是利用船舶等水路工具，在江、河、湖、海及人工运河等水道运输旅客、货物的一种方式。目前，国际贸易中有90%以上的货物是利用海洋运输完成的，海洋运输是国际贸易中重要的运输方式。

1. 水路运输特点

水路运输的优点是运输量大、能源消耗低、续航能力强、建设投资少、劳动生产率高。

水路运输的缺点是运输速度较慢；受气候和商港限制较大，且可及性低；舱位无法存储，需要其他运输方式及时接运。

2. 水路运输适用的主要作业

水路运输适用于以下几种作业。

(1) 承担大批量货物运输，特别是集装箱运输。

(2) 承担原料、半成品等散货运输，如建材、石油、煤炭、矿石、谷物等。

(3) 承担国际贸易运输，通常是远距离、运量大、不要求快速运抵的国际客货运输。

3. 水路货物运输分类

水路货物运输可以按不同的标准进行分类，常见的分类方式包括以下几种。

1) 按企业的营运方式分类

按企业的营运方式来分，水路货物运输可以分为自营、租船运输、委托经营、联合经营、自运等方式。

(1) 自营，即物流运输企业自己购买或建造船舶，自行经营航线业务。

(2) 租船运输，即物流运输企业自己不购置船舶，而以租赁船只的形式进行货物运输。

(3) 委托经营，即小型船运公司通过付代理费，将船舶委托给大型船运公司或有经验的代理人代为经营。

(4) 联合营运，即多个物流运输企业组成运输联盟进行联合物流运输的一种方式，但各物流运输企业之间仍保持独立性。

(5) 自运，即大规模的运输物流企业为运送本单位的货物而自行购船或租船、自行营运。

2) 按航行的区域分类

根据航行区域的不同，水路货物运输可以分为江河运输和海洋运输两种。

(1) 江河运输是使用船舶、排筏和其他浮运工具，利用江、河、湖泊等天然水道和水库及人工水道从事的货物运输。内河运输一般为国内运输。

(2) 海洋运输是使用船舶或其他水运工具通过海上航道运送货物的运输方式。海洋运输又可以分为沿海运输和远洋运输。沿海运输主要是在沿海区域之间从事的物流运输，以内贸为主；远洋运输也称国际航运，是跨越海洋从事的物流运输，以外贸为主。

3) 按货物运输的目的分类

按货物运输的目的来分，水路货物运输可以分为营业性货物运输和非营业性货物运输。营业性货物运输是指为社会服务，发生某种方式运费结算的货物运输；非营业性货物运输是指为本单位或本身服务，不发生各种运费结算的货物运输。

5.2.5 管道运输

管道运输是用管道作为运输工具的一种长距离输送液体和气体物资的运输方式，是一种专门由生产地向市场输送石油、煤和化学产品的运输方式，是统一运输网中干线运输的特殊组成部分。管道运输是随着石油工业的生产而产生和发展的，管道运输费用比水运高，但仍然比铁路运输便宜。

1. 管道运输特点

管道货物运输是靠物体在管道内顺着压力方向循序移动实现的，与其他运输方式相比，其运输工具(管道设备)是静止不动的。

管道运输不仅运输量大、连续、迅速、经济、安全、可靠、平稳以及投资少，还可实现自动控制。管道运输可省去水运或陆运的中转环节，缩短运输周期，降低运输成本，提高运输效率。

管道运输的缺点是运输物料特定；只能进行定向定点运输，管道运输系统的敏感性强、应变能力低；输送能力不易改变；浆体需脱水处理，即浆体管道输送的物料到达终点后，需进行脱水(过滤甚至干燥)才能供客户使用。

2. 管道运输适用的主要作业

管道运输主要担负单向、定点、量大的流体状货物(如石油、油气、煤浆、某些化学制品原料等)的运输。为了增加运量、加速周转，现代管道的直径和泵的功率都有很大的增加，管道里程最长达数千公里。

现代管道不仅可以输送原油、各种石油成品、化学品、天然气等液体和气体物品，还可以输送矿砂、矿煤浆等。另外，在管道运输中利用容器包装运送固态货物(如粮食、矿石、邮件等)，也有良好的发展前景。

3. 运输管道分类

1) 按输送物品分类

按输送的物品不同运输管道可分为原油管道、成品油管道、天然气管道和固体浆料管道(前两类常统称为油品管道或输油管道)。

(1) 原油管道。原油管道是将油田的原油输送给炼油厂、转运原油的港口、铁路车站。世界上85%以上的原油是采用管道运输的。

(2) 成品油管道。成品油管道输送的是经炼油厂加工原油提炼出来、可直接供使用的燃料油，如汽油、煤油、航空煤油、柴油，以及液化石油气等。成品油管道连通多个煤油厂，所生产的油品可进入同一管道，同时直接向沿线的各大城市及乡镇供应成品油。

(3) 天然气管道。输送天然气和油田伴生气的管道包括集气管道、输气干线和供配气管道。就长距离运输而言，输气管道是指高压、大口径的输气干线。

(4) 固体浆料管道。固体浆料管道运输是将固体粉碎，掺水制成浆液，再用泵按液体管道输送工艺进行输送的一种形式。固体浆料运输需要消耗大量的水资源，而且在运输终端又要将水进行分离和净化，这提高了管道运输的成本和技术难度。

2) 按用途分类

(1) 集输管道。集输管道是指从油(气)田井口装置经集油(气)站到起点压力站的管道，主要用于收集从地层中采出的未经处理的原油(天然气)。

(2) 输油(气)管道。以输气管道为例，它是指从气源的气体处理厂或起点压气站到各大城市的配气中心、大型用户或储气库的管道，以及气源之间相互连通的管道。

(3) 配油(气)管道。配油管道是指在炼油厂、油库和用户之间的管道；配气气管道是指从城市调压计量站到用户支线的管道，其压力低、分支多、管网稠密、管径小。

4. 新兴管道运输方式

传统的管道货物运输业务常见于城市生活和工业生产的自来水输送系统、污水排放系统、煤气或天然气输送系统及工业石油输送系统等。而新兴的管道运输主要是指用管道来输送煤炭、矿石、邮件、垃圾等固体货物的运输系统。输送固体货物的管道运输业务一般有以下几种形式。

1) 水力管道运输

把需要运送的粉末状或小块状的固体(一般是煤或矿石)浸在水里，其依靠管内水流，浮流运行。管道沿线设有压力水泵站，维持管内水压、水速。管道起点设有调度室，控制整个管道运输；终点设有分离站，把所运货物从水中分离出来，并进行入库前的脱水、干燥处理。这种水力管道运输的缺点是固体货物损耗较大，管道磨损严重，一些不能与水接触的货物受到运输限制。

2) 水力集装箱管道运输

水力集装箱管道运输原理与水力管道运输相同，区别是水力集装箱管道运输需要预先用装料机把货物装在用铝合金或塑料制成的圆柱形集装箱内，然后让集装箱在水流中运行。集装箱管道终点设有接收站，用卸料机把货物从箱内卸出，空箱从另一管道回路送回起点站。水力集装箱管道运输的优点是货物和能源的消耗以及管道的磨损都较小。

3) 气力集装箱管道运输

与水力集装箱管道运输相比，气力集装箱管道运输是用高压气流替代高压水流，推动集装箱在管内运行的方式。由于气流压力较大，集装箱的大小和管道直径配合适宜，箱体沿管道壁顺气流运行，运输速度可达20～25千米/小时。管道两端设有调度室、装卸货站，用电子技术自动控制。气力集装箱管道运输除用来运输矿物、建筑材料外，一些国家还用来运输邮包、信件和垃圾。气力集装箱管道运输的主要缺点是动力消耗太大，对集装箱耐压技术要求高。

4) 真空管道气压集装箱运输

真空管道两端设有抽气、压气站，其工作原理是抽出集装箱前进方向一端的空气，在集装箱后面送入一定气压的空气，通过一吸一推，使集装箱运行。真空管道气压集装箱运输的特点是对箱体和管壁的光滑度、吻合度要求较高，但动力消耗较小。

5) 电力牵引集装箱管道运输

这种方法不是用水流或气流推动箱体，而是靠电力传送带或缆索牵引集装箱在管内的水中漂浮前行。由于管道不承受压力，管道可用廉价材料制作。

5.3 运输管理基础

运输管理作为物流管理的核心内容，是对运输活动进行计划、组织、指挥、协调、控制和监督，使运输活动的主体实现最佳的配合，以达到降低运输成本，提高运输效率和经济效益的目的。

5.3.1　运输管理业务流程

1. 公路运输业务流程

公路货物运输业务主要包括接单、运输调度、提货发运、在途追踪、到达签收、回单、运输结算等环节。公路货运流程如图5.2所示。

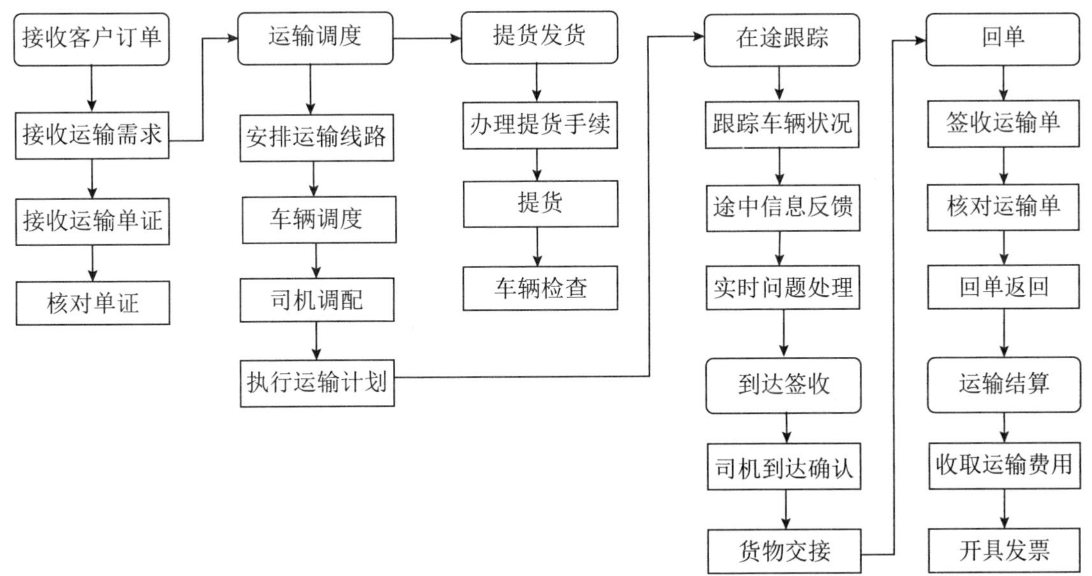

图5.2　公路货运流程

1) *接单流程*

(1) 运输主管从客户处接收运输发送计划。

(2) 运输调度从客户处接收出库提货单证。

(3) 核对单证。

2) *运输调度流程*

(1) 登记：运输调度在登记表上分出送货目的地，分出收货客户，标定提货号码。

司机(指定人员及车辆)到运输调度中心拿提货单。

(2) 调用安排：填写运输计划。填写运输在途情况、送到情况、追踪反馈表。电脑输单。

(3) 车队交接：根据送货方向，货物重量、体积，统筹安排车辆。把运输计划报给客户处，并确认到厂提货时间。

3) *提货发运流程*

(1) 到达客户提货仓库；办理提货手续。

(2) 检查车辆情况；提货。

(3) 通知客户预达时间。

4) *在途跟踪流程*

(1) 跟踪车辆状况。

(2) 司机及时反馈途中信息；填写跟踪记录。

(3) 有异常情况及时与客户联系。

5) 到达签收流程

(1) 按时到达指定地点。

(2) 司机到达确认。

(3) 货物交接。

6) 回单流程

(1) 签收运输单，核对运输单。

(2) 将回单传回公司和客户处。

7) 运输结算流程

(1) 整理好收费票据；做好收费汇总表交至客户，确认后交回结算中心。

(2) 结算中心开具发票，向客户收取运费。

2. 铁路运输业务流程

铁路货物运输业务流程主要包括托运、承运、发运、费用结算和货物交付等。一般由发送作业、途中作业、到达作业三部分构成，如图5.3所示。

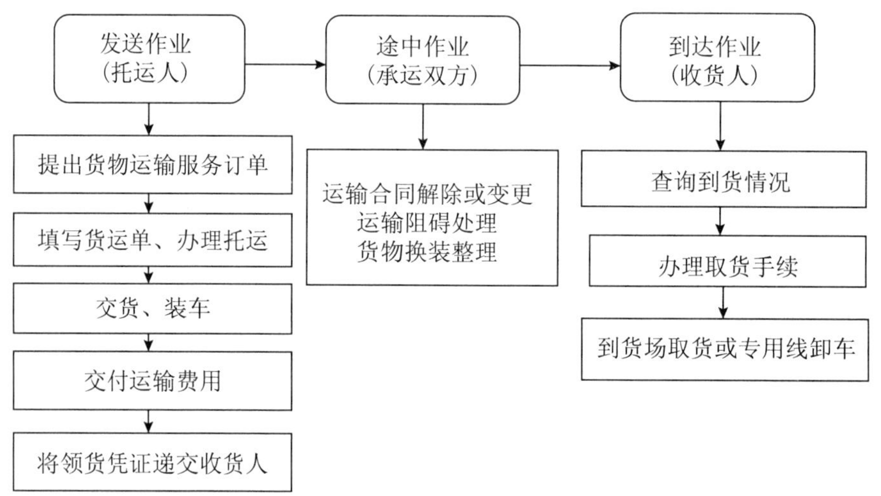

图5.3　铁路货运流程

其中，申请铁路货物运输的托运和承运业务的步骤如下所述。

第一步，了解铁路货运站的性质，了解所要托运的货物有无运输限制。

第二步，申报计划。一是月计划，二是日常计划。

第三步，上货。计划得到批准后，厂家向车站提出落货的要求，并申请货位。得到允许后，即可上货。

第四步，申报请求车。在开好的货位落货后，按批准的月计划(或日常计划)，填写请车单交给落货处。每个车皮要提交一份填写好的货物运单，申报请求车。

第五步：给承认车。铁路局货运处在接到请车单后，视情况分发承运车。托运方应及时了解给车情况。调度所通知货主有承运车。

第六步，装车。空车皮送到装车地点后，车站(或托运人)组织装车。

第七步，运送。车辆装好以后，铁路运输部门及时联系挂车，使货物尽快运抵到站。

3. 航空运输业务流程

1) 货物的发货与托运

航空货物的发货与托运是指航空货运公司从发货人手中接到货物到将货物交给航空公司承运这一过程所需要的环节，包括托运受理、订舱、货主备货、接单提货、缮制单证、报关、向航空公司交货、信息传递和费用结算。

2) 货物的到达与接收

航空运输货物到达目的地机场后，首先由承运人把货物卸下飞机，在卸货前承运单位要做好以下检查工作：检查货位、检查运输票据、检查货物包装。然后进行进港航班预报、单证处理。之后向收货人发出到货通知。最后由收货人领取货物。

进港航班预报需要注意的事项：航空公司以当日航班进港预报为依据，在航班预报册中逐项填写航班号、机号、预计到达时间；同时还应了解到达航班的货物装机情况及特殊货物的处理情况。

单证处理需要注意的事项：在每份货运单的正本上加盖或书写到达航班的航班号和日期；认真审核货运单，注意货运单上所列的目的港、代理公司、品名和运输保管注意事项；核对货运单和舱单，若舱单上有分批货，则应把分批货的总件数标在货运单号之后，并注明分批标记；把舱单上列出的特种货物、联程货物圈出；根据分单情况，在整理出的舱单上标明每票运单的去向；打印航班交接单。

知识窗

航空运单

航空运单是承运人和托运人双方的运输合同，是由承运人或其代理人签发的一份重要货物单据。航空运单有别于海运提单，不是代表货物所有权的物权凭证，是不可议付的单证。航空运单具有以下作用：承运合同、货物收据、运费账单、报关单据、保险证书、承运人内部业务依据。航空运单主要内容有始发站机场、航空公司代码、运单号、发货人(姓名、地址)、收货人(姓名、地址)、承运人代理的名称和所在城市、代理人的国际航空运输协会代号、始发站机场及所要求的航线、支付信息、货币、收费代号、运费及声明价值费、运输声明价值、海关声明价值、目的地机场、航班及日期、保险金额、操作信息(货物件数、毛重、重量单位、运价等级、商品代码、计费重量、运价、运费总额、货物的品名、数量，含尺码或体积、该运单项下货物总件数等)、其他费用、预付/到付的总金额、发货人的签字、签单时间(日期)/地点/承运人或其代理人的签字、货币换算及目的地机场收费记录。

3) 货物的领取

(1) 到货通知。货物运至到达站机场后，除另有约定外，承运人或其他代理人应当及时向收货人发出到货通知，通知包括电话和书面两种形式。急件货物的到货通知应当在货物到达后2小时内发出。动物、鲜活易腐物品及其他指定日期和航班运输的货物，托运人应当负责通知收货人在到达站机场等候提取。

(2) 货物暂存。对到达的货物，收货人有义务及时将货物搬出，航空公司也有义务提供一定的免费管理期间，以便收货人安排搬运车辆、办理仓储手续。免费保管的期间规定：由承运人组织卸货的，收货人应于承运人发出催领通知的次日起3天内将货物搬出，不收取保管费；超过此期限未将货物搬出的，对其超过的时间核收货物暂存费。

(3) 现货交付。承运人应当按货运单列明的货物件数，清点后交付收货人。在发现货物短缺、损坏时，承运人应当会同收货人当场查验，必要时填写货物运输事故记录，并由双方签字或盖章。收货人持加盖“货物收讫”的货运单将货物搬出货场，安保人员则对搬出的货物认真检查品名、件数、交付日期与货运单记载的是否相符，经确认无误后放行。

4. 水路运输业务流程

1) 海洋运输业务流程

海洋货物运输方式主要是班轮运输和租船运输。

(1) 班轮运输业务流程。班轮运输也称定期船运输，是指船舶在固定的航线上和港口之间，按照事先公布的船期表航行和事先公布的费率进行的海运方式。

班轮运输可分为两种形式：一种称之为“五定班轮”，即定航线、定船舶、定挂靠港、定到发时间、定运价的班轮运输；另一种通常称之为“弹性班轮”，也即所谓的定线、不严格定期的班轮运输。

班轮运输业务流程主要包括揽货、订舱、装船、卸货、误卸处理、交付货物、保函。

(2) 租船运输业务流程。租船运输又称为不定期船运输，是相对于定期船运输而言的另一种国际航运经营方式。由于这种经营方式需在市场上寻求机会，没有固定的航线和挂靠港口，也没有预先制定的船期表和费率本，船舶经营人与需要船舶运力的租船人是通过洽谈运输条件、签订租船合同来安排运输的，故称为租船运输。

租船运输业务流程主要包括询盘、报盘、还盘、接受和签订租船合同五个环节。

2) 江河运输业务流程

江河运输是一种古老的运输方式，是水路运输的重要组成部分。

江河运输业务流程主要包括签订运输合同、托运货物、承运货物、运送货物、交付货物等。

(1) 签订运输合同。水路货物运输合同是指承运人收取运输费用，负责将托运入托运的货物经水路由一港(站、点)运至另一港(站、点)的书面合同。以航次租船运输的运输合同为例，合同条款有出租人和承租人名称，货物名称、件数、重量、体积(长、宽、高)、运输费用及其结算方式，船名、载货重量、载货容积及其他资料，起运港和到达港、货物交接的地点和时间、受载期限、运到期限、装货与卸货期限及其计算方法、滞期费率和速遣费率、包装方式、识别标记、违约责任、解决争议方法等。

(2) 货物的托运管理。托运货物时，托运人的主要任务是提交货物运单、提交托运的货物、支付费用。

(3) 承运货物。装船行为分为港口库场装船(由港口经营人在与作业委托人商定的货物集中时间和地点，按港口作业委托单载明的内容负责验收)和船边装船或托运人自理装船(由承运人或其代理人按货物运单载明的内容负责验收)。

(4) 运送货物。船舶处于适航状态；妥善保管货物；按约定航线将货物运到约定的到达港。

(5) 交付货物。收货人接到到货通知后办理提货手续单证，检查验收货物并支付费用。

5.3.2　运输合理化管理

运输合理化是指从物流系统的总体目标出发，按照货物流通规律，运用系统理论和系统工程原理和方法，选择合理的运输路线和运输工具，以最短的路径、最少的环节、最快的速度和最少的劳动消耗，组织好货物的运输与配送，以获取最大的经济效益。

由于运输是物流中重要的功能要素之一，物流合理化在很大限度上依赖于运输合理化。

1. 运输合理化要素

运输合理化要素主要有运输距离、运输环节、运输时间、运输工具和运输费用，其中运输时间和运输费用是主要因素，同时，这五个要素之间的平衡关系也是合理化运输需要考虑的问题。

1) 运输距离

运输过程中，运输时间、运输货损、运输运费、车辆或船舶周转等若干技术经济指标都与运输距离有一定的关系，运距长短是决定运输合理与否的基本因素。

2) 运输环节

每增加一个运输环节，势必要增加运输的附属活动，如装卸、包装等，各项技术经济指标也会因此发生变化，因此减少运输环节对运输合理化有一定的促进作用。

3) 运输工具

各种运输工具都有其优势领域，对运输工具进行优化选择，按运输工具的特点进行装卸运输作业，最大限度发挥运输工具的特点和作用，是运输合理化的重要环节。

4) 运输时间

在全部物流时间中，运输时间占绝大部分，尤其是远程运输，因此，运输时间的缩短决定着整个流通时间的缩短。此外，运输时间缩短，还有利于加速运输工具的周转，充分发挥运输工具的运力效能，提高运输线路的通过能力。

5) 运输费用

运输费用在全部物流费用中占有很大比例，运输费用决定着整个物流系统的竞争能力。实际上，运输费用无论是对货主还是对物流企业都是运输合理化的重要标志。运输费用也是合理化措施是否行之有效的最终判断依据之一。

2. 运输合理化作用

运输合理化，就是通过运输方式、运输工具和运输路线的选择，进行运输方案的优化。运输合理化主要有以下几点作用。

(1) 运输合理化，就是选择了最佳运输路线，减少了运输环节，使物质产品迅速地从生产地向消费地转移，从而加速货物流通，加速资金的周转，减少货物损差，促进社会再生产过程的顺利进行。

(2) 运输合理化，必然会达到缩短运输里程，提高运输工具的运用效率，从而达到节约运输费用、降低物流成本的目的。

(3) 运输合理化，缩短了运输时间，实现到货及时的目的，因而可以降低库存商品的数量，实现加快物流速度的目标。

(4) 运输合理化，可以充分发挥运输工具的效能，从而节约了运力，提高了货物的通过能力，降低了运输中的能源消耗，提高能源利用率。

(5) 运输合理化，可以充分利用现有运输工具的装载能力和环境资源，促进各种运输方式的合理分工，以最小的社会运输劳动耗费，及时满足国民经济的运输需要。

3. 运输合理化有效措施

按照各种运输方式的技术经济特征建立合理的运输结构，扬长避短，以最大限度地提高合理化运输水平，提高运输效率和经济效益。运输合理化的有效措施主要包括以下几个方面。

第一，合理选择运输工具，提高运输工具实载率。

第二，混合配送，减少动力投入，增加运输能力。

第三，发展社会化的综合运输体系，推进联合运输方式。

第四，发展直达运输，减少装卸费用，降低中转货损，提高运输速度。

第五，正确选择运输路线，开展中短距离“以公代铁”的运输。

第六，配载运输，充分利用运输工具载重量和容积，合理安排装载的货物及载运方法。具体做法是轻重货物搭配、注重装载堆码技术。

第七，合理选择运输方式，采用“四就”直拨运输。

第八，提高货物包装质量，并改进配送中的包装方法。

第九，提倡合装整车运输，合装整车运输的方法有以下4种：①零担货物拼整车直达运输；②零担货物拼整车接力直达或中转分运；③整车分卸；④整装零担。

知识窗

“四就”直拨运输

“四就”直拨运输是指在流通过程组织货物调运时，对当地生产或外地到达的货物，不运进流通批发仓库，采取直拨的办法，把货物直接分拨给市内基层批发、零售店或用户，从而减少一道中间环节。“就厂直拨，就车站、码头直拨，就库直拨，就车、船过载直拨”等，简称为“四就”直拨。

4. 不合理运输

不合理运输是指在组织货物运输过程中，违反货物流通规律，不按经济区域和货物自然流向组织货物调运，忽视运输工具的充分利用和合理分工，装载量低，流转环节多，从而造成了运力浪费、运输时间增加、运费超支等问题的运输。不合理运输主要有以下几种形式。

1) 返程或起程空驶运输

空车无货载行驶是不合理运输最严重的形式。造成空驶的主要原因有两种，一是利用自备车送货提货，往往是单程重车、单程空驶；二是由于工作失误或计划不周，造成货源没有落实，车辆空去空回，导致双程空驶。

2) 对流运输

对流运输亦称“相向运输”“交错运输”，指的是同一种货物在同一线路上或平行线路上作相对方向的运送，而与对方运程的全部或一部分发生重叠交错的运输。对流运输是不合理运输中最突出、最普遍的一种，对流运输不合理的实质在于多占用了运输工具、额外出现了车走行的公里和货物走行的吨公里，增加了运费。

对流运输浪费里程的计算公式为

$$对流运输浪费的里程=最小对流吨数\times对流区段里程\times2$$

对流运输有两种表现方式：明显对流(指同类或可以相互代替的货物沿着同一线路相向运输)和隐蔽对流(同类或相互可替代的货物以不同的运输方式在平行路线上或不同时间进行相向运输)。

(1) 明显对流运输。如图5.4所示，货物从甲地经乙地运到丙地，另一可替代货物从丁地经丙地运到乙地，这样，在乙地与丙地之间就产生了对流运输。

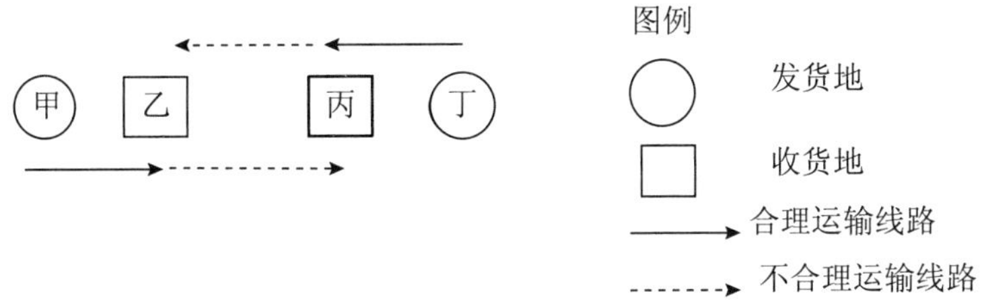

图5.4　明显对流运输

(2) 隐蔽对流运输。如图5.5所示，甲、乙两地的货物可相互替代，从甲地到乙地的距离是20千米，从丁地到丙地的距离是40千米，这种运输总里程为60千米而从甲地到丙地是30千米，从丁地到乙地是10千米，这种运输总里程为40千米，可节省20千米运力。

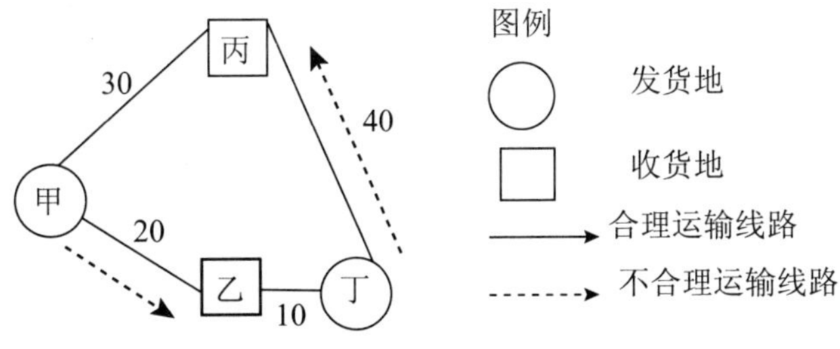

图5.5　隐蔽对流运输

3) 倒流运输

倒流运输是指货物从销售地或中转地向产地或起运地回流的一种运输形式。其不合理程度要甚于对流运输，这是因为往返两程的运输都是不必要的，形成了双程的浪费。倒流运输也可以看成隐蔽对流的一种特殊形式。实际运输中倒流有两种形式，一种是货物从发货地甲运到乙地后，又从乙地运回甲或同方向的丁地；另一种是货物从产地丙运往能生产同一种货物的甲地，如图5.6所示。

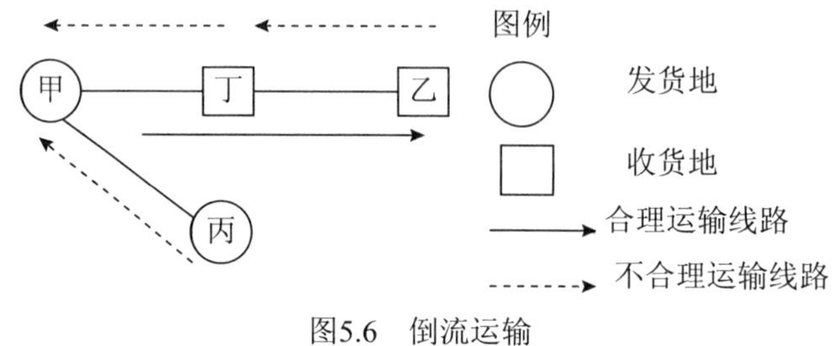

图5.6 倒流运输

4) 迂回运输

迂回运输是指可以选取短距离进行运输，却选择路程较长路线进行运输的一种不合理运输形式，如图5.7所示。但因道路施工、故事等，采用迂回运输是被允许的。

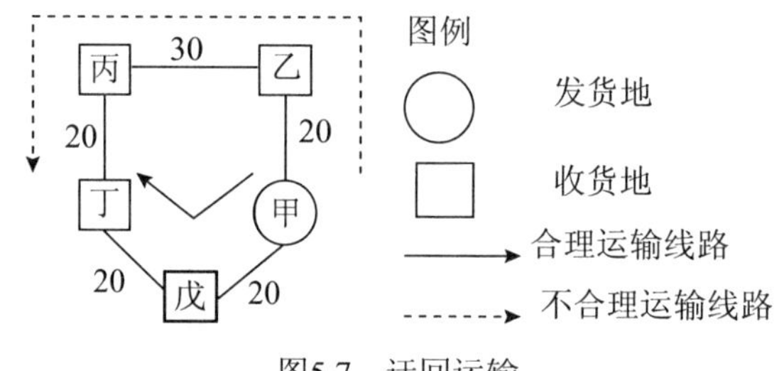

图5.7 迂回运输

迂回运输造成损失的计算公式为

迂回运输浪费的费用=迂回运输浪费的吨公里×该种物质每吨公里的平均运费

5) 过远运输

过远运输是指不就近获取某种商品或物资，而舍近求远从远处运来同种商品或物资的运输形式。过远运输占用运力时间长、运输工具周转慢、占压资金时间长。同时，距离较远的地区自然条件相差大，货物易出现货损，增加了费用支出。过远运输在运输总量中占有相当大的比重，主要表现在木材和建筑材料上。在木材的不合理运输总量中，过远运输甚至达到70%。

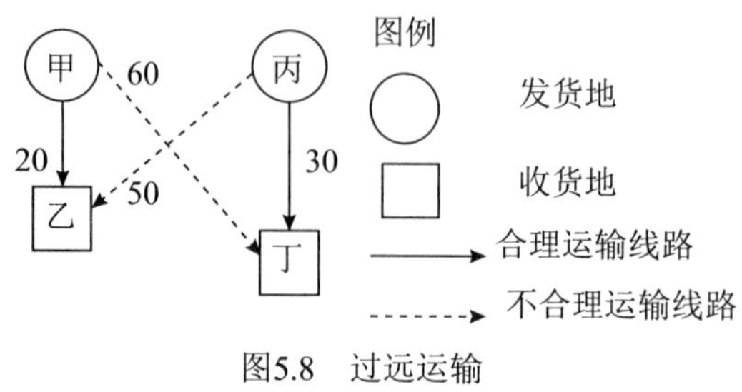

图5.8 过远运输

过远运输浪费的运输吨公里的计算公式为

过远运输浪费的运输吨公里=

过远运输的货物吨数×(过远运输的全部里程-该物资的合理运输里程)

过远运输浪费的运输费用的计算公式为：

过远运输浪费的运输费用=过远运输浪费的运输吨公里×该物资的平均运费

6) 重复运输

一般把可以直线运输的物资经过了不必要的中转称为重复运输。重复运输的另一种形式是同品种货物在同一地点一面运进一面运出。重复运输不仅浪费装卸劳力，增加作业和负担，还增加物资损耗和出入库手续，因而造成物流时间长，费用消耗和占用多等不利情况。

7) 运力选择不当

运力选择不当，是指未考虑各种运输工具的优劣势而不正确选用了运输工具造成的不合理运输形式。常见的运力选择不当的形式有以下几种：①弃水走陆；②铁路、大型船舶的过近运输；③运输工具承载能力选择不当。

8) 托运方式选择不当

托运方式选择不当，是指未选择最好的托运方式而造成运力浪费及费用支出加大的不合理运输形式。例如，应选择整车而采取零担托运，应选择直达运输而选择了中转运输，应选择中转运输而选择了直达运输等。

9) 无效运输

无效运输，即不必要的运输，通常指被运输的货物杂质(如煤炭运输中的矿石、圆木材使用时出现的边角料等)过多，使运输能力浪费于不必要物资运输的形式。无效运输不仅浪费了大量的运输能力，还往往人为地夸大了生产单位的成果，使消费者不能按质按量地得到价格适当的产品。

上述的各种不合理运输形式都是在特定条件下表现出来，在判断时必须注意其不合理的前提条件，否则就容易出现判断失误。

5.3.3 运输决策与优化

运输决策是物流管理体系中的基本决策，主要包含运输路线、配送频率、配载量等决策。运输优化就是整个运输过程在保证货物流向合理的前提下，确保运输质量，以适宜的、最少的运输环节，最佳的运输线路，最低的运输费用使货物运至目的地。

1. 运输决策的内容

1) 选择运输方式

我们在选择运输方式时一般考虑两个基本因素：一是运输方式的速度问题，二是运输费用的问题。从物流运输功能来看，运速快是物流运输服务的基本要求。但是速度快的运输方式的费用往往很高，要考虑运输的经济性。同时，不能只从运输费用本身来判断，还要考虑因速度加快，物品的备运时间缩短，使物品的必要库存减少，从而减少了物品的保管费等因素。因此，我们应该在综合考虑上述各种因素后，寻求运输费用与保管费用最低的运输方式或运输工具。

主要的运输方式有铁路、公路、空运、水运和管道五种。企业根据送货速度、频率、可靠性、运载能力和成本，以及不同运输方式的可用性做出选择。五种运输方式的技术经济特征如表5.1所示。

表5.1 五种运输方式的技术经济特征比较

运输方式 技术经济特征	铁路运输	公路运输	航空运输	水路运输	管道运输
运输成本	成本低于公路运输	成本高于铁路、水路运输和管道运输，仅比航空运输成本低	成本最高	运输成本一般，较铁路运输低	成本与水运接近
运输速度	长途运输时速度快于公路运输；短途运输时慢于公路运输	速度较慢	速度极快	速度最慢	速度快，不间断
运输能耗	能耗低于公路运输和航空运输	能耗高于铁路运输和水路	能耗极高	能耗低，单位能耗低于铁路运输，更低于公路运输	能耗最小，在大批量运输时与水运接近
便利性	机动性差，需要其他运输方式的配合和衔接，才能实现门到门运输	机动灵活，能进行门到门的运输	难以实现门到门运输，必须借助其他运输工具散集	需要其他运输方式的配合和衔接，才能实现门到门运输	运送货物种类单一，且管线固定，运输灵活性差
投资	投资额大，建设周期长	投资小，投资回收期短	投资大	投资少	建设费用比铁路低60%左右
运输能力	能力大，仅次于水路运输	载重量不大，运送大件货物较为困难	只能承运小批量、体积小的货物	运输能力最大	运输量大
环境影响	占用土地多	占用土地多，污染周围环境	土地占用少	土地占用少	土地占用少，对环境无污染
适用范围	适用大宗、低值货物的中、长距离运输，也适用于大批量、时间性强、可靠性要求高的一般货物和特种货物的运输	适用近距离、小批量的货运，或是水路、铁路难以到达地区的长途、大批量货运	适用价值高、体积小、送达时效要求高的特殊货物的运输	适用运距长，运量大，对送达时间要求不高的大宗货物运输，也适合集装箱货物运输	适用单向、定点、量大的流体状且连续不断的货物运输

2) *确定运输线路*

确定运输路线是运输决策的一个重要方面，运输线路选择的目标就是运输路线合理化，就是按照货物流通规律组织运输，即在完成货物运输任务、满足客户需求的前提下，使运输时间最少、运输里程最短、运输环节最少、运输成本最低。

运输线路种类繁多，大体归纳为以下几个基本类型。

(1) 往复式运输线路。往复式运输路线是指车辆在两个装卸作业点之间进行一次或多次重复运行的运输路线。这种运输路线的几何形状可近视为直线型，分为单程有载往复式、回程部分有载往复式和双程有载往复式三种。这三种路线类型以双程有载往复式路线的里程利用率最高，而单程有载往复式线路的里程利用率最低，在实际的运输组织工作中应尽量避免选择单程有载往复式运输路线。

(2) 环行式运输路线。环行式运输路线是指车辆在若干个装卸作业点组成的封闭回路上进行连续单向运行的运输路线。选择环行式运输路线时，以里程利用率最高为原则。

(3) 汇集式运输路线。汇集式运输路线是指车辆沿分布于运行路线上各装卸作业点，依次完成相应的装卸作业，且每次货物装卸量均小于该车额定载重，直到整个车辆装满(卸空)后返回出发点的行驶路线。这种运输路线的组织工作较为复杂，但有利于做到“取货上门，送货到家”，可有效满足客户需求，故在配送运输中被广泛应用。选择汇集式运输路线时，以运输费用最低为原则。

3. 运输决策优化原则和影响因素

1) 运输决策优化的原则

运输决策优化必须贯彻“及时、准确、安全、经济”的原则。

2) 影响运输决策优化的因素

(1) 运输距离。运输的若干技术经济指标(如运输时间、运输货损、运输费用、车辆或船舶周转等)与运输距离有一定的关系，运输距离涉及运输起点、途经站点以及终点。

(2) 运输环节。运输环节的增加不仅会增加起运价和总运费，还会增加运输的附属活动，如装卸、包装、相关的手续办理等，从而导致各项技术经济指标下降。

(3) 运输工具。按照运输工具特点进行装卸运输作业能最大限度发挥所用运输工具的功能，所以选择合理的运输工具是运输优化的重要环节。

(4) 运输时间。运输时间的缩短对提高流通效率具有决定性的作用。缩短运输时间，有利于提高运输工具的周转速度，有利于货主资金的周转，有利于提高运输线路的通过能力，对运输合理化有很大贡献。

(5) 运输费用。运费在全部物流费用中占有很大比例，运输费用的降低是运输优化的重要目标之一。

(6) 商品性能特点是影响物流企业选择运输工具的重要因素。

5.3.4　运输成本管理

运输成本管理是一项综合性管理，是对整个物流运输经济绩效的全面反映。

1. 运输成本与运费和运价的关系

运输成本是指运输生产者(供给者)为完成客货位移所造成的费用总和，包括直接运输费用与管理费用两部分。运输成本分为运输总成本和单位运输成本两个概念：运输总成本是一定时期内的运输成本支出总和，单位运输成本是一定时期内的单位运输劳务的支出(货物运输一般以吨公里为单位)。

为了更加准确地理解运输成本，必须区分运输成本与运费、运价的关系。

1) 运输成本和运费

运输成本是运输生产者(供给者)完成指定条件下的运输所付出的代价，而运费则是运输消费者完成特定条件下的运输所付出的代价。

运费=运输成本+运输生产利润+在运期间运输需求方支付的资金成本
=(1+利润率)×运输成本+运输需求方支付的资金成本

2) 运输成本和运价

运输成本是为完成运输活动所发生的一切费用，主要是从运输供给的角度来考虑的。运价(即运输价格)是运输价值的货币表现，需要从运输供给和运输需求两个方面进行考虑。运输价值量的大小取决于生产运输产品所消耗的劳动量，购买劳动量的支出就是运输生产费用，构成了运输成本。运输劳动创造了新的价值，就是运输盈利。运价由运输成本和运输盈利(利润和税金)这两个部分组成。

2. 运输成本的构成

运输成本包括运输固定设施成本、移动设备拥有成本和运营成本三个部分。

1) 运输固定设施成本

运输固定设施对每一种运输方式都是必不可少的：铁路运输需要轨道和车站；汽车运输需要公路和停车场；航空运输需要机场和空中指挥系统；船舶运输需要港口；管道运输的管道本身就是固定设施。固定运输设施除了建设投资成本，还包括养护、维修及其他相关使用成本。

2) 移动设备拥有成本

移动设备拥有成本大体分为三部分，即与车辆、船舶或飞机等的添置投资有关的费用、部分折旧费和载运工具维护费用。其中，如果载运工具的某些维护费用与使用多少无关，那么就属于载运工具的拥有成本；而那些根据载运工具的使用量决定的维修费用则被看作变动成本，且与属于变动成本的折旧费用一样，也可以作为运营成本进行分析。

3) 运营成本

运营成本主要包括两大类：一类是直接运营人员的工资；另一类是运输工具消耗的燃料。这两类都是直接与运输量相关的变动成本。当然，运营成本不仅仅包括这两类，还包括载运设备的修理和维护、运输企业的管理等所需要的开支，这类属于间接运营成本。

3. 不同运输方式的成本特征

1) 铁路运输

铁路运输的固定成本高，变动成本相对较低。这是因为铁路线路、车站、机车车辆、通信等基础设施的投资大，提高了固定成本。铁路运输的变动成本(工资、燃油、维护成本等)随运距的长短和运量的大小而成比例变化，一般认为它占总成本的1/2或1/3。这样，当一个系统有很高的固定成本费用时，适合进行规模经济和距离经济。

规模经济的特点是随着运量的增长，每单位运量的运输成本呈下降趋势。距离经济的特点是每单位距离的运输成本随运输距离的增加而减少。规模经济和距离经济使得货物的批量运输显得更加合理，运输距离越长、运量越大，运输成本就会越低。

2) 公路运输

公路运输的固定成本是所有运输方式中最低的，但公路运输的变动成本很高。公路运输的变动成本既包括用于车辆营运的燃料、轮胎、车辆折旧、维修费用等，又包括为了公路建设和公路维护而向车辆征收的燃油税、路桥费、养护费等。变动成本随运输车辆行驶里程或运输周转量而成正比例变化。

公路运输也存在规模经济，当运输批量较大时，单位运输成本会随运量和运距的增加而降低，但是不如铁路运输明显。

3) 水路运输

水路运输除必须投资建造新船、建设港口之外，航道投资极少。以中国为例，港口和航道由国家通过管理体制进行管理，船舶所属的航运企业则是水路运输的承运人。大部分港口是服务港，即港务当局不仅提供港口的基础设施，还提供诸如货物装卸服务及货物港内搬运和处理等服务；不仅从事港政和航政，还从事港内各项业务活动。这样，水运承运人的固定成本除船舶本身的折旧费等外，还和港口作业有关。但是水路的运输能力大、变动成本低，所以水运是最廉价的大宗货物运输方式之一。

4) 航空运输

航空运输与水运和公路运输相比，成本特征有很多相同之处。航空运输的机场和空中通道一般不属于拥有飞机的航空公司，航空公司根据需要以燃料、仓储、场地租赁和飞机起降等形式购买机场服务。同时，地面的搬运装卸、取货和送货也属于机场提供的航空货运服务的一部分，这些成本就成为使用机场需要支出的固定成本。此外，航空公司还拥有(或租赁)运输设备飞机等，在经济寿命周期内每年都有固定的折旧费。航空公司的变动成本主要是燃料和原材料费用，受运距的影响较大。固定成本和变动成本合在一起通常使航空运输成为最贵的运输方式，短途运输尤其如此。但是，随着机场费用和其他固定成本费用支出分摊在更大的运量上，其单位成本会有所降低。

5) 管道运输

管道运输与铁路运输的成本特征一样，管道公司拥有这些基础设施或拥有它们的使用权。管道的投资和折旧及其他成本使管道运输的固定成本在总成本中是较高的。管道运输的变动成本主要包括运送原油、成品油或天然气等的动力成本和与泵站经营相关的成本。管道动力随着管道周长变大而增加，运量则随着横截面面积的增大而提高。由于大管道与小管道周长之比不像两者的横截面面积之比那么大，所以，只要有足够大的运量，大管道的单位成本就会迅速下降。在一定的管道规格条件下，如果运送的产品过多，管道运输的规模效益就会减少。

4. 影响运输成本的因素

影响运输成本的因素有很多，主要包括以下几个方面。

1) 运输距离

运输距离是影响运输成本的主要因素，直接对劳动力、燃料和维护保养等变动成本发生作用。每一种运输方式都有自己经济合理的运距范围。一般而言，航空和海洋运输最适合长距离运输，公路运输在短途运输中占有优势。在经济合理的运距范围内，各种运输方式的平均吨公里、人公里的运输成本随距离的延长而递减。这是因为总成本中的发到作业与中转作业的费用和运距无关，随着距离的延长，这部分的成本分摊到每公里货物和旅客的部分也越来越少。

2) 载货量

与其他许多物流活动一样，大多数运输活动都存在规模经济。载货量的大小会影响运输成本，也是运输规模经济的一个重要表现。每单位重量的运输成本随载货量的增加而减少，这是因为货物提取和交付活动的固定费用以及行政管理费用可以随载货量的增加而被分摊。当然，载货量的大小会受到运输工具最大尺寸的限制。所以，企业为了提高运输效益，可以将小批量的载货量整合成更大的载货量，以获得规模经济效益。

3) 货物的疏密度

货物的疏密度是综合考虑货物重量以及占据空间的一个指标，也是影响运输成本的重要因素。因为运输成本通常表示为每单位重量所花费的数额，而在重量和空间方面，运输工具受空间更多的限制。即使该产品的重量很轻，运输工具一旦满载，就不可能增加装运数量。也就是说，运输工具实际消耗的劳动成本和燃料成本基本不受重量的影响，所以货物的疏密度越高，每单位重量的运输成本就相对越低。

4) 装载性能

装载性能又称空间利用率，是指货物利用运输工具(铁路车厢、拖车或集装箱)空间的程度。货物的装载性能由其大小、形状和弹性等物理性质所决定，具有相同密度的产品，其装载性能差异可能很大。装载性能还受到装运规模的影响，大批量的产品往往能够相互嵌套，便于装载；而小批量的产品则有可能难以装载。

5) 装卸搬运的难易程度

装卸搬运难度较高的货物，其装卸搬运费用较高，因而运输成本通常也较高。大小或形状一致的货物(如纸箱、罐头、筒)搬运费用较低；有些货物需要专门的装卸搬运设备处理，搬运费用较高。此外，产品在运输和存储时实际所采用的成组方式(如用带子捆扎、装箱或装在托盘上等)也会影响搬运成本。

6) 货物的易损性

有些货物具有易损、易腐、易自燃、易自爆等特性，容易带来损坏的风险和索赔事故。运输这些货物时除需要特殊的运输工具和运输方式外，承运人还必须通过货物保险来预防可能发生的索赔，从而增加了运输成本。

7) 市场因素

除了货物特性外，市场因素同样也会对运输成本产生较大的影响。其中，影响较大的因素有以下几种：同种运输方式间的竞争以及不同运输方式间的竞争，政府对运输活动的管理、限制和法律的规定，市场的位置(如产品运输距离等)，运输通道的均衡性等。其中，运输通道的均衡性是指运输起点与终点之间运输通道的流量是否均衡，如果运输通道不均衡，就会出现车辆空返现象并造成运力的浪费，从而增加运输成本。

5.4 运输合同管理

5.4.1 运输合同概述

1. 运输合同概念

运输合同是承运人将旅客或者货物从起运地点运输到约定地点，旅客、托运人或收货人支付票款或者运输费用的合同。货物运输合同是指承托双方签订的，明确双方权利义务关系、确保货物有效位移的，具有法律约束力的合同文件。本节的运输合同主要指货物运输合同。运输合同属于经济合同，是有偿的、双务的合同。其中，承运方的主要义务是把货物安全、准时地运送到目的地，交付收货人；托运方的主要义务是把货物交给承运方，支付运杂费。

2. 运输合同分类

(1) 按承运方式划分，运输合同可分为道路运输合同、铁路运输合同、水路运输合同、航空运输合同、管道运输合同及多式联运合同。

(2) 按运输对象划分，运输合同可分为客运合同和货运合同。

(3) 按合同期限划分，运输合同可分为长期运输合同和短期运输合同。

(4) 按货物数量划分，运输合同可分为批量运输合同和运次运输合同。

(5) 按合同形式划分，运输合同可分为书面运输合同和契约运输合同。

3. 运输合同特征

运输合同具有合同普遍的法律特征外，还具有以下几点自身特征。

(1) 运输合同以运输经济业务活动为主要内容，签订货运合同的承运方必须持有经营货运的营业执照，具有合法的经营资格。

(2) 运输合同以运输货物为直接目的、以运输行为为标的。货物运输合同是一种提供服务的合同，其标的不是被运送的货物，而是运输行为本身。

(3) 运输合同是实践合同，承托双方除了就合同的必要条款达成协议外，还要求托运人必须将托运的货交付给承运人，合同才能成立。

(4) 运输合同一般为格式合同，具有标准合同的性质，主要内容和条款由有关部门统一制定。

(5) 运输合同的当事人往往涉及第三者，即除了托运人和承运人之外，一般还有收货人(也可能收货人就是托运人)。托运人既可以为自己的利益托运货物，也可以为第三方的利益托运货物(如货运代理往往是为第三方的利益托运货物)。

(6) 运输合同以将货物交付给收货人为履行终点。运输合同的承运人将货物运送到目的地时，其义务并未履行完毕，只有在将货物交付给收货人后，承运人的义务才算履行完结。

5.5.2 运输合同的制定原则

运输合同一般由托运人提出运输货物的要约，承运人同意运输货物的承诺而成立。海运提单、铁路货运单、水路货运单、公路货运单、航空货运单是主要的货物运输合同单证。

1. 运输合同订立程序

运输合同订立程序可归纳为以下两个步骤。

1) 要约

要约是指希望和他人订立合同的意思表示，即合同当事人一方提出签订合同的提议，该提议包括订立合同的愿望、合同的内容和主要条款。一般由托运人提出运输合同的要约。托运单在形式上就是托运人向承运人发出要约，是托运人向承运人办理货物运输的书面凭证。

2) 承诺

承诺是指受要约人同意要约的意思表示，即承运人接受或受理托运人的提议，对托运人提出的全部内容和条款表示同意。受理的过程包括双方协议一致的过程，承诺一旦生效，合同即成立。

2. 运输合同内容

运输合同的主要内容包括以下几个方面：①合同当事人及详细地址；②货物的名称、性质、体积、数量及包装标准；③货物起运和到达地点、运距、收发货人名称及详细地址，④运输质量及安全要求；⑤货物运输装卸责任与安全要求；⑥货物的交接手续；⑦批量货物运输的起止时间；⑧年、季、月度合同的运输计划；⑨费用和报酬，包括运杂费计算标准和结算方式；⑩合同变更、终止的期限；⑪当事人的权利、义务及违约责任；⑫双方商定的其他条款。

5.5.3 运输合同履行

1. 托运人的权利和义务

(1) 托运人应按合同规定的时间准备好货物，及时发货、收货。

(2) 托运人应当按照国家规定在包装上进行标识，做好货物包装和储运标志。

(3) 需要运输审批的货物，应由托运人完成审批手续或者委托承运人代办审批手续。

(4) 在有限制的前提下，托运人有提出终止运输、返还货物、变更地点、变更收货人的权利。

(5) 托运人有向承运人通告货物运输的实时情况的义务。

(6) 托运人有按照协议向承运人交付运费和运输杂费及其他应交付费用的义务。

(7) 托运人有拒绝违规、违法托运的义务。

(8) 托运人有向承运人交付运输货物的义务。

2. 承运人的权利与义务

(1) 承运人应按条款接受货物并出具有关凭证。

(2) 承运人应按合同规定的运输期限、货物数量和起止地点组织运输，保质保量地完成运输任务。

(3) 承运人有按照协议满足托运当事人变更的义务。

(4) 承运人有义务把所承运货物的在途情况、到货情况通知给托运当事人或收货人。

(5) 承运人有将货物交付收货人的义务。

(6) 承运人有收取运输杂费的权利，在托运人或收货人不支付协议费用的情况下，享有承运货物的留置权。

(7) 承运人有拒绝承运违规、违法货物的权利。

3. 收货人的权利和义务

无论收货人是托运人本身，还是第三方当事人，收货人的权利和义务是整个三方当事人不可或缺的一个方面。收货人的权利和义务有以下几个方面。

(1) 收货人具有及时获得到货通知，按提单凭证或其他收货协议收货(提货或接受承运人的送货)，以取得货物的权利。

(2) 收货人应当及时受领(取货或接受)货物，支付应由收货人承付的费用(运费、运输杂费、逾期保管费等)。

(3) 收货人有在约定期间内进行检验并对运输质量进行认定的义务。

5.5.4　运输合同变更与解除

1. 运输合同变更和解除的含义

货物运输合同变更和解除是指在合同尚未履行或者没有完全履行的情况下，遇到特殊情况而使合同无法履行，或者需要变更时，经双方协商同意，并在合同规定的变更、解除期限内办理变更和解除。

2. 运输合同变更和解除的条件

(1) 由于不可抗力使运输合同无法履行。

(2) 由于合同当事人一方的原因，在合同约定的期限内确实无法履行运输合同。

(3) 合同当事人违约，使合同的履行成为不可能或不必要。

(4) 合同当事人双方协商同意解除或变更。

荷兰TPG公司物流模式的启示

荷兰TNT Post Group(TPG)公司是一家提供邮件、快运和物流服务的全球性公司，是世界上最大的国际商务邮件服务商，也是唯一在欧洲各主要城市拥有运输网络的快件服务商。该公司使用“皇家PTT邮政”和“TNT(TNT快运、TNT物流)”两个品牌，目前业务范围覆盖200多个国家，并在58个国家设有分支机构。

TPG以TNT快运为品牌，2000年快运营收为41.45亿欧元，比1999年增长了17.2%。

TNT快运拥有17 200辆车辆，36架飞机，808个枢纽站和卫星集散站。2000年共运送货物19 293.7万件，总重量为320.5万吨。TNT快运服务网络覆盖面很广，按照服务功能和区域不同分为欧洲空运网络、欧洲路运网络、亚洲网络、商用网络、国内网络五个部分。货运量的65%靠路运，25%靠空运，10%靠商业航班。

TNT快运实行统一销售、集中分级分拣、统一运输的运输组织形式，特别是集中分级分拣，将不同的货运站进行功能设置，有些大型货运站完全服务于粗拣后站与站间的运输，通过这种接力式的分拣、运输，强化了集团公司间的合作，也提高了分拣和运输的整体效率。这种在集团公司内部进行专业化分工的组织形式非常有利于提高整个网络的运输效率，降低营运成本。统一销售、统一调度、统一分拣、统一运输，信息共享，是今后快件运输发展的趋势，也是货物运输集团企业专业化、规模化、网络化的运作模式。

TNT快运目前主要提供以下5种门到门的服务：当日快件、早9点快件、午时12点快件、全球午后17点快件、经济快件。这五项服务均为标准化服务，服务的内容及要求都按照严格的标准及相关程序进行。另外，TNT快运还提供多种价值附加服务，如技术速递、夜间速递、保险速递等。多样化的服务能够满足不同层次、不同要求顾客的需要，多样化的服务使得快运网络更加稠密，通达不同的角落，促进了企业快运业务的增长。

快件货物运输根据不同的服务项目的要求，采用空运或路运(汽车或大型货车)。一般早9点、午12点快件选择空运方式；当日快件则比较灵活，只要能按时到达，则采用较经济的运输工具；经济快件一般采用汽车运输。通常在800千米范围内用汽车运输，超过800千米用航空运输。为此TNT快运欧洲空运网络有5个空运快件主集散站，分布在比利时的列日、英国的利物浦和德国的科隆等地。并在列日租用机场和跑道，每周飞行500个航班，加上利用商业网络，构成250条空运航线，每周飞行13 000个飞行段，运送1500吨货物，与745个集散站相连。在欧洲路运网络中，卫星集散站到客户(门或货架)配送的85%由TNT快运公司承担；卫星集散站到主集散站、主集散站之间的长途、大吨位厢式货车运输的30%是TNT快运公司承担，70%是外包，由有运输协议的小型运输公司承担，但车辆和人员要使用TNT的标志和品牌。由于TNT快运网络十分发达，能运达200多个国家，故快件的运送速度比邮件快。虽然快件和邮件由不同的网络运送，但有时邮件和快件会相互利用和协调，邮件也能通过快件网络运行。

案例分析要求：简要说明运输的基本原理，结合案例说明其运输合理化的有效措施。

【案例点评】运输合理化的影响因素很多，综合来说有以下几种：第一，企业应尽可能就近运输，避免舍近求远；第二，物流部门应尽量减少装卸、搬运、转运等中间环节，尽可能组织直达、直接运输，使货物不进入中转仓库，而由产地直达运销地或客户，减少运输环节；第三，要根据不同货物的特点，选择最佳的运输路线，并积极改进车船的装载方法、提高技术装载量、使用最少的运力来运输更多的货物，提高运输生产效率；第四，尽量减少客户等待时间，使物流工作满足客户需要，这也是赢得客户满意的重要因素。这就要求加快货物运输，尽量压缩待运期，避免大批货物长期停留在运输过程中；第五，积极节约运输成本，提高运输效益。

本章小结

运输管理作为物流管理的核心内容，是对运输活动进行计划、组织、指挥、协调、控制和监督，使运输活动的主体实现最佳的配合，以达到降低运输成本，提高运输效率和经济效益的目的。本章主要讲述了运输的基本概念、运输系统构成、运输的地位与作用以及运输市场的特点；详细分析了五种运输方式的经济特点、适用范围及业务流程；介绍了运输管理的基本内容，重点分析了合理化运输的特点以及不合理运输方式的形式，并通过运输决策与优化完成最优运输策略的制定；介绍了运输成本的基本构成及影响运输成本的因素以及不同运输方式的成本特点；分析了运输合同的构成及特征，以及运输合同的制定原则。

关键术语

运输管理　运输合同　运输市场　运输决策　合理化运输

一、不定项选择题

1. 运输的功能有(　　)。

A. 产品转移　　B. 产品储存　　C. 装卸搬运　　D. 产品临时储存

2. 航空运输主要采取的方式有(　　)。

A. 包机运输　　B. 班机运输　　C. 代理运输　　D. 集中托运

3. 常用的运输方式有(　　)。

A. 公路运输　　B. 铁路运输　　C. 水路运输

D. 航空运输　　E. 管道运输

4. 运输合理化的五要素包括(　　)。

A. 运输费用　　B. 运输距离　　C. 运输时间

D. 运输环节　　E. 运输工具

5. 能实现“门到门”运输的是(　　)。

A. 公路运输　　B. 铁路运输　　C. 水路运输

D. 航空运输　　E. 管理运输

6. 某中国企业从德国紧急调配50千克的零件，应采用(　　)运输方式。

A. 公路　　B. 铁路　　C. 水路　　D. 航空

7. 水路运输有(　　)方式。

A. 沿海运输　　B. 近海运输　　C. 近洋运输

D. 远洋运输　　E. 内河运输

8. 管道运输适用于(　　)的流体货物的运输。

A. 单向　　B. 定点　　C. 运输量小

D. 运输量大　　E. 双向

9. 将俄罗斯每日生产的100万桶石油运往中国大庆，选择(　　)方式比较合适。

A. 水路运输　　B. 铁路运输　　C. 公路运输　　D. 管道运输

10. 每公里距离的运输成本随运输距离增加而(　　)。

A. 增加　　B. 不确定

C. 减少　　D. 先增加达到成本点后减少

11. 运输环节的主要考虑因素是(　　)。

A. 运输速度　　B. 成本最低

C. 运输时间与成本的平衡　　D. 运输工具的选择

二、简答题

1. 简述运输与物流的关系。

2. 运输市场的作用是什么?

3. 请分析五种运输方式的特点和适用范围。

4. 如何实现运输合理化，不合理运输的表现形式有哪些?

5. 简述运输决策优化原则和影响因素。

6. 影响运输成本的因素有哪些?

三、案例分析

请分析下面几个案例中的运输组织是否合理？并说明理由。

【案例1】小王在温州购买了100箱鞋子，准备运往金华销售，他租了一辆15吨载货汽车运输。

【案例2】张新从重庆运送200吨土产杂品到上海，他采用铁路运输方式。

【案例3】沈阳老龙口酒厂紧缺20吨玉米原料，长春和锦州均有货源，货运调度安排货车走京哈高速经四平到长春拉货。

【案例4】陈大海要从徐州运50头生猪到南京，他选择公路运输，走徐州—连云港淮安—扬州—南京线。

【案例5】某公司从浙江长兴运到上海的建筑材料采用内河航运，走长(长兴)湖(湖州)申(上海)航道。

第6章　配送与配送中心管理

学习目标

- 正确理解配送的概念、种类、模式和管理
- 熟悉配送的基本业务流程
- 掌握配送中心的基础知识，了解配送中心的分类和配送策略
- 掌握如何对配送中心进行规划与设计

引导案例

沃尔玛之所以能够取得成功，一个很重要的原因就是该公司意识到有效的商品配送是保证公司达到最大销售量、最高存货周转率及最低成本的核心。沃尔玛是最早通过“配送中心”将门店物流集中管理的零售商，即由配送中心送货到门店。由供应商将货物运送到指定的配送中心，再由沃尔玛自己的运输团队将配送中心的货物分发到零售门店。

沃尔玛的配送中心运行完全实现了自动化，每个配送中心约10万平方米面积，相当于23个足球场，占地约60平方千米。配送中心的每种商品都有条码，由十几千米长的传送带传送商品，商品在配送中心停留的时间总计不超过48小时。配送中心每天处理约20万箱的货物配送，每年处理数亿次商品，99%的订单正确无误 。

沃尔玛80%的货物，都是由配送中心集中发货的。沃尔玛的物流成本仅为销售额的1%～1.5%，而主要竞争对手凯玛特的物流成本则一度高达8%～9%，西尔斯百货的物流成本也达到5%。集中配送还使沃尔玛门店的仓库面积压缩了10%～25%，从而最大限度地增加了零售面积。

资料来源：王月玲. 物流配送中心选址策略的研究[D/OL]. 大连：大连海事大学，2005[2019-06-06].https://max.book118.com/html/2015/1109/28982035.shtm.

思考：沃尔玛的配送是如何实现的？

6.1　配送概述

配送是物流中一种特殊的、综合的活动形式，是商流与物流的紧密结合，包含物流中若干功能要素。

6.1.1 配送概念

配送(Distribution)是指在经济合理区域范围内，根据用户要求，对物品进行拣选、加工、包装、分割、组配等作业，并按时送达指定地点的物流活动。

从物流角度来讲，配送几乎包括了所有的物流功能要素，是物流的一个缩影或在某小范围中物流全部活动的体现。一般的配送以装卸搬运、包装、仓储、运输为一体，通过这一系列活动完成将货物送达的目的。特殊的配送则还要以加工活动为支撑，包括的范围更广。但是，配送的主体活动与一般物流却有不同。一般物流是运输及保管，而配送则是运输及分拣配货，分拣配货是配送的独特要求，也是配送所持有的活动，以送货为目的的运输则是最后实现配送的主要手段，从这一主要手段出发，常常将配送简化地看成运输中的一种。

从商流角度来讲，配送和物流的不同之处在于，物流是商物分离的产物，而配送则是商物合一的产物，配送本身就是一种商业形式。虽然配送具体实施时，也有以商物分离形式实现的，但从配送的发展趋势看，商流与物流越来越紧密地结合，是配送成功的重要保障。下面从两个角度认识配送的概念。

1. 从经济学角度看配送

从经济学资源配置的角度，配送是以现代送货形式实现资源的最终配置的经济活动。这个概念的内涵可概括为4点。

第一，配送是资源配置的一部分，是经济体制的一种形式。

第二，配送有资源配置作用，是“最终配置”，因而是接近顾客的配置。对于现代企业而言，接近顾客是经营战略至关重要的内容。美国兰德公司对《财富》杂志所列的500家大公司的一项调查表明“经营战略和接近顾客至关重要”证明了这种配置方式的重要性。

第三，配送的主要经济活动是现代送货，这里面强调现代送货，即强调“配送”是以现代生产力、劳动手段支撑的、依靠科技进步的、实现“配”和“送”有机结合的一种方式。

第四，配送在社会再生产过程中的位置是处于接近客户的流通领域，因而具有局限性；配送是物流的重要方式，有其战略价值，但是它并不能解决流通领域的所有问题。

2. 从实施形态角度看配送

从实施形态角度来看，配送是按客户订货要求，在配送中心或其他物流节点进行货物配备，并以最合理的方式送交客户的过程。这个概念的内涵可概括为6点。

第一，配送的概念描述了接近客户资源配置的全过程。

第二，配送实质是送货。配送是送货，但配送不同于一般送货。一般送货可以是一种偶然的行为，而配送却是一种固定的形态，甚至是有确定组织、确定渠道，有一套装备和管理力量、技术力量，有一套制度的体制形式。所以，配送是高水平送货形式。

第三，配送是一种“中转”形式。配送是从物流节点至客户的一种特殊送货形式。从送货功能看，配送具有特殊性：从事送货的是专职流通企业，而不是生产企业；配送是

“中转”型送货，而一般送货尤其从工厂至客户的送货往往是直达型；配送是客户需要什么送什么，而一般送货则是企业生产什么送什么、有什么送什么。

第四，配送是“配”和“送”有机结合的形式。配送是利用有效的分拣、配货等理货工作，使送货达到一定的规模，以规模优势取得较低的送货成本。如果对货物不进行分拣、配货，而是采用零运零送，就会增加劳动力的消耗。只有做好分拣配货等工作，才能实现配送的优势。

第五，配送以客户要求为出发点。定义中强调的“按客户订货要求”明确了客户的主导地位，表明配送是从客户利益出发、按客户要求进行的一种活动，因此，在配送实践中必须明确“客户第一”“质量第一”的观念，明确配送企业的地位是服务地位而不是主导地位，即不能从本企业利益出发而应从客户利益出发实施整个活动，在满足客户利益基础上取得本企业的利益。

第六，配送需要以“最合理方式”来运作，只强调“按客户要求”是不妥的，因为有时“客户要求”带有本身的局限性，会损害双方的利益。配送者应以“客户要求”为基础，追求合理性，进而指导客户，实现共同利益。

6.1.2　配送类型

根据组织形式、配送物品品种和数量、配送时间和数量等分类标准，配送有着不同的分类。

1. 按配送组织形式划分

1) 分散配送

分散配送是指销售网点或仓库根据自身或客户的需要，对小批量、多品种货物进行配送。这种配送方式的特点是分布广、服务面宽，适合于近距离、品种繁多的小额货物。

2) 集中配送

集中配送又称配送中心配送，是配送的主要形式，是指专门从事配送业务的配送中心对社会性客户的货物需要而进行的配送。它的特点是规模大、专业性强、计划性强、与客户关系稳定和密切；配送品种多、数量大。

3) 共同配送

共同配送是指若干企业集中配送资源，制订统一计划，满足客户对货物需求的配送形式。共同配送一般分为两种类型：一种类型是中小生产企业间通过合理分工和协商，实行共同配送；另一种类型是中小企业配送中心之间实现的联合、共同配送。前者可以弥补配送资源不足的弱点；后者可以实现配送中心联合作业的优势。

2. 按配送物品品种和数量划分

1) 单品种大批量配送

这种配送方式适用于工业企业或商业批发企业。这类企业需要的单个品种或少数品种的一次订货量就可以达到整车运输(不需要再与其他物品搭配)，工厂、批发站或配送中心可直接组织配送。

2) 多品种小批量配送

多品种小批量配送是指按客户要求，将所需的各种物品(每种数量不大)选好备齐，凑装整车，再配送运输到一个或几个客户的配送形式。这种配送方式适用于百货零售商店和副食品商店，以及需要零配件的工厂。对于客户来说，这种配送方式有既不过多占用客户资金，又避免库存积压的特点。

3) 配套或成套配送

这种配送是按企业(如装配型企业)要求将其所需要的零部件配齐后，在指定时间直接运送到企业的一种配送形式。该种配送使配送中心承担了生产企业的大部分供应工作，减少了企业库存，体现了物流为生产服务的精神。

3. 按配送时间和数量划分

1) 定时配送

定时配送是根据规定的时间进行准时配送的一种形式。该种配送方式每次配送的品种及数量都是按事前拟订的计划进行的。

2) 定量配送

定量配送按规定的数量进行配送，但不严格规定时间，只确定一个时间的期限范围，在这个期限范围内按批量进行配送。

3) 定时定量配送

定时定量配送是按规定的时间和规定的数量进行的配送，即把上述定时与定量配送方式综合起来实行，发挥两个优势，收到最大效果。当然，该种配送方式的实际执行难度很大。

4) 定时定路线配送

定时定路线配送是指在确定的运送路线上，指定运送时间表，然后由配送中心按运送时间表进行配送，客户则按到达时间表，在规定路线或场站等待接货的配送方式。这种配送方式有很强的计划性。

5) 随时配送

随时配送就是不事先规定配送数量、配送时间，也不规定配送路线，而是完全按客户提出的时间、数量、品种及要求，临时组织的配送方式。这种配送方式到达速度快、货物安全性高、灵活性强，很受顾客欢迎。

6.1.3 配送模式

1. 自营配送模式

1) 自营配送模式的概念

自营配送是企业借助于自身的物质条件(包括建设资金、现有物流设施、设备和人员等)，结合各分店的商品配送量、经营规模，以及布局网点等多种条件与环境，选择适当的地点出资建立一个或几个配送中心，由企业统一对配送中心进行经营管理，完成对各分店的全部配送业务的模式。相对于企业与企业之间的供应链来说，这种配送模式是作为企业的一个职能部门而存在的，各部门之间更容易协调，从而使配送中心最大限度地满足各分店的要求。

2) 自营配送模式的分析

(1) 自营配送模式的优势主要表现在以下几个方面：①能够保证分店的服务水平，灵活、快速地满足企业内部需求；②使物流与资金流、信息流、商流结合更加紧密，从而大大提高物流作业乃至全方位的工作效率；③企业对供应链各个环节有较强的控制能力，配送中心易于与生产和其他业务环节密切配合，能全力服务于本企业的经营管理，确保企业能够获得长期稳定的利润。

(2) 自营配送的劣势主要表现在以下几个方面：①企业在配送中心建设初期需要投入大量的资金购买必要的物流设备、设施和建设信息网络，固定投资成本高、资金回收期长。②对于规模不大的企业而言，因企业产品数量有限，采用自营配送模式，不能形成规模效应，一方面导致物流成本过高，产品在市场上的竞争能力下降；另一方面不利于物流配送的专业化的形成，不能满足企业的需要。③对于绝大多数企业而言，物流部门只是企业的一个后勤部门，物流活动也并非为企业所擅长。在这种情况下，自营配送模式就等于迫使企业的管理人员花费过多的时间、精力和资源去从事辅助性的工作，企业配送中心易形成配送效率低下、难于管理控制的局面。

2. 直接配送模式

1) 直接配送模式的概念

企业直接配送是指由企业直接将采购的商品在指定的时间范围内送到各个客户的模式。很多大型电器厂家(海尔、海信等)、食品生产企业(康师傅等)以及国外有实力的日化产品厂家(宝洁等)在全国范围内建立了自己的分销体系，将分销渠道直接介入连锁超市的分销物流活动当中。在配送实践中，企业根据商品的属性、运输距离、自己的运输能力以及季节等条件安排有关物流配送的活动，客户只负责选择供应商，商品的配送则由企业来完成。

2) 直接配送模式分析

从供应链管理的角度来看，直接配送具有两方面优点：一方面由于直接配送模式减少了一级批发商、二级批发商等中间配送环节，不仅缩短配送时间，满足部分商品对运输速度的要求，还使下游企业整体成本与固定资产投资大大削减(无须自己建设配送中心)；另一方面由于直接配送模式其实是供应链上的产销联盟，这有利于供应商与零售商结成战略同盟，共同推动产品的销售，降低了供应商库存成本。

在连锁超市中，采用供应商直接配送模式会存在以下缺陷：①这种配送模式受到供应商物流水平的限制，信息交流效率低，配送不及时；②对于小批量、多批次的商品，企业若采用供应商直接配送模式，极易出现运输工具的空载率高的现象，导致运输成本增加；③从社会角度来看，如果客户对应的供应商数量多，采用供应商直接配送模式容易造成城市交通混乱、堵塞等问题，增加城市交通压力。

3. 第三方物流配送模式

1) 第三方物流配送模式的概念

第三方物流是20世纪80年代中期才在欧、美、日等发达国家出现的概念，然而迄今为止，国内外学者对这一术语也没有统一的界定。例如，国外有些学者认为："第三方物流类似于外协或契约物。""第三方物流是指传统组织内履行的物流职能，现在由外部公司履行，第三方物流公司所履行的物流职能，包含了整个物流过程或整个物流过程中的部分活动公司。"对于第三方物流的概念，国内各界对其理解也各不相同，产生了各种描述。如"物流社会化，国外又称之为第三方物流，是指商流与物流实行社会分工，物流业务由第三方的物流业者承接办理"；"第三方物流可以理解为物流的实际需求方(假定为第一方)和物流的实际供给方(假定为第二方)之外的第三方部分或全部利用第二方的资源通过合约向第一方提供的物流服务"；"第三方物流是在物流渠道中由中间商提供的物流服务。中间商以合同的形式在一定期限内提供企业所需的全部或部分物流服务。第三方物流提供者是一个由外部客户管理、控制和提供物流服务作业的公司"。

中国国家标准《物流术语》将第三方物流的定义为："由供方与需方以外的物流企业提供物流服务的业务模式。"因此，第三方物流配送是企业将其需要完成的配送业务委托给第三方物流企业来运营的一种配送运作模式。

2) 第三方物流配送模式分析

随着市场竞争的日益激烈和流通费用的不断上升，很多企业都采用第三方物流来进行商品的配送。对于资金短缺、单体规模较小、物流配送量相对较少的中小型食品企业，第三方物流能使其以较低的成本获得配送服务。典型运用这种配送模式的是日本菱食公司的配送中心，该配送中心给1.2万个连锁店、中小型超市、便利店提供配送服务。

采用第三方物流配送模式，食品企业不用投入大量的资金建立配送中心，可以充分利用第三方物流企业的物流设备、设施和信息系统，不仅减少固定资产的投资，还使得自身的固定成本转化成可变成本，加速了资金周转，解放了仓储和运输方面的资金，减少物流配送管理相关费用。此外，不同的第三方物流企业可以提供灵活多样的个性化增值服务，以满足由于企业的不同商品对运输和储存的不同服务要求，为顾客创造更多的价值。

但第三方物流配送模式也不是完美的，主要存在以下几点劣势：①因为企业不能直接控制第三方物流的配送职能，所以供货的准确性和及时性难以保证，这样就会影响到企业对商品的供应保证能力。②我国物流企业发展较迟，正常情况下，单个第三方物流企业是没有办法单独完成客户的配送需求，这就需要客户选择多个第三方物流企业来配送商品。这样就会增加企业选择第三方物流企业的难度和复杂性，也提高了选择的风险性。③选择第三方物流配送意味着放弃了对物流配送专业技术的开发，企业会对第三方物流企业产生一定程度的依赖，使企业在供应链关系中处于被动地位。

6.1.4 配送管理

1. 配送管理的概念

一般的配送形态在西方国家已有相当长的历史，是随着市场而诞生的一种必然的市场行为，尤其是伴随资本主义经济的生产过剩，在买方市场情况下，企业必然采取各种各样推销手段，配送最初便是作为一种不得已的推销手段出现的。企业仅将其作为推销手段而不作为企业发展的战略手段，甚至在经济发展的高峰期人们仍然这样认为，很多企业直到20世纪70年代仍然将配送看作“无法回避、令人讨厌、费力低效的活动，甚至有碍企业的发展”，正是反映了这种现实。直到20世纪80年代，企业界才普遍认识到配送是企业经营活动的主要组成部分，它能给企业创造出更多盈利，是企业增强自身竞争能力的手段。

配送管理是物流中一种特殊的、综合的活动形式，是商流与物流的紧密结合，包含商流活动和物流活动，也包含物流中若干功能要素。

2. 配送管理的构成要素

1) 集货

集货是将分散的或小批量的物品集中起来，以便进行运输、配送的作业。

2) 分拣

分拣是将物品按品种、出入库先后顺序进行分门别类堆放的作业。

3) 配货

配货是使用各种拣选设备和传输装置，将存放的物品，按客户要求分拣出来，配备齐全，送入指定发货地点的作业。

4) 配装

配装是将不同客户的配送货物集中，进行搭配装载以充分利用运能、运力的作业。

5) 配送运输

配送运输是较短距离、较小规模，频度较高的运输形式，一般使用汽车做运输工具。配送运输的路线选择问题是技术难点。

6) 送达服务

送达服务是指圆满地实现运到之货的移交，并有效地、方便地处理相关手续并完成结算的作业，在送达服务中还应讲究卸货地点、卸货方式等。

7) 配送加工

配送加工是按照配送客户的要求所进行的流通加工。

3. 配送管理业务流程

1) 货物入库

(1) 物流配送中心根据客户的入库指令视仓储情况做相应的入库受理。

(2) 按所签的合同进行货物受理并根据给货物分配的库区库位打印入库单。

(3) 在货物正式入库前进行货物验收，主要是对将入库的货物进行核对处理，并对入库货物进行统一编号(包括合同号、批号、入库日期等)。

(4) 进行库位分配，主要是对事先没有预分配的货物进行库位自动或人工安排处理，并产生货物库位清单。

(5) 库存管理主要是对货物在仓库中的一些动态变化信息的统计查询等工作。

(6) 物流公司还将对仓库中的货物进行批号管理、盘存处理、内驳处理和库存优化，做到更有效地管理仓库。

2) 运输配送

(1) 物流配送中心根据客户的发货指令视库存情况做相应的配送处理。

(2) 根据配送计划，系统将自动地进行车辆、人员的出库处理。

(3) 由专人负责货物的调配处理，可分自动配货和人工配货，目的是更高效地利用物流公司手头的资源。

(4) 根据系统的安排结果按实际情况进行人工调整。

(5) 在安排好后，系统将根据货物所放地点(库位)情况按物流公司自己设定的优化原则打印出拣货清单。

(6) 承运人凭拣货清单到仓库提货，仓库做相应的出库处理。

(7) 装车完毕后，根据所送客户数打印出相应的送货单。

(8) 车辆运输途中可通过GPS车辆定位系统随时监控，并做到信息及时沟通。

(9) 在货物到达目的地，经受货方确认后，凭回单向物流配送中心确认。

(10) 产生所需的统计分析数据和财务结算，并产生应收款与应付款。

6.2 配送的基本业务流程

现代物流的配送组织通常是在传统的中转仓库的基础上演化发展起来的，各种配送组织的内部结构和设施布局虽各不相同，但其运作基本程序大都包括订单处理、备货、存储、拣货、配货、送货、退货等，如图6.1所示。

图6.1 配送具体运作基本程序

6.2.1 订单处理

配送作业的第一核心业务就是订单处理。订单处理的基本步骤如图6.2所示。

1. 接受订货

接受订货的途径有以下几种：①客户将缺货资料发给配送中心。②客户将订货表单发给配送中心。③业务员到各客户处推销产品，而后将订单带回公司。④订货人员携带订货簿及手持终端机巡视货架，若发现商品缺货则用扫描仪扫描订货簿或货架上的商品标签，再输入订货数量，用数据机将订货资料传给配送中心。⑤利用POS(Point of Sale销售时点管理系统)。在商品库存档里设定安全库存量，当库存低于安全存量时，即自动产生订货资料，并传给配送中心。⑥利用订货应用系统。在订单处理系统里设置客户资讯系统，将应用系统产生的订货资料传送给配送中心。

配送中心的接单员接到上述订货单后，进行整理并将其传递给订单确认部门。

2. 订单确认

订单确认部门接受订单后，按以下主要内容进行确认：①确认货物数量及日期；②确认客户信用；③确认订单形式；④确认订货价格；⑤确认加工包装形式。

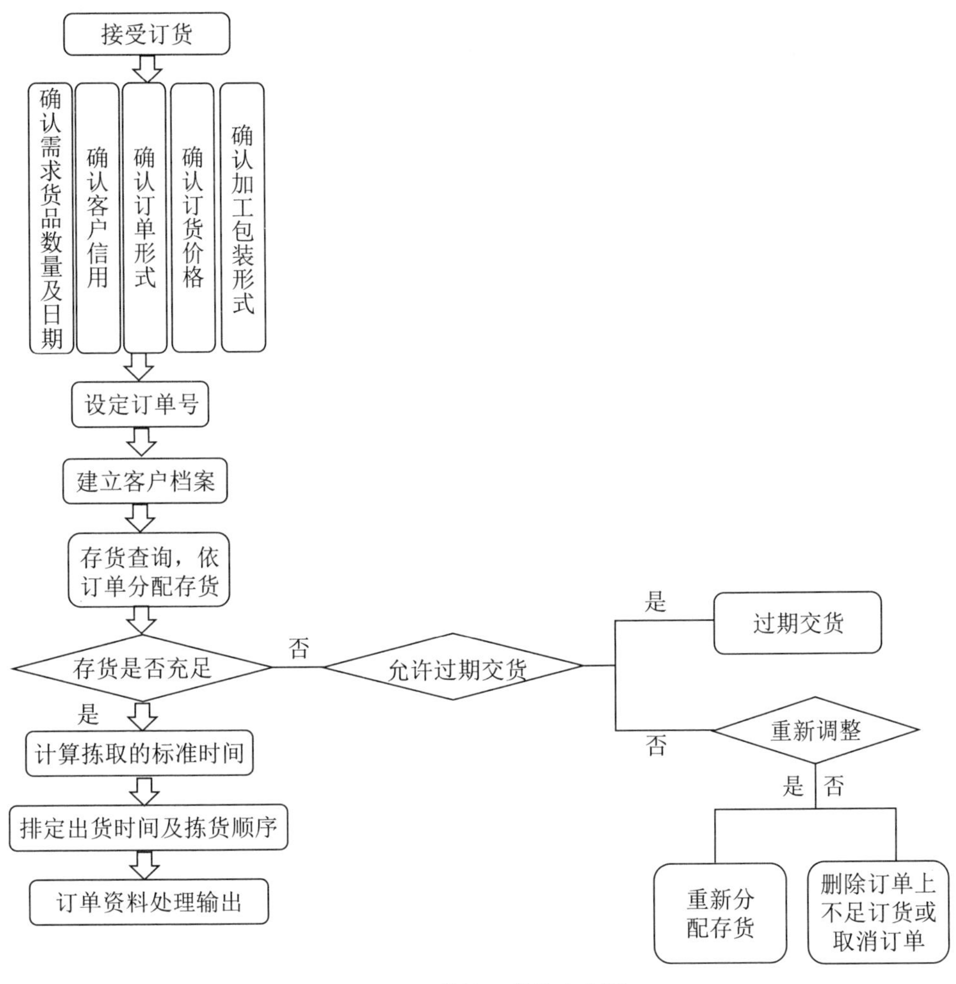

图6.2　订单处理的基本步骤

3. 设置订单号码

每一订单都要有其单独的订单号码，号码由控制单位或成本单位指定，除了便于计算成本外，订单号码可用于制造、配送等一切有关工作，且所有工作说明单及进度报告均应附此号码。

4. 建立客户档案

客户档案应包括如下内容：客户名称、代号、等级；信用额度；客户配送区域；客户收账地址等。

5. 存货查询及依订单分配存货

订单处理人员输入客户订货商品名称、代号后，能在系统查询出存货档案中的相关资料，确认此商品是否缺货，如果缺货则提供商品资料或此缺货商品已采购但未入库信息，便于接单人员与客户协调是否改订替代品或是允许延后出货，以提高人员的接单率及接单处理效率。

订货资料输入系统确认无误后，主要的作业是将大量的订货资料进行汇总分类、调拨库存，以便后续的物流作业能有效实施。

6. 计算拣取的标准时间

订单处理人员要事先掌握每一个订单或每批订单可能花费的拣取时间，以便有计划地安排出货过程，因此，要计算订单拣取的标准时间。

7. 依据订单排定出货时间及拣货顺序

订单处理人员已对存货状况进行了存货的分配，但对于这些已分配存货的订单，通常会再依据客户需求、拣取标准时间及内部工作负荷来拟定出货时间及拣货先后顺序。

8. 分配后存货不足的处理

若现有存货数量无法满足客户需求，客户又不愿以替代品替代时，则按照客户意愿与公司政策来决定对应方式。

9. 订单资料处理输出

订单资料经由上述处理后，即可开始打印一些出货单据，以便展开后续的物流作业。

6.2.2 备货

备货是指准备货物的系列活动。备货作业是指在接受订货指令、发出货票的同时，备货员按照发货清单在仓库内寻找、提取所需货品的作业。它是配送的基础环节，又是决定配送成败与否、规模大小的基础环节，也是决定配送效益高低的关键环节。如果备货不及时或不合理，会提高配送成本，进而大大降低配送的整体效益。

备货作业的基本步骤如图6.3所示。

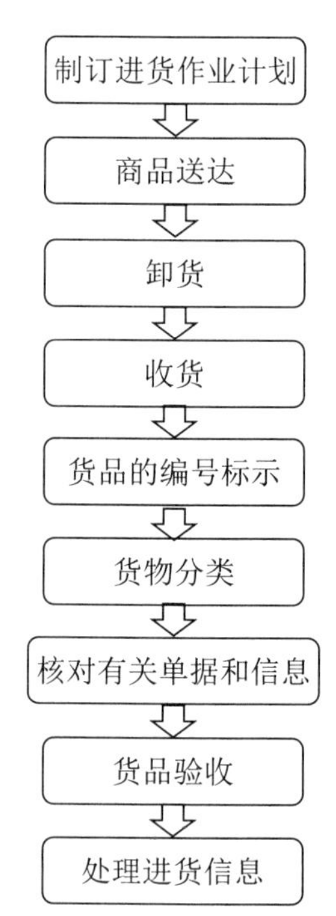

图6.3 备货作业的基本步骤

1. 制订进货作业计划

作业人员根据采购计划与实际的进货单据，以及供应商的送货规律与送货方式制订进货作业计划。具体内容有两种：①储位准备；②设备器材的准备。

2. 商品送达

对于直接送达配送中心的商品，配送中心要及时组织卸货入库。

3. 卸货

卸货一般在配送中心的收货站台上进行。送货方到指定地点卸货，并将抽样商品、“送货凭证”“增值税发票”交验。卸货方式通常有人工卸货、输送机卸货和叉车码托盘卸货三类。

4. 收货

收货部门的收货作业包括准确清点商品数量、验货、记账，将商品转入集存区域。如果收货部门执行及时配送(JIT)、快速反应 (QR)等计划，要注意收货作业的质量。

5. 货品的编号标示

为使后续作业迅速、正确地进行，并使货物品质及作业水准得到妥善维持，在进货阶段工作人员要对货物做好清楚有效的编号。

6. 货物分类

货物分类是将多品种货物按其性质或其他条件逐次区别，分别归入不同的货物类别，并进行系统性的排列，以提高作业效率。

7. 核对有关单据和信息

进货商品通常都有采购订单、采购进货通知，供应方也开具出仓单、发票、磅码单、发货明细表等单据，有些商品还有随货同行的商品质量保证书、材质证明书、合格证、装箱单等。进货时，工作人员应核对货物与单据反映的信息是否相符。

8. 货品验收

货品的验收工作，实际上包括“品质的检验”和“数量的点收”双重任务。验收工作的进行，有两种不同的情形：①先行点收数量，再通知负责检验单位办理检验工作；②先由检验部门检验品质，认为完全合格后，再通知仓储部门，办理收货手续，填写收货单。

9. 处理进货信息

商品验收完毕，信息录入员必须对进货信息进行处理，登录货物信息及收集、处理辅助信息。

6.2.3 储存

储存货物是购货、进货活动的延续。

1. 储存原则

首先根据配送业务活动所确定的配送货物的形状、重量、体积大小、性质，对储存区域进行分类分区。再根据计划储存货物的数量来确定各类货物拟占用储存空间的大小。

2. 储存方式

根据已确定的商品分类保管方案、仓容定额，规划和确定库房的货位摆放形式。库房的货位与货架摆放主要有两种方式：一种是横列式，如图6.4所示；另一种是纵列式，如图6.5所示。

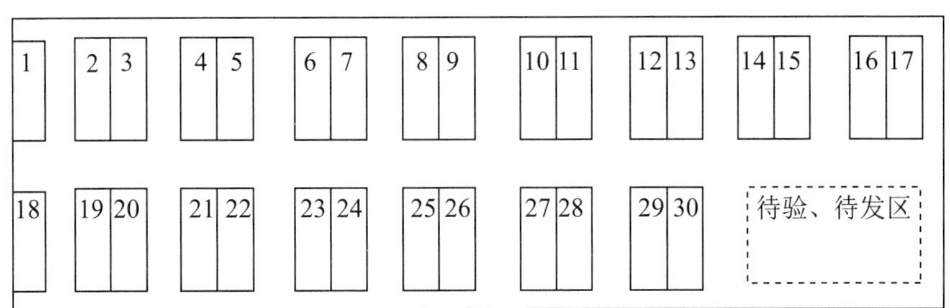

图6.4　横列式储存方式

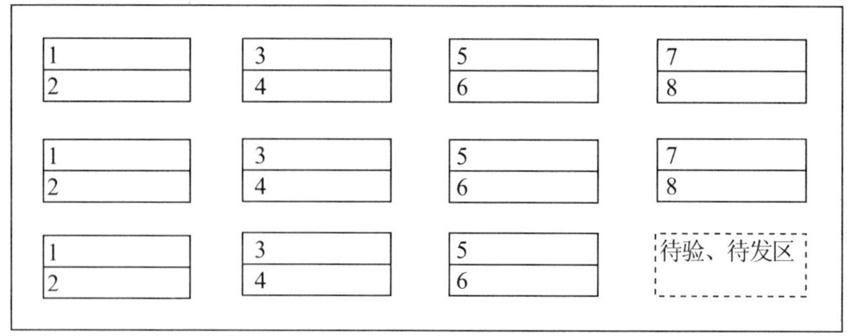

图6.5 纵列式储存方式

6.2.4 拣货

在所有订单中，每张客户的订单都至少包含一项以上的商品，配送中心要将这些不同种类及数量的商品由配送中心中取出并集中在一起。拣货作业的基本步骤如图6.6所示。

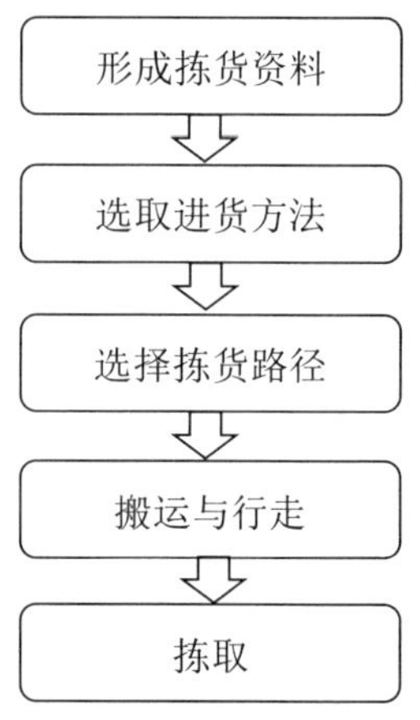

图6.6 拣货作业的基本步骤

1. 形成拣货资料

拣货作业开始前，工作人员要先行处理拣货指示信息。虽然有时拣货作业可以根据顾客订单或公司交货单直接进行拣货，但这些原始拣货资料在拣货过程中容易受到污损，从而造成拣货错误率上升。所以随着配送中心信息化水平的提高，目前大多数配送中心的拣货作业都是根据订单处理系统输出的拣货单进行拣货。

2. 选取拣货方法

拣货方法的选取取决于各个方面。例如，在确定每次分拣的订单数量时，可以对订单进行单一分拣，也可以进行批量分拣；在人员分配上，可以采用一人分拣，也可以采用数人分拣或分区分拣；在货物分拣单位确定上，可以按要求进行以托盘、整箱或单品为单位的分拣；在人货互动方面，可以采取人员固定、货物移动的分拣方法，也可以采用货物固定、人员行走的分拣方法等。

3. 选择拣货路径

不同层次的单品(小件商品、箱装商品、托盘装商品)要采用不同的拣货路径，通常有两种类型的路径可供选择。

1) 无顺序的拣货路径

无顺序的拣货路径是指拣货人员自行决定在配送中心内各通道拣货顺序的方式。由于拣货员完成一批订单可能要在同一条路径上行走两次，增加了拣货员行走里程和手动拣货动作，也增加了拣货员的工作时间。因此，这种拣货路径效率较低。

2) 有顺序的拣货路径

有顺序的拣货路径是指按产品所在货位号的大小从储存区域的入口到出口顺序来确定拣货路径的方式，这是一种最为常用的拣货路径。实际操作中，拣货人员首先拣取储存区域内某一通道上所需要的产品，拣货人员从通道的一端向另一端行进时，下一个要拣出的产品的货位离上一个最近，这样走完全程就一次性拣出所有商品。这种拣货路径缩短了拣货员的拣货时间和拣货里程，减少疲劳和拣货误差，提高拣货效率。

4. 搬运与行走

拣货时，拣货作业人员或机器必须直接接触并拿取货物，这样就形成了拣货过程中的搬运与行走。这一过程有两种完成方式。

1) 人至物的方式

拣货人员步行或利用拣货车辆至货品储存区拣取商品。

2) 物至人的方式

货物由传送带移动至拣货者处，拣货者在固定位置将货品按订单集中。

5.拣取

拣取包括吸取及确认动作两部分，吸取是抓取物品的动作；确认动作的目的是确定吸取的物品、数量是否与指示拣货的资讯相同，它可能由拣取人员直接比对，也可能透过电脑进行比对。拣取的方式通常有订单别拣取、批量拣取及复合拣取三种方式 。

1) 订单别拣取

订单别拣取是针对每一份订单，分拣人员按照订单所列商品及数量，将商品从储存区域或分拣区域拣取出来，然后集中在一起的拣货方式。

订单别拣取作业方法简单，接到订单可立即拣货，作业前置时间短，作业人员责任明确。但商品品项较多时，拣货行走路径加长，拣取效率较低。订单别拣取适用于订单变化差异较大、订单数量变化频繁、订单商品差异较大的情况，如拣取化妆品、家具、电器、百货、高级服饰等。

2) 批量拣取

批量拣取是将多张订单集合成一批，按照商品品种类别加总后再进行拣货，然后依据不同客户或不同订单分类集中的拣货方式。批量拣取可以缩短拣货品拣取商品时的行走时间，增加单位时间的拣货量。但是批量拣取时，订单需要累计到一定数量，因此，这种操作会有停滞时间产生。

批量拣取适用以下情况：订单变化差异较小，订单数量稳定，外形较规则、固定的箱装或袋装商品，需要进行流通加工的商品。

3) 复合拣取

为克服订单别拣取和批量拣取方式的缺点，配送中心也可以采取将订单别拣取和批量拣取组合起来的复合拣取方式。复合拣取即根据订单的品种、数量及出库频率，确定哪些订单适用于订单别拣取，哪些适用于批量拣取，分别采取不同的拣货方式。

6.2.5 配货

配货作业是指把拣取分类完成的货品经过配货检查过程后，装入容器，做好标示，再运到配货准备区，待装车后发送。

配货作业的基本步骤如图6.7所示。

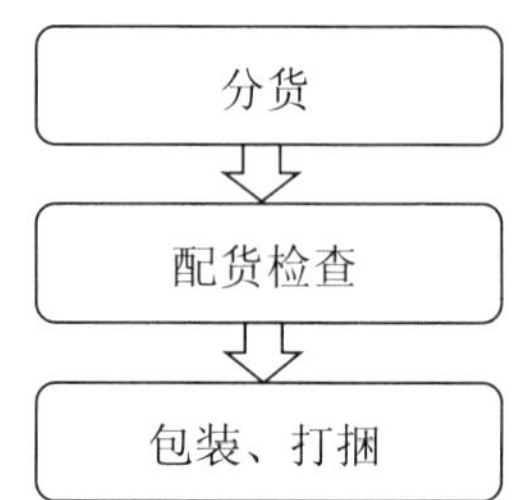

图6.7 配货作业的基本步骤

1. 分货

分货就是把拣货完毕的商品按用户或配送路线进行分类的工作。分货方式一般有以下几种。

1) 人工分货

人工分货是指所有分货作业过程全部由人工根据订单或其他传递过来的信息进行，而不借助任何电脑或自动化的辅助设备。

2) 自动分拣机分货

自动分拣机分货是指利用电脑和自动分辨系统完成分货工作。利用自动分拣机分货的主要过程：①将有关货物及分类信息通过自动分拣机的信息输入装置，输入自动控制系统；②当货物通过移载装置移至输送机上时，由输送系统运送至分类系统。

2. 配货检查

配货检查是指根据用户信息和车次对拣送物品进行商品号码和数量的核实，以及对产品状态、品质的检查。货物分类后需要进行配货检查，以保证发运前的货物品种、数量、质量无误。配货检查常用的方法有以下几种。

1) 商品条形码检查法

条形码是商品的标识代码。检查商品时用条形码扫描器阅读条形码内容，计算机再自动把扫描信息与发货单对比，从而检查配货商品是否有误。

2) 声音输入检查法

作业员发声读出商品名称、代码和数量后，计算机接收声音并自动判识，转换成资料信息与发货单进行对比，从而判断配货是否有误。

3) 重量计算检查法

把货单上的货品重量自动相加起来，再与货品的总重量相对比，以此来检查发货是否正确。

3. 包装、打捆

配货作业的最后一环便是对配送货物进行重新包装、打捆。包装人员将多个零散包装物品放入大小合适的箱子中，实现整箱集中装卸、成组化搬运；然后在外包装上书写产品名称、原料成分、重量、生产日期、生产厂家、产品条形代码、储运说明等。

6.2.6 送货

送货作业是利用配送车辆把用户订购的物品从制造厂、生产基地、批发商、经销商或配送中心送到用户手中的过程。送货作业的基本流程如下所述。

1. 车辆调度

货物配好以后，要根据配送计划所确定的配送货物数量、特性、服务客户地址、送货路线、行驶趟次等内容，指派车辆与装卸、运送人员，下达运送作业指示和车辆配载方案，安排具体的装车与送货任务，并将发货明细单交给送货人员或司机。

送货人员则必须完全根据调度人员的送货指示 (出车调派单)来执行送货作业。当送货人员接到出车指示后，将车辆开到指定的装货地点，然后与保管、出货人员清点配好的货物，由装卸人员将理货完毕的商品配载上车。

2. 车辆配装

作业人员要在选择合适车辆的基础上根据不同配送要求对车辆进行配装，以提高车辆利用率。具体做法有以下几点。

首先，必须对特性差异大的货物进行分类，并分别确定不同的运送方式和运输工具。特别要注意散发臭味的货物不能与具有吸臭性的食品混装，散发粉尘的货物不能与清洁货物混装，渗水货物不能与易受潮货物混装。另外，为了减少或避免差错，作业人员也应尽量把外观相近、容易混淆的货物分开装载。

其次，初步确定哪些货物可配于同一辆车，哪些货物不能配于同一辆车，以做好车辆的初步配装工作。因此，配送部门既要按订单要求在配送计划中明确运送顺序，又要安排理货人员将各种所需的不能混装的商品进行分类，同时还应按订单标明到达地点、用户名称、运送时间、商品明细等，最后按流向、流量、距离将各类商品进行车辆配载。

最后，在具体装车时，装车顺序或运送批次要根据客户的时间要求，对同一车辆共送的货物则要根据 “后送先装” 的顺序。在考虑有效利用车辆空间的同时，工作人员还要根据货物的性质(怕震、怕压、怕撞、怕湿)、形状、体积及重量等，做出弹性调整，如轻货应放在重货上面，包装强度差的应放在包装强度好的上面，易滚动的卷状、桶状货物要垂直摆放等。另外，作业人员应按照货物的性质、形状、重量体积等来具体决定货物的装卸方法。

3. 运送

根据配送计划所确定的最优路线，在规定的时间及时准确地将货物运送到客户手中。在运送过程中要注意加强运输车辆的考核与管理。

4. 送达服务与交割

当货物送达地点后，送货人员要协助收货单位将货品卸下车，放到指定位置，并与收货人员一起清点货物，做好送货完成确认工作(送货签收回单)。如果有退货、调货的要求，则应随车带回退调商品，并完成有关单证手续。

5. 费用结算

配送部门的车辆按指定的计划到达客户完成配送工作后，即通知财务部门进行费用结算。

6.2.7 退货

退货处理的常见方法有以下几种。

1. 无条件重新发货

对于因发货人的错误而发生退货的，应由发货人重新调整发货方案，将错发货物调回，重新按原正确订单发货，中间发生的所有费用应由发货人承担。

2. 运输单位赔偿

对于因运输途中产品受到损坏而发生退货的，应根据退货情况，由发货人确定所需的修理费用或赔偿金额，然后由运输单位负责赔偿。

3. 收取费用，重新发货

对于因客户订货有误而发生退货的，退货所有费用由客户承担，退货后，再根据客户新的订货单重新发货。

4. 重新发货或替代

对于因产品缺陷而客户要求退货的，配送中心应在接到退货指示后，工作人员安排车辆收回退货商品，将商品集中到仓库退货处理区进行处理。一旦产品回收结束，生产厂家及其销售部门就应立即采取措施，用没有缺陷的同一种产品或替代品重新填补零售商店的货架。

6.3 配送中心

6.3.1 配送中心概述

配送中心是一种多功能、集约化的物流节点。作为现代物流方式和优化销售体制手段的配送中心，它把收货验货、仓储、装卸搬运、拣选、分拣、流通加工、配送、结算和信息处理，甚至订货等作业，有机地结合起来，形成多功能、集约化和全方位服务的供货枢纽。通过发挥配送中心的各项功能，企业能够大大压缩库存费用，降低整个系统的物流成本，提高服务水平。

1. 配送中心的定义

配送中心(Distribution Center)是以组织配送性销售或供应，执行实物配送为主要职能的流通型节点。配送中心为了更好地做送货的编组准备，必然涉及零星集货、批量进货等种种资源收集工作和对货物的集散、分整、配备等工作，具有了集货中心、分货中心的职能；为了更有效和更高水平地配送，配送中心往往还有比较强的流通加工能力。此外，配送中心还必须执行货物配备后的送达到户的使命，这与分货中心只管分货不管运达的主要不同。由此可见，如果说集货中心、分货中心、加工中心的职能还是较为单一的话，那么配送中心功能则较全面、完整，也可以说，配送中心实际上是集货中心、分贸中心、加工中心功能的综合，并有了配与送的更高水平。

日本《市场用语词典》对配送中心的解释是：“配送中心是一种物流节点，它不以贮藏仓库的这种单一的形式出现，而是发挥配送职能的流通仓库，也称为基地、团地、据点或流通中心。配送中心的目的是降低运输成本、减少销售机会的损失，为此建立设施、设备并开展经营、管理工作。”

日本日通综合研究所编写的《物流手册》对配送中心的定义是：“配送中心是从供应者手中接受多种大量的货物，进行倒装、分类、保管、流通加工和情报处理等作业，然后按照众多需求者的订货要求备齐货物，以令人满意的服务水平进行配送的设施。”

王之泰在《现代物流管理》中对配送中心的定义是：“配送中心是从事货物配备(集货、加工、分货、拣选、配货)和组织对客户的送货，以高水平实现销售或供应的现代流通设施。”

2. 配送中心的作业流程

流程化管理是现代企业管理的最佳方式，也是现代物流管理的显著特征。配送中心的基本作业流程如图6.8所示。

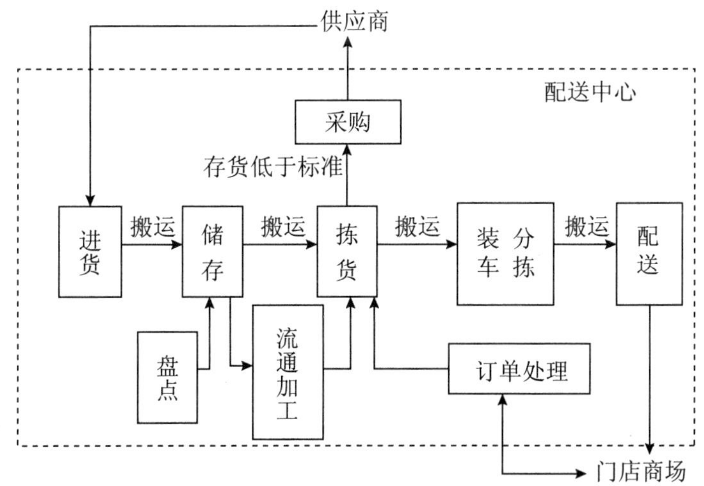

图6.8　配送中心的基本作业流程

配送中心的基本作业从供应货车到仓库时确认货品的“进货作业”开始，之后依序将货品“存储”入库；为了良好地管理在库商品，则定期或不定期地进行“盘点”检查；当收到用户订单后，首先将订单按其性质进行“订单处理”，之后根据处理后的订单信息，进行从仓库中取出用户所需货品的“拣选”作业；拣选时一旦发现拣选区剩余的存货量过低时，则必须由储存区进行“补货”作业；如果储存区的存货量低于规定标准，便向供应商采购订货；从仓库拣选出的货品经过整理之后即可准备“发货”，等到一切发货准备就绪，司机便可将货品装在配送车上，向各用户进行配送交货作业。另外，在所有作业进行中，我们发现只要涉及物的流动作业，其间的过程一定有“搬运”的作业。所以“搬运”也是重要的作业流程。

综合上述过程，配送中心的作业可归纳为进货作业、搬运作业、储存作业、盘点作业、订单处理作业、拣选作业、补货作业、分拣作业和配送作业。

3. 配送中心的功能

货物配送活动包含备货、理货和送货等三大流程。作为物流运动枢纽，配送中心要发挥集中供货的作用。首先，配送中心必须采取各种方式(如零星集贸、批量进货)去组织货源。其次，配送中心必须按照用户的要求及时分拣(分装)和配备各种货物。最后，为了更好地满足客户需要及提高配送水平，配送中心还必须有较强的加工及开展各种形式的流通能力。从这个意义来说，配送中心实际上是以集货中心、分货中心和流通加工中心为一体的现代化物流基地，也是能够发挥各种功能作用的物流组织。物流配送中心在现代商品流通中的主要作用有如下几点。

1) 采购功能

配送中心应根据市场的供求变化情况，制订并及时调整统一的、周全的采购计划，同时由专门的人员或部门组织实施。

2) 存储功能

配送中心通常要兴建现代化的仓库，配备一定数量的仓储设备并存储一定数量商品。大型配送中心所存储的商品数量更大、品种更多。

3) 组配功能

每个用户对商品的品种、规格、型号、数量、质量、送达时间和地点等要求不同，配送中心必须按用户的要求对商品进行组配。

4) 分拣功能

每个用户对商品的品种、规格、型号、数量要求不同，配送中心必须按用户的要求对商品进行分拣。

5) 分装功能

配送中心通常采用大批量的进货来降低进货价格和进货费用，而用户为了降低库存、加快资金周转、减少资金占用，会采用小批量的进货方法。为了满足用户小批量、多批次进货的要求，配送中心就必须具备分装功能。

6) 集散功能

配送中心凭借特殊的地位和各种先进设备及技术，能够将分散在各个生产企业的产品集中在一起，经过分拣、配装后，向多家用户发送。

7) 加工功能

配送中心能够按用户提出的要求和根据合理配送商品的原则，将货物加工成一定规格、尺寸或形状，这些加工功能是现代配送中心服务职能的具体表现。

6.3.2 配送中心的定位分析与成本策略

1. 配送中心的定位分析

1) 横向定位

从横向来看，与配送中心作用大体相当的物流设施有仓库、货栈、货运站等。这些设施都可以处于末端物流的位置，实现资源的最终配置。不同的是，配送中心是实行配送的专门场所，而仓库、货栈、货运站虽然可以进行取货、一般送货，却不是具备完善组织和设备的专业化流通场所。

2) 纵向定位

如果将物流过程按纵向顺序划分为物流准备过程、首端物流过程、干线物流过程、末端物流过程，则配送中心在物流系统中纵向的位置是处于末端物流过程的起点，是直接面向用户的位置。因此，配送中心不仅承担直接对用户服务的功能，还根据用户的要求起着指导全物流过程的作用。

3) 系统定位

配送中心在整个物流系统中的位置决定着整个系统的运行水平。多品种、小批量、多批次的货物使传统物流系统难以提高物流效率，配送中心作为末端物流的结点设施很好地解决了这些货物的运送。因此，在包含配送中心的物流系统中，配送中心对整个系统的效率提高起着决定性作用。

4) 功能定位

配送中心的功能是通过配货和送货完成资源的最终配置而实现的。配送中心的主要功能是围绕配货和送货而确定的，如采购、存储、配组、分拣、分装、集散、加工以及有关的信息活动、交易活动、结算活动等。

2. 降低配送成本的策略

1) 差异化

产品特征不同，客户群体服务需求也不同。配送中心应按产品的特点、销售水平来设置不同的库存、不同的运输方式以及不同的储存地点，按客户需求特点设置不同的订货周期、不同的送货方式。忽视产品和客户需求的差异会增加不必要的配送成本。

2) 混合法

在尽量采用单一的配送方法的前提下，合理安排配送中心自身完成的配送和外包给运输公司完成的配送，能使配送成本降低。

3) 合并法

(1) 配送方法上的合并。配送中心在安排车辆完成配送任务时，实行合理的轻重配装、容积搭配，充分利用车辆的容积和载重量，做到满载满装，取得最优效果。合并法是降低成本的重要途径，最好借助计算机设计货物配车的最优解决方案。

(2) 共同配送。共同配送是一种产权层次上的共享，也称集中协作配送。这种配送整合了多个企业的配送资源，配送能力得到互补、提高，不仅可以减少企业的配送费用，还有利于缓和城市交通拥堵，提高配送车辆的利用率。

4) 延迟法

延迟法是指在一个或多个战略地点对全部产品进行预测，而将进一步的库存计划延迟至收到顾客订单为止。一旦收到订单，配送中心就尽快将产品直接运送给客户。物流延迟实施库存集中控制，关键的、高成本的部件保存在中央仓库，以确保潜在用户使用。物流延迟借助快速的订单发送，减少了总的库存，在保持规模经济效益的同时，使用直接装运能力来满足客户服务的要求。

5) 标准化

标准化就是尽量减少因品种多变而导致的附加配送成本，尽可能多地采用标准零部件、模块化产品。标准化要求生产企业从产品设计开始就要站在消费者立场去考虑，以产品标准化来节省配送成本。

6.4 配送中心规划

6.4.1 配送中心规划的内容

配送中心是一种物流节点，它不是具有单一的储藏功能的仓库，而是发挥职能的流通仓库。配送中心的设置和建设要考虑一个区域范围内物流系统的整体规划，同时还要满足其经营上的要求，是一项建设规模大、投资额高、涉及面广的系统工程。

配送中心是以组织配送式销售和供应，执行实物配送为主要机能的流通型物流节点。配送中心的建设是基于物流合理化和发展市场两个需要上的，所以配送中心就是从事货物配备(集贸、加工、分货、拣选、配货)和组织对用户的送货，以高水平实现销售和供应服务的现代流通设施。

配送中心的规划是一个系统工程，包括物流系统规划、信息系统规划和运营系统规划。其中，物流系统规划包括设施布置规划、物流设备规划和作业方法规划；信息系统规划也就是对配送中心功能、流程与网络的规划；运营系统规划包括组织机构规划、人员配置规划、作业标准规划。通过系统规划，实现配送中心的高效化、信息化、标准化和制度化。配送中心规划的基本内容如图6.9所示。

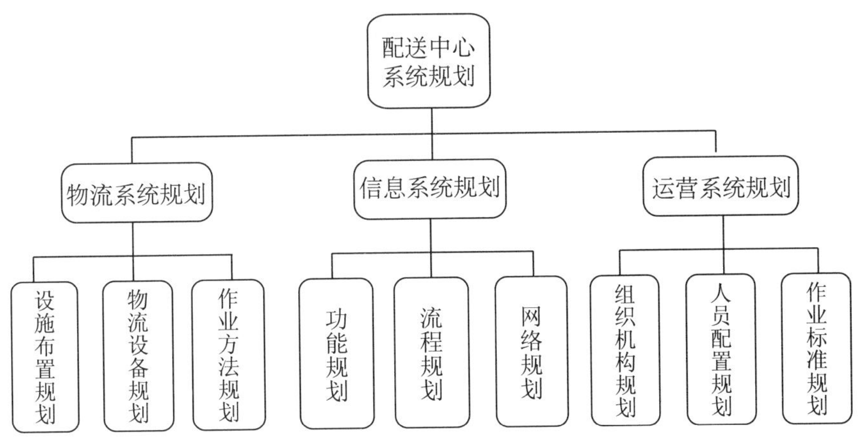

图6.9 配送中心规划的基本内容

6.4.2 配送中心规划的流程

配送中心规划的基本流程如图6.10所示。

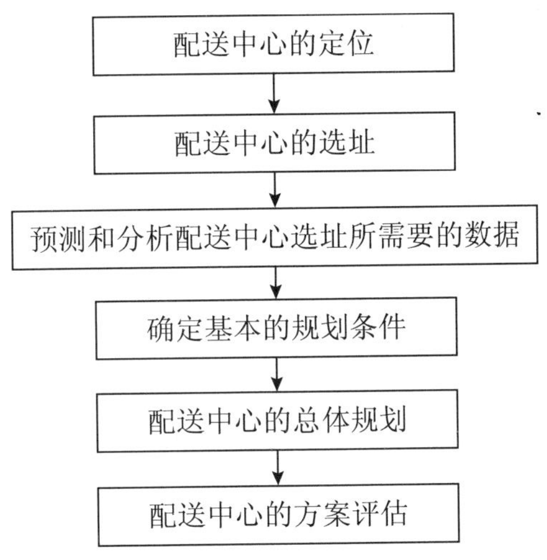

图6.10 配送中心规划的基本流程

在配送中心的筹建准备阶段，首先应该明确建设配送中心的任务、目标以及有关的背景条件。当然，一个配送中心的成立可能有多个目标，但我们要分清主次以便设计时更好地体现既定方针。在分析了配送中心建设的必要性和可行性之后，就应该成立筹建小组进行具体规划。此外，为了防止规划片面和盲目，筹建小组的成员应该包括物流专家组、本企业业务人员、设备维修操作人员、基建部分人员等。

筹建小组应根据企业经营决策的基本方针，进一步确认配送中心建设的必要性。首先，确定配送中心的定位，明确配送系统的背景条件(包括配送对象的地点和数量、配送中心的位置、配送商品的类型、库存标准、配送中心的作业内容等)，结合实际调研或进行具体构想。其次，把握物流系统的状况以及商品的特性(如商品的规格、品种、形态、重量)，各种商品进出库数量，每天进货、发货总数量，以及供货时间要求、订货次数、订货费用和服务水平等，并且预测和分析出配送中心选址所需要的数据，以确定基本的规划条件。最后进行配送中心的总体规划，完成对配送中心的方案评估。

在配送中心总体方案设计之前，筹建小组进行大量的调研工作，之后利用调研所得资料进行科学分析。如果分析的结果与原来筹建小组的决策相违背，整个配送中心的规划方案就必须进行重新设计。

6.4.3 配送中心的定位

配送中心的定位包括经营定位、商品定位和区域定位三方面。

1. 配送中心的经营定位

配送中心的经营定位主要包括配送中心的功能定位。一般来说，配送中心的功能定位是根据其开展的配送服务的内容和相应的配送作业环节为基础进行的。配送中心一般具有采购、储存、加工、分拣、配货、配送运输等多项功能，但不同类型的配送中心其核心功能有所不同。因此，在配送中心的建设和规划中，不同的功能定位对设施建设、平面布局，以及组织管理等方面都会产生差异。

1) 储存型配送中心

储存型配送中心以储存为主，具有较强的库存调节能力，因此，该类配送中心的建设应规划较大规模的仓储空间和设施。

2) 流通型配送中心

流通型配送中心以快速转运为核心，需要大批进货、快速分装或组配，并及时将货物分发到各客户指定的地点，所以该类配送中心的建设应配备适应货物高速流转的设施。

3) 加工型配送中心

加工型配送中心以对商品进行拆包、分解、整理、再包装等流通加工为主，该类配送中心的规划建设应适应加工的需要，配备必要的加工设施、场地，引进相近的加工技术。

4) 专业型配送中心

专业型配送中心主要针对特定商品，体现处理专项商品的技术与特色，因此，该类配送中心的建设必须配置特定商品的处理设施，开发适用特定商品的物流技术。

因此，在进行配送中心系统规划前，筹建小组应根据市场物流服务的不同需求，科学决策配送中心类型，做好配送中心建设前的功能定位工作，以便以后配送业务的正常开展。可以说，配送中心的功能定位基本上确定了配送中心的业务市场范围。

2. 配送中心的商品定位

配送中心管理的商品种类是有一定限制的。例如，目前有专门的服装配送中心、电器配送中心、食品配送中心、干货配送中心、生鲜商品配送中心、图书配送中心等，还有专门处理某一更小类别商品的配送中心。由于不同的商品配送所需的配送作业场地、设施设备是不一样的，作业流程也有较大区别，因此试图建立一个满足所有商品物流需要的配送中心是不实际的，一个配送中心没有必要也不可能配备能处理所有商品的物流设施和设备。设施设备的配置除了要考虑需求外，还要考虑物流的平均价格及作业批量等因素。

配送商品定位主要是根据企业目标、市场需求来确定的。一般商业连锁体系通常以经营一般消费品为主，配送中心主要负责连锁体系内大部分商品的内部供应配送，并以统一采购、统一库存、统一配送形成规模效应，获得规模经济效益，最终形成销售商品的低价优势。一些由传统批发机构改组而形成的配送中心，通常以其批发经营的传统商品为主，开展专业配送业务，其品种较为单一，批量较大。在配送中心规划时，筹建小组必须结合配送中心的功能，综合衡量配送中心选择的配送商品类型。

3. 配送中心的区域定位

配送区域是指配送中心辐射的范围，即以某一点为核心建立配送中心。配送的距离和区域的大小不仅关系到配送中心的投资规模，也影响到配送中心的运作方式。

对于连锁商业体系来说，配送中心的辐射区域和配送能力取决于其零售店铺的分布范围和数量，我们可以按照适当的比例，即根据商圈范围内顾客分布、分店数量与配送中心的适当比例，确定配送中心的位置、规模与数量。对于生产企业的自营供应体系来说，配送中心数量有限，配送区域主要在生产厂区。对于生产企业的销售配送，我们首先要根据客户分布的远近、销售量的大小及其运行的成本综合考虑是自营还是外包，然后再考虑配送服务区域的大小，分别决策配送中心的级别与规模。

配送中心的服务对象所形成的区域是选择任意一种配送中心区位的前提和基础。一般配送中心建设规模越大，经营能力越强，其辐射范围越广，服务的范围也就越大。配送中心的区位选择除了考虑配送商品种类与数量外，还要详细分析和论证交通运输条件、用地条件等问题，以确定配送的区域和范围。

6.4.4　配送中心的选址

配送中心是连接供应商与消费者之间的桥梁，是整个供应链环节中不可或缺的一环，而配送中心的选址则是如何实现产品的流通价值、降低流通成本的关键。

1. 配送中心选址的概念

配送中心选址是以提高物流系统的经济效益和社会效益为目标，根据供货状况、需求分布、运输条件、自然环境等因素，用系统工程的方法，对配送中心的地理位置进行决策的过程。配送中心选址对物流系统的合理化具有决定性的意义。

当一个物流系统需要设置多个配送中心时，我们不仅要确定配送中心的位置，还要对配送中心的数量、规模、服务范围等进行决策，以建立一个服务好、效率高、费用低的物流网络系统。

2. 配送中心选址应考虑的因素

影响物流配送中心选址的因素很多，下面7个方面是评价物流配送中心选址合理与否的主要因素。

1) 客户分布

配送中心是为客户服务的，首先要考虑客户分布。商业配送中心的客户主要是超市和零售店，分布在城市人口较密集的地区，为提高服务水平，同时也考虑其他条件的影响，配送中心通常设置在城市边缘地区。

2) 供应商分布

配送中心靠近供应商时，货源供给可靠性提高，库存可以减少，同时客户大批量进货能有效地降低运输成本，但供应商一般离需求地比较远，而且地点比较分散，这就要求配送中心尽可能地与生产地和配送区域形成短距离优化。

3) 交通条件

交通条件是影响配送成本和物流效率的重要因素，特别是大宗物资的配送。因此配送中心应尽可能靠近交通通道，如高速公路、铁路货运站、港口、空港等。

4) 土地条件(可得性、土地成本)

配送中心需要占用一定数量的土地，用地必须符合国家的土地政策和城市规划。土地成本也是影响物流成本的重要因素。

5) 人力资源因素

配送中心需要不同层次的人员，一般操作属于劳动密集型作业，用人较多，其工资待遇应与当地工作水平相适应，因此配送中心选址应考虑员工来源和人工成本。

6) 地区或城市规划

配送中心规划属于地区或城市规划的一部分，必须符合城市规划的要求，包括布局、用地，以及与其他行业规划的协调。

7) 自然条件

配送中心需要存放货物，自然环境中的湿度、盐分、降雨量、台风、地震、河川等都会对货物造成危险，为规避这些危险，自然增大企业物流投入成本。

3. 配送中心选址的原则

配送中心的合理选址要遵循并利用如下几项原则。

1) 适应性原则

配送中心的选址必须与国家以及省市的区域经济发展方针、政策相适应，与国家物流资源分布和需求分布相适应，与国民经济和社会发展相适应。

2) 协调性原则

配送中心的选址应将国家的物流网络作为一个大系统来考虑，使配送中心的设施设备与地域分布、物流作业生产力、技术水平等方面互相协调。

3) 经济性原则

与配送中心选址有关的费用问题主要涉及建设费用以及经营费用。配送中心的选址定在市区还是郊区，其未来物流辅助设施的建设规模以及建设费用、物流运输费用等是不同的，应以总的费用最低作为配送中心选址的费用原则。

4) 战略性原则

对于配送中心的选址，我们应具有战略眼光，一是要考虑全局，二是要考虑长远。局部要服从全局，目前利益要服从长远利益；既要考虑目前的实际需要，又要考虑日后发展的可能。

4. 配送中心选址的程序

配送中心选址包括以下几个步骤。

1) 收集、整理历史资料

通过对历史资料的收集和整理，筹建小组可以获得关于物流系统现状的认识，以确定配送中心服务对象的需求条件，并初步确定配送中心的选址原则。

2) 选定备选地址

在进行配送中心位置选择时，筹建小组首先要根据上述各影响因素进行定性分析和慎重评估，大致确定出几个备选地址。备选地址的选择是否恰当，将直接影响后续最优方案的确定。

3) 优化备选地址

在备选地址确定后，筹建小组要进一步详细考察具体地点。

4) 优化结果复查

以上工作大多是以定量分析为基础，主要考察对选址产生影响的经济性因素，得出的定量模型在实际中不一定行得通，所以在这一步骤我们要把非经济性因素考虑进去，看优化结果是否具有现实可行性。

5) 确定最终方案

如果优化结果通过复查，即可将优化方案作为最终方案。如果没有通过复查，则要重新返回第二步，进行备选地址筛选、优化备选地址、复查等一系列步骤，直至最终得到结果。

5. 配送中心选址的算法

配送中心选址的算法直接关系着一个配送中心的从规划到建设再到运营的成功与否，对配送中心的选址起着至关重要的作用，主要有以下三种选址算法。

1) 加权因素分析法

加权因素分析法是选址算法中使用最为广泛的一种，具体步骤如下所述。

(1) 决定一组相关的选址因素。

(2) 对每一因素赋予一个权重以反映这个因素在所有权重中的重要性。每一因素的分值根据权重来确定，权重则要根据成本的标准差来确定。这是一种满足数理统计上的科学分配方法，而不是根据成本值来确定。

(3) 对所有因素的打分设定一个共同的取值范围，一般是1～10或1～100。

(4) 对每一个备选地址，根据所有因素按设定范围打分。

(5) 用各个因素的得分与相应的权重相乘，并把所有的因素的加权值相加，得出每一个备选地址的最终分值。

(6) 选择具有最高分值的地址作为最佳选址。

2) CFLP法

CFLP(Capacitated Facility Location Problem)法是一种启发式算法。与加权因素分析法

不同，CFLP法不是精确式算法，不能保证给出的解决方案是最优的，但只要处理得当，获得的可行解决方案与最优解决方案是非常接近的。更重要的是，CFLP法计算简单、求解速度快，所以在实际选址中启发式算法较为常用。

3) 重心法

重心法因利用求平面物体重心的原理求物流系统中配送中心的设置位置而得名。重心法把运输成本看成运输距离和运输数量的线形函数，此种方法利用地图确定各点的位置，并将一坐标重叠在地图上确定各点的位置，它将物流系统中的需求点和资源点看成分布在某一平面范围内的物流系统，各点的需求量和资源量分别看成物体的重量，物体系统的重心作为物流网点的最佳设置点，利用求物体系统重心的方法来确定配送中心的位置。

重心法是一种模拟方法，适于单一中心选址问题，该问题中，主要考虑运输费用因素。配送中心到客户的运输费用等于货物运输量与两点之间运输距离以及运输费率的乘积。

重心法的规划模型：在某规划区内，有n个资源点(或需求点)，他们的坐标为(xj，yj)(j=1，2，…，n)。各点的资源量(或需求量)为W_j(j=1，2，…，n)，待选址点即为资源点的几何重心坐标(x，y)，网点到资源点(或需求点)的运费率为C_j(j=1，2，…，n)。根据平面物体重心的计算公式

$$\begin{cases} x=\sum_{j=1}^{n} C_j W_j / \sum_{j=1}^{n} C_j W_j X_j \\ y=\sum_{j=1}^{n} C_j W_j / \sum_{j=1}^{n} C_j W_j Y_j \end{cases}$$

整理后得重心坐标公式为

$$\begin{cases} x_0=\dfrac{\sum_{j=1}^{n} C_j W_j X_j}{\sum_{j=1}^{n} C_j W_j} \\ y_0=\dfrac{\sum_{j=1}^{n} C_j W_j Y_j}{\sum_{j=1}^{n} C_j W_j} \end{cases}$$

6. 配送中心选址的意义

作为物流配送的枢纽，配送中心必须在最优的位置来选址建设，才能充分发挥配送中心的作用，才能优化物流配送体系。

配送中心选址属企业战略层的决策问题，对物流系统的合理化具有决定性的意义。配送中心选址合理与否直接影响配送系统的服务水平、作业效率和经济效益。所以，配送中心选址的目标是服务好、效率高、费用低。配送中心合理的选址主要具有以下几个意义。

第一，合理位置的配送中心可以提高门店对商品供应的保证程度。

第二，合理位置的配送中心可以降低配送成本，提高经济效益。

第三，合理位置的配送中心可以使门店实现低库存或零库存。

第四，合理位置的配送中心可以完善运输及整个物流配送系统。

总之，配送中心的合理选址是物流系统中具有战略意义的投资决策问题，配送中心选址是否合理，对整个系统的物流合理化和商品流通的社会效益有着决定性影响。

6.4.5　配送中心设施设备规划

1. 配送中心的设施规划

配送中心的设施分为内部设施和外部设施。配送中心的内部设施一般是由信息中心与仓库构成，仓库根据各部分不同的功能又可分为不同的作业区。配送中心外部设施主要有停车场和配送中心内道路等，本章不作详细讲述。配送中心的内部设施有以下几类。

1) 信息中心

信息中心指挥和管理着整个配送中心，它是配送中心的中枢神经。

2) 收货区

在这个作业区内，工作人员要完成接收货物的任务和货物入库之前的准备工作，如卸货、检验等。它的主要设施有验货用的电脑、验货场区和卸货工具。

3) 储存区(保管区)

在这个作业区里分类储存着验收后的货物。在储存区一般都建有专用的仓库，并配置各种设备，包括各种货架、叉车、起堆机等起重设备。从位置上看，有的储存区与接货区连在一起，有的与接货区分开。

4) 理货区

理货区是配送中心人员进行拣货和配货作业的场所。以人工完成拣选任务的，一般有手推货车、货架等设施；以机器完成拣选任务的，其自动拣选设施包括重力式货架、皮带机、传送装置、自动分拣装置、升降机等。

5) 配装区

由于种种原因，有些分拣出来并配备好的货物不能立即发送，而是需要集中在某一场所等待统一发货，这种放置和处理待发货物的场所就是配装区。配装区内货物停留时间不长，货位所占的面积不大，配装区的面积比存储区小得多。此外，配装作业主要是分放货物、组配货物和安排车辆等，因此这个作业区除了配装计算工具和小型装卸机械、运输工具外，并没有什么配装特殊的大型专用设备。

6) 发货区

发货区是工作人员将组配好的货物装车外运的作业区域。

7) 加工区

有些配送中心要对鲜活食品进行配送，因此配送中心在结构上除了设置一般性的作业区外，还设有配送货物加工区。

2. 配送中心的设备规划

建立配送中心除了需要土木建筑、照明、消防等相关基础设备外，还需要有关商品运输、保管、包装、装卸、分拣、加工、信息管理等物流作业及物流信息管理的设备。

案例分析6-1

S公司配送中心规划

1. S公司配送中心建设需求

S公司是国内汽车生产制造企业，旗下拥有多个汽车品牌，具有20多个系列的产品阵容。S公司目前在华南、华东、华北已建约900家特约服务中心，覆盖省份和业务比例分布如表6.1所示。为提高对全国范围内经销商的服务水平和订单响应时间，满足业务发展需要，S公司决定在华东地区建设配送中心，如何科学地规划配送中心成了企业需要解决的关键问题。

表6.1　S公司已建配送中心分布

配送中心	省份数量	特约服务中心数量	业务量比重
华南	8	80	28.7%
华东	7	103	37.0%
华北	14	95	34.3%

2. 配送中心选址

S公司的华东配送中心选址属于单一选址的定量方法，其选址决策的关键因素包括运输费率和该点的货物运输量等，这是S公司配送中心规划设计的重点所在，代表性的方法就是重心法。重心法是把配送成本看成运输距离和运输数量的线形函数，利用地图上已知位置来确定配送中心的平面坐标位置。

华东配送中心所覆盖的七大服务中心分别位于上海、杭州、南京、南昌、济南、福州、合肥，按1∶500的比例转化为坐标图，形成七大服务中心地理位置分布，如图6.11所示。

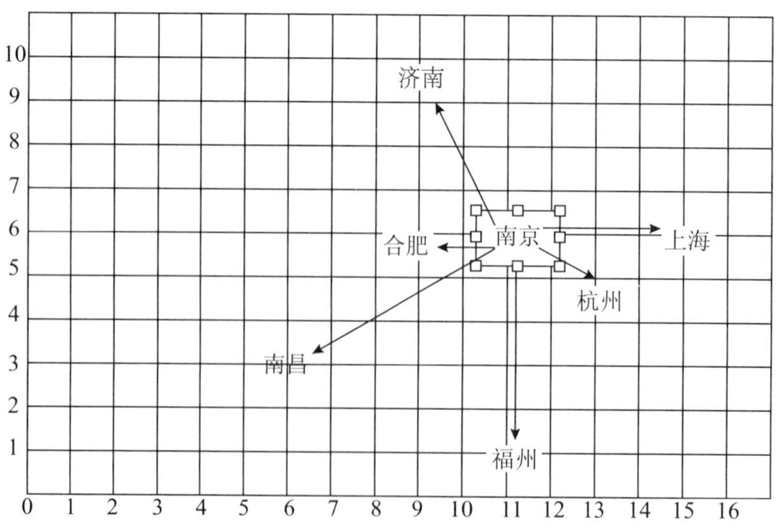

图6.11　七大服务中心地理位置分布

在待定区域内有7个需求点，各点的需求量为$W_j(j=1, 2, \cdots, 7)$，各点的坐标为$(x_j, y_j)(j=1, 2, \cdots, 7)$。需设置一个配送中心，设配送中心的坐标为$(x, y)$，配送中心至供应点或需求点的运费率为$C_j(j=1, 2, \cdots, 7)$。各配送城市的需求量、运费率、坐标情况如表6.2所示。

表6.2　配送城市的需求量、运费率、坐标

城市	需求量(W)/万件	至配送中心的运费率(C)	坐标
上海	44	0.5	16，6
杭州	30	0.5	13，5
南京	35	0.5	11，1
南昌	26	0.75	6，3
济南	28	0.75	9，10
福州	31	0.75	11，1
合肥	36	0.75	9，6

将上表数据代入重心法公式，求得最初解：

$$x_0=\frac{0.5\times16\times44+0.5\times13\times30+0.5\times11\times35+0.75\times6\times26+0.75\times9\times28+0.75\times11\times31+0.75\times9\times36}{0.5\times44+0.5\times30+0.5\times35+0.75\times26+0.75\times28+0.75\times31+0.75\times36}$$

$$=10.6$$

$$y_0=\frac{0.5\times6\times44+0.5\times5\times30+0.5\times1\times35+0.75\times3\times26+0.75\times10\times28+0.75\times1\times31+0.75\times6\times36}{0.5\times44+0.5\times30+0.5\times35+0.75\times26+0.75\times28+0.75\times31+0.75\times36}=4.7$$

使总运输费用最下的配送中心位置其坐标位置初步满足(10.6，4.7)，从地图上看，该坐标对应于南京地区，因此可以考虑在选南京为华东配送中心的地址。

重心法的计算特点是简单，但是其结果往往在现实环境中不能实现，只能作为参考值。

3. 配送中心内部流程设计

随着配送中心选址的确定，随之而来的最重要的问题就是对配送中心规模的确定，同时需要结合配送中心的业务流程，进一步解决的问题就是配送中心内部存储区的规划、运作区的规划、设备及人员的配置、各功能区的布局设计等。

华东配送中心的作业流程和一般的配送中心作业基本相同，主要包括收货、上架、拣货、发货等作业，根据华东配送中心的售后配件配送中心运营模式，货物主要有两个来源：一种为配送中心所在地的供应商直接送货，另一种来自于分拨中心的发货，从而确定华东配送中心的作业流程，如图6.12所示。

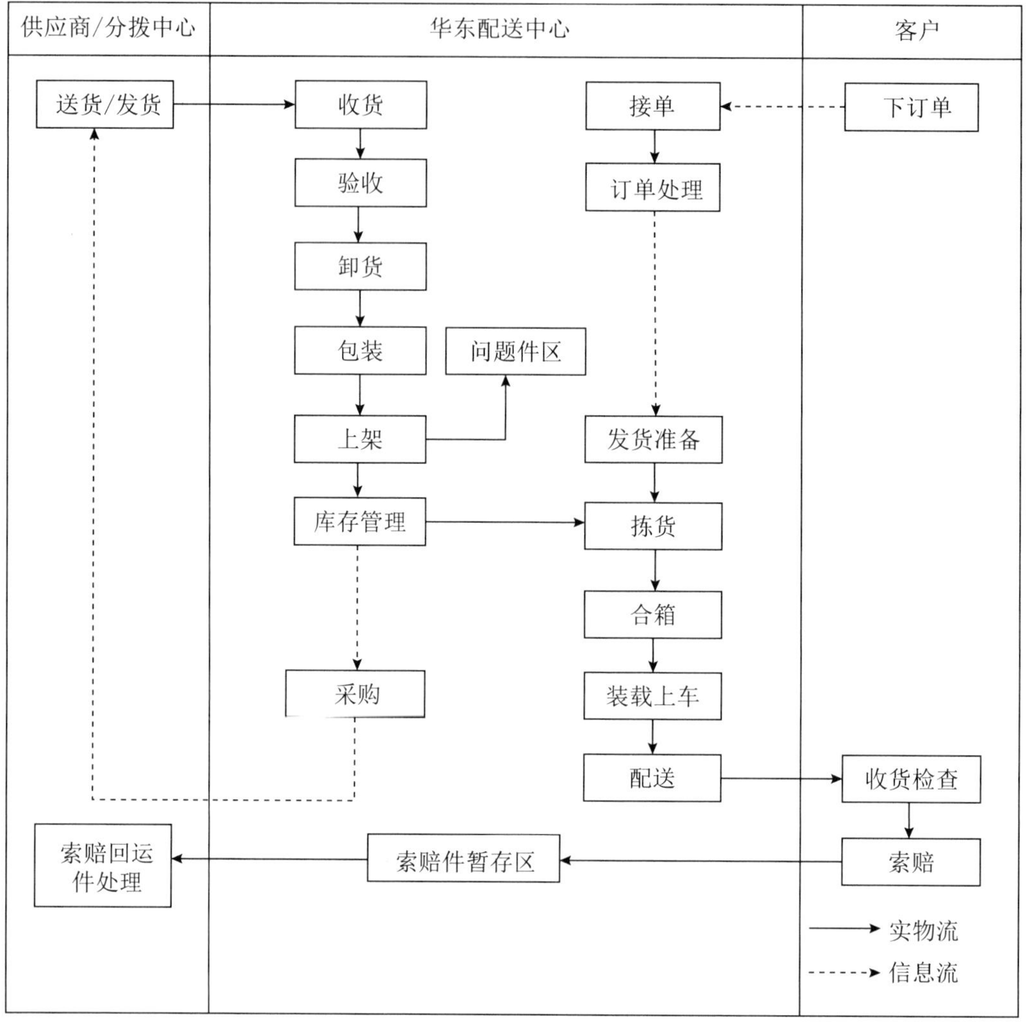

图6.12　华东配送中心作业流程

4. 配送中心功能区域设置

根据华东配送中心内部的作业流程，同时通过收集配送中心其他相关部门的实际需求，配送中心功能区设置如表6.3 所示。

表6.3　华东配送中心功能区设置

功能区分类	物流功能区	收货区、存储区、包装区、加工区、发货区、问题件区
	辅助功能区	设备管理区、综合管理区

利用荷重计算法进行功能区面积计算，即根据仓库有效面积上的单位面积承重能力来确定仓库面积。

$$功能区域面积(S)=\frac{全年货物量(Q)}{单位有效面积平均承重能力(q)}\times\frac{物料平均作业天数(T)}{年有效工作日(T_0)}\times\frac{1}{功能区域面积利用率(a)}$$

即
$$S=\frac{QT}{T_0qa}$$

表6.4为功能区面积计算所需各项数据。根据公式，确定配送中心其他区域的面积。

表6.4　配送中心功能区数据

参数＼功能区	收货区	储存区	包装区	加工区	发货区	问题件区	设备管理区	综合管理区
功能区域面积/平方米								
全年货物量/吨	50	22.5	30.5	45.5	40.5	3.5	10	5
物料平均作业天数/天	10	30	10	35	10	40	50	50
单位有效面积的承重能力/吨/平方米	1.5	1.5	1.5	1.5	1.5	1.5	1.5	1.5
功能区面积利用率/%	0.4	0.4	0.4	0.4	0.4	0.4	0.4	0.4
年有效工作日/天	250	250	250	250	250	250	250	250

通过公式计算可以得出：收货区面积为333.3平方米，储存区面积为450平方米，包装区面积为203.3平方米，加工区面积为1061.7平方米，发货区面积为270平方米，问题件区面积为93.3平方米，设备管理区面积为333.3平方米，综合管理区面积为166.7平方米。其中，储存区实际面积要考虑到堆放时预留的基本作业通道和叉车搬运通道，根据一般经验，作业通道和存储面积的比为4:6，因此存储区实际面积为750平方米。综上，华东配送中心总面积为3211.6 平方米。

本章小结

本章主要介绍配送的概念、模式，配送中心的基础知识、配送中心的分类和配送策略；详细介绍了配送的基本业务流程，即备货、储存、拣货、配货、送货、退货管理等；重点介绍了如何对配送中心进行规划与设计。

关键术语

配送　配送模式　拣货　配货　配送中心　配送中心规划与设计

综合练习

一、单选题

1. 下列有关配送的理解，(　　)是正确的。

A. 配送实质就是送货，和一般送货没有区别

B. 配送要完全遵守“按用户要求”，只有这样才能做到配送的合理化

C. 配送是物流中一种特殊的、综合的活动形式，与商流是没有关系的

D. 配送是配和送的有机结合，为追求整个配送的优势，分拣、配货等项工作是必不可少的

2. 配送功能的要素为(　　)。

A. 货物、客户、车辆、人员、路线、地点和时间

B. 货物、客户、运输工具、人员、路线、目的地和时间

C. 货物、收货人、运输成本、人员、运距、地点和时间

D. 货物、收货人、车辆、人员、路线、地点和时间

3. 下列配送需要按物品的种类和数量配送的是(　　)。

A. 企业对企业的配送　　B. 少品种或单品种、大批量配送

C. 连锁配送　　D. 定时定路线配送

4. 所谓拣选就是按订单或出库单的要求，从(　　)，并放置在指定地点的作业。

A. 转运场所选出物品　　B. 检验场所选出物品

C. 加工场所选出物品　　D. 储存场所选出物品

5. 下列配送中心(　　)是按功能角度来分类。

A. 零售商型配送中心　　B. 批发商型配送中心

C. 加工配送中心　　D. 化妆品配送中心

6. 配送中心应具备健全的(　　)。

A. 功能　　B. 工作　　C. 流程　　D. 作业

7. 物流中心与配送中心的关系是(　　)。

A. 物流中心是一种特殊的配送中心　　B. 配送中心是一种特殊的物流中心

C. 没有关系　　D. 交叉关系

8. 配送中心的重要特征之一是对货物进行(　　)。

A. 搬运　　B. 检验　　C. 运输　　D. 组配

9. 美国本土的配送中心是典型的(　　)配送中心。

A. 以制造商为主体的配送中心　　B. 以批发商为主体的配送中心

C. 以零售业为主体的配送中心　　D. 以仓库运输业为主体的配送中心

10. 设置配送中心的规模、确定配送范围、配送中心选址，以及配送中心内部布局等工作属于(　　)。

A. 制订配送中心计划　　B. 制订配送计划

C. 下达配送计划　　D. 配送店按计划配送

二、简答题

1. 配送模式有哪些？各种模式有什么利弊？

2. 按组织形式，配送分为哪些类型？

3. 什么是第三方物流配送模式？

4. 配送的策略是什么？

5. 结合实例具体阐述配送的基本业务流程。

6. 配送中心的规划意义和内容是什么？

7. 结合实例说明如何对配送中心进行规划。

第7章　生产物流管理

学习目标

- 掌握生产物流相关概念，理解生产物流的特点和作用
- 熟悉生产流程分类及生产流程的设计
- 明确生产计划的编制过程
- 掌握生产物流控制的原理
- 熟悉推动型、拉动型生产物流控制模式的特点

引导案例

福特公司把供应商当作合作伙伴而不是竞争对手，与主要供应商建立了一种长期、相互信赖的关系，与供应商在经营上协调一致并实现了信息的共享与集成。福特公司以顾客的需求驱动顾客化的生产计划，共同开发产品和工艺流程，实现了相互之间的工艺集成、技术和运作的集成，从而改善了相互之间的交流，增强了矛盾冲突解决能力，进而提高了产品质量，缩短了交货提前期并提高了可靠性，因此整合和优化了供应链的前端。

在供应链的后端，福特公司建立了呼叫中心，它是客户关系管理系统的重心，集成互联网、E-mail、传真、手机短信等多种通信方式于一身，可与公司的ERP信息系统连接，使企业与客户实现全方位的接触。福特公司在客户服务管理(合同管理)中心成立了专门的销售服务中心，收集客户的意见和建议，受理客户的投诉；建立了分布在各地的维修服务网点，方便客户的维修服务。在市场营销管理方面，福特公司针对客户信息管理，建立了包括各分销商在内的所有客户档案，实现对客户的全面管理；建立了市场分析系统，从数据中心提取数据，对客户的区域分布、年龄分布、各分销中心的销售业绩等内容进行系统分析。除此之外，福特公司还提供了许多的服务来满足客户需求。以上各种举措大大整合和优化了供应链的后端。

思考：福特公司如何从供应链角度来改进生产物流的？

7.1　生产物流管理概述

7.1.1　生产物流相关概念

从产业链的角度看，物流分成三个阶段，即供应物流、生产物流以及销售物流。供应物流也称为原材料物流，一般是指采购原材料和零部件，从供应商处到企业仓库的物流。

生产物流也称为在制品物流，是指在企业内部为保障生产进行的物流。销售物流也称为产成品物流，是指产成品从企业到客户手中的物流，如图7.1所示。

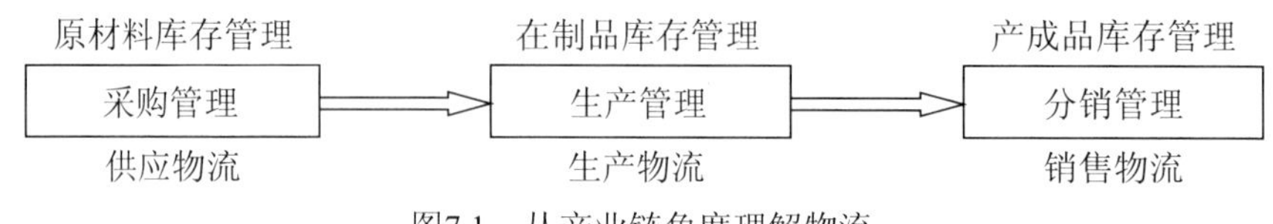

图7.1　从产业链角度理解物流

1. 生产物流

生产物流是指原材料、燃料、外购件等投入生产后，经过一系列下料、发料过程后运送到各个加工点或存储点，以在制品的形态，从一个生产单位(或仓库)进入另一生产单位(或仓库)，按照规定的工艺流程进行加工、存储，采用运输装置在某个点内流转，又从某个点内流出，始终体现着物流实物形态流转的全过程。《物流术语(GB/T 18354—2006)》中将生产物流定义为：“生产过程中，原材料、在制品、半成品、产成品等，在企业内部的实体流动。”

生产物流系统包括两个部分：一是企业之间的物质资料的移动，即企业的外部物流系统，从供应商处采购原材料，半成品的物流和将成品运输至顾客的成品物流；二是企业内部物流，制造企业内部物料、半成品、成品的搬运。例如，物料从物料超市至生产工位搬运，上一个工序至下一个工序之间的半成品流动，以及将成品从工位运输至客户或仓库储存的活动等。

生产物流是为满足生产所进行的一切物流活动，其物流活动贯穿整个生产的流程，因此，生产物流是生产工艺过程的一部分，同时也是企业物流的一部分。

从物流的范围分析，企业生产系统中物流的边界起于原材料、外购件的投入，止于成品仓库。生产物流贯穿生产全过程，横跨整个企业(车间、工段)，其流经的范围是全厂性的。物料投入生产后即形成物流，并随着时间进程不断改变自己的实物形态(如加工、装配、储存、搬运、等待状态)和场所位置(各车间、工段、工作地、仓库)。

从物流属性分析，企业生产物流是指生产所需物料在时间和空间上的运动全过程，是生产系统的动态表现。换言之，物料(原材料、辅助材料、零配件、在制品、成品)经历生产系统各个生产阶段或工序的全部运动过程就是生产物流。

从生产工艺角度分析，生产物流是指企业在生产工艺中的物流活动，即物料不断地离开上一工序，进入下一工序，不断发生搬上搬下、向前运动、暂时停滞等活动。这种物流活动是与整个生产工艺过程伴生的，实际上已构成了生产工艺过程的一部分。

因此，生产物流是企业生产活动与物流活动的有机结合。

生产物流运营的因素影响主要有以下4个：①生产工艺；②生产类型；③生产规模；④部门之间的协作。

2. 生产物流管理

现代生产物流管理是指运用现代管理思想、技术、方法与手段，对企业生产过程中的物流活动进行计划、组织与控制，包括物料管理、物流作业管理、物流系统状态监控及物流信息管理。

1) 物料管理

物料管理的对象包括产品生产中所需要的各种原材料，如毛坯、工具、半成品、废品和成品等。物料管理主要体现在库存管理上，即对入库和出库的管理，并协调出入库，以保证准时、可靠地供应生产所需的物料。

2) 物流作业管理

物流作业管理是指根据生产计划的需要，计划和调度各种运输设备，规划运输线路，使得所需要的物料即时、顺利到达指定位置。物流作业管理既包含作业计划，也包含作业控制。

3) 物流系统状态监控

生产物流系统通常需要设定各种检测装置，对系统内物流设备状态、物料状态、物流线路进行检测，通过模拟屏或者计算机屏幕实时显示各种状态，以掌握物流实际运行情况，并在出现故障的情况下及时采取措施、排除故障，保障系统的正常运行。

4) 物流信息管理

物流信息管理是指对生产物流系统和各种信息进行采集、处理、传输、统计和报告。无论是物料管理、状态监控还是作业管理，都离不开物流信息。生产物流的过程实际上就是物料流动和信息流动的过程。在物料流动中，物料的数量、物理位置和品种的变化是按照实际加工需要来进行的。可以说，在现代生产物流系统的运行过程中，物质实体的流动是目的，而为达到这一目的所进行的管理是以信息为基础的。

3. 生产工艺

生产工艺是指生产工人利用生产工具和设备，对各种原料、材料、半成品进行加工或处理，最后使之成为成品的工作、方法和技术。生产工艺是人们在劳动中积累起来并经总结的操作经验，也是生产工人和有关工程技术人员应遵守的技术规程。好的生产工艺是生产低成本、高质量产品的前提和保证。

生产工艺对生产物流有着不同的要求和约束。例如，从一个工序到另外一个工序半成品的质量要求决定着运输的设备和时间；工艺布局影响着产品搬运的时间和成本；看板数量的调整影响着生产一批成品所需配送的次数和效率；生产时对原材料的质量的需求影响着拆包的必要性。

生产工艺的推行，必须有良好的生产技术组织措施作保证。任何一种生产工艺都具有一定的相对稳定性，不能任意改动，但它又不是一成不变的，而是随着技术进步和生产装备的更新不断改进的。生产工艺的确定一般要经过一定的工艺准备工作，如对产品图纸进行工艺分析审查，编制工艺方案和工艺文件，进行工艺方案的技术经济评价等。

生产工艺的选择主要依据原材料的特点、产品的用途以及质量和精度要求、经济效果情况、现有技术与装备水平等。

4. 生产类型

各个工业企业在产品结构、生产方法、设备条件、生产规模、专业化程度、工人技术水平以及其他各个方面都具有各自不同的生产特点，这些特点反映在生产工艺、设备、生产组织形式、计划工作等各个方面。因此，各个企业应根据自己的特点，从实际出发，建立相应的生产管理体制。这样，就有必要对企业进行生产类型的划分。生产类型可以分为以下几种。

1) 按生产的连续程度划分

按生产对象在生产过程中的连续程度，生产类型可分为连续性生产和间断性生产。

(1) 连续性生产是指物料均匀、连续地按一定生产工艺顺序运动，不允许有任何间断出现，生产的产品、工艺流程和使用的生产设备都是固定的、标准化的，工序之间没有在制品、半成品和其他中间产品储存。例如，发电、化工、冶炼、油田的采油作业等都属于连续性生产。

(2) 间断性生产的工艺技术过程可以分阶段进行，生产过程既可以由一个企业单独完成，也可以由若干个企业分工协作完成，生产设备和运输装置必须适合各种产品加工的需要，工序之间要求有一定的在制品和半成品储备，如机械设备、汽车、电器产品的生产等。间断生产的产品是由零部件装配而成的，零部件以各自的工艺过程通过各个生产环节，物料运动呈离散状态，所以又将其称为加工—装配式生产。

2) 按生产计划的来源划分

按生产计划的来源，生产类型可分为按库存生产、按订单生产、按订单设计和按订单装配。

(1) 按库存生产(Make to Stock，MTS)，又称备货生产、现货生产或为库存生产，是在对市场需要量进行预测的基础上，有计划地进行生产，生产出的产品不断补充成品库存，随时满足用户的需求。

按库存生产型企业主要有以下特征：生产者进行产品的开发与设计，企业生产计划的主动权较大；产品规格及品种较少，一般为标准产品或产品系列；产品需求一般比较稳定、可预见且生产批量大；产品价格由生产者根据市场情况事先确定；生产管理的重点是抓住供、产、销之间的衔接，按“量”组织生产过程各环节之间的平衡。适用于库存生产的产品有轴承、标准件、电冰箱、电视机、牙膏、药品等。

(2) 按订单生产(Make to Order，MTO)，又称订货生产、定货生产或为订单生产，是指产品的生产计划主要根据用户的订单，一般是接到用户的订单后才开始生产产品。生产出的成品在品种规格、数量、质量和交货期等方面是各不相同的，并按合同规定按时向用户交货，成品库存甚少。因此，生产管理的重点是抓住“交货期”，按“期”组织生产过程各环节的衔接平衡，保证生产如期实现。

按订单生产型企业主要有以下特征：企业拥有一些可供选择的产品品种和规格；产品是为专门的用户而生产的；允许在一定时期后交货；产品的库存量可以很小，甚至“零库存”。按订单生产要保证订单的交货期。适用于按订单生产的产品有飞机、船舶等。

(3) 按订单设计(Engineer to Order，ETO)，又称定制生产、工程生产或专项生产，是指在接到客户订单后，按客户订单的要求重新做专门技术设计或者在原标准产品上做较大的用户化修改。这种生产类型下，绝大多数产品都是为特定客户定制，产品的生产批量很小，其设计工作和最终产品往往非常复杂。

按订单设计型企业主要有以下特征：企业要为每一个订单使用唯一的一级零部件、物料清单和工艺路线；订单驱动贯穿于设计到发货的全过程。按订单设计适用于复杂结构的产品生产，如船舶、电梯、专用测试设备、发电机组、锅炉等。

(4) 按订单装配(Assemble to Order，ATO)，又称订货组装、装配生产或为订单装配，是指企业先根据MTS生产和储存定型的零部件，在接到订单后再根据订单要求装配成各种产品。

按订单装配型企业主要有以下特征：企业产品是由一些标准零件与用户的一些特殊需求零部件组成的；产品的市场需求通常比较大，且是为了满足客户的一些特殊性需求。

按订单装配要求科学合理地安排总装计划(Final Assemble Schedule，FAS)，严格控制产品的产出进度，并在接到装配客户订单前，保持产品有关零部件的库存水平，以缩短产品的交货期，增强企业的市场竞争力。适用于订单装配的产品有电子设备、汽车、精密机床、医疗仪器等。

上述4种生产类型都与产品生产计划的时间与方式有关，如图7.2所示。产品的复杂性、客户需求的紧迫程度以及销售量，决定了采用哪种生产类型。

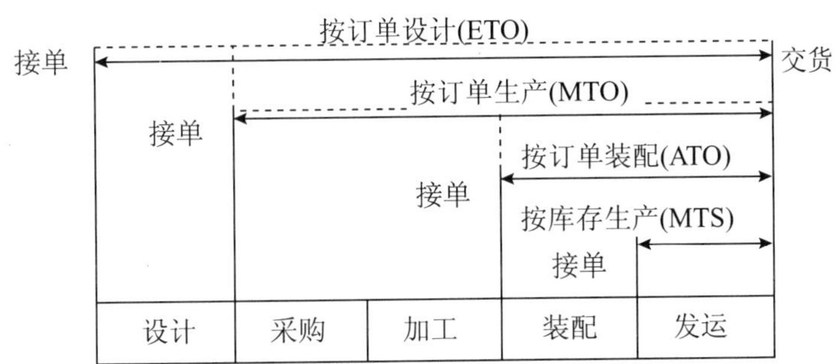

图7.2　企业生产类型与生产供应周期的关系

3) 按产量策略划分

根据产品生产的重复程度和工作地专业化程度，生产类型可分为大量生产、成批生产和单件生产。在一般情况下，大量生产、成批生产具有生产稳定、效率高、成本低、管理工作简单等特点，但也存在着投资大(专用夹具和专用机械设备的配备)、适应性差和灵活性差等特点。单件生产产品品种繁多，生产重复程度低，工作地专业化程度低，因而生产能力利用率低(人和机器设备的闲置等待)，生产稳定性差、效率低、成本高、管理工作复杂。因此，企业对单件生产管理必须尽力做好作业准备、作业分配、作业进度计划和进度调整等工作。

7.1.2　生产物流特点

1. 生产物流区别于其他物流系统的特性

区别于其他物流系统，生产物流系统与企业自身的生产过程是紧密结合的。生产物流具有以下特点。

1) 连续性

企业的生产过程是多道工序衔接起来的，因此要求物料能够顺利、高效、迅速地走完各道工序，直至生产出成品。每道工序的不正常运转或者停工都将带来物流堵塞，进而影响整个企业的生产运行。

2) 平行性

企业的生产通常涉及多种零部件，在组织生产时，不同的零部件将被分配到不同车间完成，这就要求各道工序上的生产线要平行流动，因为任何一个流水线出现故障，企业整个生产物流都将受到影响。

3) 节奏性

生产物流过程的节奏性是指从原材料生产开始到产成品入库的工序按照计划有节奏的运行，以保证在同等时间内，均衡有序地完成生产目标。

4) 适应性

因为生产物流的主要任务是为产品的生产过程提供相应的物料，所以生产物流对生产过程的适应性成为衡量生产物流优劣的主要依据。当企业产品需要改型换代或者生产品种发生变化时，生产过程应当具有较强的应变能力，生产物流同时也应当具备相应的适应能力。

2. 生产物流是过程性物流

生产物流一般在企业的范围内完成，其主要目的是保障企业的生产活动顺利开展，它的关注点是生产本身，受生产方式的制约，并与生产工艺和设备紧密联系。生产物流是一种工艺过程性物流，其基本工作是按照物资需求计划的指令，准时、保量、无差错地将生产所需要的物资配送到现场和每一个工作中心。一旦企业生产工艺、生产装备及生产流程确定，生产物流就成为一种稳定性的物流，同时成为工艺流程的重要组成部分。生产物流的这种稳定性决定了其具有可控性、计划性，因此对生产物流的改进只能通过对工艺流程的优化来实现。

生产物流的运行具有极强的伴生性，往往是生产过程的组成部分或伴生部分，这决定了生产物流很难与生产过程分开。同时，企业生产物流中某些局部物流活动可以与生产工艺过程分开，这些局部物流活动主要是仓库的储存活动、接货物流活动、车间或分厂之间的运输活动等。

3. 生产物流与销售物流的相互影响

生产物流管理的目标与销售物流管理的目标基本相同，即将正确的产品、在正确的时间、以正确的方式、按照正确的数量、以正确的成本、送到正确的地方、交给正确的人。但是这两者实现目标的过程有着本质的差别，销售物流面对的是独立需求的满足，而生产物流面对的是相关需求的满足。或者说前者满足顾客的需求，后者满足生产线的需求；前者的需求判定复杂，难以计划，而后者的需求判定容易，易于计划。

由于生产的特殊环境以及需求的特点决定了生产物流与销售物流的管理手段有很大的差别：生产物流是对原材料、零部件与半成品在生产过程中的管理和计划，涉及物料流和信息流，但是基本上不涉及资金流的管理，以满足生产需求为目的；销售物流是对产成品在流通领域的管理和计划，包括对物料流、信息流和资金流的管理，以满足消费者的需求为目的。从供应链循环的角度来看，供应物流的管理内容是与销售物流相同的。从供应商的角度来看，生产企业的供应物流也就是供应商的销售物流。

尽管生产物流与销售物流不同，但是在产业链上销售物流又对生产物流产生重要影响，继而生产物流向上传导影响供应物流，这意味着生产物流与销售物流和供应物流存在着紧密联系。

7.1.3　生产物流的职能及作用

1. 生产物流职能

生产物流的职能包括以下几个方面：①确定企业计划期的生产物料需用量；②确定所需物料的来源和消耗定额；③实施物料的运输管理和仓储管理；④实施物料的库存计划和控制，编制物料需求计划；⑤确定生产线的物料配送时间、数量和地点。

2. 生产物流作用

生产物流涉及的作业有运输、储存、物料搬运、包装、信息处理等，上述作业需要投入大量的人力、物力与时间，因而生产物流的成本占企业销售总额的比重比较大。据不完全统计，由于各企业的产品类型、工艺流程、材料采购等不同，生产物流的成本占企业销售总额的35%～50%。降低生产物流成本，已经成为企业的“第三利润源”。生产物流的作用有如下几点。

1) 减少库存，降低成本，加快企业的资金周转

适量的库存是企业生存持续的必要保障，但是如果库存占用大量企业流动资金，势必会影响企业资金的正常周转，显然这种做法得不偿失。因此，在保证生产的前提下，企业应尽可能降低库存，甚至达到零库存的状态。

2) 缩短产品的生命周期，提高企业自身的市场竞争力

人们历来关注生产加工本身，而企业产品在加工过程中所使用的时间占整个生产周期的5%～10%，在库存、搬运、装卸等过程停留的时间却占整个生产周期的90%～95%，可见，优化生产物流过程是缩短产品生命周期的主要途径。

3) 提高产品质量

产品生产过程中，除了原材料加工过程会出现质量问题外，生产物流过程同样也会出现大量的质量问题。例如，加工好的合格半成品或成品，由于库存保管、装卸、运输不当等出现产品损坏、精度误差变大等问题。因此，生产物流过程中产品质量的控制与保证是企业提高产品质量的重要环节。

4) 提高企业整体素质

生产物流贯穿整个产品的生产过程，它是连接各个加工工序的纽带。生产物流的改善可以有效提高企业的整体素质，而生产物流的信息化可以推动企业生产管理的现代化。

7.2 生产流程

生产流程，又叫工艺流程或加工流程，是指在生产工艺中，从原料投入到成品产出，通过一定的设备按顺序连续地进行加工的过程，也指产品从原材料到成品的制作过程中要素的组合。

7.2.1 生产流程分类

根据生产类型以及物流组织方式的不同，生产流程有三种基本类型。

1. 按产品组织的生产流程

按产品组织的生产流程就是以产品或提供的服务为对象，按照生产产品或提供服务的生产要求，组织相应的生产设备或设施，形成流水般的连续生产，又称为流水线生产。例如离散型制造业企业的汽车装配线、电视机装配线等就是典型的按产品组织的生产流程。由于这种生产流程以产品为组织对象，所以还称为对象专业化形式。这种形式适用于大批量生产类型。

2. 按加工路线组织的生产流程

对于多品种生产或服务情况，每一种产品的工艺路线都可能不同，因而不能像流水作业那样以产品为对象组织生产流程，只能以所要完成的加工工艺内容为依据来构成生产流程，按工艺内容组织成一个设备与人力的生产单位，每一个生产单位只完成相同或相似工艺内容的加工任务。由于这种生产流程中不同的产品有不同的加工路线，产品流经的生产单位取决于产品本身的工艺过程，所以又称为工艺专业化形式。这种形式适用于多品种中小批量或单件生产类型。

3. 按项目组织的生产流程

对于有些项目，如开发一种新产品、盖一座大楼等，每一个步骤基本上都不重复。因此，这类项目都按其所具有的特定工序或作业环节来组织生产流程，有些工序可以并行作业，有些工序又必须顺序作业。

7.2.2 生产流程设计

生产流程设计也称生产过程设计，是运作战略决策的重要内容。制造业生产过程就是原材料—零件—部件—产品的加工装配过程。生产流程设计就是根据产品构成特点，详细描述生产过程的具体步骤。生产流程设计决定着生产系统的空间布置及运行中物料流的连续性，是合理选择运作战略的关键环节。生产流程设计分为以下几种形式。

1. 流线式生产

流线式生产有时被称为产品布置，因为相同的产品都是依照同样的生产顺序流动。流线式生产可细分为4种不同的流程，即连续性生产、专线重复式生产、混线重复式生产、批量式生产。

1) 连续性生产

连续性生产指的是液体、化学品等大量相同料件的生产或处理。例如，石油炼油厂即是将原油提炼成各式各样的油制品。

2) 专线重复式生产

专线重复生产指的是生产设备只生产一种产品，无论是装配还是制造的过程，都不得有整备时间的延迟。个别零件(如机构里的轴、连杆)和个别组装品(如微电脑)都是属于专线重复式生产。

3) 混线重复式生产

混线重复式生产是在同一条线上生产不同类型、样式的产品。不同产品间的转换需时短或通常不需要时间，因此不同的产品可交错在同一条线上生产。此种混线重复式生产的情形如下：A—B—C—A—B—C—A—B—A—D，即每当D完成生产时，已有四个A、三个B、两个C完成生产。

混线重复式生产有如下几点特征：①设备属于泛用型。②生产线上的员工都是多能的，可以在不同生产线工作。③整备时间极短。④生产线的生产速率以市场的销售率为根据。

4) 批量式生产

批量式生产除了在同样的设备上生产两种或两种以上的批量产品外，其功能与连续性流程是相同的。因为在批量式生产中，整备流线式生产的成本在允许的情况下(即使不连续性地生产零件)，即可使用批量式生产。在这种情况下，两种或更多种产品可以使用同一生产线，各产品以批量的形式在生产线不断地转换。

批量式生产有如下几点特征：①设备体积大，且属于泛用型，生产效率比连续性生产、专线重复式生产低。②设备及人员必须持续不断地安排。③设备必须及时清理和调整，以符合不同零件生产时的温度、压力及时间。

2. 零工式生产

零工式生产是将一群具有相同功能的机器设备(例如铣床、钻床、搪孔机、冲床和组装设备)摆在一起，当工件在不同的工作中心或不同的部门流动时，也正在进行不同的加工程序。零工式生产的订单可以来源相同的路径，也可以来源不同的路径。

零工式生产有如下几点特征：①泛用型的生产及物料搬运设备可加以调整，以适用不同类型的产品。②不同的产品以批次的形式加工，且不同的批次在同一时间进行加工。此形式适用于生产低需求量(因而不适在流线式流程里加工)的产品。③加工程序单需有详细的加工路径及加工中心的名称。④生产管制需要有详细的工作指令及现场设备信息，包括加工顺序、工单的优先顺位、工时、加工状况、机器产能及重要加工中心的负载。⑤各工作中心的负载各有不同，即每一个工作中心的使用率不同。⑥资源的利用，包括物料、人员及工具，必须配合工单的安排。⑦零工式生产的在制品比流线式生产的在制品多，因此等待的时间较长，一个工单通常花费超过95%以上的时间等待移转至下个加工中心。⑧相对于流程式生产，零工式生产对人员的技术要求较高。

零工式生产是以批量的方式生产，类似于批量生产。不同的是，批量式生产由整备时间的限制条件及需求量决定批量大小；而零工式生产则由特殊订单量来决定批量大小。所以，不论是大批量还是小批量的类似产品，都可用零工式生产方式。

零工式生产适用于以下几种情况：①做出市场上的试验品及产品生产初期的批量订单；②配合少量多样的生产模式。

3. 定点式生产

对于大型、笨重等无法移动的产品，企业常采用加工对象固定不动，生产工人、设备和物料围绕加工对象运动的设计形式。例如飞机的装配、船舶制造、内燃机车装配等。

定点式生产的特征是将所有材料、工具以及人员均带到产品的制造现场。此种生产流程可见于造船业、建筑业、公路施工等。此类产品无法从一个工作中心移至另一个工作中心。

定点式生产有如下几点特征：①直接操作人员具有丰富的经验、具有高超的技术，而且能独立作业。②订单数量通常很小，而且大部分按顾客需求设计。③在适当的时间里，必须充分供应工具、人工以及各项资源，以免造成闲置。

4. 成组生产单元式

在实践中生产流程还有一种成组生产单元的形式。首先根据一定的标准将结构和工艺相似的零件组成一个零件组，确定零件组的典型工艺流程，再根据典型工艺流程的加工内容选择设备和工人，由这些设备和工人组成一个生产单元，具有更高的柔性，这是一种适合多品种小批量生产的理想生产方式。

不同的生产流程需要不同的布置、不同的排程技巧及不同的管理方式，也需要使用不同的产品定位策略。

7.3 生产计划编制

生产计划是指为保证生产顺利进行而编制的生产物流供应计划。它是企业计划期内生产物流供应活动的行动纲领，与企业的物流能力、物料需求、制造需求、采购需求等紧密联系在一起。生产物流计划的核心是主生产计划的编制，即根据计划期内确定的产品品种、数量、期限，以及发展变化的客观实际，具体安排产品及其部件在各个生产工艺阶段的生产进度和生产任务。

7.3.1 生产计划概述

生产计划是生产企业首要的、基础的工作，任何一个企业的运作管理都是建立在有效的计划体系上的。例如，经营计划、生产计划大纲、主生产计划、物料需求计划、能力需求计划、车间作业计划等。

1. 经营计划

经营计划是企业的战略规划，是从长远规划开始的，是企业总目标的具体体现。企业的经营计划由企业决策层制订，是对企业产品开发方向、市场定位、产品在市场应占有的份额、营业额、产品的销售收入及利润等的长期(未来2~7年)规划。

经营计划是其他计划层次的制订依据，其他计划的制订都是对经营计划的细化。经营计划的制订要考虑企业现有及未来的资源情况，经营计划的变更只能由企业决策层完成。

2. 生产计划大纲

生产计划大纲是为了完成经营计划的目标，确定企业每一系列产品在未来1～3年内，每年、每月生产的数量及需要的资源。生产计划大纲是对企业经营计划的细化，将经营计划中用货币表达的目标转换为用生产产品系列的数量来表达。

编制生产计划时，企业不仅要确定全年的产量任务，还要将全年生产任务具体安排到各个月份。合理安排产品生产计划，有利于落实销售计划，也有利于有效地运用企业内部资源，提高劳动生产率，降低生产成本。生产计划大纲也是编制生产计划和其他执行计划的重要依据。

生产计划的制订方法因企业所面临的市场需求变化的性质不同而不同。对按库存生产(MTS)企业而言，生产计划主要包括品种与产量的确定、产品出产计划的编制等内容；对按订单生产(MTO)企业而言，生产计划主要包括接受订货决策、品种、价格与交货期的确定等内容。

3. 主生产计划

主生产计划(Master Product Schedule，MPS)(详见7.3.2)是以生产计划大纲为依据，将产品生产具体化，确定最终每个产品在相应时间段内的生产数量。对于企业来说，主生产计划要具体到产品的品种、型号。

主生产计划时段通常是周，也可以是天，甚至是小时。时段长度可以任意设定，而且，一个主生产计划可采用变长时段，例如，近期的时段细分为日或周，中远期为月或季。因此，企业可以把主生产计划从时间上分成两部分，近期为确定性计划，远期为尝试性计划。确定性计划以周或日为计划的时间单位，尝试性计划以月或季为计划的时间单位。

主生产计划根据客户合同和市场预测，把经营计划或生产大纲中的产品系列具体化，使之成为展开物料需求计划的主要依据，起到从综合计划向具体计划过渡的作用。主生产计划必须考虑客户订单和预测、未完成订单、可用物料的数量、现有能力、管理方针和目标等。因此，它是生产计划工作向下延伸的一项重要计划。

MPS的计划对象包括以下几项内容：①最终产品项，即一台完整的产品；②独立需求的备品、配件，可以是一个完整的部件，也可以是零件；③MPS中规定的出产数量一般为净需要量，即需要生产的数量。

4. 物料需求计划

物料需求计划(MRP)(详见7.3.3)是对主生产计划的细化，它根据主生产计划对最终产品的生产数量、交货期及产品的物料清单(BOM)确定产品相关物料需求数量和需求日期。物料需求计划需要通过能力需求计划检验其可行性。根据物料需求计划可以确定自制零部件的生产建议订单和采购件采购建议订单。

5. 能力需求计划

物料需求计划(MRP)是在资源无限的条件下编制的，该计划是否可行，还要确立企业是否有足够的生产能力来保证计划的顺利实施，这就需要编制能力需求计划(Capacity Requirements Planning，CRP)。

1) 能力需求计划的概念

能力需求计划是指为完成物料需求计划(MRP)而确定所需劳动力和机器能力的过程，包括确定、测量和调节能力限度和负荷水平。具体地讲，CRP就是对MRP涉及的物料加工所使用的工作中心(工序)进行负荷和能力精确计算，并依此进行生产能力与生产负荷的平衡。能力需求计划中的“能力”是指在一定条件下(如人力、设备、面积、资金等)，单位时间内企业能持续保持的最大产出。能力需求计划的对象是工作中心。

相对而言，能力需求计划比物料需求计划更为抽象。因为物料需求计划的对象是物料，物料是具体的、形象的和可见的；而能力需求计划的对象是工作中心，而工作中心的能力是随生产效率、人员变动、设备状况等因素而变化的，具有较多不确定因素。

知识窗

工作中心

工作中心指的是直接改变物料形态或性质的生产作业单元。工作中心的数据是工艺路线的核心组成部分，是运算物料需求计划、能力需求计划的基础数据之一，如一条流水线，CNC(Computer Numerical Control，计算机数字控制)加工机床等。工作中心是一种资源，它的资源可以是人，也可以是机器。一个工作中心可以是一台设备、一组功能相同的设备、一条自动生产线、一个班组、一块装配面积或者是某种生产单一产品的封闭车间。

2) 能力需求计划的作用

能力需求计划旨在通过分析MRP的需求和企业现有生产能力，及早发现能力的瓶颈所在，从而为实现企业的生产任务提供能力方面的保障。能力需求计划是为了平衡工作中心的能力与负荷，从而保证计划可行性与可靠性。能力需求计划主要解决生产什么、何时生产、物料使用哪些工作中心加工、负荷或需用能力、工作中心的可用能力的问题。

能力需求计划是根据物料需求计划(MRP)中的物料的需求数量和需求时间及其在各自工艺路线中使用的工作中心及占用时间，计算出加工这些物料在各计划周期所占用工作中心的负荷(需用能力)，并与工作中心的可用能力(如可提供的工时、台时等)进行比较平衡的过程。

6.车间作业计划

1) 车间作业计划(PAC)的概念

车间作业计划(Production Activity Control，PAC)，又称车间控制，是在物料需求计划

(MRP)输出制造订单的基础上，对零部件生产计划的细化，是一种实际的执行计划。

车间作业计划是在物料需求计划(MRP)所产生的加工制造订单(自制零部件生产计划)的基础上，按照交货期的前后和生产优先级选择原则以及车间的生产资源情况(如设备、人员、物料的可用性及加工能力的大小等)将零部件的生产计划以订单的形式下达给适当的车间。车间内部根据零部件的工艺路线等信息制订车间生产的日计划，组织日常的生产。同时，在订单的生产过程中，实时地采集车间生产的动态信息，了解生产进度，发现问题及时解决，尽量使车间的实际生产接近于计划。

2) 车间作业计划(PAC)的编制步骤

(1) 核实物料需求计划(MRP)的制造订单。MRP计划为制造订单规定了计划下达日期，但它并没有真正下达给车间，这仍然是个推荐的日期。虽然这些订单是按MRP原理编制的，并且做过能力平衡，但这些订单在生产控制人员正式批准下达投产之前，还必须检查物料、能力、提前期和工具的可用性。

生产控制人员要通过计划订单报告、物料主文件和库存报告、工艺路线文件和工作中心文件，以及工厂日历来完成以下任务：确定加工工序；确定所需的物料、能力、提前期和工具；确定物料、能力、提前期和工具的可用性；解决物料、能力、提前期和工具的短缺问题。

知识窗

提前期

提前期亦称“前置期”，是某一工作的工作时间周期，即从工作开始到工作结束的时间。如，采购提前期即是采购订单下达到物料采购入库的全部时间，而加工提前期则是每道工序生产加工开始投入到批量交付给下工序的全部时间，由准备时间、加工时间、等待时间和传送时间构成。提前期一般分为三个层次：从签订销售订单到完成交货的时间，称为“总提前期”(总提前期是指产品的整个生命周期，包括产品设计提前期、生产准备提前期、采购提前期以及加工、装配、试车、检测、发运等提前期的总和)；从开始采购到产品生产完工入库的时间，称为“累计提前期”；从开始投料生产到产品生产完工入库的时间，称为“加工提前期”。

(2) 生成车间任务。该步骤的任务就是要把上述核实过的MRP制造订单下达给车间，由于企业中不同车间可以完成相同的加工任务，且不同车间的加工工艺路线也可能不相同，因此必须把物料制造订单明确下达给具体加工车间。当然，同一个物料制造订单也可分配给不同的车间。

车间任务往往是以报表的形式给出，在报表中一般应包括任务号、MRP号、物料代码(物料名称)、需求量、需求日期、车间代码、计划开工日期、计划完工日期等数据项。车间任务生成并确认后，还要对任务所需物料进一步落实(分配)，以确保任务的顺利执行。物料的分配结果直接产生库存物料的“已分配量”值。

(3) 下达加工单。加工单又称车间订单，是一种面向物料的加工说明文件，包括物料的加工工序、工作中心、工时定额及工作进度等。加工单也是以报表的形式下达，该报表的格式类似于工艺路线报表，在表中一般应包括加工单号(订单号)、物料名称、物料代码、需求数量、需求日期、工序号、工序名称、工作中心代码或名称、工作中心工时定额、计划进度等。

(4) 生产调度。生产调度又称作业排序，是对工作中心的作业进行排序，即当多项物料在同一时区分配在同一个工作中心上加工时，对物料的加工顺序进行排序。在生产调度中，各种作业的组合编排是比较复杂的，企业可以根据自身的情况来制定规则，依次设置作业的排序方案。

(5) 下达派工单。派工单是面向工作中心的加工说明文件，包括某时段(如周、日)工作中心的加工任务，以及各任务的优先级别。派工单往往也是以报表的形式下达，一般包括车间代码、工作中心代码、物料代码、任务号、工序号、需求数量、开工及完工日期、优先级别等。

7.3.2 主生产计划编制

1. 编制主生产计划(MPS)的有关术语

1) 毛需求量

毛需求量(Gross Requirement)是指在任意给定的计划周期内某项目的总需求量。毛需求量的计算与该项目的需求类别(独立需求或相关需求)有关，主生产计划仅考虑具有独立需求项目的毛需求量，而相关需求项目的毛需求量的确定则在物料需求计划(MRP)中考虑。

计算主生产计划项目的毛需求量要充分考虑该项目所在的时区(需求时区计划时区和预测时区)关系：①在需求时区内，订单已经确定，客户需求便取代了预测值，此时毛需求量为客户订单数量；②在计划时区内，需要将预测需求和实际需求加以合并，此时毛需求量通常为实际需求或预测数值中较大者；③在预测时区内，毛需求量为预测值。

毛需求量的确定，还可以由下述数学模型来描述：

$$GR(t)=\begin{cases} D(t); & t \leqslant t_d \\ \text{Max}\left[D(t),\ F(t)\right]; & t_d \leqslant t \leqslant t_p \\ F(t); & t_p \leqslant t \end{cases}$$

式中，$GR(t)$表示产品在第t期的毛需求量：

$D(t)$表示产品在第t期的实际订单量；

$F(t)$表示产品在第t期的需求预测量；

t_d表示需求时界；

t_p表示计划时界。

2) 计划接收量

计划接收量又称为预计入库量，是指在给定的计划周期内某项目预计完成的总数。未完成的生产订单及未到货的采购订单都被认为是到货日期的“预计入库量”或“计划接收量”，并作为届时可用的库存的一部分来处理。

3) 预计可用库存量

预计可用库存量是指预计未来某个计划周期可用的期末库存量。它与现有库存量不是同一个概念，是在现有库存量的基础上扣除用于其他用途的已分配量，其计算公式为

预计可用库存量＝前一周期末的可用库存量＋本周期计划接收量－本周期毛需求量＋本周期计划产出量

4) 安全库存量

安全库存量是指库存量的最低限。设置安全库存量旨在预防需求或供应方面不可预料的波动，避免造成生产或供应中断，减缓用户需求与工厂之间、供应商和工厂之间、制造和装配之间的矛盾，充分利用企业现有的人力物力资源，更好地满足客户的需求。

5) 净需求量

净需求量是指在任意给定的计划周期内某项目实际需求的数量。净需求量的计算也与该项目的需求类别(独立需求或相关需求)有关，主生产计划仅考虑具有独立需求项目的净需求量，而相关需求项目的净需求量的确定则在物料需求计划(MRP)中考虑。

计算独立需求项目的净需求量要综合考虑毛需求量和安全库存量，并考虑期初的结余与本期可以计划产出的数量。其计算公式为

净需求量＝本周期毛需求量－前一周期末的可用库存量－本周期计划接收量+安全库存量

6) 批量规则

MPS的计划量并非等于实际的净需求量，这是由于在实际生产或订货中，准备加工、订货、运输、包装等都必须按照“一定的数量”来进行，这“一定的数量”称为MPS批量，确定该数量的规则称为MPS的批量规则。

考虑MPS批量有利于降低订货成本、降低准备成本、降低运输成本、降低在制品成本。MPS的批量规则主要有直接批量法、固定批量法、固定周期法和经济批量法。

7) 计划产出量

当有净需求产生(当净需求＞0)时，为了满足净需求的需要，系统依据批量规则计算得到的计划量称为计划产出量。主生产计划(MPS)的计划产出量便是MPS计划量。

8) 计划投入量

依据计划产出量、物料的提前期及物料的成品率(或合格率、损耗率)等计算出的投入数量称为计划投入量。

9) 可供销售量

在某个计划产出周期间，当计划产出量超出订单(或合同)数量，这个“超出量”就是可供销售量。可供销售量是销售人员同临时客户洽谈供货条件的重要依据，其计算公式为

可供销售量=某周期的计划产出量(包括计划接收量)－该周期的订单(合同)量总和

10) 时区与时界

在编制MPS计划时，通常根据需要将其计划展望期按顺序划分为三个时区，即需求时区、计划时区和预测时区，每个时区包含若干个计划周期，不同时区的分割点称为时界或

时间栏。时区的划分对MPS计划的编制将产生重要的影响。

(1) 在需求时区内，订单已经确定，此时区内产品生产数量和交货期一般不能变动。

(2) 在计划时区内，表明企业已安排生产，产品生产数量和交货期一般也不能随意改变，需要变动时应由高层领导人员批准。

(3) 在预测时区内，由于对客户的需求知道得很少，只好预测需求，预测时区内的产品数量和交货期可由系统任意进行变更。

为了更好地理解时区与时界的概念及其关系，以图7.3、图7.4为例，从两个不同的角度分析。

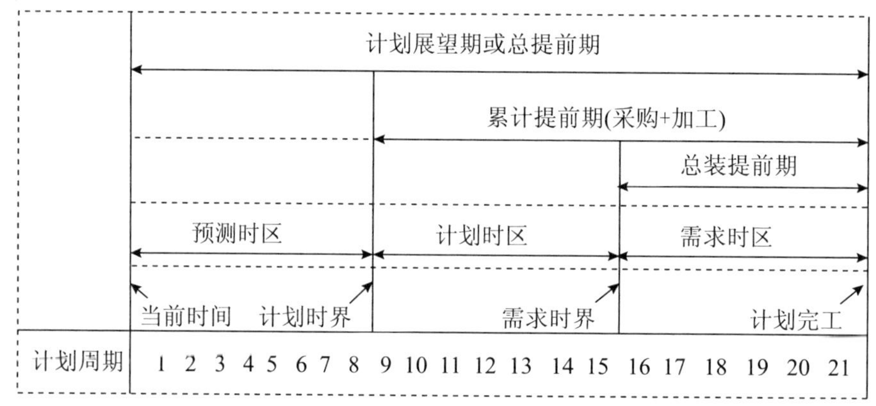

图7.3 某产品单个订单计划在计划展望期中各时区时界分布关系

在图7.3中，横坐标为计划展望期，共包括21个计划周期(以下简称周期)，并假设第1个计划周期开始时间为当前时间(计划开始时间)。现订单要求该产品在第21周期完工(如图7.3“计划完工”的标志处)，因此，第16—21周期为需求时区，第9—15周期为计划时区，第1—8周期为预测时区，而第15周期为需求时界，第8周期为计划时界。随着时间的推移，该产品所处的时区会从预测时区移至计划时区，在计划时区完成采购任务，最后到达需求时区，在需求时区完成生产加工与组装，并在第21周期完工入库。

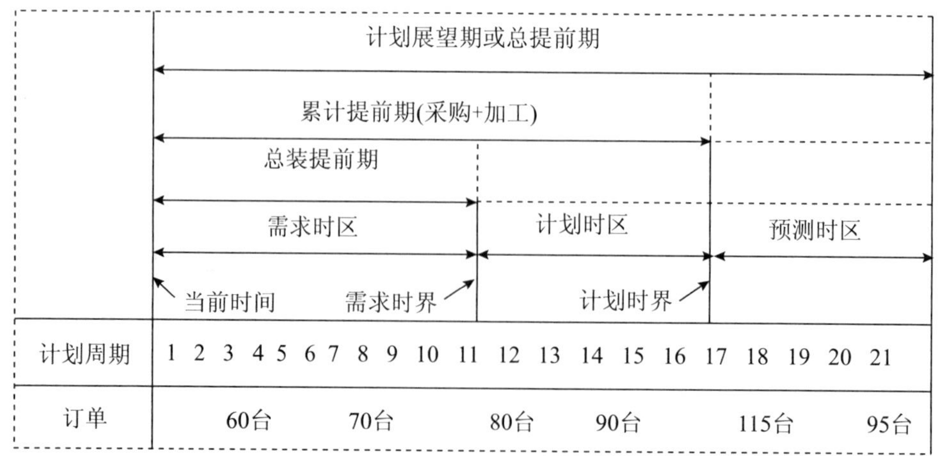

图7.4 某产品多个订单计划在时间上的时区分布关系

在图7.4中，第1个计划周期开始为当前时间(计划开始时间)，计划周期的下方是不同计划周期的订单交货数量。以当前时间为基准，订单60台与70台已经到了生产总装的阶段，处于需求时区；订单80台与订单90台，还未到总装阶段，但已经在采购或加工过程中，处于计划时区；而订单115台与95台，则处于预测时区。

一般情况下，我们从图7.3的角度理解MPS报表中的各个计划所处的时区。

2. 编制主生产计划(MPS)的步骤

编制主生产计划(MPS)主要包括收集整理需求数据、确定展望期和计划周期并划分时区、计算毛需求、计算净需求、产生MPS初步计划等步骤。其中，收集整理需求数据是指有关MPS的量化数据，如当前库存、安全库存、客户订单、预测数据等。编制主生产计划(MPS)的基本步骤如图7.5所示。

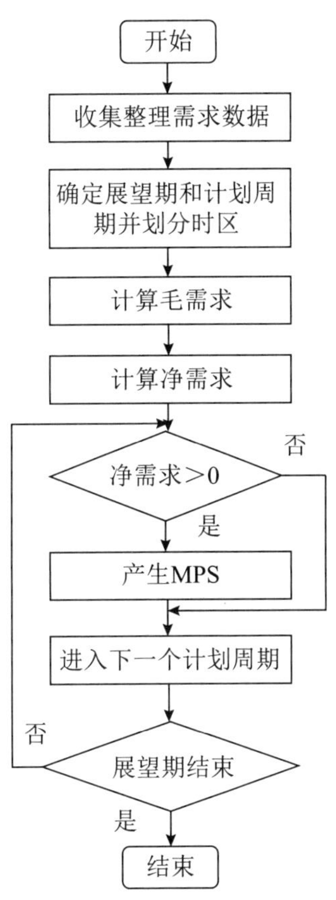

图7.5 编制主生产计划(MPS)的基本步骤

【例题7.1】已知某项目的期初库存为160；安全库存为20：MPS批量为200；销售预测：第1周期为90，第2周期为85，第3—12周期均为80；实际需求：第1—12周期依次为72，100，92，40，64，112，0，8，0，60，0，0。计算预计MPS的数量和预计可用库存量，完成一个MPS的初步计划的制订。

【解析】在需求时区(第1、2周期)内，毛需求量是实际需求量；在计划时区(第3—6周期)内，毛需求量是预测和实际需求中数值较大者；在预测时区(第7—12周期)内，毛需求量为预测值。

根据期初库存量160与第1周期毛需求量72相减得到预计库存量88。在第2周期，由于净需求量为32，大于零，这时应计划完成一批200台。在第4周期，由于净需求量为4，大于零，这时应计划完成一批200台。依次类推，若某周期的净需求量大于零，则计划在该周期完成一批产品，其数量为200的整数倍。该项目的MPS的初步计划的制订如表7.1所示。

表7.1 主生产计划(MPS)的初步报表

项目	需求时区		计划时区				预测时区					
周期	1	2	3	4	5	6	7	8	9	10	11	12
预测	90	85	80	80	80	80	80	80	80	80	80	80
实际需求	72	100	92	40	64	112	0	8	0	60	0	0
毛需求	72	100	92	80	80	112	80	80	80	80	80	80
净需求		32		4			76		36			76
MPS计划量		200		200			200		200			200
预计库存量	88	188	96	216	136	24	144	64	184	104	24	144

7.3.3 物料需求计划

1. 物料需求计划定义

物料需求计划(Material Requirement Planning，MRP)就是依据主生产计划(MPS)、物料清单、库存记录和已订未交订单等资料，经由计算而得到各种相关需求物料的需求状况，同时提出各种新订单补充的建议，以及修正各种已开出订单的一种实用技术。

物料需求计划(MRP)是由美国著名生产管理和计算机应用专家欧·威特和乔·伯劳士在对多家企业进行研究后提出来的。MRP被看作以计算机为基础的生产计划与库存控制系统。它是根据物料清单数据、库存数据和主生产计划来模拟未来库存状况和预计未来缺件的一组技术。它按时间段下达补充材料订单，对于交货期和需求日期不在同一时间段的情况，在进行重排后再下达订单。它是一种按零件提前期组织生产或者采购的基本计划技术，也是一种保证订单按期交货的有效方法。

物料需求计划(MRP)根据总生产进度计划中规定的最终产品的交货日期，编制所构成最终产品的装配件、部件、零件的生产进度计划，对外的采购计划及对内的生产计划。它可以用来计算物料需求量和需求时间，从而降低库存量。

物料需求计划(MRP)主要包括客户需求管理、产品生产计划、原材料计划以及库存记录等内容。其中，客户需求管理包括客户订单管理及销售预测，将实际的客户订单数与科学的客户需求预测相结合即能得出客户需要什么以及需求多少。物料需求计划(MRP)是一种推式体系，根据预测和客户订单安排生产计划。

2. 物料需求计划(MRP)结构原理

物料需求计划(MRP)是一种以计算机为基础的编制生产与实行控制的系统，它不仅是一种新的计划管理方法，也是一种新的组织生产方式。MRP的出现和发展，引起了生产管理理论和实践的变革。

MRP是根据总生产进度计划中规定的最终产品的交货日期，规定必须完成各项作业的时间，编制所有较低层次零部件的生产进度计划，对外计划各种零部件的采购时间与数量，对内确定生产部门应进行加工生产的时间和数量。一旦作业不能按计划完成时，MRP系统可以对采购和生产进度的时间和数量加以调整，使各项作业的优先顺序符合实际情况。

物料需求计划(MRP)是根据主生产计划 (MPS)需要的物料种类、需要量、库存量决定最终产品的交货日期、完成各项作业的时间、零部件的生产进度、零部件的采购时间与数量等。由此可见，MRP是一种根据需求和预测来测定未来物料供应、生产计划和控制的方法，它提供了物料需求的准确时间和数量。基于MRP的理论思想，可以得出MRP的结构原理图，如图7.6所示。

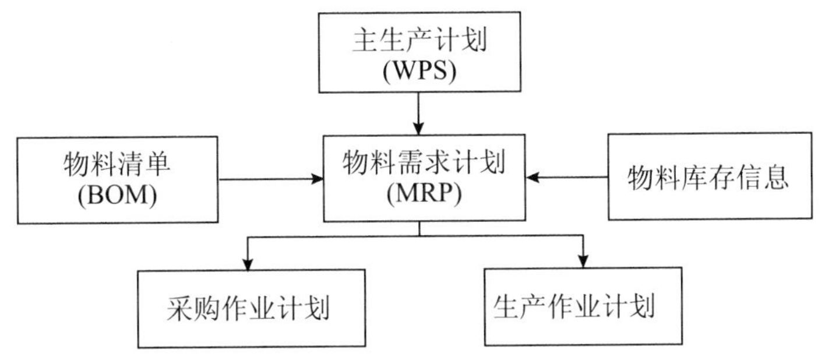

图7.6 MRP的结构原理图

物料需求计划(MRP)的基本任务主要有两个：一是从最终产品的生产计划导出相关物料(原材料、零部件等)的需求量和需求时间；二是根据物料的需求时间和生产(订货)周期来确定其开始生产(订货)的时间。

3. 物料需求计划(MRP)基础数据

一般来说，物料需求计划(MRP)是根据主生产计划的要求、结合物料清单(BOM)(后面有介绍)与库存数据，逆向求出各个成品的需求时间与数量、各个物料的需求时间与数量，即计划生产工单和计划采购订单，可以说是主生产计划的实际体现。

物料需求计划(MRP)的制订要具备以下数据。

1) 主生产计划数据

主生产计划数据指明在某一计划时间段内企业应生产出的各种产品和备件，它是物料需求计划制订的一个重要数据来源。(生产什么)

2) 物料清单(BOM)数据

物料清单(BOM)数据指明了物料之间的结构关系，以及每种物料需求的数量，它是物料需求计划系统中最为基础的数据。(需要什么)

3) 库存记录数据

库存记录数据把每个物料品目的现有库存量和计划接收量的实际状态反映出来。(具备什么)

4) 提前期

提前期决定着每种物料何时开工、何时完工。

应该说，这四项数据都是至关重要、缺一不可的。缺少其中任何一项或任何一项中的数据不完整，制订的物料需求计划都是不准确的。因此，在制订物料需求计划之前，这四项数据都必须先完整地建立好，而且保证是绝对可靠的、可执行的数据。

MRP的展开数据主要是生产与库存控制计划与报告，其内容有以下几个方面：①计划发出的订单，主要是零部件的投入出产计划、原材料采购或外协件计划。这两种计划是MRP的主要展开数据；②订单执行的注意事项通知；③订单的变动通知；④工艺装备的需求计划；⑤库存状态数据。

4. 物料需求计划(MRP)的特点

1) 需求的相关性

流通企业的各种需求往往是独立的，而生产系统的各种需求却是相关的。例如，根据订单确定了所需产品的数量之后，由新产品结构文件即可推算出各种零部件和原材料的数量，这种根据逻辑关系推算出来的物料数量称为相关需求。物料需求计划中，不仅各个品种数量具有相关性，需求时间与生产工艺过程的决定也是相关的。

2) 需求的确定性

MRP的需求都是根据主生产进度计划、产品结构文件和库存文件精确计算出来的，品种、数量和需求时间都有严格要求，不可改变。

3) 计划的复杂性

MRP要根据主产品生产计划、产品结构文件、库存文件、生产时间和采购时间，把主产品的所有零部件需要数量、时间、先后关系等准确计算出来。当产品结构复杂，零部件数量特别多时，必须依靠计算机实施这项工程。

5. 物料清单(BOM)

MRP中的物料是企业一切有形的采购、制造、销售对象的总称，如原材料、外购件、外协件、毛坯、零件、组合件、装配件、部件、产品等。物料通过基本属性、成本属性、计划属性、库存属性等来描述，通常用物料编码来唯一标识某种物料。

1) 物料清单(BOM)定义

物料清单(Bill of Materials，BOM)，也叫产品结构文件，是指产品所需零部件明细表及其结构。它表明了产品、部件、组件、零件、原材料之间的结构关系，以及每个组装件所包含的下属部件(或零件)的数量。物料清单(BOM)是MRP的核心文件，它在物料分解与产品计划过程中占有重要地位，是物料计划的控制文件，也是制造企业的核心文件。

一个BOM文件至少应包括三项数据项：物料标识、需求量、层次码(该物料在结构表中相对于最终产品的位置)。其中，物料标识是指物料编码；需求量是指每一个父项所需该子项的数量；层次码是系统分配给物料清单上的每种物料的数字码，其范围为0—N，即最上层的层次码为0，下层层级码则为1，依此类推。物料清单通常采用树型结构表示，也称为产品结构树。X产品的物料清单(BOM)如图7.7所示。

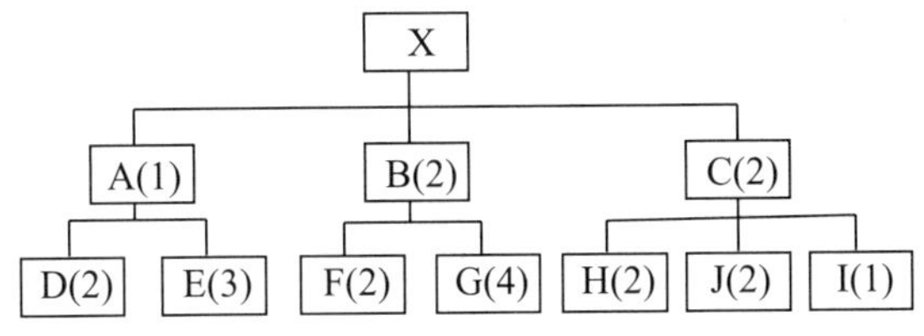

图7.7　X产品物料清单(BOM)

图7.8是一辆自行车的3级BOM表，表示自行车由1个车架和2个轮子组成，车架又由1个车把、1个车梁、1个前叉和1个后叉组成。自行车的层次码为0，车架的层次码为1，轮子的层次码为1，车把、车梁、前叉、后叉的层次码为2。

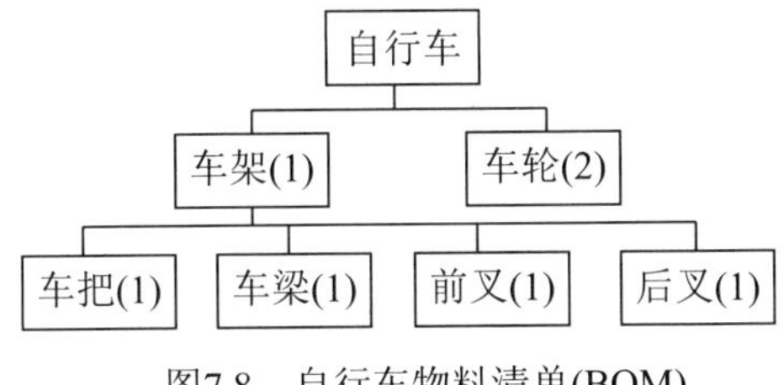

图7.8　自行车物料清单(BOM)

2) 物料清单的种类

物料清单按其功能和应用领域不同，可以划分为基本物料清单、计划物料清单、模块化物料清单以及成本型物料清单。

(1) 基本物料清单，又称为普通物料清单。它是最常用的物料清单，主要由产品或物料的实际结构组成。基本物料清单文件包含的数据项主要包括单位代码、物料代码、层次码、提前期、母件代码、物料清单序号、缺省工作中心、子件消耗量、废品率、有效版本号、生效日期、失效日期、替换物料清单、使用标识(启用、停用)、修改操作员、修改日期、审核人员及审核日期等。

(2) 计划物料清单由普通物料清单组成，用于产品的销售预测，尤其用于预测不同的产品组合而形成的新产品或产品系列。当产品存在通用件时，可以把各个通用件定义为普通型BOM，然后由各组件组装成某个产品，这样各组件可以先下预测计划进行生产。

知识窗

通用件

通用件是指在不同类型或同类型不同规格的产品中可以互换使用，给予通用编号(或单独管理)的整(部)件和元器件。

计划物料清单一般为单层，最高层次(产品系列层)不是实际存在的产品，最终产品的物料清单仍然是普通型物料清单。各产品在计划物料清单中占有的比例可任意增减，维护也很方便。在定义子件时，一般定义其构成比例，如图7.9中，VC产品的30粒瓶装占

30%，100粒瓶装占50%，1000粒瓶装占20%。

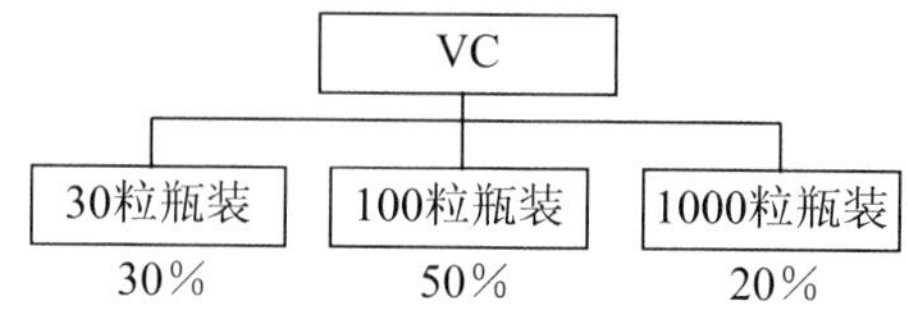

图7.9 VC产品计划物料清单

计划物料清单包括的数据项主要包括单位代码、父件代码、物料清单序号、物品代码、子件消耗量、子件构成百分比、有效版本、生效日期、失效日期、子件类别(可选件或通用)、修改操作员、操作日期、审核员及审核日期等。

(3) 模块化物料清单是对通用型的产品组件进行模块化管理，即对相似的子件进行模块化管理。在产品结构中，有的子件构成中大部分相似，且这种相似的结构也会在其他的产品中出现，这种结构就可以模块化。

以图7.10产品为例，该产品的结构如果用基本物料清单管理，则数据重复量很多(重复K子件及D、E、F零件)，会造成数据库庞大，查询速度较慢。在进行模块化型管理后，凡是用到K(通用模块)结构的无须重新输入数据，只需引用该模块即可。

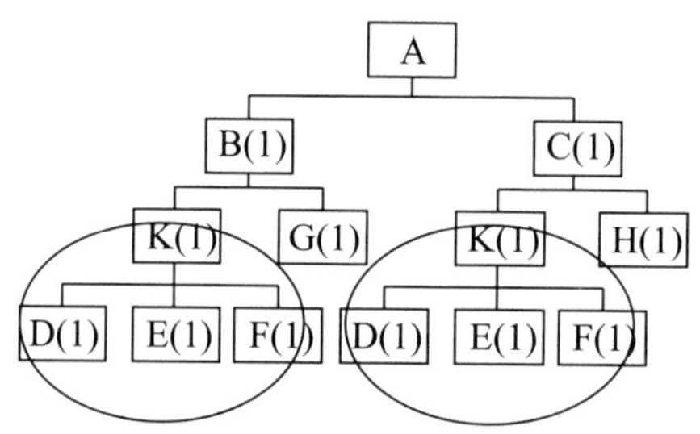

图7.10 模块化在基本物料清单中的体现

(4) 成本型物料清单主要用于描述产品结构中每种物料的成本构成，如物料的材料费、人工费和间接费用(制造费)，是物料的标准成本。成本型物料清单结构类似于基本物料清单，表7.2给出了一个成本物料清单的示例。

表7.2 圆珠笔的成本物料清单

层次	母件代码	子件代码	子件名称	计量单位	数量	材料费	人工费	间接费用	合计	本层累计
0		B01	圆珠笔	支额	1	……	0.05	0.02	0.07	0.39
1	B01	G01	笔盖	个	1	0.02	……	0.02	0.04	0.04
1	B01	T01	笔套	个	1	0.05	……	0.02	0.07	0.07
1	B01	X01	笔芯	支	1	……	0.03	0.02	0.06	0.21
2	X01	XY02	笔芯油	毫升	1	0.02	……	0.02	0.04	0.04
2	X01	XT02	笔芯头	个	1	0.04	……	0.02	0.06	0.06
2	X01	XG04	笔芯杆	个	1	0.03	……	0.02	0.05	0.05

7.4　生产物流控制

7.4.1　生产物流控制概述

1. 生产物流控制定义

生产物流控制是指在生产物流计划执行过程中，对有关产品或零部件的数量和生产进度进行控制。生产物流控制是物流控制的核心，是实现生产物流计划的保证。在实际的生产物流系统中，由于受系统内部和外部各种因素的影响，计划与实际之间会产生偏差，为了保证计划的完成，必须对物流活动进行有效控制。因此，物流控制是物流管理的重要内容，也是物流管理的重要职能。

2. 生产物流控制的主要内容

1) 物流进度控制

生产物流进度控制是对物料从投入生产到成品入库为止的全过程进行的控制。生产物流进度控制是生产作业控制的关键，包括物料投入进度控制、物料出产进度控制和工序物料控制等内容。

2) 在制品占用量控制

在制品占用量控制主要控制车间内各工序之间在制品的流转、跨车间协作工序在制品的流转和工序间检验的在制品流转。此外，企业还可以采用看板管理法控制在制品的占用量。

3) 偏差的测定与处理

在生产物流计划实施过程中，按照预定时间及顺序检测计划执行的结果，即计划量与实际量的差距，根据发生差距的原因及程度，采用不同的方法进行处理。

7.4.2　生产物流控制的程序和原理

1. 生产物流控制程序

对于不同类型的生产方式来说，生产物流控制的程序基本上是一样的。与控制的内容相适应，生产物流控制程序一般包括以下几个步骤。

第一步，制定期量标准。期量标准要合理、先进，并随着生产条件的变化不断修正。

第二步，制订计划。依据生产计划制订相应的物流计划。

第三步，物流信息的收集、传送、处理。为了保证生产按计划进行，信息需在各个职能部门之间传送，也能由控制层向管理层传送。

第四步，短期调整。为了保证生产正常进行，企业要及时调整偏差。

第五步，长期调整。为了保证正常的生产及对物流计划的有效性进行评估分析，企业应采取改进措施，作为下期物流计划的依据。

2. 生产物流控制原理

在生产物流系统中，物流协调和减少各个环节生产和库存水平的变化是很重要的。在这样的系统中，系统的稳定与所采用的控制原理有关。下面介绍两种典型的控制原理。

1) 物流推进型控制原理

物流推进型控制是指根据最终产品的需求结构，计算出各个生产工序的物料需求量，在考虑各生产工序的生产提前期之后，向各工序发出物流指令(生产计划指令)。推进型控制的特点是集中控制，每个阶段物流活动都要服从集中控制指令，但各阶段没有考虑影响本阶段的局部库存因素，因此这种控制原理不能使各阶段的库存水平都保持在期望水平。广泛应用的MRP系统控制实质上就是推进型控制。

2) 物流拉动型控制原理

物流拉动型控制是指根据最终产品的需求结构，计算出最后工序的物流需求量，根据最后工序的物流需求量，向前一工序提出物流供应要求。以此类推，各生产工序都接受后道工序的物流需求。从指令方式上不难看出：由于各个工序独立发出指令，这种控制实际上是一种单一阶段的重复。广泛应用的“看板管理”系统控制实质上就是拉动型控制。

7.4.3 推动型生产物流控制管理模式

推动型生产物流控制管理模式的生产目标应是围绕物料转化组织制造资源，即在计算机、通信技术手段的控制方法下，制订和调节产品需求预测、主生产计划、物料需求计划、能力需求计划、物料采购计划、生产成本核算等，信息流往返于每道工序、车间，而生产物流要严格按照反工艺顺序确定的物料需要数量、需要时间，从前道工序“推进”到后道工序或下游车间，而不管后道工序或下游车间当时是否需要。推动型生产物流控制管理模式如图7.11所示。

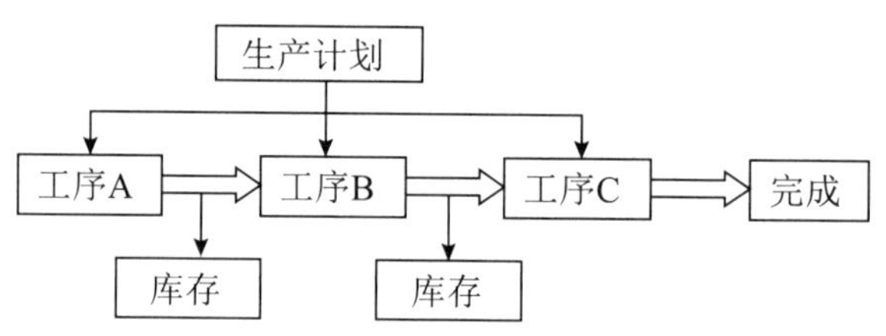

图7.11 推动型生产物流控制管理模式

1. 推动型物流管理模式的形成与发展

从20世纪40年代至今，推动型物流管理模式理论的形成与发展经历了五个阶段，第一阶段：订货点方法(Order Point Method)；第二阶段：时段式物料需求计划(Material Requirements Planning，MRP)，或简称时段式MRP，第三阶段：闭环式物料需求计划，或简称闭环式MRP；第四阶段：制造资源计划(Manufacturing Resource Planning)，由于制造资源规划与物料需求计划均可简称为MRP，为了区别，将制造资源规划简称为MRPII。第五阶段：企业资源规划(Enterprise Resource Planning，ERP)。

推动型物流控制管理模式的发展历程的各阶段具有“向上兼容性”，即后一阶段包含了前一阶段的所有功能，如图7.12所示。

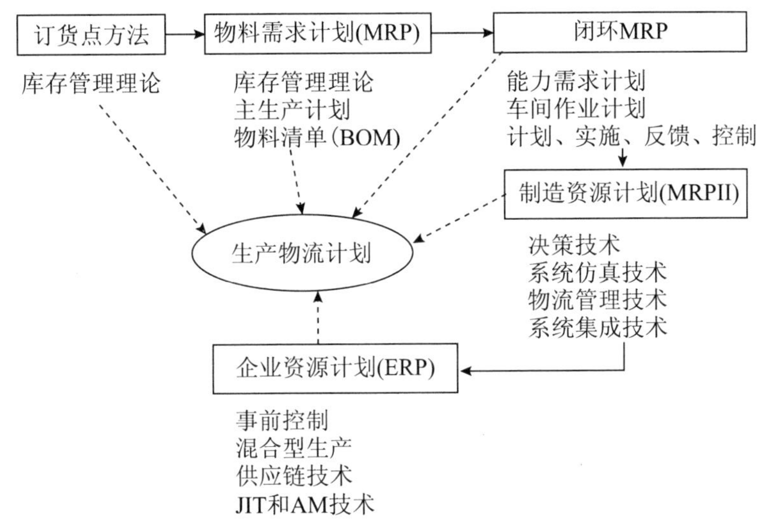

图7.12　推动型物流控制管理模式理论的形成历程

1) 订货点方法结构原理

订货点方法(Order Point Method)是一种使库存量满足安全库存的一种库存补充方法，其基本思想是当库存量伴随着物料的消耗减少到一定量时，就得下达加工订单或采购订的物料单，以确保库存量保持在安全库存水平。

订货点方法中的“订货点”是指某时刻的“库存量”，即当库存中可供消耗的时间刚好等于订货提前期时的“库存量”。订货点法原理如图7.13所示。

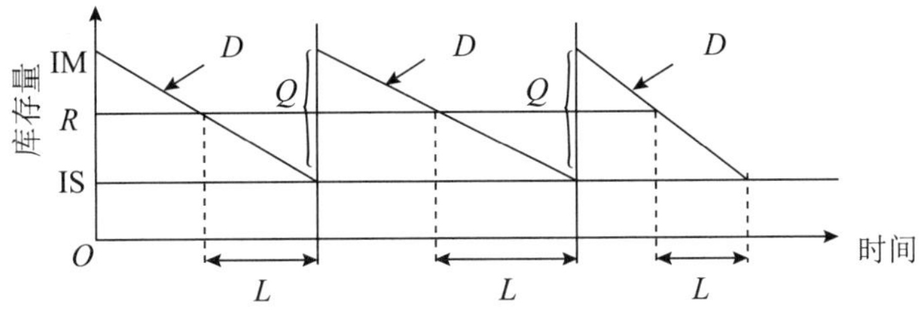

图7.13　订货点法原理

订货点方法涉及6个参数：订货点(R)、订货量(Q)、订货提前期(L)、最大库存量(IM)、安全库存量(IS)和物料消耗速度(D)，其中R、Q为待计算参数。

2) 物料需求计划(MRP)结构原理

物料需求计划(Material Requirements Planning，MRP)，又称时段式MRP(详见7.3.3)，它是根据主生产计划(MPS)表上需要的物料种类、需要量，以及库存量来决定订货和生产。MRP提供了物料需求的准确时间和数量，是一种根据需求和预测来测定未来物料供应、生产计划和控制的方法。

MRP是在订货点法的基础上提出来的，它与订货点法的区别有三点：一是通过产品结构将所有物料的需求联系起来；二是将物料需求区别为独立需求和相关需求；三是对物料的库存状态数据引入了时间分段概念。

3) 闭环MRP结构原理

时段式MRP计划的编制与实施主要基于下述两个前提：①假定已有主生产计划，并且有足够的生产设备和人力来保证生产计划的实现；②假设物料采购计划是可行的，即企业有足够的供货能力和运输能力来保证物料采购计划的完成。

而在实际中这两个前提不可能完全具备。已制订的主生产计划应该生产什么，属于MRP的管辖范围，而工厂生产能力有多大，能生产些什么，则属于制订主生产计划的范围。同时，某些物料由于实际市场紧俏，供货不足或者运输工作紧张，也可能导致物料采购计划无法按时、按量完成。

20世纪70年代末，学者提出了闭环MRP，其理论思想是以整体生产计划为系统流程的基础(MRP以订单为基础)，考虑能力需求使物料需求计划成为可行的计划，同时将车间现场管理和采购也全部纳入MRP。闭环MRP的结构原理如图7.14所示。

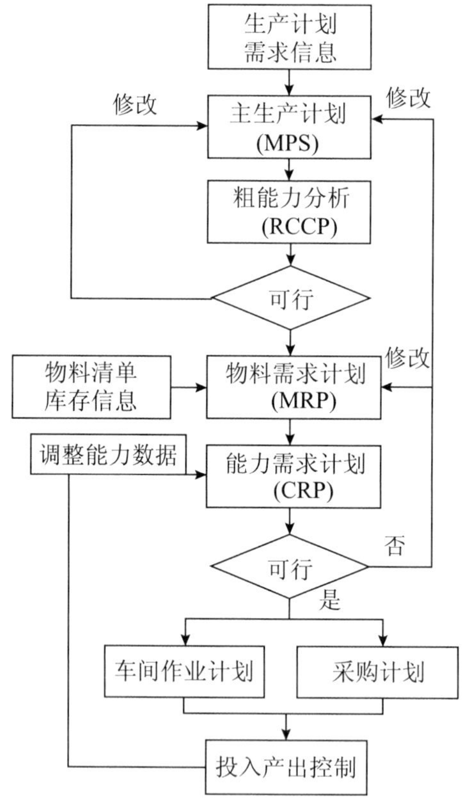

图7.14　闭环MRP的结构原理

闭环MRP具有如下几个特点。

(1) 以整体生产计划为系统流程的基础，主生产计划及生产执行计划产生过程都包括能力需求计划，这样使物料需求计划更为可行。

(2) 具有车间作业管理、采购管理等功能，各部分的相关执行结果，都可控制投入和产出的能力。

(3) 能力的执行情况最终反馈到计划决策层，整个过程是能力的不断执行和调整的过程。

4) MRPII结构原理

制造资源计划(Manufacturing Resource Planning，MRPII)是在物料需求计划(MRP)的基础上发展起来的一种以生产管理为中心的企业资源计划系统，它代表了一种新的生产管理思想，是一种新的组织生产的方式。

闭环MRP的运行过程主要是物流的过程，而产品从原材料投入到成品产出的生产过程伴随着企业资金的流通过程，闭环MRP却无法反映出这一点。MRPII是以闭环MRP为核心，使生产、销售、财务、采购、工程紧密结合在一起，组成了一个全面生产管理的集成优化模式。它是对一个企业的所有资源编制计划并进行监控与管理的一种科学方法。其中，制造资源包括生产资源(如物料、人力、设备等)、市场资源(如销售市场、供应市场等)、财政资源(如资金来源、资金支出等)，以及工程设计资源(如产品结构、工艺路线设计)。

MRPII的结构原理如图7.15所示，右侧是计划与控制流程，包括决策层、管理层以及执行层的有关计划；中间是基础数据，它是MRPII的实现数据集成的基础；左侧为财务系统，集成了应收，应付、成本及总账的财务管理；各条连线则表明了信息流向及相互间的集成关系。

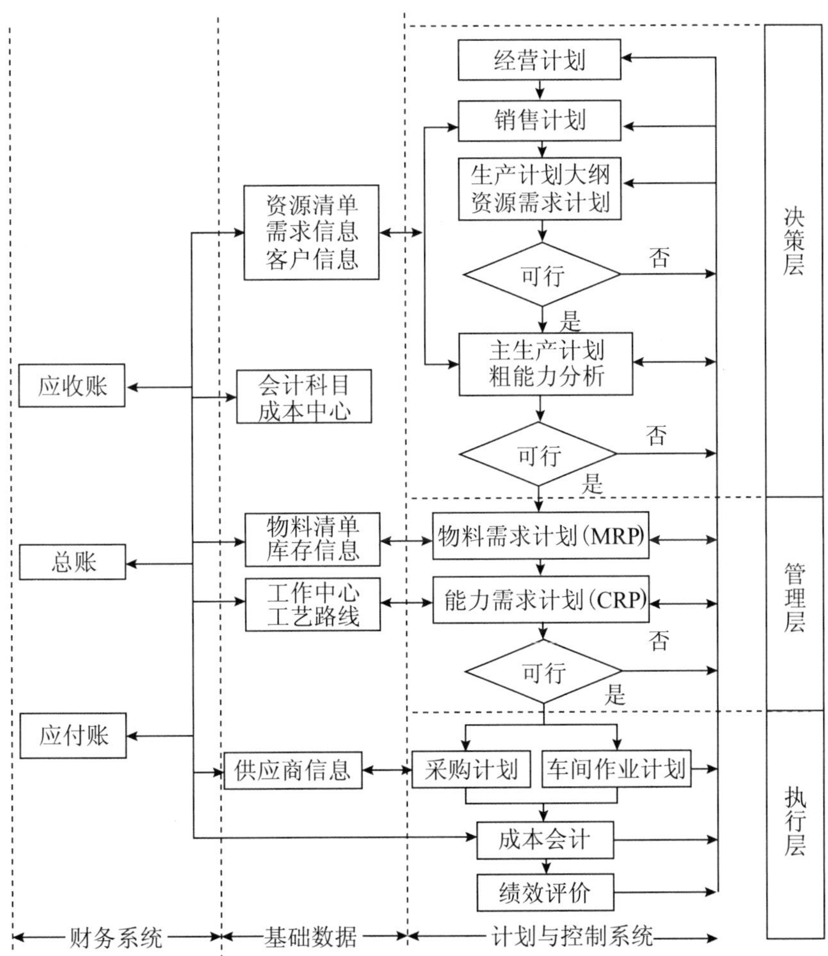

图7.15　MRP II的结构原理

5) ERP的结构原理

ERP是一个高度集成的信息系统，它体现物流、信息流、资金流的集成。概括地说，ERP是建立在信息技术基础上，利用现代企业的先进管理思想，全面集成了企业所有资源信息，为企业提供决策、计划、控制与经营业绩评估的全方位和系统化的管理平台。

ERP是从MRPⅡ发展而来的，它除包括MRPII的基本模块(制造分销及财务)外，还大大地扩展了管理的范围，将企业供应链上所有环节(如订单、采购，库存、计划生产，发货和财务等)所需要的所有资源进行统一计划和管理，从而使企业更加灵活、更加“柔性”地开展各项业务活动，在激烈的市场竞争中取得竞争优势。

ERP主要有如下模块(或子系统)：生产预测、销售计划、经营计划(生产计划大纲)、物料需求计划、能力需求计划、车间作业计划、采购管理、库存管理、质量管理、设备管理、财务管理、ERP的有关扩展应用模块(客户关系管理，分销资源管理，供应链管理等)。ERP的结构原理如图7.16所示。

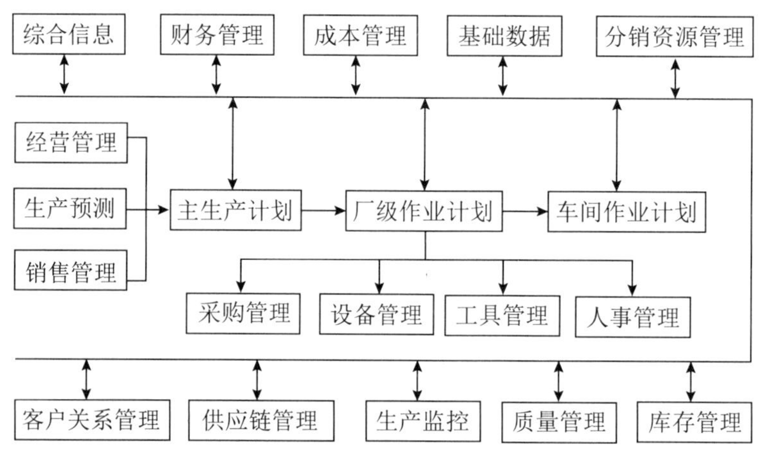

图7.16　ERP的结构原理

2. ERP的核心管理思想

ERP将制造企业的制造流程看成一个紧密连接的供应链，其中包括供应商、制造工厂、分销网络和客户，并将企业内部划分为几个相互协同作业的支持集团，实现对整个供应链的有效管理。ERP管理思想主要体现在以下三个方面。

1) 体现对整个供应链资源进行管理的思想

现代企业竞争不是单一企业与单一企业间的竞争，而是一个企业供应链与另一个企业供应链之间的竞争。企业不仅依靠自己的资源，还必须把经营过程中的有关各方如供应商、制造工厂、分销网络、客户等纳入一个紧密的供应链中，才能满足企业快速高效地进行生产经营的需求。ERP系统实现了对整个企业供应链的管理，适应了企业在知识经济时代市场竞争的需要。

2) 体现精益生产、同步工程和敏捷制造的思想

ERP系统支持对混合型生产方式的管理，其管理思想表现在两个方面：其一是“精

益生产LP(Lean Production)”的思想，即企业按大批量生产方式组织生产时，把客户、销售代理商、供应商、协作单位纳入生产体系，同他们建立起利益共享的合作伙伴关系，进而组成一个企业的供应链，这即是精益生产的核心思想。其二是“敏捷制造(Agile Manufacturing)”的思想。当市场发生变化，企业的基本合作伙伴不一定能满足新产品开发生产的要求，这时，企业会组织一个由特定的供应商和销售渠道组成的短期或一次性供应链，形成“虚拟工厂”，把供应和协作单位看成企业的一个组成部分，运用“同步工程”组织生产，用最短的时间将新产品打入市场，时刻保持产品的高质量、多样化和灵活性，这即是“敏捷制造”的核心思想。

3) 体现事先计划与事中控制的思想

ERP系统中的计划体系主要包括主生产计划、物料需求计划、能力计划、采购计划、销售执行计划、利润计划、财务预算和人力资源计划等，且这些计划功能与价值控制功能已完全集成到整个供应链系统中。

ERP系统通过定义事务处理相关的会计核算科目与核算方式，以便在事务处理发生的同时自动生成会计核算分录，保证了资金流与物流的同步记录和数据的一致性，从而实现了根据财务资金现状追溯资金的来龙去脉，并进一步追溯所发生的相关业务活动，改变了资金信息滞后于物料信息的状况，便于实现事中控制和实时做出决策。

ERP是对MRPII的超越，从本质上看，ERP仍然是以MRPII为核心，但在功能和技术上却超越了传统的MRPII，它是以顾客驱动的、基于时间的、面向整个供应链管理的企业资源计划。

3. 推动型物流管理模式特性分析

在生产物流组织控制上，根据ERP、MRPII的运作原理，通过预测计算物料的需求量和各个生产阶段对应的提前期，确定原材料、零部件和产品的投入产出计划，向相关车间或工序以及供应商发出生产和订货指令。各个生产车间或工序以及供应商，按计划安排进行生产，把加工完的零部件送到后续车间和工序，并将实际完成情况反馈到计划部门，通过“送料制”，最终产品逐渐形成。在整个过程中，计划信息流同向指导推动物流，因此，这种方式称为推进型模式。

对于推动型生产物流系统，进行生产控制就是要保证各个生产环节的物流输入和输出按计划要求按时完成。但是由于各类因素的干扰，外部需求经常波动，内部运行也时有异常事件发生，各种提前期的预测也不尽准确，造成“计划变化滞后”的情况，各车间、工序之间的数量和品种都难以衔接，交货期难以如期实现。为了解决这些矛盾，企业通常调整或修改计划，设置安全库存，加班加点，加强调度控制力度，增加计算机辅助管理系统等措施。与此对应，这些调整会发生相关的库存费用、人工费用、管理费用和投资。尽管这样，还是不能完全挽回由于不确定性因素给企业带来的损失。

7.4.4　拉动型生产物流控制管理模式——JIT

拉动型生产物流控制管理模式是从最终产品装配出发，由下游工序反向来启动上游的生产和运输的过程。每个车间和工序都是“顾客”，按当时的需要提出需求指令；前续车间和工序成为“供应商”按顾客的需求指令进行生产和供应，没有需求就不进行作业，实行“领料制”需求信息流逆向拉动物流。

1. JIT拉动型物流管理模式简介

准时制生产(Just In Time，JIT)是日本丰田汽车公司在20世纪60年代实行的一种生产管理方式，1973年以后，这种方式对丰田公司度过第一次能源危机起到了突出的作用，并逐渐在欧洲和美国的日资企业及当地企业中推行开来。准时制生产方式又称为“丰田生产方式”。

JIT是一种以高质量、小成本的方式进行多品种、小批量的混合生产的生产方式。它的基本思想是“只在需要的时候，按需要的量生产所需的产品”。此种生产方法的核心内容就是追求一种完全的零库存，或者使库存达到最小化的生产系统。

JIT最大特点是市场供需关系的工序化。它以外部市场独立需求为来源，拉动相关物料需求的生产和供应。生产系统中的上下游、前后工序之间形成供应商与顾客的关系，下游和后道工序“顾客”需要什么，上游和前道工序“供应商”就“准时化”提供什么，物流过程精益化，市场需求导向的理念在拉动式物流中得到充分体现。

JIT所指的浪费是指超出产品增加价值所绝对必需的最少量的设备、材料、零件、生产空间、工人和生产时间的部分。JIT生产方式认为浪费有7种形式，即过量生产造成的浪费、等待时间造成的浪费、搬运造成的浪费、工艺流程造成的浪费、库存造成的浪费、动作造成的浪费、产品缺陷造成的浪费。

在生产现场控制技术方面，准时制的基本原则体现为在正确的时间，生产正确数量的零件或产品，即时生产。它将传统生产过程中前道工序向后道工序送货，改为后道工序根据“看板”向前道工序取货，看板系统是准时制生产现场控制技术的核心，但准时制不仅仅是看板管理。

JIT的基础之一是均衡化生产，即平均制造产品，使物流在各作业之间、生产线之间、工序之间、工厂之间均衡地流动。JIT可以使生产资源合理利用，包括劳动力柔性和设备柔性。当市场需求波动时，JIT要求劳动力资源也作相应调整。

JIT强调全面质量管理，目标是消除不合格品，消除可能引起不合格品的根源，并设法解决问题，JIT中还包含许多有利于提高质量的因素，如批量小、零件很快移到下工序、质量问题可以及早发现等。

2. JIT特点和基本思想

1) JIT特点

(1) 在管理手段上，把计算机管理与看板管理相结合。

(2) 在生产物流方式上，以零件为中心，要求前道工序加工完的零件立即进入后道工序，强调物流平衡而没有在制品库存，从而保证物流与市场需求同步。

(3) 在生产物流计划编制和控制上，以零件为中心，计算机编制物料计划，并运用看板系统执行和控制；以实施为中心，工作重点放在制造现场。

(4) “风险”不仅来自外界环境，更重要的是来自内部的在制品库存。

(5) 准时性(准时生产)。在从供应商到本企业生产的全过程中，所有物料都严格按需方的需要准时离开和到达指定的地点，没有任何等待加工的工件，也没有等待加工的工人和设备。

(6) 它设置了一个最高标准，一种极限，就是“零库存”。

(7) JIT生产是一个不断改进的动态过程。

2) JIT基本思想

JIT是一种求最大经济效益的生产管理制度，强调“准时”和“准量”，不单纯追求设备高开工率、高劳动生产率和高产值。它的基本思想是以需定供，即供给方根据需要方的要求(或称看板)，按照需要方的品种、规格、质量、数量、时间、地点等将物资配送到指定地点。所送物资不能早、不能晚、不能多、不能少，并确保所送物资没有任何残次品。JIT要求尽量缩短生产周期，压缩在制品占用量，从而最大限度地节约资金、提高效率、降低成本、增加利润。

JIT强调物流的同步管理，适时、适量、适物生产，主要体现以下三个方面：①在必要的时间将必要数量的物料送到必要的地点；②必要的生产工具、设备、器具要按工位排放挂牌明示，以保持现场无杂物；③从最终市场需求出发，每道工序、每个车间都按照当时的内部订单需要由看板方式向各前道工序、上游车间下达生产指令：前道工序、上游车间只生产后道工序、下游车间所需要的数量。

JIT基本思想如图7.17所示。

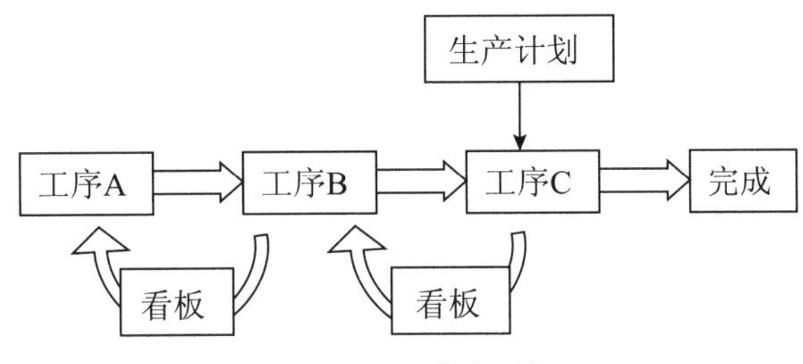

图7.17　JIT基本思想

3. JIT的实现手段——看板管理

JIT以订单驱动，通过看板，采用拉动方式把供、产、销紧密地衔接起来，使物资储备，成本库存和在制品大大减少，提高了生产效率。看板是一种生产指令的传递工具，可以是卡片、料卡等。看板上的信息包括零件号码、产品名称等。

1) 看板的功能

(1) 传递生产、运送的工作指令。

(2) 防止过量生产和运送。

(3) 进行“目视管理”的工具。

(4) 改善的工具。

2) 看板的种类(见图7.18)

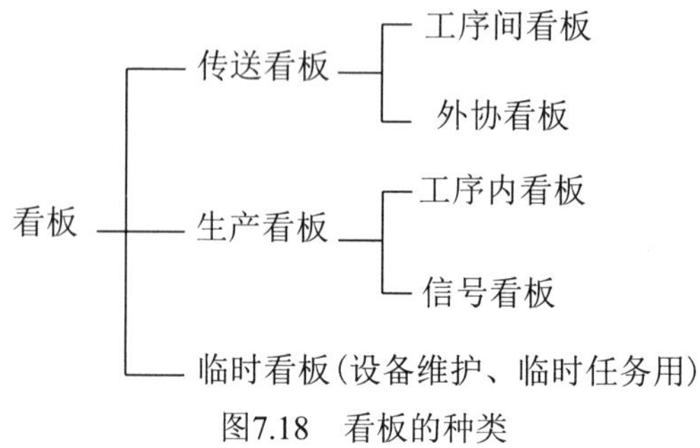

图7.18　看板的种类

(1) 工序间看板。工序间看板是指工厂内部后道工序到前道工序领取所需的零部件时所使用的看板。工序间看板示例如图7.19所示。

前工序 部件1#线	零部件号：A232-6085C (上盖板) 箱型：3型(绿色) 标准箱内数：12个/箱 看板编号：2#/5张	使用工序总装2#
出口位置号 (POST NO.12-2		入口位置号 (POST No.4)

图7.19　工序间看板示例

(2) 外协看板。外协看板是针对外部的协作厂家所使用的看板。对外订货看板上必须记载进货单位的名称和进货时间、每次进货的数量等信息。

(3) 工序内看板。工序内看板是指某工序进行加工时所用的看板。这种看板用于装配线，或用于即使生产多种产品也不需要实质性的作业更换时间(作业更换时间接近于零)的工序，例如机加工工序等。工序内看板示例如图7.20所示。

<table>
<tr><td colspan="2" rowspan="3">(零部件示意图略)</td><td rowspan="2">工序</td><td colspan="3">前工序——本工序</td></tr>
<tr><td>热处理</td><td colspan="2">机加工</td></tr>
<tr><td>名称</td><td colspan="3">A233-3670B(连接机芯辅助芯)</td></tr>
<tr><td>管理号</td><td>M-3</td><td>箱内数</td><td>20</td><td>发行张数</td><td>2/5</td></tr>
</table>

图7.20　工序内看板示例

(4) 信息看板。信息看板是在不得不进行成批生产的工序之间所使用的看板。

(5) 临时看板。临时看板是在进行设备保全、设备修理、临时任务或需要加班生产的时候所使用的看板，与其他种类的看板不同的是，临时看板主要是为了完成非计划内的生产或设备维护等任务，因而使用的灵活性比较大。

3) 看板的使用规则

(1) 后道工序必须准时到前道工序领取适量的零件。

(2) 前道工序必须及时适量生产后道工序所需的产品。

(3) 决不允许将废次品送到后道工序。

(4) 看板的数量必须减少并控制到最少。

(5) 看板应具有微调作用。

4. 传统生产方式与JIT生产方式的比较(见表7.4)

表7.4　传统生产方式与JIT生产方式的比较

项目	传统生产方式	JIT生产方式
控制系统	推进型	拉动型
物流状况	上游加工、下游接收	下游向上游提出要求
信息流状况	工序与计划部门之间	工序与工序之间
物流与信息流的联系	分隔	结合
控制结果	容易造成中间产品的积压	真正做到“适时、适量、适物”

本章小结

本章从产业链的角度阐述了生产物流的定义、特点和作用，并强调生产物流是过程性物流，它与企业自身的生产过程是紧密结合在一起的，同时指明了生产工艺和生产类型对生产物流有着不同的要求和约束。本章还讲述了现代生产物流管理包括的内容、生产流程设计的战略意义、生产计划的编制等，指出了生产物流计划是企业计划期内生产物流供应活动的行动纲领，以及生产物流控制的程序和原理，生产物流控制的管理模式等。

关键术语

生产物流　企业资源计划　制造资源计划　主生产计划　物料清单　准时制

综合练习

一、单选题

1. 从产业链的角度看，物流管理分成三个阶段，即供应物流、(　　)以及销售物流。

A. 采购物流　　B. 车间物流

C. 分销物流　　D. 生产物流

2. 生产计划大纲是作为(　　)的编制依据。

A. MPS　　B. MRP　　C. CRP　　D. RCP

3. 计算主生产计划项目的毛需求量时，在计划区内，毛需求量为(　　)。

A. 预测量　　B. 预测量与实际需求中最大者

C. 实际需求　　D. 预测量与实际需求中最小者

4. (　　)是指库存量的最低线，旨在预防需求与供应方面的不可预测的波动。

A. 最小库存　　B. 安全库存　　C. 预计可用库存　　D. 警戒库存

5. MPS的输入数据项不包括(　　)。

A. 独立需求　　B. 主生产计划　　C. 生产计划大纲　　D. 物料清单

6. ERP主要体现了(　　)与事中控制的思想。

A. 事先计划　　B. 事中计划　　C. 生产计划　　D. 综合管理

7.

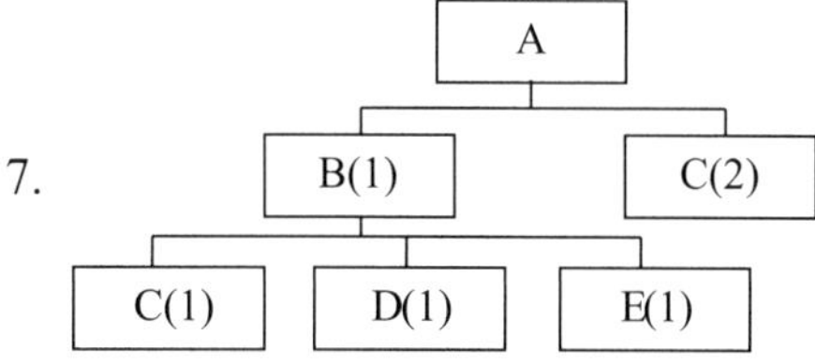

在上面的物料清单BOM中，C的低位码是(　　)。

A. 0　　B. 1　　C. 2　　D. 3

8. 属于库存生产型的产品是(　　)。

A. 标准件　　B. 飞机　　C. 船舶　　D. 锅炉

二、简答题

1. 现代生产物流管理的具体内容是什么？

2. 按库存生产和按订单生产的区别是什么？

3. 简述ERP与MRPII有何区别？

4. 什么是主生产计划，其作用是什么？

5. 传统生产方式与JIT生产方式有什么差异？

6. 简述生产物流控制的程序和原理。

三、计算题

1. 某公司生产轿车，其期初库存为160辆，安全库存50辆，MPS批量为150辆，提前期为1周。销售预测：第1—8周均为80辆；实际需求：第1—8周依次为92、95、92、40、64、110、60。需求时区为第1—2周，计划时区为第3—6周，预测时区为第7—8周。编制一个MPS计划，计算毛需求量、净需求量、MPS计划量和预计库存量。

2. 已知某项目的期初库存为470，安全库存为20，MPS批量为400，销售预测：第1—8周均为200；实际需求：第1—8周依次为180、230、110、230、60、270、30、30。需求时区为第1—2周，计划时区为第3—6周，预测时区为第7—8周。编制一个MPS计划，计算毛需求量、净需求量、MPS计划量和预计库存量。

第8章　国际物流管理

学习目标

- 了解国际物流的概念及特点，明确国际物流与国际贸易的关系
- 了解国际物流系统的基本构成，熟悉国际物流网络的内涵
- 了解国际物流运输基本方式，掌握集装箱运输和国际多式联运的特点
- 熟悉国际物流服务基本内容及要求

引导案例

兰州国际陆港绘制商贸物流新坐标

甘肃(兰州)国际陆港建设正驶入快车道，预计到2020年，甘肃(兰州)国际陆港总产值将达千亿元以上，进出口贸易总额将达150亿美元以上，成为带动甘肃省乃至西北地区经济社会发展的新引擎。

随着内联外通、便捷高效的综合交通运输体系的不断形成和完善，甘肃(兰州)国际陆港以四个国际货运班列拓展出四条国际贸易通道，不断强化国际物流中转枢纽和贸易集散中心地位，成为国家新一轮沿边开放的前沿阵地。近年来，甘肃(兰州)国际陆港先后开通了兰州—德国汉堡中欧国际货运班列、兰州—日喀则—加德满都的南亚公铁联运班列、兰州—哈萨克斯坦等中亚国家国际货运班列，打通了中欧、南亚、中亚国际贸易通道。

甘肃(兰州)国际港务区依托兰州铁路集装箱中心站、兰州东川铁路货运中心、兰州公路集装箱中心站三大核心项目，将重点建设铁路集装箱、铁路口岸、保税、多式联运、智慧陆港五大功能。其中，兰州铁路集装箱中心站作为国家一级铁路国际物流园和全国18个铁路集装箱中心站之一，总投资约58亿元，建成后货运能力达3 050万吨，是西北规模最大、功能最全的综合性铁路货运中心。兰州铁路口岸监管区可实现就地办单、无缝对接、方便快捷的“一站式”通关服务，2017年5月已封关运营。

多式联运物流园是全国首批多式联运示范工程，已先后与郑州陆港、西安陆港等全国首批16家示范港口签订了多式联运企业联盟合作框架协议，形成了联合经营体；与天津港、果园港等国内6大港口和中外运长航、普洛斯等500强企业开展经营业务。

此外，为了有效发挥服务能力，甘肃(兰州)国际陆港还以十大产业园为支撑建设国际综合物流园，按照设施现代化、硬件智能化、管理信息化的标准，建设集运输配送、现代仓储、货物分拨、包装加工、物流信息、展览展销为一体的公路集装箱分拨物流园、大宗

物资物流园、进出口加工物流中心、跨境电商产业园、金凤国际陆港博览中心、冷链物流产业园、汽车物流产业园、综合客运枢纽中心等十大产业园。

资料来源：卫韦华. 兰州国际陆港绘制商贸物流新坐标[N/OL]. 兰州：经济参考报，[2018-01-02][2019-06-15].http://www.jjckb.cn/2018-01/02/c_136865909.htm.

思考：

(1) 什么是国际物流?

(2) 国际物流园主要开展哪些业务?

8.1 国际物流概述

国际的商品和劳务流动是由商流和物流组成的，前者由国际交易机构按照国际惯例进行，后者由物流企业按各个国家的生产和市场结构完成。

8.1.1 国际物流定义与特点

1. 国际物流定义

简单来讲，国际物流(International Logistics)是指不同国家(地区)之间的物流，是物品从一个国家(地区)的供应地向另一个国家(地区)的接收地的实体流动过程。

广义的国际物流包括国际贸易物流、非贸易物流、国际物流合作、国际物流投资、国际物流交流等。其中，国际贸易物流主要指组织货物在国际的合理流动；非贸易物流是指国际展览与展品物流、国际邮政物流、援外物资物流等；国际物流合作是指不同国别的企业完成重大的国际经济技术项目的国际物流；国际物流投资是指不同国家物流企业共同投资建设国际物流企业；国际物流交流则主要是指物流科学、技术、教育、培训和管理方面的国际交流。

狭义的国际物流主要指贸易性的国际物流，是商品的生产和消费分别在两个或在两个以上的国家(或地区)独立进行时，为了克服生产和消费之间的空间间隔和时间距离，对货物进行时间和空间转移的活动，从而实现国际商品交易的最终目的，即实现卖方交付单证、货物和收取货款，买方支付货款、接受单证和收取货物的过程。

国际物流的实质是根据国际分工的原则，利用国际化的物流网络、物流设施和物流技术，实现货物在国际的流动与交换，以促进区域经济的发展与世界资源的优化配置。国际物流的总目标是为国际贸易和跨国经营服务，即选择最佳的方式与路径，以最低的费用和最小的风险，保质、保量、适时地将货物从某国的供方运到另一国的需方。国际物流的基本业务流程如图8.1所示。

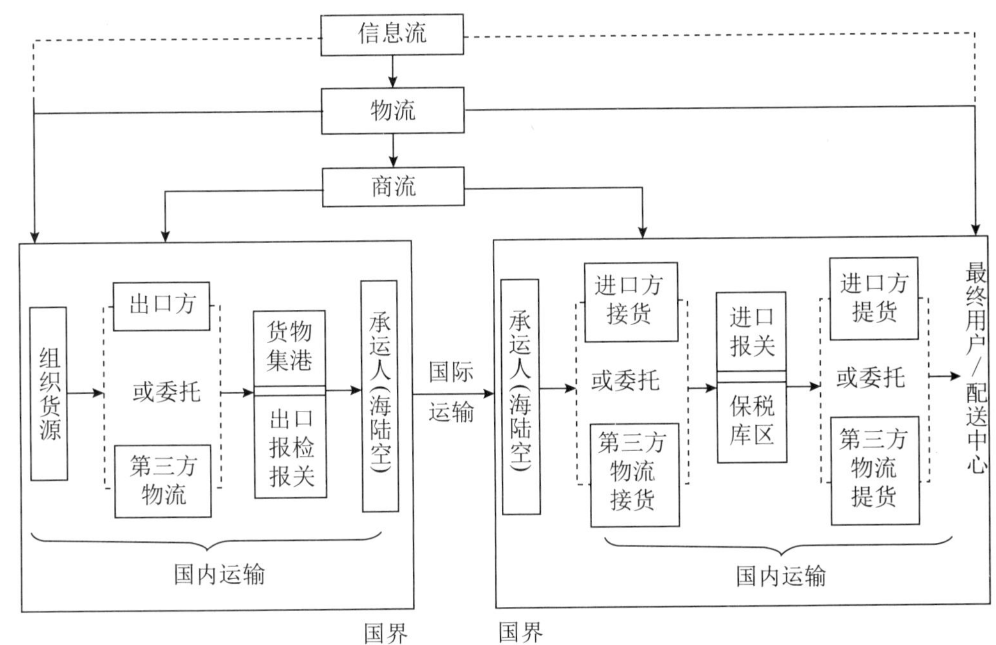

图8.1　国际物流业务流程

2. 国际物流特点

1) 物流环境的差异大

物流环境主要指物流的软环境，不同国家物流的适用法律不同、经济和科技发展水平不同、物流标准不同，使国际物流系统需要在多个不同法律、人文、习俗、语言、科技环境下运行，增加了国际物流运作的难度。

2) 物流系统复杂性

国际物流是一种集各种物流功能于一体的开放系统，它既包含一般物流系统的功能要素，如装卸搬运、包装、运输仓储、流通加工、国际配送、信息处理等子系统，还涉及报关、商检和国际结算等。国际物流跨越不同国家和地区，运输距离长、运输方式多样、经过的中间环节多。这些都加大了国际物流系统的复杂性。

3) 国际物流标准化要求较高

国际物流业务的快速发展，对物流系统的标准化和规范化提出了更高的要求。在国际集装箱和EDI技术发展的基础上，物流的交易条件、技术装备规格，特别是单证、法律条件、管理手段等方面推行国际的统一标准，不仅有利于世界各国贸易的发展，同时能够快速推进世界各国整体物流管理现代化水平提高。

知识窗

物流标准

国际物流尺寸标准，物流模数600毫米×400毫米，1200毫米×1000毫米，1200 毫米×800毫米，1100毫米×1100毫米。

国际托盘标准，TP1：800毫米×1000毫米，TP2：800毫米×1200毫米，TP3：1000毫米×1200毫米。托盘高度(厚度)标准：100毫米和70毫米。

4) 国际化信息系统的依赖性

国际物流系统是以信息技术为基础，将信息流和物流联系在一起。国际物流系统由多个子系统组成，各系统间的物流活动的衔接、资源的调度都是通过信息系统来实现的。

5) 国际物流风险较大

国际物流的风险性主要包括政治风险、经济风险和自然风险。

(1) 政治风险主要指由于所经过国家的政局动荡，如罢工、战争等原因造成货物可能受到损害或灭失。

(2) 经济风险又可分为汇率风险和利率风险，主要指从事国际物流必然要发生的资金流动，因而产生汇率风险和利率风险。

(3) 自然风险则指物流过程中，可能因自然因素，如海风、暴雨等引起的风险。

8.1.2 国际贸易与国际物流

1. 国际贸易

国际贸易(International Trade)是指世界各国(地区)之间的商品以及服务和技术的交换活动，包括出口和进口两个方面。从一个国家的角度看，国际贸易称为该国的对外贸易。从国际角度看，世界各国对外贸易的总和，就构成了国际贸易，也称世界贸易。国际物流是随着国际贸易的发展而发展起来的，同时国际物流也成为影响和制约国际贸易进一步发展的重要因素。国际贸易与国际物流之间存在非常紧密的关系。

1) 国际贸易分类

按照货物的流动方向，国际贸易可分为出口贸易、进口贸易、过境贸易。

按照商品形态，国际贸易可分为有形贸易、无形贸易。

按照货物运送方式，国际贸易可分为陆路贸易、海路贸易、空路贸易、邮政贸易。

按照有无第三者参与方式，国际贸易可分为直接贸易、间接贸易、转口贸易。

按照清算工具的不同，可国际贸易分为自由结汇方式贸易、易货贸易。

2) 国际贸易单证

国际贸易单证(International Trade Documents)是国际贸易中使用的各种单据、文件与证书的统称，通常凭借国际贸易单证来处理进出口货物的支付、运输、保险、检验、检疫、报关、结汇等。主要国际贸易单证有以下几种。

(1) 商业发票(Commercial Invoice)，是卖方向买方开立的载有货物名称、数量、价格等内容的清单。作为买卖双方交接货物和结算货款的主要单证，商业发票是进口国确定征收进口关税的依据。商业发票是全套出口单据的核心，在单据制作过程中，其余单据均需参照商业发票缮制。

(2) 装箱单(Packing List)，是发票的补充单据。它列明了买卖双方约定的有关包装事宜的细节，便于国外买方在货物到达目的港时提供给海关检查和核对。

(3) 提单(Bill of Lading，B/L)，是指作为承运人和托运人之间处理运输中双方权利和义务的依据。提单简称B/L(《海商法》第71条)，是对外贸易中，运输部门承运货物时签发给发货人的一种凭证。收货人凭提单向货运目的地的运输部门提货，提单须经承运人或船方签字后方能生效。

(4) 保险单，是保险人与投保人之间签订的一种保险合同。保险单必须完整地记载保险双方的权利、义务和责任，保单上主要载有保险人和被保险人的名称、保险标的、保险金额、保险费、保险期限、赔偿或给付的责任范围以及其他规定事项。保险单根据投保人的申请，由保险人签署，交由被保险人收执。保险单是被保险人在保险标的遭受意外事故而发生损失时，向保险人索赔的主要凭证，同时也是保险人收取保险费的依据。

(5) 出口许可证(Export Licence)，是指商务部授权发证机关依法对实行数量限制或其他限制的出口货物签发的准予出口的许可证件。在国际贸易中，出口许可证制是一国对外出口货物实行管制的一项措施，通过签发许可证进行控制，限制出口或禁止出口，以满足国内市场和消费者的需要，保护民族经济。

(6) 进口许可证(Import License)，是指商务部及其授权发证机构依法对实行数量限制或其他限制的进口货物签发准予进口的许可证件。国家通过对进口商品实行许可证管理，可以调节进口商品结构，稳定国内市场。但是，当进口许可程序透明度不强或签发过程产生不必要的延误时，进口许可证又成为贸易保护的工具。

2. 国际贸易与国际物流的关系

1) 国际贸易是国际物流产生的前提

国际物流是跨越国界的、流通范围扩大了的“物的流通”，是实现货物在两个或两个以上国家(或地区)间的物理性移动而发生的国际贸易活动。从这个概念我们可以看到，国际物流实质上就是国际贸易活动的一部分，是为国际贸易活动服务的。如果没有国际贸易，也就没有商品的国际流动，也就不会有国际物流，因此，国际贸易是国际物流产生的前提。

2) 国际物流是国际贸易的基础

国际物流是国际贸易产生和发展的基础，是国际贸易得以实现的必要条件。国际物流活动是国际贸易进行的桥梁，如果没有国际物流的支持，商品无法在国家间进行移动，国际贸易也就无法完成。国际贸易促进了国际物流的产生与发展。

3) 国际贸易与国际物流相辅相成、互相促进

国际物流必须适应国际贸易结构和商品流通形式的变革，向国际物流合理化方向发展。国际贸易结构、市场结构的巨大变化，需要专业化、国际化的物流运作。国际贸易的进一步发展需要国际物流的支持，如果国际物流的发展无法跟上国际贸易发展的脚步，将会大大阻碍国际贸易的纵深发展。

8.1.3 国际物流系统

国际物流系统是以实现国际贸易、国际物质交流的总体目标为核心的，在国际信息流

系统的支持下，借助运输和储存等作业的参与，在进口商、国际货代及承运人的通力协助下，依靠国际物流设施所形成的物流网络。国际商品交易中合同的签订和履行过程，就是国际物流系统的实施过程，如图8.2所示。

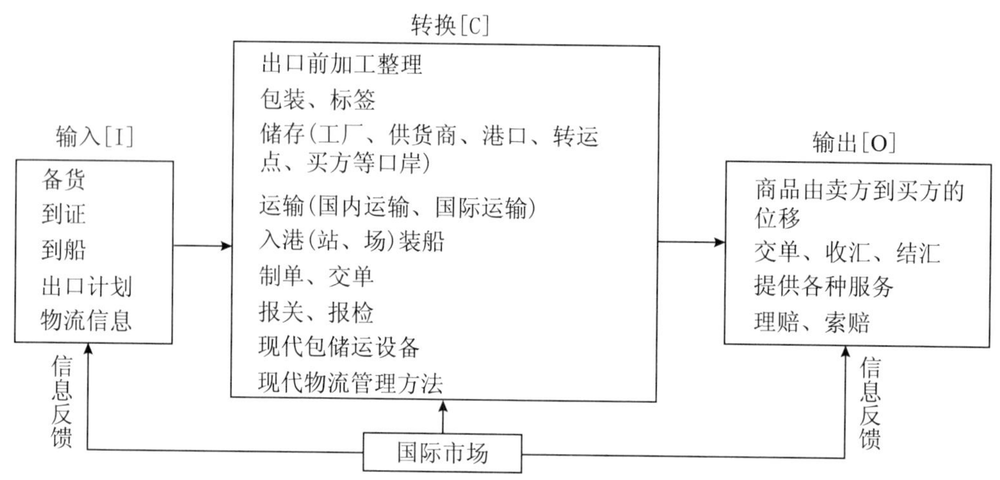

图8.2　国际物流系统的实施过程

国际物流系统包括国际货物运输子系统、国际仓储子系统、商品检验子系统、商品包装子系统、装卸搬运子系统、进出口商品外贸加工子系统、国际物流信息子系统。

1. 国际货物运输子系统

国际货物运输子系统是国际物流系统的核心系统，具有路线长、环节多、涉及面广、手续繁杂、风险性大、时间性强等特点。国际货物运输包括国内运输段和国际运输段。

1) 国内运输段

国内运输段是指出口商品由生产地或供货地运到出运港(站、机场)的国内运输，主要工作包括发运前的准备工作、发运、装车和装车后的善后工作。

2) 国际运输段

国际运输段是国内运输的延伸和扩展，同时又是衔接出口国和进口国货物运输的桥梁和纽带。国际段运输可以采用由出口国装运港直接到进口国目的港卸货，也可以采用中转经过转运点再运达目的港。

2. 国际仓储子系统

国际仓储是指改变国际商品流通时间状态和调整供需之间的时间差异为目的的一种物流业务活动，不仅担负着进出口商品的保管存储任务，还担负着出口加工、拣选、包装、刷标志、备货、组货、发运等一系列任务。国际仓储一般包括周转储存、贸易准备储存、季节储存等，主要在各国的保税区和保税仓库进行。国际仓储子系统有促进国际货物流通、调整供需时间差异、调节运载能力、减少货损货差的作用。

3. 商品检验子系统

商品检验子系统是国际物流系统的重要系统之一。通过商品检验，确定交货品质、数量和包装等条件是否符合合同规定，如果发现问题，分清责任，向有关方面索赔。在国际货物买卖合同中，一般都订有商品检验条款，主要包括检验时间与地点、检验机构与检验证明、检验标准与检验方法等。根据国际贸易惯例，商品检验时间与地点的规定可概括为三种做法：一是在出口国检验；二是在进口国检验；三是在出口国检验、进口国复验。

4. 商品包装子系统

杜邦定律认为，63%的消费者是根据商品的包装进行购买的，国际市场上的消费者是通过商品来认识企业的，而商品的商标和包装就是企业的面孔，它反映了一个国家的综合科技文化水平。国际物流系统中的商品包装应满足国际贸易对包装的要求，包装标志要标准、清晰，并应把包装、装卸、搬运、储存、运输有机地联系起来，实现“包、储、运一体化”。

5. 装卸搬运子系统

装卸搬运作业是短距离的物品搬移，是仓储、运输、包装、流通加工等物流活动的纽带和桥梁，是保证商品运输和保管连续性的一种物流活动。国际物流系统中的装卸搬运作业的形式主要是集装箱化和托盘化，使用的设备有台车、叉车、吊车、传送带等。装卸搬运的合理化运作是降低物流成本的主要因素之一，对提高国际物流效率起到重要作用。

6. 进出口商品外贸加工子系统

进出口商品外贸加工包括服务性的流通加工和生产外延性的流通加工。服务性的流通加工具体内容包括袋装、定量小包装、贴标签、配装、挑选、混装、刷标志等为出口贸易商品服务；生产性外延加工具体内容包括剪断、平整、套裁、打孔、折弯拉拔、组装、改装、服装的检验和熨烫等内容。进出口商品的外贸加工在最大限度满足客户的多元化需求的同时，还能不断地扩大出口，促进国际贸易的发展。

7. 国际物流信息子系统

国际物流信息子系统的主要功能是采集、处理和传递国际物流的信息情报。如果国际物流没有功能完善的信息系统，国际贸易和跨国经营就会寸步难行。国际物流信息的主要内容包括进出口单证的作业过程、支付方式信息、客户资料信息、市场行情信息、供求信息以及物品在国际物流环节中的位置和状况等。国际物流信息系统的特点是信息量大、交换频繁、传递量大、时间性强、环节多、路线长，因此，建立技术先进的国际物流信息子系统势在必行。

8.2　国际物流网络

8.2.1　国际物流网络概述

1. 国际物流网络概念

简单来说，物流网络是指物流活动中相互联系的组织与设施的集合。广义物流网络包括物流基础设施网络和物流信息网络。物流基础设施网络是指全球性运输网络(包括全球性海运网、全球性航空网等)、全国性运输网络(如全国性铁路网、全国性公路网、全国性航空网等)和地区性物流网络；物流信息网络是指伴随物流基础设施网络而相应传递各类信息的通信网络，如全球性物流信息网络、全国性物流信息网络和地区性物流信息网络等。

国际物流网络是指由不同国家之间多个物流“节点”和它们之间的“连线”所构成的物流抽象网络，以及与之相伴随的信息流网络的有机整体。国际物流节点包括口岸、港口、保税区、自由贸易区等；节点之间的连线包括海运航线、国际航空航线、大陆桥运输等；信息流网络则包括国内外的邮件或某些电子媒介(如电话、电传、电报以及EDI电子数据交换等)， 其信息网络的节点则是各种物流信息汇集及处理之点，如国际订货单据、出口单证、提单、库存量的记录；物流网与信息网并非独立，它们之间关系密切。

2. 国际物流节点

1) 国际物流节点的定义

国际物流节点是指从事与国际物流相关活动的物流节点，如制造厂商仓库、中间商仓库、口岸仓库、国内外中转点仓库以及流通加工配送中心和保税区仓库、物流中心、物流园区等。国际物流节点是一个广泛的概念，物流场所，甚至一个城市或一个区域都可看成国际物流节点。

2) 国际物流节点的分类

按照主要功能的不同，国际物流节点可分以下四类。

(1) 转运型节点，是指以连接不同运输方式为主要职能的节点，如货站、编组站、车站、货场、机场、港口码头等。

(2) 储存型节点，是指以存放货物为主要职能的节点，如储备仓库、营业仓库、中转仓库、口岸仓库、港口仓库、货栈等。

(3) 流通加工型节点，是指以组织货物在系统中运动为主要职能，并根据需要对货物施加包装、分割、计量、分拣组装、刷标志、商品检验等作业的节点，如流通仓库、流通中心、配送中心等。

(4) 综合性节点，是指多功能的国际物流节点，如国际物流中心、出口加工区、国际物流园区、自由经济区等。

3) 国际物流节点的功能

国际物流节点的功能是综合性的，可以说包含了所有物流的基本功能。

(1) 作业功能。国际物流节点可承担各项物流作业功能，如储存、包装、流通加工、装卸、搬运、配送、信息处理等。

(2) 衔接功能。国际物流节点的衔接功能主要体现以下几个方面：通过转换运输方式，衔接不同的运输手段；通过加工，衔接干线物流及配送物流；通过存储，衔接不同时间的供应物流与需求物流；通过集装箱、托盘等集装处理，衔接整个“门到门”运输，使之成为一体。

(3) 信息功能。每个国际物流节点都是国际物流信息的集散地。

(4) 管理功能。整个国际物流系统的运转有序化和正常化，整个物流系统的效率和水平取决于对各物流节点的管理。

3. 国际物流口岸

1) 口岸的概念

口岸(Port)是由国家指定对外经贸、政治、外交、科技、文化、旅游和移民等来往，并提供往来人员、货物和交通工具出入国(边)境的港口、机场、车站和通道。简单来说，口岸是国家指定对外往来的门户，是国际货物运输的枢纽。从某种程度上说，它是一种特殊的国际物流节点，是国际物流的组成部分。

2) 口岸的分类

口岸是一个主权国家根据自己的政策需要和具体的地理条件而设置的，是一个国家对外交往的门户。按出入国境的交通运输方式划分，口岸可分为港口口岸、陆地口岸和航空口岸。

(1) 港口口岸，是指国家在江河湖海沿岸开设的供货物和人员进出国(关、边)境及船舶往来挂靠的通道。

(2) 陆地口岸，是指国家在陆地上开设的供货物和人员进出国(关、边)境及陆上交通工具停站的通道，包括铁路口岸和公路口岸。

(3) 航空口岸，是指国家在具有国际航线的机场上开设的供货物和人员进出国(关、边)境及航空器起降的通道。

8.2.2　国际港口

现代物流发展过程中，港口在国际贸易和国际物流方面的作用不断突出，它不仅是货物、水路、空运输的重要节点，还为转口贸易、自由港和自由贸易区的发展提供了机会。

1. 港口的内涵

港口是水、陆、空交通的集结点和枢纽，是工农业产品和外贸进出口物资的集散地，是船舶停泊(飞机起降)、装卸货物、上下旅客以及补充给养的场所。正由于港口是联系内陆腹地和海洋运输(国际航空运输)的一个天然界面，因此人们也把港口作为国际物流的特殊节点。

《中华人民共和国港口法》中将港口定义为“位于江河、湖泊和海洋沿岸，具有船舶进出、停泊、靠泊、旅客上下、货物装卸、驳运、储存等功能，并具有相应的码头设施，由一定范围的水域和陆域组成的场所与基地”。

2. 港口的分类

港口包括水域和陆域两部分，一般设有航道、港池、锚地、码头、仓库货场、后方运输设备、修理设备(包括修理船舶)和必要的管理、服务机构。

1) 按港口规模分类

按港口规模，港口可分为特大型港口(年吞吐量>3000万吨)、大型港口(年吞吐量1000万～3000万吨)、中型港口(年吞吐量100万～1000万吨)及小型港口(年吞吐量<100万吨)。

2) 按港口所在地理位置分类

按港口所在地理位置，港口可分为海港、河港、湖港及水库港等。

3) 按用途分类

按用途，港口可分为商港、军港、渔港、工业港和避风港。

3. 港口的组成

港口由水域和陆域两大部分组成。

水域是供船舶进出港，以及在港内运转、锚泊和装卸作业使用的，因此水域必须有足够的水深和面积，水面基本平静，流速和缓，以便船舶的安全操作。水域包括港内航道、港内锚地、码头前沿流域和船舶掉头区域。

陆域是供旅客上下船，以及货物的装卸、堆存和转运使用的，因此陆域必须有适当的高程、岸线长度和纵深，以便在陆域安置装卸设备、仓库和堆场、铁路、公路，以及各种必要的生产、生活设施等。陆域包括码头与泊位、港口仓库和堆场、铁路及道路、起重运输机械。

4. 世界著名的国际港口

现今世界有各类大小港口约3000多个，其中国际贸易商港约占77%，约有500个港口能停靠3.5万吨级船舶，能靠10万吨级的港口约有70个，亿吨大港数量达34个。我国90%以上的外贸货物通过海运完成，作为交通和物流枢纽，中国港口在世界进出口贸易中扮演着重要角色。2017年，在全球港口货物吞吐量和集装箱吞吐量排名前10名的港口中，中国港口占有7席，如表8.1所示。

表8.1 世界著名的国际港口

序号	港口名称	自然情况
1	上海港	位于长江三角洲前缘，地处长江东西运输通道与海上南北运输通道的交汇点，是中国沿海的主要枢纽港，是参与国际经济大循环的重要口岸
2	新加坡港	位于新加坡南部沿海，西临马六甲海峡，是亚太地区最大的转口港。此港是太平洋及印度洋之间的航运要道，战略地位十分重要
3	深圳港	位于中国珠江三角洲南部，珠海入海口东岸，毗邻香港，包括蛇口和盐田等港区，经香港暗士顿水道可达国内沿海及世界各港口
4	舟山港	位于中国东部黄金海岸线与长江黄金水道的交汇处，背靠长三角广阔经济腹地，是中国东部沿海和长江流域走向世界的主要海上门户
5	香港港	位于珠江口外东侧，香港岛和九龙半岛之间，是全球最繁忙和最高效率的国际集装箱港口之一，是远东的航运中心，也是全球供应链上的主要枢纽港
6	釜山港	位于韩国东南沿海，东南濒临朝鲜海峡，西临洛东江，与日本对马岛相峙，是韩国最大的港口，也是世界第六大集装箱港
7	广州港	位于中国珠江入海口和珠江三角洲地区中心地带，濒临南海，毗连香港和澳门。广州港通过西江联系中国西南地区，经伶仃洋出海航道与中国沿海及世界诸港相连，是华南地区综合性主枢纽港
8	青岛港	位于山东半岛南岸的胶州湾内，由青岛大港港区、黄岛油港区、前湾港区和董家口港区组成，是太平洋西海岸重要的国际贸易口岸和海上运输枢纽
9	迪拜港	位于阿联酋东北沿海，濒临波斯湾南侧，又名拉希德港，是阿联酋最大的港口，地处欧亚非三大洲的交汇点，是中东地区最大的自由贸易港，尤以转口贸易著称
10	天津港	地处渤海湾西端，位于天津海河入海口，处于京津冀城市群和环渤海经济圈的交汇点上，是中国北方最大的综合性和重要的对外贸易口岸，也是亚欧大陆桥黄金线路的东端起点

8.2.3 保税区

保税区与经济特区、经济技术开发区等特殊区域一样，都是经国家批准设立的实行特殊政策的经济区域，以免证、免税、保税政策开发的保税区极大地影响着各地经济的发展。

1. 保税区定义

保税区(Bonded Area；the Low-tax；Tariff-free Zone；Tax-protected Zone)，也称保税仓库区，是国家海关设置的或经海关批准注册、受海关监督和管理的，可以较长时间存储商品的区域。

综合保税区是集保税区、出口加工区、保税物流区、港口的功能于一身，可以发展国际中转、配送、采购、转口贸易和出口加工等业务。企业在综合保税区开展口岸业务，海关、商检等部门在园区内查验货物后，可在任何口岸(海港或空港)转关出口，无须再开箱查验。

2. 保税区特点

国际上，与保税区具有类似经济功能的有“自由港”“自由贸易区”“出口加工区”等，这些特定区域尽管名称各异，各国对其实行的管理措施也各不相同，但都具有如下特点。

1) 保税仓储、出口加工、转口贸易

保税区具有进出口加工、国际贸易、保税仓储商品展示等功能，享有“免征、免税、保税”政策，实行“境内关外”运作方式。

2) 关税豁免

关税豁免即对从境外进口到保税区的货物以及从保税区出口到境外的货物均免征进出口关税，目的是吸引国内外厂商到区内开展贸易和加工生产。

3) 自由进出

由于国际上将进入特定区域的货物视为未进入关境，因此保税区与境外的进出口货物可以不办理海关手续，海关也不实行监管。

4) 保税区海关管理政策

境外货物进入保税区，实行保税管理。从保税区进入非保税区的货物，按进口货物办理手续；从非保税区进入保税区的货物，按出口货物办理手续，出口退税按国家有关规定办理。

8.2.4　出口加工区

出口加工区的产生和发展是国际分工的必然结果，是全球一体化的主要表现。

1. 出口加工区定义

出口加工区(Export Processing Zone)是国家划定或开辟的专门制造、加工、装配出口商品的特殊工业区，是由海关实行封闭监管的经济特区的形式之一。

在我国，出口加工区是海关特别监管区域，是中华人民共和国境内、中国海关之外的一个特殊区域，俗称“境内关外”。“境内”指出口加工区在中国境内，区内企业适用于中国的法律法规；“关外”指出口加工区在中国海关监管之外，即对海关而言，出口加工区视作境外，区内的物品视作在国外。

出口加工区一般分为两种类型：一是综合性出口加工区，即在区内可以经营多种出口加工业务，如菲律宾的巴丹出口加工区，经营服装、电子、塑料等产品业务；二是专业性出口加工区，即在区内只准许经营某种特定出口产品。

2. 出口加工区特点

1) 业务范围方面

出口加工区的目的在于吸引外国投资，引进先进技术和设备，开展以出口为主的制成品加工业务。出口加工区的加工贸易，是指出口加工区内企业从境外或从境内采购原材料、零部件、元器件、包装物料等，经加工、装配后将制成品复运出境的生产经营活动。

2) 业务方面

出口加工区的业务包括加工、仓储、研发、检测、维修、售后服务等。出口加工区内不得开展拆解、翻新业务。

3) 通关管理方面

港口与加工区域分属两个海关监管，以直通式或转关方式实行监管衔接。货物进出口采取"一次申报、一次审单、一次查验"的新通关模式；实行"集中报关，分批出区"的独特通关模式。

4) 税收政策

国家对区内加工出口的产品和应税劳务免征增值税、消费税。国内货物入区视同出口，进入出口加工区就可以办理退税。加工区内企业销往境内区外的货物，按制成品征税。各国对于出口加工区的关税普遍规定，凡是在出口加工区投资建厂的企业，从国外进口和生产设备、原料、燃料、零件、元件及半成品的一律免征进口税，生产的产品出口时免征出口关税。出口加工区企业与区外境内企业之间的货物往来(包括出口加工区货物内销)，按照进出口货物的有关规定办理，涉及进出口许可证件管理的，须向管理部门提供相关证件。

3. 保税区与出口加工区的差异

保税区与出口加工区的差异有以下几点。

第一，在功能开发方面。保税区主要培育开发现代国际物流分拨、国际贸易、出口加工、保税仓储、商品展示展销等功能，而出口加工区只能进行单一的出口加工，不得经营商业零售、一般贸易、转口贸易及其他与加工区无关的业务。

第二，保税区生产加工的产品既可以内销也可以外销，而出口加工区的产品只能外销而不能内销。

第三，在出口退税方面。国内产品进入出口加工区即可办理退税手续，在保税区只有产品离境以后才能办理退税手续。保税区贸易企业收购国内产品，离境出口后可以办理退税，对于出口到加工区的货物，由出口加工区外的企业办理退税。

第四，保税区内企业的经常项目外汇账户应当在注册地银行开立，资本项目外汇专用账户可以在注册地开立，也可以在注册地以外地区开立。出口加工区内机构原则上只能在区内金融机构开立外汇账户，区内没有金融机构进驻营业的，可以在区外所在地外汇局指定的金融机构开立外汇账户。

第五，保税区企业经海关批准可以开展委托区外加工业务。

第六，从区外进入出口加工区的货物，须经区内企业进行实质性加工后方可运出境外，而从区外进入保税区的货物，可以办理有关手续后运出境外。

8.2.5 自由贸易区

20世纪90年代以来，以贸易自由化为先导的经济全球化进程加速，世界贸易组织的全球多边贸易体系建立，这有力推进了世界贸易自由化的迅速发展。

1. 自由贸易区定义

自由贸易区(Free Trade Area)，是指签订自由贸易协定的成员国相互彻底取消商品贸易中的关税和数量限制，使商品在各成员国之间可以自由流动，各成员国仍保持自己对来自非成员国进口商品的限制政策。

1973年，国际海关理事会签订的《京都公约》，将自由贸易区定义为："一国的部分领土，在这部分领土内运入的任何货物就进口关税及其他各税而言，被认为在关境以外，并免于实施惯常的海关监管制度。"

自由贸易区还有另一种官方解释，是指两个或两个以上的国家(包括独立关税地区)根据WTO(世界贸易组织)的相关规则，为实现相互之间的贸易自由化所进行的地区性贸易安排的缔约方所形成的区域。这种区域性安排不仅包括货物贸易自由化，还涉及服务贸易、投资、政府采购、知识产权保护、标准化等更多领域的相互承诺，是一个国家实施多双边合作战略的手段。

有的自由贸易区只对部分商品实行自由贸易，如"欧洲自由贸易联盟"内的自由贸易商品只限于工业品，而不包括农产品，这种自由贸易区被称为"工业自由贸易区"。有的自由贸易区对全部商品实行自由贸易，如"拉丁美洲自由贸易协会"和"北美自由贸易区"，对区内所有的工农业产品的贸易往来都免除关税和数量限制。

2. 自由贸易区分类

1) 按性质分类

就性质而言，自由贸易区可分为商业自由贸易区和工业自由贸易区。前者不允许货物的拆包零售和加工制造；后者允许免税进口原料、元件和辅料，并指定加工作业区加工制造。

2) 按功能分类

就功能而言，世界自由贸易区的功能设定是根据区位条件和进出口贸易的流量而确定的，其主要类型有以下几种。

(1) 转口集散型。这一类自由贸易区利用优越的自然地理环境从事货物转口及分拨、货物储存、商业性加工等活动，最有代表性的是巴拿马的科隆自由贸易区。

(2) 贸工结合、以贸为主型。这类自由贸易区以从事进出口贸易为主，兼从事一些简单的加工和装配制造，在发展中国家最为普遍，例如阿联酋迪拜港自由港区。

(3) 出口加工型。这类自由贸易区主要以从事加工为主，以转口贸易、国际贸易、仓储运输服务为辅，例如尼日利亚自由贸易区。

(4) 保税仓储型。这类自由贸易区主要以保税为主，免除外国货物进出口手续，使货物较长时间处于保税状态，例如荷兰阿姆斯特丹港自由贸易区。

3. 自由贸易区和保税区的区别

1) 自由贸易区实施“境内关外”制度

自由贸易区实施“境内关外”的海关监管制度，即“一线放开，二线管住”。所谓“一线”是指自由贸易区与国境外的通道口，“二线”则是指自由贸易区与海关境内的通道口。“一线放开”是指境外的货物可以不受海关监管，而进入自由贸易区，货物可以在自由贸易区内自由买卖、存储，不需要跟海关打交道。“二线管住”是指货物从自由贸易区进入国内非自由贸易区、或货物从国内非自由贸易区进入自由贸易区时，才需要报关、交税。

2) 保税区实施“境内关内”制度

保税区实施“境内关内”的海关监管制度，也就是货物一旦进入保税区，就要受到海关的监管。保税区相当一个更大的保税仓库。

自由贸易区和保税区的区别如图8.3所示。

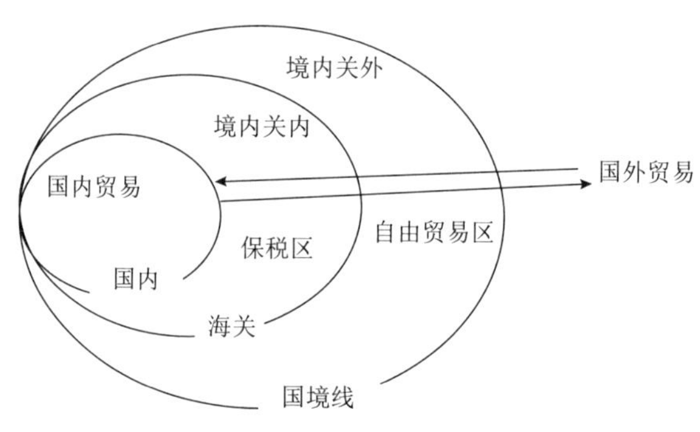

图8.3　自由贸易区和保税区的区别

8.3　国际物流运输

随着商品生产的不断发展和交换范围的日益扩大，运输业也获得相应的发展，而运输业的发展又为进一步开拓市场提供了条件，从而推动了国际贸易的发展。国际物流运输是适应国际贸易发展的需要而产生和发展起来的。

8.3.1　国际物流运输概述

国际物流运输即国际货物运输，是指在国家与国家、国家与地区之间的货物运输。国际物流运输的货物分为贸易与非贸易(指展览品、援外品、个人行李、办公用品等)两种。非贸易物品的运输只是附带业务，所以国际物流运输有时也简称国际贸易运输。

1. 国际物流运输特点

1) 国际物流运输中间环节多

国际物流运输过程中，往往需要使用多种运输工具，通过多次装卸搬运，交换不同运输方式，经由不同的国家和地区，中间环节很多。

2) 国际物流运输涉及面广

物流在国际运输过程中，需要面对不同国家、地区的货主、交通部门、商检机构、保险公司、银行、海关以及各种中间代理人，由于各个国家、地区的政策法律、金融货币制度、贸易规范等都有差别，这将对国际物流运输产生较大的影响。

3) 国际物流运输的时间性强

国际市场竞争十分激烈，商品价格瞬息万变，进出口货物如不能及时地运达目的地，很可能会带来重大的经济损失。为此，货物的装运期、交货期被列为国际贸易合同的重要条款之一。

4) 国际物流运输的风险较大

国际物流运输由于运距长、中间环节多、涉及面广、情况复杂多变，加之时间性很强，因而风险比较大，为了转嫁运输过程中的风险损失，各种进出口货物和运输工具都需要办理运输保险。

5) 国际物流运输涉及国际关系问题

国际物流运输过程中各种业务的处理常常会涉及国际关系问题，因此，国际货物运输是一项政策性很强的工作。从事国际物流运输的人不仅要有经济观念，还要有国家政策观念。

2. 国际物流运输主要方式

国际物流运输的方式有很多种，如图8.4所示。

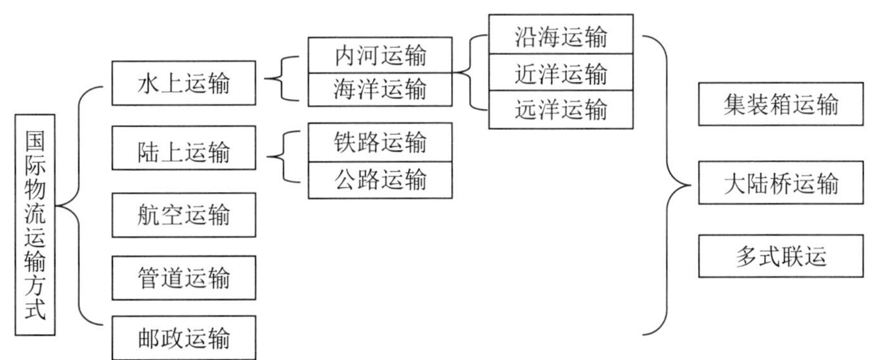

图8.4 国际物流运输方式

8.3.2 国际海洋货物运输

国际海洋货物运输(Sea Transport； Ocean Transport)，是指采用船舶通过海上航道从事海上国际货物营运的一种运输方式。国际贸易货物运输总量的75%以上都是以海洋运输来实现的，有些国家这一比例更是超过了90%。海洋运输有运量大，装载量大；投资少，运费低；通过性强的优点。但海洋运输速度慢；风险系数高。

海洋运输包括班轮运输和租船运输。

1. 班轮运输(Liner Transport)

1) 班轮运输定义

班轮运输也称定期船运输。班轮运输对港口的装卸作业要求较高，其运输的组织技术比较复杂。班轮运输的货物数量占海运货物总量的20%左右，但价值却占海运承载的国际贸易总量的80%左右。

2) 班轮运输特点

(1) “四固定”，即固定航线、固定港口、固定船期和相对固定的费率。

(2) 班轮运价包括装卸费用，即货物由承运人负责配载装卸。

(3) 承运双方的权利义务和责任豁免以签发的提单为依据，并受国际公约的制约。

(4) 在杂货班轮运输中，往往采用“集中装卸货，仓库收交货”的办法办理货物交接。

(5) 班轮运输适合于货流稳定、货种多、批量小的杂货运输。

2. 租船运输(Charter Transport)

1) 租船运输定义

租船运输又称不定期船(Tramp)运输，是对外贸易运输中另一种重要的船舶经营方式。船舶按租船人(Charterer)和船东(Ship Owner)双方签订的租船合同规定的条款形式。

2) 租船运输特点

(1) 租船运输没有的固定航线、装卸港及船期。

(2) 租船运输的费用包括运费、装卸费、速遣费、滞期费等。

(3) 租船运输中的船舶港口使用费、装卸费以及船期延误都按租船合同规定划分和计算。

(4) 租船运输适用于国际贸易中的大宗货物。

3) 租船运输种类

(1) 定程租船(Voyage Charter)，是根据船舶完成一定航程(航次)来租赁的，在国际现货市场上成交的绝大多数货物(主要包括液体散货和干散货两大类)都是通过航次租船方式运输的。

(2) 定期租船(Time Charter)，是指船舶出租人向承租人提供约定的由出租人配备船员的船舶，由承租人在约定的期限内按照约定的用途使用，并支付租金的合同。定期租船合同的最大特点是承租人负责船舶的经营管理，出租人只负责船舶的维护、修整。

(3) 航次期租(Time Charter on Trip Basis，TCT)，是指以完成一个航次运输为目的，按完成航次所花的时间，按约定的租金率计算租金的一种租船方式。在装货港和卸货港的条件较差，或者航线的航行条件较差，难于掌握一个航次所需时间的情况下，这种租船方式对船舶所有人比较有利。

(4) 光船租船(Bareboat Charter)，是海洋运输中的一种特殊的租船方式，是指租船期内船舶所有人只提供船舶的一种类似财产租赁的租船形式。租船人需自行配备船员，还需负责船舶的经营管理和航行各项事宜。在租赁其间，租船人实际上对船舶有着支配权和占有权。

(5) 包运租船(Contract of Affreightment)，是指船舶所有人提供给租船人一定吨位(指运力)，在确定的港口之间，以事先约定的年数、航次周期和每航次较均等的货运量，完成运输合同规定的总运量。

8.3.3　国际铁路货物运输

国际铁路货物运输是指在两个或两个以上国家的铁路货物运输中，使用同一份国际铁路联运票据，由跨国铁路承运人办理货物的全程运输，并承担运输责任的一种连贯运输方式。在异国铁路向另一国铁路移交货物时，无须发、收货人参加。

国际铁路货物运输是在国际贸易中仅次于海运的一种运输方式，其具有运量较大、速度较快、运输风险较小、不易受气候影响、运营准点等优势。

1. 国际铁路货物运输特点

第一，涉及面广。货物从承运到交付，经由出口国的国境站、中途各国国境站，最后抵达到达国国境站，其间涉及众多国家及相关机构。

第二，运输规格高。各种单据及标志必须严格符合有关国际联运规章的规定；除了票据之外，货物、车辆都必须符合各国的国情。

第三，一票到底。发货人在始发站办理一次性托运手续，就可以将货物运送到目的地。

第四，运输责任方面采用统一的责任制。

第五，仅使用铁路一种运输方式。

2. 国际铁路货物运输办理种别

1) 整车

整车(Full Car Load，FCL)指按一份运单托运的，按其体积或种类需要单独车辆运送的货物。

2) 零担

零担(Less than Car Load，LCL)指按一份运单托运的重量不超过5000公斤，按其体积或种类不需要单独车辆运送的货物。

3) 大吨位集装箱

大吨位集装箱，是指按一份运单托运的、需用大吨集装箱运送的货物或空的大吨位集装箱。

知识窗

不同国家的铁路货物联运议定书

中朝铁路间运送一批重量超过5000公斤或一件重量不足10公斤，体积不小于0.01立方米的货物，也可以按零担运送。但每批零担货物重量不得超过29吨，体积不得超过62立方米。(《中朝国境铁路会议议定书》十一项)

中越铁路间运送一批重量超过5000公斤，但体积不超过32立方米，或一件重量不足10公斤，但体积不小于0.01立方米的货物，如不需要单独车辆运送时，也可按零担承运。(《中越国境铁路会议议定书》十七项)

中俄铁路间经由满洲里或绥芬河国境站运送：整车货物重量不应超过63吨；用机械冷藏车(车组)运送货物，每车重量不应超过44吨。零担货物允许按一张运单运送的每批重量不超过20吨，体积不超过60立方米。(《中俄国境铁路会议议定书》二十六项)

中国经二连浩特发往蒙古和俄罗斯的零担货物，允许按一张运单运送的每批重量不超过20吨，体积不超过60立方米。我国发往东欧国家，一批重量超过5000公斤的货物，如不需要单独车辆运送时，应分成不超过5000公斤的数批，按零担办理。(《中俄蒙国境铁路会议议定书》十二项)

中越铁路间运送的整车货物，按一车一票办理。对跨装、爬装及使用游车的货物，准许按每一车组(不超过五辆)为一票运送。(《中越国境铁路会议议定书》十一项)

8.3.4 国际航空货物运输

国际航空货物运输是指由跨国航空承运人办理两国之间空运的全程运输，并承担运输责任的一种现代化运输方式。

航空运输与海洋运输、铁路运输相比，具有运输速度快、货运质量高，且不受地面条件的限制等优势。

1. 国际航空货物运输特点

1) 速度快

国际航空货物运输适用于运输以下几类货物：易腐烂、易变质的鲜活商品；时效性、季节性强的商品；抢险、急需物资；精密仪器和贵重物品。

2) 安全、准确

由于航空运输管理制度比较完善，空运时间短，货物的破损率较低，所以该种运输比较安全。

3) 可以减少包装费、保险费、利息等

表面看航空运输的运费比一般海、陆运费昂贵，但有些货物利用航空运输，其运杂费的支出有时反而减少。

4) 不受地面条件影响

由于航空运输的通道在空中，不受地理条件的限制，对于地面条件恶劣、交通不便的内陆地区非常合适。

航空运输也具有局限性：运输费用较其他运输方式高，不适合低价值货物；航空运载工具的舱容有限，对大件货物或大批量货物的运输有一定限制；运输容易受恶劣气候影响等。

2. 国际航空运输货物的运输方式

国际空运货物的运输方式包括班机运输、包机运输、集中托运、急件传递，如图8.5所示。

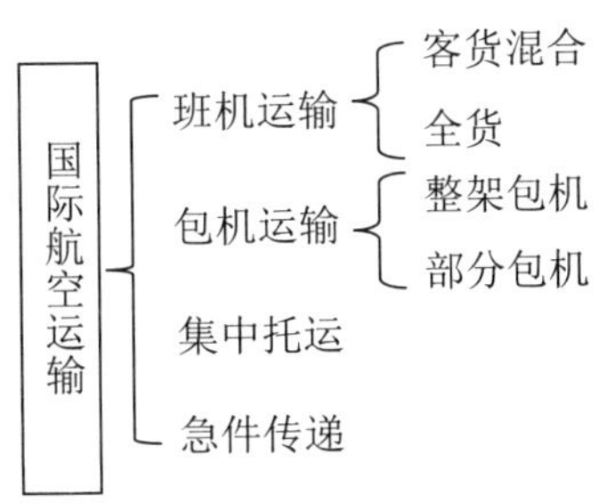

图8.5 国际航空运输方式

1) 班机运输

班机运输(Airline Transport)，是指在固定时间、固定航线、固定始发站和目的站进行的航空运输。班机运输包括客货混合航班和全货航班。

2) 包机运输

包机运输(Chartered Carrier Transport)，是指航空公司按照与租机人双方事先约定的条件和费率，将整架飞机租给一个或若干个包机人(包机人指发货人或航空货运代理公司)。包机运输方式可分为整架包机和部分包机两种形式。

3) 集中托运

集中托运(Consolidation Transport)，是指航空货运代理公司把若干批单独发运的零星货物组成一整批货物，集中向航空公司托运的方式。这种方式的最大特点是可以争取到比零星托运低的运价，并减少了货主自行办理托运的烦琐。

4) 急件传递

急件传递(Air Express Service)，即航空快递。这种方式特别适用于急需物品、医疗器械、贵重物品、图纸资料、关键零部件、货样、单证等小件物品的快捷运输，适应了现代社会快节奏的需要。

8.3.5 集装箱运输

集装箱运输作为一种先进的运输组织和管理形式，目前，现代化的集装箱运输热潮已经遍及全球。

1. 集装箱概述

1) 集装箱运输定义

集装箱运输(Container Transport)是指以集装箱作为运输单位进行货物运输的一种现代化运输方式，适用于海洋运输、铁路运输及国际多式联运等。

集装箱(Container)是“一种运输设备”，应满足下列几个条件：①具有足够的强度，可长期反复使用；②适于一种或多种运输方式载运，途中转运时，箱内货物无须换装；③具有快速装卸和搬运的装置，特别便于从一种运输方式转移到另一种运输方式；④便于货物装满或卸空；⑤具有1立方米及以上的容积；⑥是一种按照确保安全的要求进行设计，并且有防御无关人员轻易进入的货运工具。

2) 集装箱的标准

集装箱标准化，不仅能提高集装箱作为共同运输单元在海、陆、空运输中的通用性和互换性，还能提高集装箱运输的安全性和经济性，促进国际集装箱多式联运的发展。同时，集装箱的标准化还给集装箱的载运工具和装卸机械提供了选型、设计和制造的依据，从而使集装箱运输成为相互衔接配套、专业化和高效率的运输系统。集装箱标准按使用范围分，有国际标准、国家标准、地区标准和公司标准四种。

国际标准化组织，制定并推荐了三个系列13种规格的集装箱标准方案。目前，海运中大量使用的20尺柜和40尺柜 。常用的集装箱标准如表8.2所示。

表8.2　常用集装箱标准

箱型	外部尺寸/米	内容尺寸/米	配货毛重/吨	体积/立方米
20尺柜(20GP)	6.1×2.44×2.59	5.69×2.13×2.18	17.5	24～26
40尺柜(40GP)	12.2×2.44×2.59	12.2×2.13×2.18	22	54
40尺高柜(40HQ)	12.2×2.44×2.9	12.2×2.13×2.72	22	68

3) 集装箱种类

(1) 按所装货物种类，集装箱可分为杂货集装箱、散货集装箱、液体货集装箱、冷藏箱集装箱等，例如汽车集装箱、牧畜集装箱、兽皮集装箱。

(2) 按制造材料，集装箱可分为木集装箱、钢集装箱、铝合金集装箱、玻璃钢集装箱、不锈钢集装箱等。

(3) 按结构，集装箱可分为折叠式集装箱、固定式集装箱、薄壳式集装箱等。固定式集装箱还可分密闭集装箱、开顶集装箱、板架集装箱等。

(4) 按总重，集装箱可分为30吨集装箱、20吨集装箱、10吨集装箱、5吨集装箱、2.5吨集装箱等。

(5) 按干货柜的规格尺寸，集装箱可分为20尺货柜、40尺货柜、40尺高柜等。

(6) 按用途，集装箱可分为干货集装箱、冷藏集装箱、挂衣集装箱、开顶集装箱、框架式集装箱、罐式集装箱、平台集装箱、通风集装箱、保温集装箱等。

2. 集装箱运输特点

集装箱运输是一种现代化运输方式，它与传统的货物运输方式相比有许多不同之处，主要表现为以下几个特点。

第一，在全程运输中，以集装箱为媒介，使用机械装卸、搬运，可以从一种运输工具直接方便地换装到另一种运输工具，而无须接触或移动箱内所装货物。

第二，货物从内陆发货人的工厂或仓库装箱后，经由陆海空不同的运输方式，可以一直运到内陆收货人的工厂或仓库，实现门到门运输。

第三，集装箱运输以集装箱为运输单位，并由专设的运输工具装运，不仅装卸快，效率高，还可以减少货损货差，保证货运质量。

第四，由一个承运人负责全程运输，简化货运手续，方便货主，提高工作效率。

集装箱运输解决了传统运输中存在已久而不易解决的问题，如货物装卸操作重复劳动多、劳动强度大、装卸效率低、货损货差多、包装要求高、运输手续烦琐、运输工具周转迟缓、货运时间长等。

3. 集装箱运输的关系人

1) 无船承运人

无船承运人也称无船公共承运人或联运经营人，一般不掌握运输工具，只是货物运输的设计者和组织者。

2) 集装箱实际承运人

集装箱实际承运人掌握运输工具并直接为货主提供运输服务的机构承运人。例如轮船公司、铁路、公路、航空集装箱运输公司等。

3) 集装箱码头经营人

集装箱码头经营人是拥有码头和集装箱堆场经营权(或所有权)，从事集装箱交接、装卸、保管等业务的服务机构。

4) 集装箱货运站

集装箱货运站指承运人专门用于堆放集装箱并在那里装卸、转运货物的场地。集装箱货运站主要业务是办理拼箱货物的交接、装箱、拆箱、理货和保管等手续，同时也可按承运人的委托进行铅封和签发场站收据等业务。

5) 集装箱租赁公司

集装箱租赁公司专门经营集装箱的租赁业务，包括集装箱的出租、回收、存放、保管及维修等工作，其出租对象为实际承运人、无船承运人及货主。

4. 集装箱运输的装箱方式

集装箱货物装箱方式分为两种，即整箱和拼箱。

1) 整箱

整箱(Full Container Load，FCL)是指托运人自行将货物装满整箱后，以箱为单位托运的集装箱。空箱运到工厂或仓库后，在海关人员的监管下，货主把货装入箱内、加锁、铅封后交承运人并取得站场收据，最后凭收据换取提单或运单。

2) 拼箱

拼箱(Less Than Container Load，LCL)是指承运人(或代理人)接受货主托运的数量不足整箱的小票货运后，根据货类性质和目的地进行分类整理，把同一目的地的货，集中到一定数量拼装入箱。

5. 集装箱运输交接方式

1) 按装箱方式划分

按装箱方式，集装箱运输交接方式可分为整箱交整箱接、拼箱交拆箱接、整箱交拆箱接、拼箱交整箱接。

(1) 整箱交、整箱接(FCL/FCL)：货主在工厂或仓库把装满货后的整箱交给承运人，收货人在目的地以同样整箱接货，即承运人以整箱为单位负责交接。货物的装箱和拆箱均由发货方负责。

(2) 拼箱交、拆箱接(LCL/LCL)：货主将不足整箱的小票托运货物在集装箱货运站或内陆转运站交给承运人，由承运人负责拼箱和装箱运到目的地货站或内陆转运站，由承运人负责拆箱，拆箱后，收货人凭单接货。货物的装箱和拆箱均由承运人负责。

(3) 整箱交、拆箱接(FCL/LCL)：货主在工厂或仓库把装满货后的整箱交给承运人，在目的地的集装箱货运站或内陆转运站由承运人负责拆箱后，各收货人凭单接货。

(4) 拼箱交、整箱接(LCL/FCL)：货主将不足整箱的小票托运货物在集装箱货运站或内陆转运站交给承运人。由承运人分类调整，把同一收货人的货集中拼装成整箱，运到目的地后，承运人以整箱交，收货人以整箱接。

2) 按交接地点划分

按交接地点，集装箱运输交接方式可分为门到门、门到场站、场站到门、场站到场站(门：工厂或仓库；场：集装箱堆场；站：集装箱货运站)。

(1) 门到门：在整个运输过程中，完全是集装箱运输，无货物运输，最适宜于整箱交、整箱接。

(2) 门到场站：由门到场站为集装箱运输，由场站到门是货物运输，适宜于整箱交、拆箱接。

(3) 场站到门：由门至场站是货物运输，由场站至门是集装箱运输，适宜于拼箱交、整箱接。

(4) 场站到场站：除中间一段为集装箱运输外、两端的内陆运输均为货物运输，适宜于拼箱交、拆箱接。

8.3.6 国际多式联运

随着世界经济的一体化与国际贸易的全球化，国际多式联运以其将各种运输方式有机结合的特殊优势，在当今运输业的发展中正扮演着重要的角色。

1. 国际多式联运定义及特点

国际多式联运是国际间多种运输形式的联合运输，是在集装箱运输基础上发展起来的更先进的运输组织形式。

国际多式联运(International Multimodal Transport)，是指按照多式联运合同，以至少两种不同的运输方式，由多式联运经营人将货物从一国国境内接管货物的地点运至另一国国境内指定地点交付的货物运输方式。国际多式联运是采用一张国际多式联运合同，由一个总承运人负责全程的承运并直接对货主负责。

国际多式联运是通过采用海、陆、空等两种以上的运输手段，完成国际连贯货物运输，是一种以实现货物整体运输的最优化效益为目标的联运组织形式。在国际贸易中，85%～90%的货物是通过海运完成的，故海运在国际多式联运中占据主导地位。

知识窗

国际多式联运相关术语

多式联运合同是指多式联运经营人与托运人之间订立的凭以收取运费、负责组织完成国际多式联运的合同。

多式联运单据是指证明多式联运合同以及证明多式联运经营人接管货物并负责按照合同条款交付货物的单据。多式联运单据由联运人在接管货物时签发给发货人，并按照托运人的要求，制作成可转让的单据或不可转让的单据。

多式联运经营人是指本人或通过其代表与发货人订立多式联运合同的任何人，他不是发货人的代理人或承运人的代理人，他负责履行或者组织履行多式联运合同，对全程运输享有承运人的权利，承担承运人的义务。

2. 国际多式联运运作形式

国际多式联运是采用两种或两种以上不同运输方式进行联运的运输形式。

1) 海空联运

海空联运又被称为空桥运输，其充分利用了海运的经济性与空运的快捷性，成为一种具有广泛发展潜力的新的多式联运形式。国际海空联运线路主要有以下几种：①远东—欧洲；②远东—中南美；③远东—中近东、非洲、澳洲。

2) 海陆联运

海陆联运是国际多式联运的主要组织形式，也是远东—欧洲方向国际多式联运采用的主要组织形式之一，这种组织形式以航运公司为主体签发联运提单，与航线两端的内陆运输部门开展联运业务。海陆联运可分为以下几种：①海—铁联运；②铁—海联运；③海—陆—海联运。

3) 大陆桥运输

大陆桥(Land Bridge)，是指利用横贯大陆上铁路或公路运输系统，把大陆两端的海洋连接起来的中间桥梁。大陆桥运输一般是以集装箱为运输单位，所以也叫“大陆桥集装箱运输”。从形式上看，大陆桥运输是海—陆—海的连贯运输，但实际上它已在世界集装箱运输和多式联运的实践中发展成多种形式的运输。

(1) 西伯利亚大陆桥。西伯利亚大陆桥地跨欧亚两洲，所以又称欧亚大陆桥路线，是利用俄罗斯西伯利亚铁路作为陆地桥梁，把太平洋远东地区与波罗的海和黑海沿岸以及西欧大西洋口岸连接起来。

此条大陆桥运输线东起海参崴的纳霍特卡港口，横贯欧亚大陆，至莫斯科，然后分三路：一路从莫斯科至波罗的海沿岸的圣彼得堡港，转船往西欧、北欧港口；一路从莫斯科至俄罗斯西部国境站，转欧洲其他国家铁路(公路)直运欧洲各国；另一路从莫斯科至黑海沿岸，转船往中东、地中海沿岸。所以，从远东地区至欧洲，通过西伯利亚大陆桥有海—铁—海、海—铁—公和海—铁—铁三种运送方式。

(2) 北美大陆桥。北美大陆桥包括美国大陆桥运输和加拿大大陆桥运输：一条是从西部太平洋沿岸至东部大西洋沿岸的铁路和公路运输线，全长约3200公里；另一条是从西部太平洋沿岸至东南部墨西哥湾沿岸的铁路和公路运输线，长500～1000公里。

(3) 新亚欧大陆桥。新亚欧大陆桥是相对于西伯利亚大陆桥而言，也叫"第二亚欧大陆桥" 是指从中国沿海的连云港等港口经陇海、兰新铁路由阿拉山口进入中亚，再经哈萨克、俄罗斯通向西欧港口的铁路通道。

新亚欧大陆桥横贯亚欧大陆中部，在中国境内长4131公里，途经中国中部的各个省份。新亚欧大陆桥东起中国连云港，西出新疆阿拉山口，经哈萨克斯坦、俄罗斯、白俄罗斯、波兰、德国，西至荷兰鹿特丹，横跨亚洲、欧洲，与太平洋、大西洋相连，辐射20多个国家和地区，全长10900公里。新亚欧大陆桥不仅对贯通亚欧有非常重大的意义，也是我国西部地区大力开发的一条重要通道。

知识窗

小陆桥运输

小陆桥运输是指货物用国际标准规格集装箱为容器，从日本港口海运至美国、加拿大西部港口卸下，再由西部港口换装铁路集装箱专列或汽车运至北美东海岸和加勒比海区域以及相反方向的运输。小陆桥运输从运输组织方式上看与大陆桥运输并无大的区别，只是其运送的货物的目的地为沿海港口。小陆桥运输使海运和陆运结合起来，从而达到了运输迅速、降低运输成本的目的。

小陆桥运输刺激美国铁路发展了双层集装箱列车与超长列车，以提高运输效率，降低运输成本。据报道，美国总统轮船公司的双层集装箱列车，每标准箱成本，比单层列车节省 1/3 。

8.4 国际物流服务

国际物流服务除了运输、仓储、包装、配送、装卸搬运、信息处理等基本服务之外，还包括货运代理、报关、报检等服务。

8.4.1 国际货运代理

1. 国际货运代理定义

国际货运代理(International Freight Forwarding Agent)是指国际货运代理组织接受进出口货物收货人、发货人的委托，以委托人或自己的名义，为委托人办理国际货物运输及相关业务，并收取劳务报酬的经济活动。

按照国际货运代理协会联合会的说法，国际货运代理人是具有专门的知识，拥有自己的网络，根据客户的指示，并为客户的利益而揽取货物，保证安全、迅速、经济地运送货物并控制货物运输的全过程的国际货物运输的组织者和设计师。

从国际货运代理人的基本性质看，货运代理人主要是接受委托方的委托，就有关货物运输、转运、仓储、装卸等事宜，一方面与货物托运人订立运输合同，同时又与运输部门签订合同。对货物托运人来说，货运代理人又是货物的承运人。

2. 国际货运代理业务

- 揽货、订舱(含租船、包机、包舱)、托运、仓储、包装。
- 货物的监装、监卸、集装箱装/拆箱、分拨、中转及相关的短途运输服务。
- 报关、报检、报验、保险。
- 缮制签发有关单证、交付运费、结算及交付杂费。
- 国际展品、私人物品及过境货物运输代理。
- 国际多式联运、集运(含集装箱拼箱)。
- 国际快递(不含私人信函)。
- 咨询及其他国际货运代理业务。

3. 国际货运代理作用

1) 提供专业化的服务

货运代理人为委托人办理国际货物运输中某个环节的业务或全程的业务(如选择合适的运输工具、运输路线和运输方案)；提供货物的承揽、交运、集运、装卸、交付服务；接受委托人的委托办理保险、三“检”(即海关、边防、检疫)等手续。

2) 能够降低成本，提高经济效益

货运代理人掌握货物的运输、仓储、保险市场行情，通过货运代理人对最佳运输路线、最佳运输方式、最佳仓储方式、港口装卸人以及保险公司的选择，为货主降低运输成本；货运代理人还通过把小批量的货物集中成组进行运输，使货主和实际承运人从中获益。

3) 提供及时、准确的信息服务

货运代理人在世界各贸易中心建立客户网和自己的分支机构，对货物的全程运输进行跟踪，及时向委托人提供准确的信息。

4) 能起到咨询顾问的作用

货运代理人熟悉所在国的法律法规，与银行、保险公司、港口、海关、商检等机构和管理部门有长期的业务往来，能够根据运费、保险、包装、单证、结关、检查检验、金融、领事要求等提供咨询回复服务，并对国外市场的价格、销售情况提供信息和建议。

4. 国际货运代理类型

1) 以委托人的性质为标准划分

国际货运代理可分为货主的代理、承运人的代理。

2) 以委托人授予代理人权限范围为标准划分

国际货运代理可分为总代理、独家代理与一般代理。

3) 以运输方式为标准划分

国际货运代理可分为水运代理、空运代理、陆运代理、多式联运代理、无船代理等。

8.4.2 国际货物报关

1. 报关定义

《中华人民共和国海关法》第八条规定：进出境运输工具、货物、物品必须通过设立海关的地点进境或出境。可见，报关是指进出口货物收发货人、进出境运输工具负责人、进出境物品的所有人或者他们的代理人向海关办理货物、物品或运输工具进出境手续及相关海关事务的过程。报关是履行海关进出境手续的必要环节之一，包括向海关申报、交验单据证件，并接受海关的监管和检查等内容。

2. 报关涉及对象

按照法律规定，报关涉及的对象可分为进出境的运输工具、货物、物品。

进出境运输工具包括国际航行船舶、航空器、车辆和驮畜等。

进出境货物包括一般进出口货物；保税货物；暂准进出口货物；特定减免税货物；过境转运、通运货物；特殊货物，如水与电等。

进出境物品包括行李物品、邮递物品、享有外交特权和豁免权的公务用品和自用物品、国际快件等。

3. 报关分类

(1) 按照报关的对象，报关可分为进出境运输工具报关、进出境物品报关和进出境货物报关。

(2) 按照报关的目的，报关可分为进境报关和出境报关。

(3) 按照报关的实施主体，报关可分为自理报关和代理报关。

4. 进出口报关程序

不同类型的报关对象，其报关程序也不同。一般进出口报关的程序包括申报、查验、征税和放行，完成这4个海关作业环节，即完成通关，如图8.6所示。

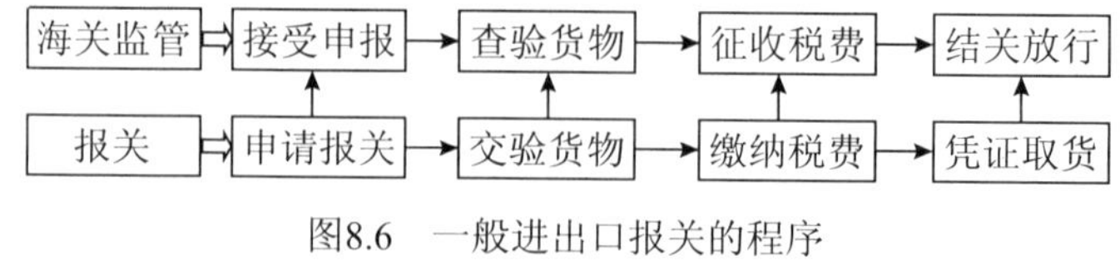

图8.6 一般进出口报关的程序

1) 申报

一般情况下，进口(出口)货物的收货人或代理人应当在货物的入境地(出境地)向海关申报。出口货物的发货人根据出口合同的规定向海关办理报关手续，或委托专业(代理) 报关公司办理报关手续。

申报时收货人或代理人要提供报关单、进出口货物的货运单据和商业单据(装箱清单、商业发票、销售合同、进口提货单据、出口装货单据等)或者特殊单证(检验检疫通关单、加工贸易登记手册、进出口许可证、特定减免税证明、产地证等)。

2) 查验

查验是通过对出口货物进行实际的核查，以确定其报关单证申报的内容是否与实际进出口的货物相符的一种监管方式。海关查验主要方式有三种，即彻底查验、抽查、外形查验。海关查验进出口货物后，要填写《海关进出口货物查验记录》。

3) 征税

根据《中华人民共和国海关法》的有关规定，进出口的货物除国家另有规定外，均应征收关税。关税由海关依照海关进出口税则征收，海关实际征收的关税税额是产品的完税价格与税率乘积。进口货物的完税价格包括货物价格、货物运抵中国国境内输入地点起卸前的运输及其相关费用、保险费；出口货物的完税价格包括货物价格、货物运至中国国境输出点装卸前的运输及其相关费用、保险费。

4) 放行

放行是指海关接受进出口货物的申报、审核报关单、查验货物、征收税费或接受担保以后，对进出口货物做出结束海关进出境现场监管决定，允许进出口货物离开海关监管现场的工作环节。这种“放行”即为“结关”，表示海关监管行为的结束。进口货物可由收货人凭单据提取，出口货物可由发货人装船、启运。

8.4.3 国际货物报检

1. 报检定义

报检是有关当事人根据相关法律、行政法规的规定及对外贸易合同的约定或证明履约的需要，向检验检疫机构申报检验、检疫，以获取出入境或取得销售使用的合法凭证及某种公证证明所必须履行的法定程序和手续。凡是国家规定法定检验的商品必须向检验检疫机构提出报检。我国目前实施“先报检，后报关”的检验检疫货物通关制度。

2. 报检内容

1) 出入境商品质量检验

质量检验包括外观质量、内在质量(有效成分、化学性能、机械性能、使用性能等)、特定质量(如食品卫生质量检验，废气、废水、噪声的限量检验)。

2) 出入境商品数量和重量检验

数量计量方法有计件单位、长度计量单位、面积计量单位、体积计量单位、容积计量单位。重量计量方法有毛重、净重、以毛作净。数量和重量检验是贸易合同中的重要内容，将直接涉及成交金额的最终结算。

3) 出入境动植物检疫

根据《中华人民共和国进出境动植物检疫法》的规定，对进出境的动植物、动植物产品和其他检疫物、装载动植物、动植物产品和其他检疫物的装卸容器、包装物以及来自动植物疫区的运输工具，依法实施检疫。

4) 出入境卫生检疫

根据《中华人民共和国国境卫生检疫法》相关规定，出入境的人员、交通工具、集装箱、运输设备及可能传播检疫传染病的行李、货物、邮包等必须接受卫生检疫。

5) 包装检验

包装检验是根据合同、标准和有关规定，对进出口商品的外包装、内包装以及包装标志进行检验。

6) 装运技术检验

装运技术检验包括船舱检验、进出口集装箱鉴定。船舱检验又包括干货舱检验、油舱检验、冷藏舱检验。进出口集装箱鉴定又包括装箱鉴定、卸箱鉴定、监视装卸、积载鉴定、货载鉴定。

3. 报检流程

关于出口货物的检验，其程序如下。

1) 报检/申报

报验人填写报检单，并提供有关的单据和资料。商检机构审核报检单内容填写是否完整、规范，随附的单据资料是否齐全、有效、符合规定，索赔或出证是否超过有效期等，审核无误后，方可受理报检。如发现有不合要求者，可要求申请人补充或修改有关条款。

2) 抽样/采样

对需要实施检验检疫的出入境货物，检验检疫工作人员要到现场抽取(采取)样品。抽取(采取)的样品不能直接进行检验的，需要对样品进行一定加工，这称为制样。报验人应提供存货地点情况，并配合商检人员做好抽样工作。

3) 检验检疫

检验检疫机构对已报检的出入境货物，通过感官、物理、化学、微生物等方法进行检验检疫，以判定所检对象的各项指标是否符合有关强制性标准或合同及买方所在国官方机构的有关规定。检验包括商检自验、共同检验、驻厂检验和产地检验等几种形式。

4) 签证放行

商检机构对检验合格的货物签发检验证书，或在“出口货物报关单”上加盖放行章。出口企业在取得检验证书或放行通知单后，在规定的有效期内报运出口。

入境货物检验检疫程序：报检后先放行通关，再进行检验检疫。出境货物检验检疫程序：报检后先检验检疫，再放行通关。

知识窗

报关与报检的区别

报关和报检都是办理进出口通关的过程之一，但报关的对象是海关，报检的对象是进出口商品检验检疫部门，报检先于报关，只有在商检部门检验完毕后，出具入境货物通关单，海关才接受报关申请，审单征税放行等都是之后的过程。并不是所有的进出口商品都需要报检，只有国家规定的商品才需要报检，而所有进出口商品(除自带，绿色通道)都需要报关。

本章小结

本章介绍了国际物流的基本概念和特点，阐述了国际物流与国际贸易的关系，国际贸易是国际物流的前提，国际物流是国际贸易得以实现的必要条件；还介绍了国际物流系统的基本构成，指出其是以实现国际贸易、国际商品流通的总体目标为核心的；分别介绍了口岸、港口、保税区、出口加工区、自由贸易区等国际物流节点在国际物流网络中的作用；分析了国际物流的几种运输方式，重点介绍了集装箱运输和国际多式联运；详细阐述国际物流服务中货运代理的业务特点和进出口报关、报检的内容及程序。

关键术语

国际物流　国际多式联运　集装箱运输　自由贸易区　货运代理

综合练习

一、单选题

1. 国际物流产生的必要条件是(　　)。

A. 国际贸易　B. 国际货代　C. 国际货运　D. 国际运输

2. 国际物流是(　　)之间的物流活动。

A. 不同国家　B. 不同关税区　C. 不同国家(地区)　D. 国家与地区

3. 国际物流(　　)子系统是国际物流系统的核心系统。

A. 运输　B. 仓储　C. 商品检验　D. 信息

4. 提单是指作为承运人和托运人之间处理运输中双方权利和义务的依据，其贸易术语的简称为(　　)。

A. FTA　B. FOB　C. B/L　D. CIF

5. 入境货物检验检疫程序是(　　)，再进行检验检疫。

A. 先放行通关后报检　B. 报检后

C. 报关后再报检　D. 报检后先放行通关

6. (　　)是集保税区、出口加工区、保税物流区、港口的功能于一身，可以发展国际中转、配送、采购、转口贸易和出口加工等业务。

A. 保税仓库　B. 综合保税区　C. 出口加工区　D. 自由贸易区

7. 国际贸易中最主要的运输方式是(　　)。

A. 海洋运输　B. 航空运输　C. 铁路运输　D. 公路运输

8. 门到门的集装箱运输最适用于(　　)交接方式。

A. 整箱交、整箱接　B. 拼箱交、拆箱接

C. 整箱交、拆箱接　D. 拼箱交、整箱接

二、多选题

1. 出入境商品报检的内容包括(　　)。

A. 质量检验　　B. 数量和重量检验　　C. 动植物检疫　　D. 卫生检疫

2. 一般进出口报关的程序包括(　　)。

A. 申报　　B. 查验　　C. 征税　　D.放行

3. 国际物流的特点包括(　　)。

A. 物流环境差异大　　B. 标准化要求程度高

C. 物流风险较大　　D. 物流系统复杂

4. 自由贸易区按功能分类，可分成(　　)。

A. 转口集散型　　B. 出口加工型　　C. 保税仓储型　　D.自由港型

5. 班轮运输“四固定”的特点是指(　　)。

A. 固定航线　　B. 固定港口　　C. 固定货源　　D. 固定船期

6. 集装箱运输交接方式按交接地点可分为(　　)。

A. 门到门　　B. 门到场站　　C. 场站到门　　D. 场站到场站

三、判断题

1. 出境货物检验检疫程序：报检后先检验检疫，再放行通关。　(　　)

2. 所有的进出口商品都需要报检。　(　　)

3. 通关是指进出口货物收发货人、进出境运输工具负责人、进出境物品的所有人或者代理人向海关办理货物、物品或运输工具进出境手续及相关海关事务的过程。　(　　)

4. 报关涉及的对象可分为进出境的运输工具、货物、物品。　(　　)

5. 国际多式联运是通过采用海、陆、空等三种以上的运输手段，完成国际连贯货物运输。　(　　)

6. 新亚欧大陆桥横贯亚欧大陆中部，东起中国的天津港。　(　　)

四、简答题

1. 简述国际物流与国际贸易的关系。

2. 简述自由贸易区和保税区的区别。

3. 集装箱运输有哪些特点，集装箱运输在国际货物运输中起到什么作用？

4. 国际多式联运有哪些运作形式，其特点是什么？

5. 国际物流节点有哪些，在国际物流系统中各起什么作用？

6. 简述一般进出口货物的报关流程。

7. 简述国际货物报检的内容。

五、实训题

1. 查找国际知名集装箱运输企业资料，并绘制成一份企业名录表格，列表项目包括企业名称、成立时间、公司概况、业务范围等。

2. 查找世界主要自由贸易区，了解其所属国家、地区或城市及其特点，并针对某一自由贸易区，写出一份调研报告。

第9章　物流系统管理

学习目标

- 理解物流系统概念、特点及目标
- 能够对物流系统进行规划与设计
- 掌握物流信息管理技术，对物流信息系统进行设计与管理
- 熟悉物流成本，对物流成本计算、成本控制、绩效管理有一定了解

导入案例

在上海通用汽车有限公司建立之初，其IT系统的关键部分主要是沿用通用全球核心公共系统标准，虽然覆盖从接订单到交货到用户的整个流程，但美中不足的是，由于通用核心公共系统是十多年前开发的，比起目前新兴的技术系统，运维护成本极高。为了解决这些问题，2001年11月6日，上海通用开始进行“用更加经济的新IT系统替代旧核心公共系统”的可行性研究。经过6个多月的测试通用最终决定实施SAP的IS-AUTO系统，并选择惠普为IS-AUTO系统提供咨询与实施服务。

IS-AUTO系统运行以后，销售订单从经销商那里传送到上海通用之后，就会汇总到生产订单系统，然后通过生产系统制订物料需求计划，上线生产。这个过程完全是按需制定的，大大提高了资金的周转率。事实上，SAP的IS-AUTO系统已经成为上海通用汽车IT系统的神经中枢，它覆盖了上海通用从接订单到最后给用户交车的整个流程，其最大的特色是按需制定、柔性管理。

应用了SAP的IS-AUTO系统的上海通用，成为国内首个、全球屈指可数的成功实现了全价值链整合应用IT系统的汽车公司，成为市场的领跑者。这一切的取得，不能说不是得力其先进的IT信息系统的应用。

资料来源：九仔. 上海通用的供应链整合.[EB/OL].[2005-08-07][2019-06-15].https://www.9956.cn/college/59073.html.

思考：上海通用汽车有限公司的SAP系统的运用给企业带来哪些变化?

9.1　物流系统

系统(System)一词来源于拉丁文的“Systema”，也表示群、集合等。英文中的System有多种中文释义，可以翻译成体系、系统、体制、制度、方式、秩序、机构、组织等。

9.1.1 物流系统概述

1. 物流系统概念

运用系统的观点和方法对物流问题进行分析、研究，对于正确把握物流设施在物流系统中的地位，充分合理利用物流设施，实现物流的空间效益、时间效益，以及实现物流的合理衔接，提高企业竞争能力，并取得最佳的经济效益，有着非常重要的意义。

所谓系统是指若干个相互联系、相互依赖的要素按一定方式所组成的具有特定功能(目的)的有机整体。系统具有以下几个特点：①具有一定的目的；②通常由多个要素组成，各要素之间相互关联；③存在于一定的环境之中；④可以划分成多个子系统。

物流系统(Logistic system)是指由两个或两个以上的物流功能单元构成，以完成物流服务为目的的有机集合体。

物流系统是社会经济大系统的一个子系统或组成部分。物流系统和一般系统一样，具有输入、转换和输出三大功能，其通过输入和输出功能与社会环境进行交换，与环境相依存，而转换则是这个系统独具特色的系统功能。物流系统可以按组成环节划分各物流子系统。物流系统的输入是指各个环节(输送、储存、搬运、装卸、包装、物流信息、流通加工等)所消耗的劳务、设备、材料等资源，经过输送、存储、流通加工等处理过程的转化(即物流服务)，实现时间效用和空间效用。

2. 物流系统构成要素

物流系统由包装、运输、仓储、配送、装卸搬运、流通加工及信息处理子系统中的一个或几个有机体结合而成，而这些子系统可按空间、时间、功能、职能或其他因素进行划分。

物流系统是由物流各要素所组成的，要素之间存在有机联系。下面，我们分别从一般要素和功能要素两方面来理解物流系统的要素构成。

1) 物流系统的一般要素

物流系统的一般要素由3方面构成。

(1) 劳动者要素。它是所有系统的核心要素、第一要素。提高劳动者的素质是建立一个合理化的物流系统并使它有效运转的根本。

(2) 资金要素。交换是以货币为媒介，从而实现交换的物流过程，这实际也是资金运动过程，同时物流服务本身需要以货币为媒介。物流系统建设是资本投入的一大领域，离开资金这一要素，物流不可能实现。

(3) 物的要素。物的要素包括物流系统的劳动对象，即各种实物。缺少劳动对象，物流系统便成了无本之木。物的要素还包括劳动工具、劳动手段，如各种物流设施、工具、各种消耗材料(燃料、保护材料)等。

2) 物流系统的功能要素

物流系统的功能要素指的是物流系统所具有的基本能力，这些基本能力有效地连接在一起，便能合理、有效地实现物流系统的总目的。物流系统的功能要素一般有运输、仓储、包装，装卸搬运、流通加工、配送、物流信息处理等。

(1) 运输功能要素。运输功能的活动包括供应及销售物流中的车、船、飞机等方式的运输，生产物流中的管道、传送带等方式的运输。为实现安全、迅速、准时、廉价的物流要求，运输方式以技术经济效果最优为标准。

(2) 仓储功能要素。仓储包括堆存、保管、保养、维护等活动。对仓储活动的管理，要求正确确定库存数量，明确仓库以流通为主还是以储备为主，合理确定仓储制度和流程，对库存物品采取有区别的管理方式，力求提高仓储效率，降低损耗，加速物资和资金的周转。

(3) 包装功能要素。包装包括产品的出厂包装，生产过程中在制品、半成品的包装，在物流过程中换装、分装、再包装等活动。包装活动的主要内容要根据物流方式和销售要求来确定。选择哪种包装方式要全面考虑包装对产品的保护作用、促销作用、提高装运率的作用、包拆装的便利性及废包装的回收及处理等因素。包装管理还要根据全物流过程的经济效果，具体决定包装材料、强度、尺寸及包装方式。

(4) 装卸搬运功能要素。装卸包括对运输、仓储、包装、流通加工等物流活动进行衔接的活动，以及在仓储等活动中为进行检验、维护、保养所进行的装卸搬运活动。在所有物流活动中，装卸搬运活动是频繁发生的，因而是产品损坏的重要原因。装卸搬运活动的主要内容是确定最恰当的装卸方式。在装卸搬运中，力求减少装卸次数，合理配置及使用装卸机具，做到节能、省力、减少损失、加快速度，以获得较好的经济效果。

(5) 流通加工功能要素。流通加工活动又称流通过程的辅助加工活动。这种加工活动不仅存在于社会流通过程，也存在于企业内部的流通过程中，是在物流过程中进行的辅助加工活动。它能弥补生产过程中加工程度的不足，更能有效地满足客户或本企业的需求，更好地衔接产需。

(6) 配送功能要素。它是物流进入最终阶段，以配货、送货形式最终完成社会物流并实现资源配置的活动。配送活动一直被看作运输活动的一个组成部分，看成一种运输形式。所以，过去未将其独立作为物流系统实现的功能，也未看成独立的功能要素，而是将其作为运输中的末端运输对待。但是，配送作为一种现代流通方式，集经营、服务、社会集中库存、分拣、装卸搬运于一身，已不是单单一种送货运输所能包含的，它是一种独立功能要素。

(7) 物流信息处理功能要素。物流信息处理包括进行与上述各项活动有关的计划、预测、动态(运量、收、发、存数)的信息及有关的费用信息、生产信息、市场信息活动、财务信息活动的管理。物流信息处理活动的主要内容包括建立信息系统和信息渠道，正确选定信息科目和信息的收集、汇总、统计、使用方式。对信息进行加工处理有利于了解和掌握物理动态，以保证物流活动的可靠性和及时性。

在上述功能要素中，运输及仓储分别解决了供给者及需求者之间场所和时间的分离，分别是物流创造“场所效用”及“时间效用”的主要功能要素，因而在物流系统中处于主要功能要素的地位。

9.1.2 物流系统特点

物流系统首先是一个“系统”，它除了具有所有系统所共有的特点(即整体性、相关性、目的性、环境适应性)外，同时还具有规模庞大、结构复杂、目标众多等大系统的特征。物流系统主要具有如下几个特点。

1. 物流系统是一个“人机系统”

物流系统由人和形成劳动手段的设备、工具组成。它表现为物流劳动者运用运输设备、装卸搬运机械、仓库、港口、车站等设施，作用于物资的一系列生产活动。在这一系列的物流活动中，人是系统的主体。因此，在研究物流系统的各个方面问题时，要把人和物有机地结合起来，作为不可分割的整体加以考察和分析，而且始终要把如何发挥人的主观能动作用放在首位。

2. 物流系统是一个大跨度系统

这反映在两个方面，一是地域跨度大，二是时间跨度大。在现代经济社会中，企业间物流经常会跨越不同地域，国际物流的地域跨度更大；采取储存方式解决产需之间的矛盾也会造成物流时间跨度大。物流系统大跨度带来的主要问题是管理难度较大，物流对信息的依赖程度较高。

3. 物流系统是一个可分系统

无论物流系统规模多么庞大，都可以分解成若干个相互联系的子系统。这些子系统的多少和层次的阶数，是随着人们对物流的认识和研究的深入而不断扩充的。系统与子系统之间、子系统与子系统之间，存在着时间和空间、资源利用方面的联系；也存在总的目标、总的费用以及总的运行结果等方面的联系。

4. 物流系统是一个动态系统

一般的物流系统总是联结多个生产企业和用户，随需求、供应、渠道、价格的变化，系统内的要素及系统的运行经常发生变化。这就是说，社会物资的生产状况、社会物资的需求变化、资源变化、企业间的合作关系，都随时随地影响着物流，物流受到社会生产和社会需求的广泛制约。物流系统是一个具有满足社会需要、适应环境能力的动态系统。面对经常变化的社会环境，人们必须对物流系统的各组成部分经常不断地修改、完善，这就要求物流系统具有足够的灵活性与可改变性。

5. 物流系统是一个复杂系统

物流系统通常是一个复杂系统，其复杂性主要体现以下几个方面。

(1) 物流系统各环节之间构成的网络结构，每部分的变化都会受到其他部门变化的影响，并会引起其他部门乃至整个系统的变化。

(2) 物流系统具有多层次(如从各种类型的供应商到不同的客户)、多功能结构(如从提供信息服务、零部件供应等)的特点，这要求物流每一层次的职能都为物流系统最终提供的产品或者服务提供必要的功能。

(3) 物流系统能根据供应商和顾客的需要不断调整和改善系统结构与功能。

(4) 系统是开放的，它与环境有密切的联系，能与环境相互作用。物流系统不仅受到企业经营环境的影响，其本身还会影响企业运作环境的适应性。

(5) 系统是动态的，它处于不断发展变化之中，而且系统本身对未来的发展变化也有一定的预测能力。

(6) 物流系统的本质特征是其组成部分具有某种程度的智能，即具有了解所处环境、预测变化，并按预定目标采取行动的能力，也就是具有自组织、自适应、自驱动的能力。

6. 物流各项活动的效益背反

物流的各项活动(运输、仓储、装卸搬运、包装、流通加工等)之间存在“效益背反”(Trade-off)问题，所谓“效益背反”是指对于同一资源的两个方面处于相互矛盾的关系之中，即想要较多地达到其中一个方面的目的，必然使另一方面的目的受到部分损失。这种特点主要体现在以下几个方面。

(1) 减少库存节点并尽量减少库存，势必使库存补充变得频繁，必然增加运输次数；简化包装，使包装强度降低，但仓库里的货物就不能堆放过高，降低了保管效率，且在装卸和运输过程中货物容易出现破损，会导致搬运效率下降、破损率增多。

(2) 将铁路运输改为航空运输，虽然运费增加了，但运输速度却大幅度提高了，减少了各地物流据点的库存，还大量减少了仓储费用。

(3) 由于各物流活动之间存在着“效益背反”问题，因而就必须研究总体效益，使物流系统化。物流的各项活动如运输、仓储、搬运、包装、流通加工等都各自具有提高自身效率的机制，也就是具有运输系统、仓储系统、搬运系统、包装系统、流通加工系统等分系统。因此整个物流过程必须使各个系统以实现最佳效益为目的。

(4) 不仅物流各部门和各功能间存在“效益背反”的问题，物流成本与物流服务间也存在“效益背反”问题。一般来说，提高物流服务质量，物流成本即上升，成本与服务之间受“收益递减法则”的支配。另外，处于高水平的物流服务时，成本增加而物流服务水平不能按比例相应提高。与处于竞争状态的其他企业相比，在处于相当高的服务水平的情况下，想要超过竞争对手，提出并维持更高的服务标准就需要有更多的投入，所以一个企业在做出这种决定时必须慎重。

9.1.3 物流系统目标

物流系统以有效的低物流成本向顾客提供优质物流服务为目标这里，本书用“6S”和“7R”具体描述。

1. “6S”目标

1) 服务性(Service)

在客户服务方面，要求不出现缺货、货物损坏和丢失等问题，且服务费用便宜。

2) 快捷性(Speed)

要求按照客户指定的地点和时间迅速将货物送到，为此可以把物流设施建在供给地附近，或者利用有效的运输工具和合理的配送计划等。

3) 安全性(Safety)

尽可能保证货物运输途中的安全，保证装卸、搬运过程中的安全和保管阶段的安全；尽可能减少客户的订货断档问题。

4) 有效利用面积和空间(Space Saving)

随着土地费用的不断上涨，物流服务必须充分考虑城市用地的有效性，逐步发展立体化物流设施，以求空间的有效利用。

5) 规模适当化(Scale Optimization)

物流活动应当考虑物流设施的设置是集中还是分散，如何利用更适当；机械化与自动化程度是否合理；信息系统的集中化所要求的电子计算机等设备如何利用等问题。

6) 库存控制(Stock Control)

库存过多则需要更多的保管场所，还会产生库存资金积压，造成浪费。因此，必须按照生产与流通的需求变化对库存进行控制。

上述物流系统的目标简称为“6S”，要达到以上物流系统的目标，就要对物流活动进行研究，把从生产到消费过程的货物量作为一贯流动的物流量看待，缩短物流路线，使物流作业更合理化、现代化，从而降低总成本。

2. “7R”目标

美国密歇根大学的斯麦基教授倡导的物流系统的目标由“7R”组成，即Right Quality(优良的质量)、Right Quantity(合适的数量)、Right Time(适当的时间)、Right Place(恰当的场所)、Right Impression(良好的印象)、Right Price(适宜的价格)和Right Commodity(适宜的商品)。

“物流7R理论”是一种简单明了对“物流”的定义，即物流就是将恰当的质量、恰当的数量、恰当的价格、恰当的商品，在恰当的时间，送到恰当的场所、恰当的顾客手中。

在总体上，坚持物流合理化的原则，就是在兼顾成本与服务的前提下，对物流系统的构成要素进行调整改进，实现物流系统整体优化。

9.2 物流系统规划

物流系统是一个涉及领域非常广泛的综合系统，它涉及交通运输、货运代理、仓储管理、流通加工、配送、信息服务、营销策划等领域。物流系统又是一个开放的复杂系统，影响其发展的内外部因素多且变化大，其依托的外部环境的变化也有很大的不确定性，因此，不论是改进现状物流系统还是开发新物流系统，进行物流系统规划都显得尤为重要。

9.2.1 物流系统规划含义

1. 物流系统规划的一般定义

物流系统规划是指确定物流系统发展目标以及设计达到目标的策略与行动的过程。

物流系统规划是对拟建的物流系统做出长远的、总体的发展计划与蓝图，具体表现为物流战略规划、营运规划、组织规划、设施规划等，即如何对物流系统中的资源做最有效的配置，使系统整体达到最佳的绩效表现。

2. 物流系统规划与物流系统设计理解

“物流系统规划”与“物流系统设计”是两个不同、但是容易混淆的概念，两者有密切的联系，却也存在着重大的差别。在物流系统建设的过程中，如果将规划工作与设计工作相混淆，必然会给实际工作带来许多不应有的困难。因此，比较物流系统规划与物流系统设计的异同，阐明两者相互关系，对于正确理解物流系统规划与设计的含义，在理论和实践上都具有重要意义。

物流系统规划属于物流项目的总体规划，是可行性研究的一部分；而物流系统设计则属于项目初步设计的一部分内容，如图9.1所示。

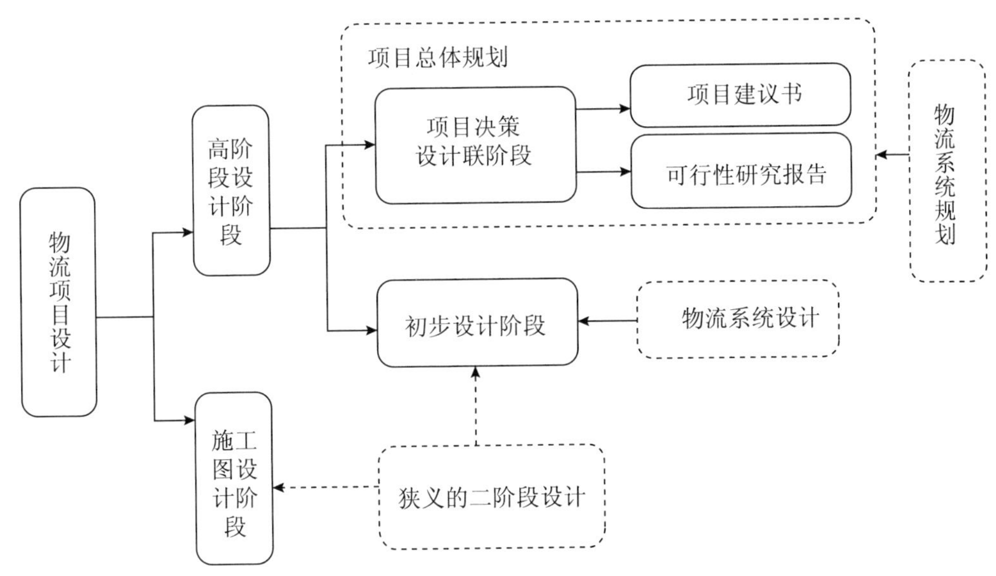

图9.1　物流系统规划与物流系统设计的关系

9.2.2　物流系统规划的重要意义

物流系统规划的重要性与物流本身的特殊性有关。

1. 物流系统的涉及面非常广泛，需要有各方共同遵循的准则

物流涉及军事领域、生产领域、流通领域、消费及后消费领域，涵盖了几乎全部社会产品在社会上与企业中的运动过程，是一个庞大且复杂的活动。仅以社会物流的共同基础设施而言，我国相关的管理部门，就涉及交通、铁道、航空、仓储、外贸、内贸等六大领域及相关行业。这些领域和行业在各自的发展规划中，都包含局部的物流规划。这些规划，由于缺乏沟通和协调，更多是从局部利益考虑，再加上局部资源的有限性，往往不可避免地破坏了物流大系统的有效性，必然给今后的物流发展留下诸多的隐患。所以必须有一个更高层次的、全面的、综合的物流规划，才能够把我国的现代物流发展纳入有序的轨道。

2. 物流过程本身存在“背反”现象，需要有规划地协调

物流过程往往是一个很长的过程，由诸多环节组成，物流系统的一个重要特性，就是这些环节之间往往存在“效益背反”现象，如果没有共同的规划制约或不进行优化，任凭各个环节各自发展，就可能使“背反”现象强化。

3. 物流领域容易出现更严重的低水平层次的重复建设现象，需要有规划地制约

物流领域进入的门槛比较低，而发展的门槛比较高，这就使物流领域容易出现低水平层次的重复建设现象。

4. 物流领域的建设投资，尤其是基础建设的投资规模巨大，需要有规划地引导

物流领域的建设投资如果没有有效的规划，就不能有效地利用资源，很可能造成巨大损失。

5. 实现物流跨越式的发展，需要有规划地指导

我国物流系统建设刚刚起步，如果缺乏规划引导和制约，任其行事，那么必然会有相当多的地区和企业，要从头走起，重复低水平发展阶段，白白地消耗资源和时间。

6. 物流系统规划与设计是企业构筑新型物流系统的需要

就生产企业而言，“轻资产”运行的新型企业，需要改变大量投资生产能力的旧的投资方式，而将大量制造业务外包，这样就必须建立诸如“供应链”之类的物流系统，形成以联盟组织形式的虚拟企业。这就必须对物流系统进行新的构筑，或者对企业的整个流程从物流角度进行“再造”。所以，规划和重新设计物流系统的问题对于生产企业也是非常重要的。

9.2.3 物流系统规划原则

1. 开放性原则

开放性原则是指物流系统的资源配置需要在全社会范围内寻求。

2. 物流要素集成化原则

物流要素集成化原则是指通过一定的制度安排，对物流系统功能、资源、信息、网络等要素进行统一规划、管理、评价，通过要素间的协调和配合使所有要素整体运作，从而实现物流系统要素间的联系，达到物流系统整体优化的目的。

3. 网络化原则

网络化原则是指将物流经营管理、物流业务、物流资源和物流信息等要素的组织按照网络方式在一定市场区域内进行规划、设计、实施，以实现物流系统快速反应和最优总成本等要求。

4. 可调整性原则

可调整性原则是指能够及时应对市场需求的变化及经济发展的变化。

9.2.4　物流系统规划内容

1. 物流战略规划

物流战略规划是为实现企业可持续发展战略总目标，企业根据行业物流发展的态势及企业本身的优势在分析内外环境的基础上对企业物流发展目标做出决策，对企业的物流业务进行准确定位并形成明确的战略计划方案的谋划过程。它包括战略思想、战略目标、战略方针、战略优势、战略态势、战略重点、战略阶段、战略步骤、战略手段、战略措施等内容。

2. 物流系统模式设计

在企业供应链物流渠道上，物流节点与线路及其功能的组合就形成了物流系统模式，物流系统模式的设计依据是企业物流系统的目的，其设计内容包括物流节点在供应链中的地位及其功能的明确、供应链库存的控制、节点的衔接方式、信息处理与传递的方式与手段、系统运行机制的设计等。物流系统模式决定企业物流管理体制、业务流程、组织机构设置、设施的取舍及规模、网络布置等，是物流系统规划的前提条件。

3. 物流功能要素规划

功能要素规划是将拟建物流系统作为一个整体来考虑，依据确定的目标和经营定位，规划拟建物流系统为完成业务而应该具备的物流功能。拟建物流系统作为一种专业化的物流模式、组织或设施，不仅需要具备一般的物流功能，还应该具备适合不同需要的特色功能。首先需要对物流系统的运输、配送、保管、包装、装卸搬运、流通加工、物流信息等功能要素进行分析，然后综合物流需求的形式、物流系统发展战略等因素来选择物流系统应具备的功能。

4. 作业流程规划

作业流程规划是物流作业系统规划的重要步骤，决定了物流作业系统的详细要求，如设施配备、场所分区等，对后续的建设具有重要影响。对传统企业进行作业流程重组，能提高物流作业效率，降低物流成本，是传统物流向现代物流转型的重要途径。不同类型的物流作业系统，其作业流程也有很大不同，在实际规划中，应该根据物流作业系统的功能，结合商品特性与客户需求进行必要调整。

5. 物流设施规划

1) 物流设施场址选择

物流系统节点设施拥有众多建筑物、构筑物以及固定机械设备，一旦建成很难搬迁，如果选址不当，将付出长远代价，因而，对于物流节点的选址规划需要给予高度重视。

2) 物流设施设备规划与布局

物流作业系统的设施设备是保证物流系统正常运作的必要条件，设施设备规划涉及建筑模式、空间布局、设备安置等多方面问题，需要运用系统分析的方法求得整体优化，最大限度地减少物料搬运、简化作业流程。在传统企业的物流改造中，设施设备规划与布局要注意企业原有设施设备的充分利用和改造等工作。物流作业系统的设施设备规划布局一般包括以下几方面内容。

- 原有设施设备分析。
- 物流设施的功能分区。
- 设施的内部作业区域布局。
- 作业设备规划布局。
- 物料搬运系统设计。
- 公用设施规划布局。

6. 物流信息系统规划

信息化、网络化、自动化是现代物流系统的发展趋势，信息系统规划是物流系统规划的重要组成部分。物流系统的信息系统规划，既要考虑满足物流系统内部作业的要求，有助于提高物流系统作业的效率；也要考虑同物流系统外部的信息系统相连，方便物流系统及时获取和处理各种经营信息。一般来讲，信息系统规划包括两部分：①物流系统节点设施内部的管理信息系统分析；②供应链物流系统的网络平台架筑。

物流系统规划特点与形式如表9.1所示。

表9.1　物流系统规划特点与形式

类型	新建单个	新建多个	改造
委托方	新型企业、跨国企业、政府部门		大多为老企业
规划目的	高起点、高标准、低成本	成为企业、区域的新经济增长点或支柱产业	实现从传统物流组织向现代物流的转变
关键点	物流节点选址	系统构造、网点布局	进行企业业务流程重组，充分利用现有物流设施
规划内容	物流功能规划 场址选择 作业流程规划 物流设施规划 信息系统规划	物流功能规划 物流系统模式规划 物流网络信息规划 物流网点布局规划 物流节点场址设施规划	企业发展战略研究 物流功能设计 作业流程规划 物流节点场址设施规划
规划原理与方法	物流学、统计学、物流系统分析、管理信息系统	物流学、统计学、物流系统分析、生产布局学、城市规划、管理信息系统	物流学、统计学、企业发展战略、物流系统分析、管理信息系统

9.3　物流信息系统管理

9.3.1　物流信息系统概述

物流信息系统将硬件和软件结合起来，对物流活动进行管理、控制和衡量。

1. 信息在物流系统中的地位和作用

物流信息对整个物流系统起着融会贯通的作用，对物流活动起支持作用。物流系统内各子系统是通过信息予以沟通的，而且系统内基本资源的调度也是通过信息的传递来实现的。具体来说，信息在物流系统中的地位可通过企业内部关键信息流和企业之间相关信息流来反映。

企业内部关键信息流，如图9.2所示。无论是企业的经营管理活动，还是企业的业务操作活动，都离不开信息的支持，信息系统被喻为企业的“神经系统”，物流系统中信息的作用尤为重要。

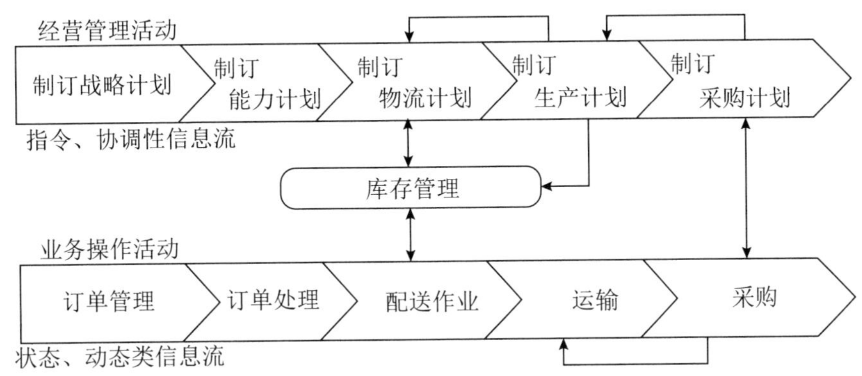

图9.2　企业内部关键信息流

企业之间的相关信息流如图9.3所示。“1”表示采购订单信息；“2”表示POS数据，预测；“3”表示发货通知/收货回折；“4”表示交付/签收；“5”表示发货指令；“6”表示外协合同，物流动态信息；“7”表示指令执行信息(运输、库存、配送状态)；“8”表示发货通知；“9”表示物流动态信息；“10”表示市场销售信息(POS数据，预测)；“11”表示交付/签收；“12”表示外协合同；“13”表示订舱信息；“14”表示配舱回单；“15”表示外协公司；“16”表示加工、包装、配送指令；“17”表示库存信息，指令执行信息。

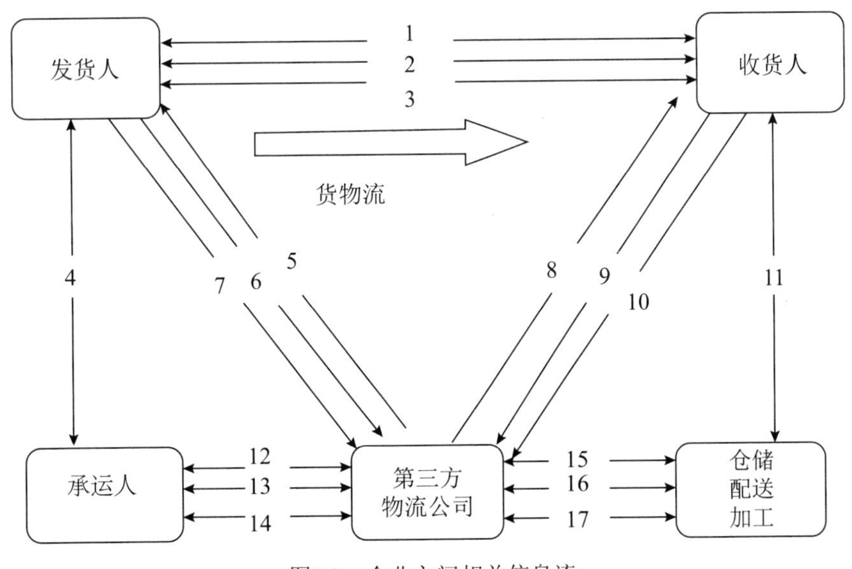

图9.3　企业之间相关信息流

2. 物流信息系统的基本特征

由于物流信息系统的控制从货主订单开始到将货物交付收货人结束，同其他领域的信息相比，物流信息具有本身的特征，主要表现以下几个方面。

1) 物流信息数量大、分布广

物流系统中每一个子系统都将产生大量的物流信息，如运输、存储、包装、装卸搬运、流通加工等信息，所以物流信息量非常庞大，并且随着企业间合作的增强和信息技术的发展，物流信息的信息量将会越来越大。

2) 物流信息动态性强，更新快

由于物流信息所涉及的环节众多，且每个环节在实际运行过程中都在不断变化，比如，超市销售的商品种类和数量在一天内甚至一小时内都会有很大变化。因此，对信息工作的及时性要求很高，在大型物流系统中，为确保信息的及时性，信息的收集、传输、加工和处理都要加快速度。

3) 物流信息来源多样化

企业竞争优势的获得需要供应链各参与企业之间相互协调合作。协调合作的手段之一是信息即时交换和共享。许多企业把物流信息标准化和格式化，利用EDI在相关企业间进行传送，实现信息分享。此外，物流活动往往利用道路、港湾、机场等基础设施，为了高效率地完成物流活动，物流人员必须掌握与基础设施有关的信息，如掌握国际物流过程中报关所需信息、港湾作业信息等。所以，物流信息来源具有多样化的特点。

9.3.2 物流信息系统的管理与开发

1. 物流信息系统对管理的要求

物流信息系统对于管理有7个基本要求。

第一，开放性，便于和外部系统的连接。

第二，可扩展性，便于系统功能逐步完善，不一定一步到位。

第三，安全性，一要防止信息丢失、篡改；二要防止信息被盗。

第四，协同性，企业内部各部门之间信息的协同和外部企业信息的协同。

第五，快速反应，争取第一时间获得信息，对不正常事件进行及时预警。

第六，信息的集成性，便于统一管理。

第七，支持远程处理适应信息网络化的要求。

2. 物流信息系统建设的目标

信息系统是物流系统的中枢神经，起到支持保障作用，它的任务是实时掌握物流的动态，从货物网上订单托运到第三方物流公司所控制的一系列环节的协调，再到将货物交到收货人手中，使得物流供应链尽量做到透明化。第三方物流要赢得货主的信任，完善的物流供应链和先进的信息系统是必不可少的。

在对信息系统进行建设时，应设定以下7个具体目标。

第一，实现对物流全过程的监控。在第一时间得到资料，将分散在发货人、收货人、物流仓储中心、承运人等处的信息有机集成，适当地在整个作业流程中第一时间得到资料。货主输入所有相关资料，系统自动把所有资料传送到卡车操作、货舱操作、运输操作，然后到船东，成为船代、港务局和海关的资料。利用条码或电子标签，完整地跟踪产成品从生产车间到零售货架的各个环节，使客户能够通过Internet查询，快速了解即时的销售动态，以便确定进一步的生产计划、销售计划和市场策略。

第二，库存统一控制。物流公司可以将各地的仓库(自己拥有的或公共的)和运输方式的舱位视为虚拟的统一仓库进行集中管理或调拨。

第三，有效地支持门到门的物流服务。无论经过多少运输方式、中转环节，是否进行拼装箱操作，都要确保对同一票货的识别、运输、仓储等各个环节之间的协调一致，准确及时地完成包括多个环节的门到门的物流指令。

第四，有效地支持配送、包装、加工等物流增值服务。物流服务商可以针对多个客户的不同要求设计多种增值业务模式。

第五，反映所有非正常业务中的问题。随时了解每一笔延期签收、残损、退货等非正常业务的具体信息，以便动态定位找到原因。

第六，将新的管理理念、先进的管理技术与信息系统相结合。

第七，加强市场营销与客户关系管理。

3. 物流信息系统的开发过程

物流信息系统的生存周期包括6个阶段，即计划、需求分析、物流信息系统设计、程序编写、测试和运行维护。

1) 计划

在这个阶段，要确定开发物流信息系统的总目标，给出物流信息系统的功能、性能、可靠性及接口等方面的设想；研究完成该项信息系统任务的可行性，探讨解决问题的方案，并且对可供使用的资源(如计算机硬件、软件、人力需求等)、成本、可取得的效益和开发的进度做出估计，制订完成开发任务的实施计划。

2) 需求分析

需求分析主要是对开发的物流信息系统进行详细分析。物流信息系统人员和用户共同讨论决定哪些需求是可以满足的，并加以确切描述，之后写出物流信息系统需求说明书或功能说明书及初步的系统用户手册，提交管理机构评审。

3) 物流信息系统设计

设计是物流信息系统工程的技术核心。在设计阶段，设计人员要把已确定了的各项需求转换成一个相应的体系结构，结构中每一组成部分是意义明确的模块，每个模块和某些需求相对应，即所谓概要设计；进而对每个模块要完成的工作进行具体描述，以便为程序编写打下基础，即所谓详细设计。对管理信息系统来说，其开发还要设计全局的数据结构。

4) 程序编写

程序编写是指把物流信息系统设计转换成计算机可以接收的程序，即写成以某一程序设计语言表示的“源程序清单”，这步工作也称为编码。这种程序应该是结构良好、清晰易懂的，且与物流信息系统设计一致。

5) 测试

测试是保证物流信息系统质量的重要手段，其主要方式是在设计测试的基础上检验信息系统的各个组成部分。首先进行单元测试，以发现模块在功能和结构方面的问题，其次将已测试过的模块组装起来进行测试，最后按原定需求，逐项进行有效性测试，决定已开发的物流信息系统是否合格，能否交付用户使用。

6) 运行维护

已交付的物流信息系统投入正式使用，便进入运行阶段。这阶段可能持续若干年甚至几十年。物流信息系统在运行中可能出于多方面的原因，需要不断修改，例如，运行过程中发现了物流信息系统中的错误需要修正、为了适应物流信息系统工作环境变化而做适当变更、为增强物流信息系统的功能需要变更。

总之，物流信息系统的开发一定要围绕物流管理总体功能目标来进行。

4. 物流信息系统管理的作用

物流信息系统管理的作用有以下6点：①使物流各环节的工作更加协调；②信息共享，提高效率；③信息统一管理，减少冗余，避免信息的不一致；④提供决策支持；⑤与客户信息共享、互动；⑥提高服务质量，改善顾客关系。

9.3.3 物流信息管理技术

西方国家的物流系统发展早于中国，现阶段国外对于配送中心如何提高效率的研究主要集中在使用现代化的设备和技术方面，使得配送中心的作业向现代化和自动化方向发展。应用比较多的信息管理技术有条码技术、RFID技术、GIS、GPS技术等。

1. 条码技术

条码是由一组按一定编码规则排列的条、空符号，用以表示一定的字符、数字及符号组成的信息。条码系统是由条码符号设计、制作及扫描识读组成的自动识别系统。条码是迄今为止最经济实用的一种自动识别技术。条码技术具有以下几个方面的优点：输入速度快、可靠性高、采集信息量大、灵活实用、条码标签易于制作。应用于物流领域的条码技术成为物流条码标识，物流条码标识的内容主要有项目标识(货运包装箱代码SCC-14)、动态项目标识(系列货运包装箱代码SSCC-18)、日期、数量、参考项目(客户购货订单代码)、位置码、特殊应用(医疗保健业等)及内部使用标识，具体规定都有相关的国家标准。

2. RFID技术

RFID(Radio Frequency Identification，射频识别)技术是通过特定频段的数字射频信号进行无线传输的一种技术。RFID能够始终保持移动终端(手持式或车载式)和主机之间的双向、实时的射频连接，从而得到与主机的双向无缝信息流动，使得仓库作业人员按照仓库管理系统的指令到达指定地点、完成指定任务。RFID技术能够提高信息的实效性和价值，尤其是应用于对作业时间非常敏感的作业环境，例如交叉转运(Cross Doc)、按订单生产制和JIT补货RFID技术具有如下特点：①减少布线成本，提高部署的灵活性；②信息完全可达，使得仓库作业不会中断、迅速制定和执行决策，避免空行程，减少时间浪费，用更少的仓库人员更快地完成作业任务；③消灭纸单；④快速的实时数据批处理、响应时间，提高服务水平；⑤与条形码自动识别技术一起提高信息准确性，消除人工输入。

3. GIS、GPS技术

GIS(Geographic Information System)是地理信息系统，是在计算机软硬件技术的支持下储存、分析、处理、输出空间地理信息的系统。GPS(Global Positioning System)是全球定位系统，主要用来实时采集、定位目标点的地理坐标。GIS可以用来管理和应用由GPS获取的坐标位置数据；而GPS可以为GIS高精度快速地采集数据源，也可为GIS提供实时的监控对象。GPS技术在物流配送中有很重要的作用，主要体现在以下三个方面。

(1) 在物流配送中GPS对车辆的状态信息(包括位置、速度、车厢内温度等)以及客户的位置信息快速、准确地反映给物流系统，由特定区域的配送中心统一合理地对该区域内所有车辆做出快速地调度。这样能大幅度提高了物流车辆的利用率，减少了空载车辆的数量和空载的时间，从而减少物流公司的运营成本，提高物流公司的效率和市场竞争能力，同时增强物流配送的适应能力和应变能力。

(2) 通过GPS和电子地图系统，可以实时了解车辆位置和货物状况(车厢内温度、空载或重载)，真正实现在线监控，提高货物的安全性。货主可以主动、随时了解到货物的运动状态信息以及货物运达目的地的整个过程。

(3) 在物流运输过程中有可能发生一些意外的情况，而当发生故障和一些意外的情况时，GPS系统可以及时地反映发生事故的地点，调度中心会尽可能地采取相应的措施来挽回和降低损失，增加运输的安全和应变能力。

GIS、GPS和无线通信技术的有效结合，再辅以各种信息技术，能够建立功能强大的物流信息系统，使物流变得实时并且成本最优。

案例分析

重庆卷烟物流配送跟踪系统

重庆卷烟物流配送跟踪系统(以下简称跟踪系统)是基于移动互联技术，以烟草商业企业卷烟物流配送为主线，通过网络互联互通，为烟草商业物流配送活动提供实时、可视化的跟踪和追溯的管理信息系统。该系统实现了烟草商业企业卷烟物流配送各环节全面感知、物流信息互联互通，提升了烟草物流掌控能力、管理水平和工作效率，为品牌优化提供信息基础，为烟草商业公司、工业企业提供数据调查、统计分析服务。

利用跟踪系统，送货员通过智能手机、平板电脑等手持设备，实现对卷烟的全程管理和数据采集；同时协调GPS、GIS等信息系统，实现卷烟的全程实时、可视化跟踪管理。零售客户通过多种形式查询物流状态、开展服务评价，增强客户体验。

1. 跟踪系统的主体构架

跟踪系统在整个烟草物流系统中属于应用层，是外部系统与应用层衔接的重要环节，物流管控平台实现功能衔接和信息共享。跟踪系统为卷烟仓储、营销、配送提供各类的数据集成和数据分析功能，并集成物流分公司的卷烟存储、中转、配送等相关数据信息，实现业务模块、管理模块等环节的信息集成与分析功能。跟踪系统主体构架如图9.4所示。

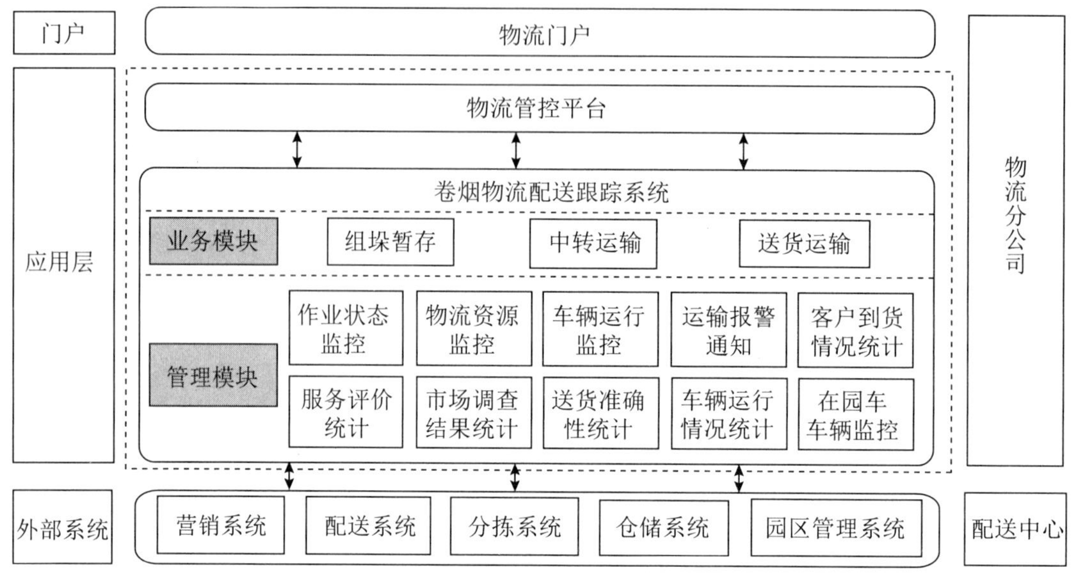

图9.4　跟踪系统主体构架

2. 跟踪系统主要功能

跟踪系统主要由业务模块和管理模块组成。跟踪系统主要功能如图9.5所示。

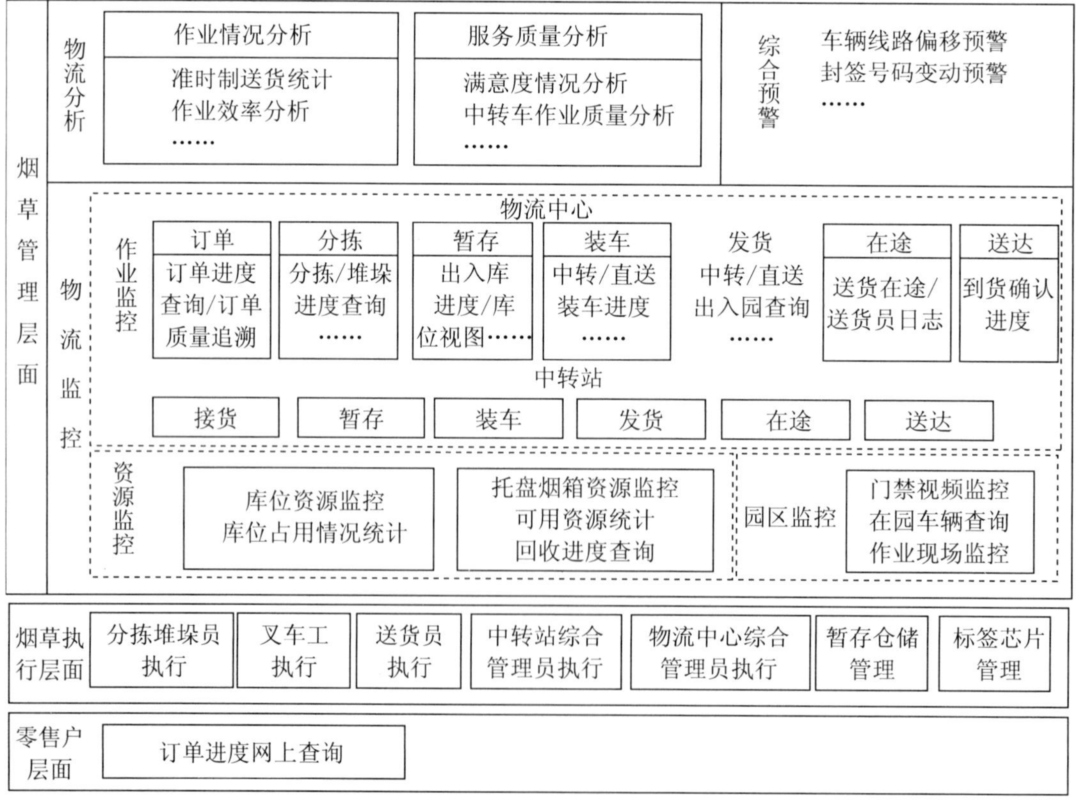

图9.5　跟踪系统主要功能

1) 业务模块

业务模块主要功能是实现卷烟的组垛暂存管理、中转运输管理和送货运输管理，并借助各类感知设备，及时采集每个环节的作业信息，规范配送业务的整个作业流程。

(1) 组垛暂存管理。企业根据订单要求，利用手持设备对笼车、托盘等容器的标签、烟包的头尾包进行扫描绑定，将信息传输至跟踪系统进行存储、分析和调配。通过读取容器标签的信息，进行容器库位的自动分配、烟包的批量跟踪，实现烟包的组垛暂存、中转暂存等。

(2) 中转运输管理。关键执行人通过手持设备进行中转装车、中转发车、中转到货、中转站入库等作业流程的管理，实现对中转车、烟包的全程跟踪管理。

(3) 送货运输管理。按照零售户的订单，执行人利用手持设备对送货的装车数据进行记录，对送货车、烟包实施实时定位跟踪和送货状态反馈，并通过为零售客户配备的NFC(Near Field Communication)交接卡，支持卷烟信息核对和客户到货签收，实现装车管理、送货在途跟踪和到货确认等送货运输管理。

2) 管理模块

管理模块主要功能是围绕综合预警管理、协同营销管理、调查统计分析，提供各类监控、查询、统计功能，辅助领导层决策管理，实现车辆路线偏移报警、送货准确性统计、市场调查结果统计等功能，帮助管理层面迅速发现问题和解决问题。

(1) 综合预警管理。跟踪系统可以为企业提供车辆线路偏移预警、准时送货情况预警以及服务评价预警等综合预警管理和服务。根据用户自定义的预警指标进行预警检测、预警、信息反馈，保障整个烟包在配送过程中的准确性和及时性。

(2) 协同营销管理。将品牌宣传信息传输至送货员手持设备上，同时送货员可以通过手持设备现场采集客户的反馈信息，并自动上报至系统平台。系统通过送货员与零售客户接触频繁的岗位优势，实现卷烟品牌协同营销管理。

(3) 调查统计分析。送货员通过手持设备执行问卷调查任务，并自动上传至系统，系统后台直接对上传的调查问卷进行统计分析，并快速生成调查结果报表，为企业决策管理提供依据。

基于移动互联技术的重庆卷烟物流配送跟踪系统是烟草商业物流实现全面感知、互联互通和智能处理的重要支撑。跟踪系统能提高跟踪系统应用水平，强化大数据分析，加快跟踪系统与物流管控平台的对接，真正实现重庆烟草物流的精到服务、精准控制和精细管理。

资料来源：王粲. 基于移动互联技术的卷烟物流配送跟踪系统研究[J]. 重庆与世界，2016(11)：95-98.

思考：

(1) 货物跟踪系统在烟草配送中的作用？

(2) 重庆卷烟物流配送跟踪系统采用了哪些现代信息技术？

(3) 分析该跟踪系统的主要功能。

9.4 物流成本与绩效管理

9.4.1 物流成本概述

物流成本之所以被称为“第三利润源”，是因为在流通领域存在许多不应有的费用支出。物流成本的降低会促使企业经营效益的提高，因此，如何控制企业的物流运作成本，已成为现代物流研究的重要课题。

1. 物流成本概念

物流成本是指“物流活动中所消耗的物化劳动和活劳动的货币表现”(《物流术语》GB/T 18354—2006)。具体来说，它是产品在实物运动过程中，如包装、搬运装卸、运输、储存、流通加工等各个活动中所支出的人力、物力和财力的总和以及与存货有关的流动资金占用成本、存货风险成本和存货保险成本。

该定义的物流成本包含两方面的内容：一方面包括直接在物流环节产生的支付给劳动力的成本、耗费在机器设备上的成本以及支付给第三方的成本；另一方面包括在物流环节中因持有存货等所潜在的成本，如占有资金成本、保险费等。

对企业而言，物流成本是指企业内部与物流相关活动的成本总和。物流成本能将企业物流经济成果量化，是直观地体现物流经济效益的一个重要指标。因为企业可以通过对物流成本的计算和管理，有意识地控制物流成本占企业生产总成本的份额，促进企业物流作业的改进并尽可能达到合理化，以最恰当的成本换取所期望的产品或服务在质量方面的竞争优势，配合企业取得最大利润。

2. 物流成本构成

依据我国国家标准《企业物流成本构成与计算》(GB/T 20523—2006)物流成本可以从以下三方面划分。

1) 按物流成本项目划分

按成本项目划分，物流成本由物流功能成本和存货相关成本构成。其中物流功能成本包括物流活动过程中所发生的运输成本、仓储成本、包装成本、装卸搬运成本、流通加工成本、物流信息成本和物流管理成本；存货相关成本包括企业在物流活动过程中所发生的与存货有关的资金占用成本、物品损耗成本、保险和税收成本，具体内容如表9.2所示。

表9.2 企业物流成本项目构成

成本项目			内容说明
物流功能成本	物流运作成本	运输成本	企业为完成货物运输业务而发生的全部费用，包括从事货物运输业务的人员费用、车辆(包括其他运输工具)的燃料费、折旧费、维修保养费、租赁费、养路费、过路费、年检费、事故损失费及相关税金等
		仓储成本	企业为 完成货物储存业务而发生的全部费用，包括仓储业务人员费用、仓储设施的折旧费、维修保养费、水电费、燃料与动力消耗费等

(续表)

成本项目			内容说明
物流功能成本	物流运作成本	包装成本	企业为完成货物包装业务而发生的全部费用，包括包装业务人员费用、包装材料消耗、包装设施折旧费、维修保养费，包装技术设计、实施费用以及包标标记的设计、印刷等辅助费用
		装卸搬运成本	企业为完成装卸搬运业务而发生的全部费用，包括装卸搬运业务人员费用，装卸搬运设施折旧费、维修保养费，燃料与动力消耗费等
		流通加工成本	企业为完成货物流通加工业务而发生的全部费用，包括流通加工业务人员费用、流通加工材料消耗，加工设施折旧费，维修保养费、燃料与动力消耗费等
		物流信息成本	企业为采集、传输、处理物流信息而发生的全部费用，指与订货处理、储存管理、客户服务有关的费用，具体包括物流信息人员费、软硬件折旧费、维护保养费、通信费等
		物流管理成本	企业物流管理部门及物流作业现场所发生的管理费用，具体包括物流管理人员费用、差旅费、办公费、会议费等
存货相关成本	资金占用成本		企业在物流活动过程中负债融资所发生的利息支出(显性成本)和占用内部资金所发生的机会成本(隐性成本)
	物品损耗成本		企业在物流活动过程中所发生的物品跌价、损耗、毁损、盘亏等损失
	保险和税收成本		企业支付的与存货相关的财产保险费以及因购进和销售物品应交纳的税金支出

2) 按物流成本范围划分

按物流成本产生的范围划分，物流成本由供应物流成本、企业内物流成本、销售物流成本、回收物流成本及废弃物流成本构成，具体内容如表9.3所示。

表9.3　企业物流成本范围构成

成本范围	内容说明
供应物流成本	指经过采购活动，将企业所需原材料(生产资料)从供给者的仓库运回企业仓库为止的物流过程中所发生的物流费用
企业内物流成本	指从原材料进入企业仓库开始，经过出库、制造形成产品以及产品进入成品库，直到产品从产品库出库为止的物流过程中所发生的物流费用
销售物流成本	指为了进行销售，产品从成品仓库运动开始，经过流通环节的加工制造，直到运输至中间商的仓库或消费者手中的物流活动过程中所发生的物流费用
回收物流成本	指退货、返修物品和周转使用的包装容器等从需方返回供方的物流活动过程中所发生的物流费用
废弃物流成本	指经济活动中失去原有使用价值的物品，根据实际需要进行收集、分类、加工、包装、搬运、储存等，并分送到专门处理场所的物流活动过程中所发生的物流费用

3) 按物流成本支付形态划分

按物流成本支付形态划分，企业物流总成本由内部物流成本和委托物流成本构成。其中，内部物流成本分为材料费、人工费、维护费、一般经费和特别经费，具体内容如表9.4所示。

表9.4 企业物流成本支付形态构成

成本支付形态		内容说明
企业内部物流成本	材料费	资材费、工具费、器具费等
	人工费	工资、福利、奖金，津贴、补贴、住房公积金等
	维护费	土地、建筑物及各类物流设施设备的折旧费，维护维修费，租赁费，保险费，税金，燃料与动力消耗费等
	一般经费	办公费、差旅费、会议费、通信费、水电费、煤气费等
	特别经费	存货资金占用费、物品损耗费、存货保险费和税费
委托物流成本		企业向外部物流机构所支付的各项费用

3. 物流成本特征

1) 物流成本的冰山理论

物流成本冰山理论是指当人们阅读财务报表时，只注意到企业公布的财务统计数据中的物流费用，而这只能反映物流成本的一部分，有相当数量的物流费用是不可见的。

2) 物流成本削减的乘法效应

假定销售额为100亿元，物流成本为10亿元，如物流成本下降1亿元，就可得到1亿元的收益。这个道理是不言自明的。现在假定物流成本占销售金额的10%，如物流成本下降1亿元，销售金额将增加10亿元，这样，物流成本的下降会产生极大的效益。这个理论类似于物理学中的杠杆原理，物流成本的下降通过一定的支点，可以使销售额获得成倍的增长。物流成本是以物流活动的整体为对象的，是唯一基础性的、可以共同使用的基本数据。因此，它是进行物流管理、使物流合理化的基础。

3) 物流成本的效益背反

所谓效益背反，是指欲使系统中任何一个要素增益，必将对系统中其他要素产生减损。因此，设计和管理物流系统时，应把物流系统作为一个系统来研究，用系统的方法来管理物流系统，以较少的物流成本、较好的物流服务为目标，同时，尽量减少外部环境中不经济因素的影响。

4) 物流成本的部分不可控性

物流成本中有不少是物流部门不能控制的，例如，保管费中包括由于过去多进货或过多生产而造成积压的库存费用，以及紧急运输等例外发货的费用。

5) 物流成本计算方法、范围的不一致性

物流成本的计算范围、计算方法，各企业也均不相同，因此无法与其他企业进行比较，也很难计算行业的平均物流成本。目前，还不存在行业的标准物流成本计算方法和范围。

9.4.2 物流成本分类

针对物流成本，不同的分类标准对应不同的分类结果。

1. 按范围划分

物流成本按范围，有广义与狭义之别。

从狭义上讲，物流成本是指由于物品实体的场所(或位置)位移而引起的有关装卸等费用。

从广义上讲，物流成本是指包括生产、流通、消费全过程的物品实体与价值变换各种费用。它具体包括从生产企业内部原材料协作件的采购、供应开始，经过生产中的半成品存放、分类、储存、保管、配送、运输，最后到消费者手中的全部过程所有费用。因此，要进行物流成本管理，明确物流成本计算的范围和对象成为首要问题。

2. 按经济内容划分

企业的生产经营过程，也是物化劳动和活劳动的耗费过程。因而生产经营过程中发生的物流成本，按经济内容可划分为以下几个方面。

1) 固定资产折旧费

固定资产折旧费包括使用中的固定资产应计提的折旧和固定资产大修理费用。

2) 材料费

材料费包括一切材料、包装物、修理用配件和低值易耗品等费用。

3) 燃料动力费

燃料动力费包括各种固体、液体、气体燃料费，水费，电费等。

4) 工资

工资包括职工工资和企业根据规定按工资总额的一定比例计提的职工福利费、职工教育费、工会经费等。

5) 利息支出

利息支出指企业应计入财务费用的借入款项的利息支出减去利息收入后的净值。

6) 税金

税金指应计入企业管理费用的各种税金，如房产税、车船使用税、土地使用税、印花税等。

7) 其他支出

其他支出指不属于以上各要素的费用支出，如差旅费、租赁费、外部加工费及保险费等。

此类分类方式有以下几点作用：第一，这种分类反映了企业一定时期内生产经营中发生了哪些费用，数额各是多少，据以分析企业各种费用的构成和水平；还反映了物质消耗和非物质消耗的结构和水平，有助于统计工业净产值和国民收入。第二，这种分类反映了企业生产经营中材料和燃料动力以及职工工资的实际支出，因而可以为企业核定储备资金定额、考核储备资金的周转以及编制材料采购资金计划和劳动工资计划提供资料。但这种分类不能说明各项成本的经济用途，因而不便于分析成本的支出是否节约、合理。

3. 按供应链划分

按供应链划分，物流成本可分为供应物流成本、生产物流成本、销售物流成本、退货物流成本、废品物流成本。

1) 供应物流成本

供应物流成本是指企业为生产产品购买各种原材料、燃料、外购件等所发生的运输、装卸、搬运等方面的费用。

2) 生产物流成本

生产物流成本是指企业在生产产品时由于材料、半成品、成品的位置转移而发生的搬运、配送、发料、收料等方面的费用。

3) 销售物流成本

销售物流成本是指企业为了实现商品价值，在商品销售过程中发生的有关运输、包装、推销等方面的费用。

4) 退货物流成本

退货物流成本是指企业产品由于质量、规格、型号不符以及不按合同发货等造成退货所发生的有关运输、包装等方面的费用。

5) 废品物流成本

废品物流成本是指企业某些资产和产品因自然灾害、物理性能、质量事故而毁损后进行处理、拆卸、输送、整理所发生的费用。

4. 按物流成本计入营业成本的方式划分

按计入营业成本的方式，物流成本可分为直接成本和间接成本。

1) 直接成本

直接成本是指与某一特定的物流成本对象存在直接关系的成本，例如运输、仓储、原料管理、订货处理及库存的某些方面的直接费用均属于直接成本。

2) 间接成本

直接成本是指为完成物流工作而间接发生的费用，这类费用往往涉及固定资本的分摊，是多种成本的共同消耗，不能直接计入某特定成本对象的成本中。

5. 按物流成本的特性划分

按物流成本的特性，物流成本可分为变动成本、固定成本和混合成本。

1) 变动成本

变动成本是指在物流活动中企业发生的资源耗费随物流业务量的增减而近似成正比例变动的成本，如包装材料的消耗、工人的工资、能源消耗等。

2) 固定成本

固定成本是指在一定的业务量范围内企业发生的资源耗费与业务量的增减变化无关的成本，如物流设备折旧费、管理部门的办公费等。

3) 混合成本

混合成本是指在企业的物流活动中，既不与物流业务量的变化成正比，也不保持不变，而是随着物流业务量的增减适当变动的成本，如物流设备的日常维修费、辅助费等。企业可按一定方法将混合成本混合成本分解成变动成本和固定成本两部分。

6. 按支付方式划分

按支付方式物流成本可分为本企业支付的物流成本和其他企业支付的物流成本。

1) 本企业支付的物流成本

本企业支付的物流成本是指企业在供应、销售、退货等阶段，因运输、包装、搬运等发生的由企业自己支付的物流成本。本企业支付的物流成本又可以进一步分为自己支付和委托支付的物流成本。

2) 其他企业支付的物流成本

其他企业支付的物流成本是指由于企业采购材料、销售产品等业务而发生的有关供应者和购买者支付的各种包装、发运、运输、验收等物流成本。

9.4.3　物流成本管理与控制

1. 用ABC成本法管理物流成本

1) ABC成本法概述

现代管理学将ABC成本法定义为“基于活动的成本管理”。ABC成本法又称巴雷托分析法、主次因分析法 、ABC分析法、分类管理法、重点管理法。它以某一具体事项为对象进行数量分析，以该对象各个组成部分与总体的比重为依据，按比重大小的顺序排列，并根据一定的比重或累计比重标准，将各组成部分分为A、B、C三类，A类是管理的重点，B类是次重点，C类是一般 。

ABC成本法是根据事物的经济、技术等方面的主要特征，运用数理统计方法，进行统计、排列和分析，抓住主要矛盾，分清重点与一般，从而有区别地采取管理方式的一种定量管理方法。

ABC成本法的原理是按巴雷托曲线所示意的主次关系进行分类管理。它的特点是既能集中精力抓住重点问题进行管理，又能兼顾一般问题，从而做到用最少的人力、物力、财力，实现最优的经济效益。

ABC成本法是被认为是控制物流费用最有前途的方法，其理论基础：生产导致作业的发生，作业消耗资源并导致成本的发生，产品消耗作业，因此，作业成本法下成本计算程序就是把各种资源库成本分配给各作业，再将各作业成本库的成本分配给最终产品或劳务。

2) ABC成本法管理物流成本的步骤

ABC成本法核算企业物流并进行管理可分为如下4个步骤。

(1) 界定企业物流系统中涉及的各个作业。例如，在一个顾客服务部门，作业包括处理顾客订单、解决产品问题以及提供顾客报告三项作业。

(2) 确认企业物流系统中涉及的资源。资源是成本的源泉，一个企业的资源包括直接人工、直接材料、生产维持成本(如采购人员的工资成本)、间接制造费用以及生产过程以外的成本(如广告费用)。资源是指每项物流作业涉及相关的资源。

(3) 确认资源动因，将资源分配到作业。作业决定着资源的耗用量，这种关系称为资源动因，例如，将人工费分配到各个作业成本时可选用工时为资源动因。资源动因联系着资源和作业，是把总分类账上的资源成本分配到各项作业的依据。

(4) 确认成本动因，将作业成本分配到产品或服务中。作业动因反映了成本对象对作业消耗的逻辑关系，例如，将采购成本分配到各个产品时可选用采购材料在各产品中的比例为成本动因。

2. 影响物流成本的因素

影响物流成本的因素有很多，这里归纳了三个方面。

1) 企业产品与物流成本

由于企业的产品(包括原材料、半成品和产成品)是企业的物流对象，因此企业的产品是影响物流成本的首要因素。企业产品的种类、属性、价值、可替代性和风险性等方面存在差异，相应的物流成本也不同。

2) 物流环节对物流成本的影响

物流过程的主要环节包括运输、储存、装卸搬运、包装、流通加工、配送、物流信息处理等。物流环节的多少、经历时间的长短直接影响着物流成本的大小。

3) 物流服务对物流成本的影响

企业物流成本的降低受到物流服务水平的制约，而服务水平的提高对企业效益的提升有着直接影响，所以对企业物流服务和成本之间权衡时，要从促进企业利润最大化而不是成本最小化的角度出发。

3. 物流成本的控制策略

1) 从供应链的视角来降低物流成本

对于一个企业来讲，控制物流成本不单是追求本企业物流的效率化，而应该考虑从产品制成到最终用户整个供应链过程的物流成本效率化，即要考虑物流设施的投资或扩建与整个流通渠道的发展和要求。

2) 提升对顾客的物流服务来削减成本

提升对顾客的物流服务是企业确保利益的重要手段，从某种意义上来讲，提升顾客服务是降低物流成本的有效方法之一，但是，超过必要量的物流服务不仅不能带来物流成本的下降，反而有碍于物流效益的实现。例如，随着多频度、少量化经营的扩大，对配送的要求越来越高，而在这种状况下，如果企业不充分考虑用户的产业特性和运送商品的特性，一味地开展商品的翌日配送或发货的小单位化，无疑将大大增加发货方的物流成本。所以，在正常情况下，一方面为保证对顾客的物流服务，另一方面为防止出现过剩的物流服务，企业应当在考虑用户产业特性和商品特性的基础上，与顾客方充分协调、探讨有关配送，寻求降低物流成本的途径。

3) 借助于现代信息系统降低物流成本

现代信息系统的构筑，一方面使各种物流作业或业务处理能准确、迅速地进行；另一方面，能由此建立起物流经营战略系统，从而使生产、流通企业或部门及时应对可能发生的各种需求，及时调整企业间的经营行为和计划，这无疑从整体上控制了物流成本。

4) 通过效率化的配送降低物流成本

对应于用户的订货要求建立短时期、正确的进货体制是企业物流发展的客观要求，同时保证伴随配送产生的成本费用要尽可能降低，特别是多频度、小单位的配送，更要求企业采用效率化的配送方法。一般来讲，企业要实现效率化的配送，就必须重视配车计划管理、提高装载率以及车辆运行管理。

5) 削减退货成本

退货成本之所以成为某些企业主要的物流成本，是因为随着退货会产生一系列的物流费、退货商品损伤或滞销费用，以及处理退货商品所需的人员费等各种事务性费用。例如，销售额100万元的企业，退货比率为3%，即3万元的退货，由此而产生的物流费用和企业内处理费用一般占到销售物流的9%～10%，因此，伴随着退货将会产生3000元的物流费。进一步由于退货商品物理性、经济性的损伤，可能的销售价格只为原来的50%，因此，由于退货而产生的机会成本为15 000元，综合上述费用，退货所引起的物流成本为18 000元，占销售额的1.8%。由此可见，削减退货成本十分重要，它是物流成本控制活动中需要特别关注的问题。

6) 利用物流外包降低成本

物流外包，或称第三方物流或合同制物流，是企业利用外部的分销公司、运输公司、仓库或第三方物流公司执行本企业全部或部分物流管理或产品分销职能的方式。物流外包服务提供者可以利用自身的专业优势，使企业实现规模运输、“门到门”运输，从而降低企业物流成本。事实上，物流外包不仅降低了物流成本，企业也能在服务和效率上得到提升。

9.4.4　物流绩效管理

1. 物流绩效概述

绩效评价是对业绩和效率的一种事后的评估与度量以及事前的控制与指导，从而判断是否完成了预定的任务、完成的水平、取得的效益和所付出的代价。绩效评价是不断控制和修正工作的一个动态过程。

物流绩效(Logistic Performance)是指在一定的经营期间内企业的物流经营效益和经营者的物流业绩，也就是企业根据客户要求在组织物流运作过程中的劳动消耗和劳动占用与所创造的物流价值的对比关系。

有效的物流绩效评量与控制，对于物流系统内资源的合理配置与优化具有重要的意义。作为绩效管理在物流领域的延伸和发展，物流绩效管理强调的是持续追踪与评价物流系统计划绩效目标达成的程度，从而确认改善系统绩效的各项机会，其实质是对现代企业物流业务或服务能力的竞争力、发展力的综合衡量。

2. 物流绩效评价目标

物流绩效评价的目的在于通过物流绩效评价系统对物流作业进行监督、控制和指挥，以达到物流资源(人力、设施、装备、外包业务、资金)的有效、合理配置并且向客户提供达到或者超过协议服务水平的有效服务。只有对物流绩效进行评价与分析，才能够正确判断企业的实际经营水平，提高企业的经营能力，进而增加企业的整体效益。

物流绩效评价可以分为基本业务绩效评价和总体物流活动绩效评价两类。

1) 基本业务绩效评价

管理者应当对于整个物流活动做出分析，划分出若干基本的、能够单独做出业绩评定的业务，这是基本业务绩效评价的前提条件。

基本业务往往通过以下指标进行绩效的判定：①时间指标，例如货单处理时间、入库时间、出库时间等；②工作水平指标，例如差错率、损毁率、缺货率、准确率、资源利用率等；③成本指标，例如单位成本、人力成本、资源成本等；④资源指标，例如原料消耗、燃料消耗等。

2) 总体物流活动绩效评价

物流行动的总体评价，实际是物流企业生存能力的评价，进一步是物流企业发展能力的评价，其包括内部评价、外部评价。

(1) 内部评价的本身是一种基础性的评价，根据内部评价才可以确认对客户的服务水平、服务能力和满足服务客户要求的最大限度，做到既不失去客户，又不因为过分满足客户的要求而损害企业的利益。

(2) 外部评价应当具有客观性，其采用的主要方法有两种：一是顾客评价，一般采用调查问卷、专家系统、顾客座谈会等方式；二是选取模拟的或者实际的“标杆”与本企业进行对照，产生对比性评价，例如，采用计算机模拟技术的虚拟现实方法可以有效对物流系统的总体做出较准确的绩效评价。

物流绩效评价采用的方法与物流系统规划评价方法有很大不同，前者通过财务数据、计算数据、测定数据取得容易量化的评价结果；后者通常采取投入产出方法、价值工程方法、方案比较方法和其他模糊分析方法取得比较的评价结果。

3. 物流绩效管理程序

物流绩效管理强调的是对物流过程的监控管理，其目标在于通过对行动过程中各项指标的观察与评估，保证战略目标的实现。物流绩效管理的程序依每个企业具体情况的不同而有差别，每个企业的操作程序又有各自的特点，美国施乐公司的物流绩效管理程序由四个阶段和十个步骤组成，如表9.5所示。

表9.5 美国施乐公司的物流绩效管理程序

阶段	步骤	内容
阶段一	1	识别什么可成为标杆
	2	识别可作为对照或对比的企业
	3	历史数据的收集和整理
阶段二	4	确定当今的绩效水平
	5	制订未来绩效水平计划
	6	标杆的确认
阶段三	7	建立改进目标
	8	制订行动计划
阶段四	9	执行行动计划和监督进程
	10	修正绩效标杆

虽然各个企业的评价过程多种多样，但物流绩效管理程序如下所述。

1) 确定评价过程

企业主要从客户服务、成本、营运资金、循环周期4个方面进行评价。

2) 排列评价指标

根据企业利益的相关性，对评价指标进行排列，有助于了解企业利益相关性最强的指标。

3) 定基

所谓定基是指寻求可供参考的、具有较高参照价值的评价指标标准的方法或技术，从服务水平、库存、物流成本等方面与其他公司做比较。

4) 接受客户反馈

让客户对企业的表现进行评定，体现在可靠性、可用性、完成周期时间、信息的可用性、问题的解决和产品的支持等方面。

4. 物流绩效评价方法与模型

目前被广泛应用的绩效评价方法主要是平衡计分法(Balance Scorecard，BSC)和关键业绩指标法(Key Performance Indicator，KPI)。

1) 平衡计分法

平衡记分法(Balance Scorecard，BSC)即平衡计分卡方法，是包括财务指标和非财务指标相结合的一种全方位的策略性评价指标体系。平衡记分法强调了绩效管理与企业战略之间的紧密关系，提出了一套具体的指标框架体系。平衡计分法认为应从财务、客户价值、内部经营、学习与成长(未来发展)四个维度审视企业业绩，如表9.6所示。

表9.6　平衡计分法指标体系

四个维度	指标	目标
财务	净资产收益率、总资产周转率、资本增值率、投资回报率	强调指标的确定必须包含财务性和非财务性的因素，强调对非财务性指标的管理
客户价值	客户满意率、客户保有率、客户获利能力、投诉降低率、市场份额、合同准时率、优质项目率	以顾客为核心的思想应该在企业业绩的考核中有所体现，即强调“顾客造就企业”
内部经营	新产品开发时间、损益平衡时间、生产时间、经营周转时间、产品质量、产品成本、供应链持有成本、供应链提前期、服务质量、服务成本、设备利用率	企业通过管理能力的提高为客户提供更大的价值，主要包括创新、生产经营和售后服务三个具体环节评价
学习与成长	员工培训支出、员工满意程度、员工的稳定性、员工的生产率	学习与成长解决企业长期生命力的问题，主要依赖人员、信息系统和企业流程

平衡记分卡的特点主要体现在它的平衡性，其目的在于确保企业的均衡发展。

(1) 财务指标和非财务指标的平衡，平衡记分卡是从四个角度全面考察企业，实现了绩效考核过程中财务指标与非财务指标之间的平衡。

(2) 企业长期战略目标和短期经营目标之间的平衡。平衡记分卡从关注企业的战略开始，逐步分解到关注企业的短期经营目标，也关注企业目标的完成，实现了战略目标与经营目标之间的平衡。

(3) 企业外部和企业内部之间的平衡。平衡记分卡中，股东与客户为外部群体，员工和内部业务流程是内部群体，能在有效实施战略的过程中平衡这些群体间可能发生的冲突利益。

(4) 先导性指标与结果指标之间的平衡。平衡记分卡对于先导性指标(客户、内部经营、学习与成长)的关注，使得企业更加重视过程，从而达到了领先指标与滞后指标(财务)之间的平衡。

平衡记分卡的四个评价维度是相互依赖、支持和平衡的，能够形成一个有机统一的企业战略保障和绩效评价体系。

2) 关键业绩指标法

关键绩效指标(Key Performance Indicator，KPI)是通过对组织内部流程的输入端、输出端的关键参数进行设置、取样、计算、分析，衡量流程绩效的一种目标式量化管理指标，是把企业的战略目标分解为可操作的工作目标的工具，是企业绩效管理的基础。

建立明确的切实可行的KPI体系是做好绩效管理的关键。关键绩效指标是用于衡量工作人员工作绩效表现的量化指标，是绩效计划的重要组成部分。

KPI法符合一个重要的管理原理——“二八原理”。在一个企业的价值创造过程中，存在着“80/20”的规律，即20%的骨干人员创造企业80%的价值；而且在每一位员工身上“八二原理”同样适用，即 80%的工作任务是由20%的关键行为完成的。因此，必须抓住20%的关键行为，对之进行分析和衡量，这样就能抓住业绩评价的重心。

本章先是介绍物流信息系统的基础知识，然后进一步介绍了如何对物流系统进行规划、如何对物流信息系统进行设计与管理以及掌握一定的物流信息管理技术，最后介绍了物流成本及计算、物流成本控制和绩效管理等内容。

物流系统　物流系统规划　物流信息系统　物流成本　物流绩效管理

一、单选题

1. 物流系统中不包含(　　)要素。

A. 包装、运输　　B. 仓储、配送

C. 装卸搬运、流通加工　　D. 地理信息系统

2. RFID指的是(　　)信息技术。

A. 条码　　B. 射频识别

C. 管理信息系统　　D. 导航

3. 下面对于物流效益背反的解释不正确的是(　　)。

A. 效益背反是指欲使系统中任何一个要素增益，必将对系统中其他要素产生减损

B. 以较少的物流成本，用较好的物流服务为用户提供物品

C. 库存、运输通过协调能够达到最优

D. 减少库存据点并尽量减少库存，必然增加运输次数

4. 美国密歇根大学的斯麦基教授倡导的物流系统的目标由(　　)组成。

A. "7R"　　B. "5R"　　C. "2R"　　D. "6R"

5. 物流成本按其所处的领域不同可分为生产企业物流成本和(　　)物流成本。

A. 流通企业　　B. 运输企业　　C. 配送企业　　D. 销售企业

6. 降低物流成本的目的是追求(　　)的最小化。

A. 局部物流成本

B. 各个部门的物流成本

C. 设备费、运输费、仓储费

D. 物流总成本

7. 效益背反理论主要包括(　　)与服务水平的效益背反和物流各功能活动的效益背反。

A. 物流价格　　B. 物流收益

C. 物流价值　　D. 物流成本

8. 产品密度越大，相同运输单位所装的货物越多，运输成本就(　　)。

A. 越高　　B. 越低

C. 不变　　D. 以上均不是

9. 物流信息系统的开发过程中重要的阶段是(　　)。

A. 计划　　B. 程序编写

C. 物流信息系统分析设计　　D. 测试和运行维护

10. 下面解释不正确的是(　　)。

A. 物流成本是以物流活动的整体为对象

B. 在许多企业中，仓储成本是物流总成本的一个重要组成部分，物流成本的高低常常取决于仓储管理成本的大小

C. 加强物流成本的核算，建立成本考核制度可以降低物流成本

D. 企业物流信息系统的管理与维护费用随着信息流量的变化而变化

二、简答题

1. 物流系统的要素有哪些?

2. 如何理解物流各项活动的效益背反?

3. 如何进行物流系统规划?

4. 试述物流信息系统的开发过程?

5. 用实例说明物流信息管理技术有哪些?

6. 企业如何对物流成本进行控制，如何有效降低物流成本?

第二部分
实 务 篇

第10章　采购管理实务

问题引导

揭秘沃尔玛采购流程

沃尔玛通常每年采购两次：春季和秋季。在每一季采购前，沃尔玛的采购员会根据上一季的市场销售情况及未来趋势制订采购计划，然后这份采购计划会提前发给每一个相关供应商。春秋两季期间也会有采购行动，例如，采购员通过市场调查，发现某种产品在市场热销，临时针对某种产品采购。

供应商的每个产品都有一份沃尔玛格式的报价单，他们的样品通过沃尔玛初选后还要进行复选，复选需要供应商和采购员面谈，敲定数量、价格、出货方式、交易日期等。

沃尔玛的私有卫星使得其在全美的超市都是联网的，在对供应商开放的网站上有产品的销售情况。沃尔玛的每一个供应商都有一个身份标志号码(Identity，ID)，供应商凭借着ID可以看到自己产品的销售情况，比如每周的销量、已经销售了多少、还剩多少、退货率等。

沃尔玛的报价系统中，供应商的报价单有统一的格式，包含装运港船上交货价(FOB)、包装方式、货港离岸价(FOB)、包装尺寸、产品规格和特性等，当报价单填写完成以后，系统会自动计算出它的防损费、运费、仓储费、分货费、员工工资等费用，然后加上沃尔玛的毛利就得出零售价了。沃尔玛系统通过报价单就会直接产生订单。沃尔玛的品质控制是根据订单上的内容和合格样品验货的。

沃尔玛有今天的成就，与它健全的采购系统和行销手段是分不开的，如前文提到的报价单，供应商报价的同时也就知道了零售价，很多供应商通过自己的手段可以了解到沃尔玛相应的竞争对手的零售价，以此增加自己的价格优势。

思考：

(1) 沃尔玛的采购订单管理有哪些特征？

(2) 沃尔玛如何制订采购计划？

(3) 简述沃尔玛的采购系统的构成。

10.1　采购计划编制

任务目标

- 掌握采购计划的概念、采购计划编制的目的

- 熟悉采购计划的基本编制的流程
- 运用正确的方法编制企业采购计划

10.1.1　采购计划基础知识

采购计划编制是企业采购计划的第一步，企业采购时，首先需要明确采购什么、采购多少、怎样采购、何时采购等问题。企业要根据采购需求分析结果编制采购计划，以此制订采购计划。

1. 采购计划定义

采购计划(Procurement Plan)是指企业管理人员在了解市场供求情况、认识企业生产经营活动过程中和掌握物料消耗规律的基础上对计划期内物料采购管理活动所做的预见性的安排和部署。采购计划是根据生产部门或其他使用部门的计划制订的包括采购物料、采购数量、需求日期等内容的计划表格。

采购计划是为了维持正常的产销活动，在某一特定时期内，确定应在何时购入何种物料的估计作业，按计划的时间长短，采购计划分为年度物料采购计划、季度物料采购计划、月度物料采购计划等。

2. 采购计划编制的目的

- 预估商品或物料采购需要的数量与时间，避免供应中断，影响整个生产运营。
- 避免采购商品或物料储存过多，积压资金，占用堆积的空间。
- 提高公司资金的周转率，确保经营和销售计划的顺利进行。
- 指导采购作业，使采购部门事先准备，选择有利时机购入商品和物料。
- 确立商品及物料合理耗用标准，以便控制采购商品和物料的成本。
- 密切配合企业生产和经营计划的顺利实现。

3. 采购计划影响因素

1) 年度销售计划

企业根据市场销售情况确定生产经营规模，企业年度生产计划往往是以销售计划为目标制订的。

2) 生产计划

生产计划规定企业在计划期内所生产品种、质量、数量和生产进度以及生产能力的利用程度。生产计划决定采购计划，采购计划对生产计划的实现起到物料供应的保证作用。

3) 用料清单

用料清单是根据产量计算出来的各种规格的物料需求数量，以及根据生产计划时间表估算出来的物料需求时间表。采购计划的准确性必须依赖生产用料清单的准确性。

4) 存量管制卡

存量管制是指适当方法控制物料、制品、零件、工具及用品之种类与数量，以配合企业各种生产的需要及降低产品的物料成本。

5) 劳动生产率

劳动生产率的高低将影响物料的消耗量，也将会影响采购计划的准确性。

6) 价格预测

物料价格的跌涨、市场环境的变化、汇率的变动等都将给采购预算带来一定影响。

10.1.2 制订采购计划

制订采购计划是企业生产经营活动的基础工作，是对计划期内物料采购管理活动所做的预见性的安排和部署，是实现有计划组织企业生产经营活动的主要保证。采购计划是根据生产部门或其他使用部门的计划制订的，制订采购计划时应考虑企业经营计划、各部门的采购申请、年度采购预算、库存情况、企业资金供应情况等因素。

采购计划的制订主要分以下几个步骤，如表10.1所示。

表10.1 采购计划制订流程

步骤	采购部经理	采购主管	采购专员	相关部门
采购信息收集分析	(1)参与制订企业年度经营计划		(2)采购信息收集	(2)市场部制订销售计划
		(3)供应商调查	(3)采购需求预测	(3)市场部、仓储部提出采购需求
			(4)汇总采购需求	
确定采购需求		(5)确定采购物资的种类、数量		
		(6)扣除现有物资库存及预计到货量		
		(7)确定实际物资采购需求		
编制采购计划		(8)确定采购方式及时间		
	(10)审批	(9)编制年度物资采购计划		
			(11) 分解采购计划	
执行与调整采购计划		(13)审核	(12)制订采购作业计划(见表10.2)	
			(14)执行采购	
		(16)调整采购计划	(15)采购计划执行反馈	

1. 采购信息收集分析

明确企业的经营计划，根据年度经营目标、客户订单意向、市场预测等资料进行采购需求预测，汇总各部门的采购需求。

2. 确定采购需求

采购部根据公司经营计划、库存状况制订年度的物料需求计划；各部门根据年度经营目标、物料需求计划预估次年度各种物资的消耗量。

3. 编制采购计划

采购部汇总各种物料、物资的需求计划和消耗量，并据此编制次年度采购计划，确定采购方式及时间。采购计划表的格式不统一，下面给出两个示例，如表10.2和表10.3所示。

表10.2　采购计划表(年)

编号：　　　　　　　　　　　　　　年　月　日

序号	物资名称	规格	使用部门	年采购计划量	单价	年预算金额	月采购计划						
							1月		2月		3月		…
							数量	金额	数量	金额	数量	金额	…
审核							制表						

表10.3　采购计划表(月)

序号	物品名称/品牌	规格型号	单位	数量	单价	预算金额	送货日期	用途
预计金额合计								
部门负责人意见： 签字：日期：			财务部门意见： 签字：日期：		分管领导意见： 签字：日期：		总经理意见： 签字：日期：	

4. 执行与调整采购计划

依据采购计划制订采购作业计划，并根据执行计划情况适时进行计划调整。

10.1.3　采购预算管理

1. 采购预算概念

所谓采购预算就是一种用采购数量来表示的计划，将企业在未来一定时期内的采购决策目标通过有关数据系统地反映出来，是采购决策具体化、数量化的表现。

采购预算是采购部门为配合年度销售预测或生产数量，对需求的原料、物料、零件等的数量及成本做出翔实的估计，以利于整个企业目标的达成。

为了使预算对实际的资金调度具有意义，采购预算应以现金基础编制，也就是说，采购预算应以付款的金额来编制，而不以采购的金额来编制。预算的时间范围要与企业的计划期保持一致，绝对不能过长或过短。

2. 采购预算编制

对制造企业来说，生产计划通常根据企业的销售计划来制订，生产计划包括采购预算、直接人工预算及制造费用预算。采购预算的编制必须以企业整体预算制度为依据，编制预算涉及企业的各个方面。采购预算的编制流程如表10.4所示。

表10.4 采购预算编制流程

步骤	相关部门	采购部	财务部	总经理
汇总采购需求	(1)市场部提供销售计划			
	(2)相关部门提供物资需求计划	(3)接受各种资料，确定年度采购计划		
		(4)收集相关信息	(5)提供相关信息	
编制采购预算		(6)选择采购预算编制方法		
		(7)确定采购预算数额		
采购预算审批		(8)编制采购预算草案	(9)试算平衡	
		(10)修改		
		(11)编制正是采购预算	(12)审核	(13)审核
采购预算执行		(14)采购预算执行		
		(15)相关预算存档		

实训项目一

(1) 调查一家中小型汽车制造企业，为其制订一份零部件的年采购计划(表)。

(2) 了解该企业的产品生产及市场供求情况，拟出其销售计划和生产计划。

(3) 了解该企业产品的用料清单(可针对某一型号产品)，给出其零部件的名称、规格、单价及存量。

(4) 分析制订该企业采购计划的主要环节。

实训任务：

(1) 给出所调查的企业名称、产品型号、某年度的生产计划。

(2) 绘制年采购计划表(自行设计)。

(3) 指出影响该企业采购计划制订的因素。

10.2 供应商选择与评估

任务目标

- 掌握供应商选择与评估的方法
- 能完成供应商卡片的设计
- 初步进行供应商绩效的考核

10.2.1 供应商调查实务

供应商管理的关键任务就是开发供应商，供应商的开发首先要从供应商调查开始。供应商调查分为三个阶段：初步供应商调查、供应商分析、深入供应商调查。

初步供应商调查首先是了解供应商的基本情况，可以通过访问调查法，对资源市场的所有供应商进行初步调查，从而掌握资源市场的基本情况，并建立供应商卡片(见表10.5和表10.6)。然后，在此基础上对供应商进行比较分析，分析其产品的基本情况、产品的市场性质及份额；分析企业的规模、生产能力实力、企业管理的管理水平、企业的信用度；分析企业的运输条件、运输成本等，完成对供应商的初步筛选。最后，进行深入的供应商调查，开展样品生产检验、生产工艺和质量保障体系调查、管理体系考察和生产条件改进调查。

表10.5 供应商卡片(一)

<table>
<tr><td rowspan="6">公司基本情况</td><td>名称</td><td colspan="5"></td></tr>
<tr><td>地址</td><td colspan="5"></td></tr>
<tr><td>营业执照号</td><td colspan="2"></td><td>注册资本</td><td colspan="2"></td></tr>
<tr><td>联系人</td><td colspan="2"></td><td>部门/职务</td><td></td><td></td></tr>
<tr><td>电话</td><td colspan="2"></td><td>传真</td><td colspan="2"></td></tr>
<tr><td>E-mail</td><td></td><td></td><td>信用度</td><td colspan="2"></td></tr>
<tr><td rowspan="2">产品情况</td><td>名称</td><td>规格</td><td>价格</td><td>质量</td><td>可供量</td><td>市场份额</td></tr>
<tr><td></td><td></td><td></td><td></td><td></td><td></td></tr>
<tr><td>运输方式</td><td></td><td>运输时间</td><td></td><td>运输费用</td><td colspan="2"></td></tr>
<tr><td>备注</td><td colspan="6"></td></tr>
</table>

表10.6 供应商卡片(二)

<table>
<tr><td rowspan="5">企业概况</td><td>企业名称(全称)及签章</td><td colspan="4"></td><td colspan="2">法人代表</td><td></td></tr>
<tr><td>企业性质</td><td colspan="3"></td><td>通信地址</td><td colspan="3"></td></tr>
<tr><td>联系人</td><td></td><td>联系电话</td><td></td><td>座机</td><td></td><td>传真</td><td></td></tr>
<tr><td>E-mail</td><td colspan="7"></td></tr>
<tr><td>注册资本/万元</td><td></td><td colspan="2">资产总值/万元</td><td></td><td colspan="2">上年度销售额/万元</td><td></td></tr>
<tr><td rowspan="3">人员概况</td><td>人员总数</td><td></td><td colspan="2">管理人员</td><td></td><td colspan="2">生产工人</td><td></td></tr>
<tr><td>研发人员</td><td></td><td colspan="2">装配人员</td><td></td><td colspan="2">电气人员</td><td></td></tr>
<tr><td>质量人员</td><td></td><td colspan="2">其他人员</td><td></td><td colspan="2"></td><td></td></tr>
<tr><td rowspan="2">企业状况</td><td>占地面积</td><td></td><td colspan="2">建筑面积</td><td></td><td colspan="2">生产面积</td><td></td></tr>
<tr><td>生产班次</td><td></td><td colspan="2">现有生产能力</td><td></td><td colspan="2">实际生产能力</td><td></td></tr>
<tr><td rowspan="3">设计能力</td><td>使用软件及程度</td><td colspan="7"></td></tr>
<tr><td>优势领域</td><td colspan="7"></td></tr>
<tr><td>设计能力</td><td colspan="7">(设计方案)</td></tr>
<tr><td rowspan="3">品质保证</td><td>质量体系</td><td>认证时间</td><td>有效期</td><td>认证机构</td><td>管理体系</td><td>认证时间</td><td>有效期</td><td>认证机构</td></tr>
<tr><td></td><td></td><td></td><td></td><td></td><td></td><td></td><td></td></tr>
<tr><td></td><td></td><td></td><td></td><td></td><td></td><td></td><td></td></tr>
<tr><td rowspan="4">产品品种</td><td colspan="2">产品品种</td><td colspan="3">生产能力/年</td><td colspan="2">实际产量</td><td>上年销售额</td></tr>
<tr><td colspan="2"></td><td colspan="3"></td><td colspan="2"></td><td></td></tr>
<tr><td colspan="2"></td><td colspan="3"></td><td colspan="2"></td><td></td></tr>
<tr><td colspan="2"></td><td colspan="3"></td><td colspan="2"></td><td></td></tr>
<tr><td rowspan="2">物流状况</td><td colspan="2">运输方式</td><td colspan="4">运输距离</td><td colspan="2">运输时间</td></tr>
<tr><td colspan="2">物流□ 快递□ 送货上门□
其他_____</td><td colspan="4"></td><td colspan="2"></td></tr>
</table>

10.2.2 供应商评估实务

1. 供应商评估程序

供应商调查完成后，就要客观、科学地评估供应商，才能选择到合适的供应商。评估供应商时，首先要成立评估小组；然后确定评估项目，对供应商产品质量、价格、供货能力、服务水平、技术能力、人员素质等内容做充分考察；再选择合适的评估方法以及评估指标，以便对供应商进行综合评估，供应商评估情况如表10.7所示；最终确定是否选择与该供应商合作。

表10.7 供应商评估

编号： 填表日期： 年 月 日

供应商名称		联系人	
地址		联系方式	
评估项目		评估得分	备注
质量项目	批次合格率		
	合格批次		
	包装质量		
交付项目	到货总批次		
	按时到货批次		
	按时交货率		
产品项目	产品价格		
	产品认证水平		
服务项目	售后服务		
	配合度		
其他项目	开发能力		
	生产工艺改进		
	人员素质能力		
总分			
相关意见/建议			
评估者			
评估人员列表			
评估人员姓名	评估意见	部门	签字确认

2. 供应商评估方法

供应商的评估具体包括直观判断法、招标法、协商选择法和指标权重法、采购成本法、ABC成本法等。本节给出几个供应商评估案例。

1) 使用指标权重法选择供应商

【例10-1】某采购企业的供应商评估小组列出了甲、乙、丙、丁4个供应商评选的8项指标，以及各项指标权重见表10.8。每个项目指标均被分为5档，分别赋予不同的分值，优秀为5

分、良好为4分、一般为3分、差为2分、极差为1分，满分为40分。有供应商评估小组集体对4个供应商进行打分，各个供应商评分情况见10.9。问应该选择哪个供应商？

表10.8 供应商指标权重分配情况

项目指标	产品质量	服务能力	交货速度	市场信誉	产品价格	付款限期	人员才干	产品说明
权重	0.2	0.1	0.2	0. 1	0.05	0. 2	0.1	0.05

表10.9 供应商评分情况

供应商	产品质量	服务能力	交货速度	市场信誉	产品价格	付款限期	人员才干	产品说明	总分
甲	5	5	4	4	4	3	5	3	
乙	4	4	5	5	3	4	5	4	
丙	5	4	5	4	5	4	3	3	
丁	5	4	5	5	4	4	3	4	

【答案】甲供应商的总分=5×0.2+5×0.1+4×0.2+4×0.1+4×0.05+3×0.2+5×0.1+3×0.05=4.15，同样可以计算乙供应商总分为4.35，丙供应商总分为4.3，丁供应商总分为4.40。通过比较，丁为最佳供应商。

2) 使用采购成本法选择供应商

【例10-2】某单位计划期需要采购某种物质200吨，甲、乙两个供应商的物质质量均符合企业要求。其中，甲供应商的报价为320元/吨，运费为5元/吨，订购费为200元；乙供应商的报价为300元/吨，运费为30元/吨，订购费为500元。问应该选择哪个供应商？

【答案】根据第2章介绍，采购成本一般包括产品售价、采购费用、运输费用等各项支出的总和。根据以上资料，可以分别计算出甲、乙供应商的采购成本。

甲采购成本=200吨×320元/吨+200吨×5元/吨+200元=65 200(元)

乙采购成本=200吨×300元/吨+200吨×30元/吨+500元=66 500(元)

经比较，甲供应商采购成本较低，应该选择甲供应商。

10.2.3 供应商绩效考核实施案例

某企业供应商(假设4个)交货考核项目比例：质量指标35分、供应指标25分、经济指标20分、支持与服务指标20分，满分100分。

1. 评分办法

1) 质量指标

质量指标依据进料验收的批次合格率评分，每月考核一次。计算方法为

进料批次合格率=(检验合格批次/总交验批次)×100%

质量依进料验收得分=35×进料批次合格率

2) 供应指标

供应指标依据订单交货日期进行评分，每个月考核一次。计算方法：如期交货得25分，延迟交货1～3日每批次扣2分，延迟交货3～4日每批次扣5分，延迟5～6日每批次扣10分，延迟7日以上不得分。本项得分以0分为最低分。采购部每月将同一供应商当月各批次

订单交货日期评分进行平均，得出该月的供应指标得分。

3) 经济指标

经济指标每季度考核一次，方法如下：价格具有竞争力，满分12分；价格合理、具体、透明，满分2分；不断降低成本，满分2分；让顾客分享成本降低的利益，满分2分；收款发票合格、及时，满分2分，可根据供应商的具体情况进行赋分。

4) 支持与服务指标

支持与服务指标每季度考核一次，方法如下：对投诉的反应及时、到位，满分5分；合作态度良好，满分3分，沟通手段齐备，满分3分；积极配合改进，满分5分；其他支持程度，满分4分，可根据供应商的具体情况进行赋分。

2. 考核办法

供应商质量指标由品质管理部门负责，供应指标由采购部门负责，每月进行一次，经济、支持与服务指标每季度考核一次，半年计算一次平均得分，计算方法为

半年平均分=每月的分总和÷考核月数

3. 考核分级及处理(见表10.10)

表10.10 供应商考核分级及处理

等级	平均分	处理
A	90.1—100分	为优秀供应商，在付款、订单、检验等方面给予优惠奖励
B	80.1—90分	为良好供应商，由采购部提请供应商改正不足
C	70.1—80分	为合格供应商，由采购部门予以必要的指导
D	60.1—70分	为辅导供应商，由采购部门予以辅导，3个月内未能达到C等以上者予以淘汰
E	60分以下	为不合格供应商，予以淘汰；被淘汰的供应商如需再向本公司供货，需要再经过考评

4. 考核实施

某企业供应商在质量、供应、经济、支持与服务项目中的表现考核如表10.11～10.13所示。

表10.11 供应商在质量项目的月度表现

供应商	总交货批次	检验不合格批次	批次合格率/%	得分
1	6	0		
2	5	0		
3	4	1		
4	3	1		

表10.12 供应商在供应项目的月度表现

供应商	总交货批次	如期交货批次	延迟1～3日交货批次	延迟3～4日交货批次	延迟5～6日交货批次	延迟7日以上交货批次	得分
1	6	5	1	0	0	0	
2	5	3	1	1	0	0	
3	4	1	1	1	1	0	
4	3	0	1	0	2	0	

表10.13　供应商在经济、支持与服务项目的月度表现

经济指标	标准分	供应商得分				支持与服务指标	标准分	供应商得分			
		1	2	3	4			1	2	3	4
价格具有竞争力	12分					对投诉的反应及时、到位	5分				
价格合理、具体、透明	2分					合作态度良好	3分				
不断降低成本	2分					沟通手段齐备	3分				
让顾客分享成本降低的利益	2分					积极配合改进	5分				
收款发票合格、及时	2分					其他支持程度	4分				
总分	20					总分	20				

某个供应商月度综合考核情况如表10.14所示。

表10.14　供应商月度综合考核情况

<table>
<tr><th>项目</th><th colspan="2">考核的内容</th><th>标准分</th><th colspan="2">得分</th><th>总得分</th></tr>
<tr><td>质量</td><td colspan="2">批次合格率</td><td>35</td><td colspan="2" rowspan="2"></td><td rowspan="14"></td></tr>
<tr><td>供应</td><td colspan="2">交货期</td><td>25</td></tr>
<tr><td rowspan="5">经济</td><td colspan="2">价格</td><td>12</td><td></td><td rowspan="5"></td></tr>
<tr><td rowspan="4">其他经济指标</td><td>报价合理、具体、透明</td><td>2</td><td></td></tr>
<tr><td>不断降低成本</td><td>2</td><td></td></tr>
<tr><td>让客户分享降低成本的利益</td><td>2</td><td></td></tr>
<tr><td>收款发票合格、及时</td><td>2</td><td></td></tr>
<tr><td rowspan="5">支持与服务</td><td colspan="2">对投诉的反应及时、到位</td><td>5</td><td colspan="2" rowspan="5"></td></tr>
<tr><td colspan="2">合作态度良好</td><td>3</td></tr>
<tr><td colspan="2">沟通手段齐备</td><td>3</td></tr>
<tr><td colspan="2">积极配合改进</td><td>5</td></tr>
<tr><td colspan="2">其他支持程度</td><td>4</td></tr>
<tr><td colspan="7">改进意见：

采购员：　　　　　　年　　月　　日</td></tr>
</table>

某个供应商半年度综合考核报告如表10.15所示。

表10.15　供应商(半年度)综合考核报告

<table>
<tr><td colspan="9">供应商名称：　　　　　　　　　　　供应产品编号：</td></tr>
<tr><td colspan="9">供应商表现</td></tr>
<tr><th rowspan="2">考核指标</th><th rowspan="2">总分</th><th colspan="7">某年某月考核各项表现得分</th></tr>
<tr><th>1月</th><th>2月</th><th>3月</th><th>4月</th><th>5月</th><th>6月</th><th>平均分及等级</th></tr>
<tr><td>质量</td><td>35</td><td></td><td></td><td></td><td></td><td></td><td></td><td rowspan="3"></td></tr>
<tr><td>供应</td><td>25</td><td></td><td></td><td></td><td></td><td></td><td></td></tr>
<tr><td>经济</td><td>20</td><td></td><td></td><td></td><td></td><td></td><td></td></tr>
<tr><td>支持与服务</td><td>20</td><td></td><td></td><td></td><td></td><td></td><td></td><td></td></tr>
<tr><td>总分</td><td>100</td><td></td><td></td><td></td><td></td><td></td><td></td><td></td></tr>
</table>

(续表)

奖惩意见及改进要求：
采购员：　　日期：

供应商考核汇总情况如表10.16所示。

表10.16　供应商考核汇总

供应商名称	各项考核分数				评鉴等级
	质量得分	供应得分	经济得分	支持与服务得分	
考核人员名单					
姓名	部门				签字确认
总经理审批确认： 年　　月　　日					

实训项目二

某企业的原有供应商供货统计资料见表10.17，采用加权综合评分法进行评估，评估项目和分值分配为产品质量满分5分、价格满分2分、合同完成率满分3分，满分10分。假如你是该企业供应商的考核成员，请问哪家供应商最合适？

表10.17　供应商供货统计

供应商	收到产品数量/件	验收合格产品数量/件	单价/元/件	合同完成率/%
甲	10 000	9950	65.00	99.8
乙	10 000	9980	65.50	100
丙	10 000	9930	62.0	96.8
丁	10 000	9300	60	95

实训任务：

(1) 按照供应商供货统计表，给出各个供应商的产品质量得分。

(2) 按照供应商供货统计表，给出各个供应商的价格得分。

(3) 按照供应商供货统计表，给出各个供应商的合同完成率得分。

(4) 计算各供应商的总得分，并分析出哪家供应商最合适。

实训项目三

某钢铁公司计划采购500吨钢管，有A、B两家供应商的产品都符合该公司的要求。A供应商的钢管报价为1400元/吨，运费为10元/吨，订购费为500元。B供应商的钢管报价为1350元/吨，运费为30元/吨，订购费为800元。请问该公司如何选择供应商？

实训任务：

(1) 了解采购成本的基本构成。

(2) 分别计算出两家供应商的采购成本。

(3) 选择采购成本低的供应商。

10.3　采购谈判

任务目标

- 掌握采购谈判的内容、特点和实施原则
- 制定采购谈判方案
- 模拟采购谈判

10.3.1　采购谈判相关知识

1. 采购谈判概念

采购谈判是指企业在采购时与供应商所进行的贸易谈判，是企业为了采购商品作为买方与供应商针对某些购销业务的相关事项，如商品的品种、规格、技术标准、质量保证、订购数量、包装要求、售后服务、价格、交货日期与地点、运输方式、付款条件等进行反复磋商，谋求达成协议，建立双方都满意的购销关系的过程。

2. 采购谈判目的

- 争取降低成本；
- 争取保证产品质量；
- 争取采购物资及时送货；
- 争取比较优惠的服务项目；
- 争取降低采购风险；
- 妥善处理纠纷。

3. 采购谈判的特点

1) 合作性与冲突性

谈判双方的利益有共同的一面，又有分歧的一面。

2) 原则性和可调整性

原则性是指谈判双方在谈判中最后退让的界限，即谈判的底线。可调整性是指谈判双方在坚持彼此基本原则的基础上可以向对方做出一定让步和妥协。

3) 经济利益中心性

双方在谈判中争议最大的问题往往是商品的价格。

10.3.2 采购谈判实施

1. 采购谈判方案的制定

采购谈判方案是在谈判开始前对谈判目标、谈判议程、谈判策略、谈判人员分工职责、谈判地点等内容预先所做的安排。谈判方案是指导谈判人员行动的纲领，在整个谈判过程中起着重要作用，由于采购谈判的规模、重要程度不同，所以谈判内容有所差别。

1) 谈判目标的确定

企业在进行谈判之前，必须设定谈判目标。商品的质量、数量、价格、支付方式、包装、运输方式、服务标准和内容等都是量化目标的构成要素。其中价格、商品或服务的质量、支付方式通常是谈判的重点。

2) 谈判议程的安排

议程包括通则议程和细则议程，通则议程是谈判双方共同遵守使用的日程安排，一般要经过双方协商同意后方能正式生效。细则议程是己方参与谈判的策略的具体安排，供己方使用。谈判议程可由一方准备，也可由双方协商确定。谈判议程的安排一般要说明谈判时间的安排和谈判议题的确定。

(1) 时间安排，即确定在什么时间举行谈判、多长时间、各个阶段时间如何分配、议程出现的时间顺序等。谈判时间的安排是议程中的重要环节。

(2) 确定谈判议题，所谓谈判议题，就是谈判双方提出和讨论的各种问题。这就要明确己方要提出哪些问题、哪些是主要议题、哪些是非重点问题、问题之间在逻辑上有哪些联系、哪些问题可以不予讨论等。

2. 采购谈判的步骤

采购谈判的实施过程可以分为三个阶段，即谈判前、谈判中和谈判后。

1) 采购谈判前计划的制订

(1) 确立谈判的具体目标。

(2) 分析各方的优势和劣势。

(3) 收集相关信息。

(4) 理解对方的需要。

(5) 识别实际问题和情况。

(6) 为每一个问题设定一个成交位置

(7) 开发谈判战备与策略。

2) 采购谈判的过程

(1) 双方商议谈判议程和程序规则。

(2) 探讨谈判所涉及的范围。

(3) 双方需要达成一致意见的共同目标。

(4) 双方需要确定并解决阻碍谈判达成共同目标的分歧。

(5) 达成协议，谈判结束。

3) 采购谈判后的工作

(1) 起草一份声明，清楚详述双方已经达成一致的内容，并将其呈送到谈判各方，以便提出自己的意见并签名。

(2) 将达成的协议提交给双方各自的委托人。

(3) 执行协议。

(4) 监察协议履行情况。

实训项目四

模拟采购谈判。

实训任务：

(1) 学生分为四组，一组为采购企业，另三组为供应商。

(2) 采购组拟定企业采购需求和计划，制定采购方案。

(3) 按照采购谈判技巧，进行一次模拟谈判，记录谈判过程。

10.4　采购合同管理

任务目标

- 了解采购合同内容的基本定义及采购合同内容的构成
- 掌握采购合同管理的基本内容以及合同纠纷的常见问题
- 熟悉采购合同签订的基本流程

10.4.1　采购合同基础知识

1. 采购合同的定义

采购合同是企业和供应商在采购谈判达成一致的基础上，双方就交易条件、权利和义务关系等而签订的具有法律效力的契约文件。采购合同是经济合同，双方受经济合同法保护和承担责任。

采购合同是商务性的契约文件，其内容条款一般包括供方与分供方的全名、法人代表，以及双方的联系的电话、电报、电传等；采购货品的名称、型号和规格，以及采购的数量；价格和交货期；交付方式和交货地点；质量要求和验收方法，以及不合格品的处理，当另订有质量协议时，则在采购合同中写明见“质量协议”；违约的责任。

2. 采购合同的主要内容

采购合同主要由三部分构成，即头部、正文、尾部。

1) 采购合同的头部

这部分包括合同名称、合同编号、采供双方企业名称、签订地点、签订时间、合同序言等。

2) 采购合同的正文

这部分包括货物名称与规格、价格条款、品质条款、数量条款、支付条款、包装条款、装运条款、保险条款、检验条款、违约责任、仲裁条款、不可抗拒条款等。

3) 采购合同的尾部

这部分包括合同份数、生效日期、签订人的签名、采供双方的公司公章、使用语言及效力、附件等。

10.4.2 采购合同签订程序

根据不同的采购方式，采购合同的签订程序也有所不同，一般分为以下几个步骤，如表10.18所示。

表10.18 采购合同签订程序

步骤	总经理	采购部经理	采购合同主管	其他部门	供应商
采购合同签订准备	(1)划分合同签订权限		(2)规范采购合同的内容		
			(3)供应商分析调查		
拟定采购合同草案			(4)供应商谈判		(4)参与谈判
	(7)审批	(6)审核	(5)形成谈判协议		
			(8)拟定合同草案		
采购合同审查修订			(9)合同送审	(10)法务部门对合同进行审查并提供法律意见	
	(12)审批	(11)审核			
			(13)采购合同修改和定案		
签订采购合同			(14)组织签订合同		
	(15)签订采购合同	(15)签订采购合同			(15)签订采购合同
			(16)合同档案归档管理		

1. 采购合同签订准备

采购合同签订准备包括法人资格审查、法人能力审查、供应商资信和履约能力审查；采购合同内容的准备；合同签订权限划分。

2. 拟定采购合同草案

这阶段包括合同谈判准备、谈判方案的制定、谈判的实施、合同草案的拟定等步骤。

3. 采购合同审查修订

采购合同正式签订前，先由需求部门与外部供应商协商合同内容，需求部门必须将合同草案及相关资料送交法务部门审查。

4. 签订采购合同

采购合同签订后，就要完成合同档案的归档管理。通过对合同的档案管理，可以保存与合同有关的相关证据材料，一旦发生纠纷，可以及时运用档案记载的内容，依法维护单位的权益。

10.4.3　采购合同管理实务

采购合同管理涉及合同自签订之日起至终止，供应商或采购方所有与合同相关的行为。

1. 采购合同管理目标

- 确保供应商的进度和绩效与合同相符；
- 确保采购方企业履行合同权限；
- 解决合同周期中出现的问题；
- 保留准确的记录和文档。

2. 采购合同管理内容

- 合同的一致性；
- 项目管理；
- 合同工作的控制；
- 文档要求；
- 财务责任；
- 订单变化；
- 合同终止。

3. 采购合同管理中常见问题

1) 质量问题

质量问题包括对货物规格的误解、合格验收程序的差异、出现劣质材料。

2) 交货和运输问题

此类问题包括运输中转的损失、过量或短缺运输、运货索赔、离岸价格的模糊等。

3) 合同终止

供应商或采购方出于违约之外的原因，通过行使由协议或法律授予的权利来结束双方的合同，那么合同就终止了。一旦终止，所有尚未履行的合同契约都会失效。

4) 支付

付款及时性必须和企业的现金流需求相关。采购方应当将企业在不同阶段的生产或者服务交付的期望记录在文件中，并在合同中以书面形式确定双方可接受的标准。采购方还可以使用第三方监督者来检验付款的进展状态。

5) 索赔

在违约情况发生时，需要进行索赔。当事人应明确责任、提出相关索赔凭据，确定索赔范围和金额、制定索赔方案。索赔方式有协商、调解、仲裁或司法解决等。

实训项目五

分析项目采购合同纠纷

甲方：某印刷集团公司；乙方：某品牌计算机公司；丙方：某货运公司。

甲方看到乙方发布的广告："某型号计算机买一送一活动。在推广月期间，每订购该型号的计算机一台，均赠送400元的喷墨打印机1台；不愿接受者，返还现金300元。"

经协商，甲方向乙方订购该型号计算机100台，乙方向甲方增送喷墨打印机50台，另外在设备款中减免15000元。双方签订合同，约定在甲方所在地交货，乙方负责托运，甲方支付运费，丙方作为承运人负责运输。计算机设备到达甲方所在地后，经乙、丙双方同意，甲方开箱检验，发现以下问题：

(1) 少量计算机显示器破损。

(2) 随机预装软件虽然有软件著作人出具的最终用户许可协议，且给出了有效的下载地址，但无原版的软件光盘，怀疑为盗版软件。

(3) 乙方误按"买一送一"的配置发货，共发来计算机100台，喷墨打印机100台，发货单与所发货相符，但与合同不符合。

为此，甲方要求乙方：更换或修好破损的计算机显示器；提供随机预装软件的原版光盘。但甲方并未将多收50台喷墨打印机通知乙方。

乙方针对甲方的要求做出以下回应：

(1) 甲、丙两方均未就计算机设备包装问题做特殊要求，公司采用了通用的计算机设备包装方式，丙方作为承运人应当对运输过程中计算机显示器的破损承担损害赔偿责任，待丙方赔偿之后，公司再更换或修好破损的显示器。

(2) 正版软件有多种形式，该型号计算机所配的原厂委托制造随机预装软件是"授权下载"的无光盘正版软件。

同月，乙方查账时发现多发了50台喷墨打印机，此时甲方已经将全部打印机开箱使用。乙方要求甲方返还合同中减免的15 000元设备款。

实训任务：

(1) 乙方应该如何处理显示器破损问题？

(2) 合同出现纠纷的主要原因是什么？

(3) 甲方是否应该返还合同中减免的15 000元设备款？

第11章　仓储作业管理实务

问题引导一

某企业牛奶、果汁类商品每周进货一次，但有时此类商品需求量很大，周五就开始缺货，但采购部因此类商品保质期较短不多进货；有些冷门商品需求量小，周转慢，平均两到三周进一次货，但是进货两周此类商品还剩80%，这些货不但占用了很多地方，大部分因过保质期而扔掉。

思考：该企业进货存在什么问题？如何解决？

问题引导二

据了解，我国的水果年产量已经超过6000万吨，占全球产量的14%左右，且价格低廉，出口水果的价格只占美国的40%、日本的20%，但是我国水果出口量只有16万吨，仅占国际总出口量的3%左右。负责检验的检疫部门表示，我国每年欲出口的水果大约有100万吨，然而真正能出口的只有一小部分。每年在贮藏、运输当中变质的水果占总产量的1/7。这是因为水果保鲜设备跟不上，我国是水果产量第一大国的同时，水果腐烂损失也居全球之首。

思考：如何进行仓储管理才能使商品保证质量？

11.1　仓储基本作业管理

任务目标

- 掌握商品入库管理内容
- 掌握商品在库管理内容
- 掌握商品出库管理内容
- 能够绘制仓储业务流程图

仓储的目的是确保物流畅通、安全、有序，降低库存积压，提高库存周转率，促使销售、生产、采购相互协调，加速资金流通。仓储基本作业过程是指以保管活动为中心，从仓库接收商品入库开始，到按需要把商品全部完好地发送出去的全部过程。仓储作业过程主要由入库、在库、出库组成。

11.1.1 商品入库

商品入库一般是指仓库根据商品入库凭证接收商品入库储存，而进行卸货、搬运、清点数量、检查质量、办理入库手续等一系列操作的总称。商品入库是仓储工作的第一步，标志着仓储工作的正式开始。

1. 入库准备

入库准备包括熟悉入库货物；掌握仓库库场情况；制订仓储计划；妥善安排货位；合理组织人力；做好货位准备；准备苫垫材料、作业用具；准备验收；设定装卸搬运工艺；准备文件单证。

2. 接运

接运时工作人员应认真填写接运记录，如发现物品在运输过程中发生件数与运单记载不符，物品被盗、丢失或损坏，物品污损、受潮、生锈、霉变或其他货物差错等，还应填写货运记录。

3. 验收

商品验收是指按照商品验收业务流程，核对业务凭证，对实物进行数量和质量检验等经济技术活动的总称。验收的原则为准确、及时、经济。验收流程包括验收准备、核对证件、确定验收比例、检验实物。

对于商品数量不准、质量不符合要求、证件不齐全、单证不符、未按时到库、价格不符、在入库前已有残损短缺、发错货、对外索赔等问题，工作人员验收时要妥善处理。

4. 入库

1) 登账

商品保管账是详细反映库存商品进、出情况的账目，保管账应该分品名、分规格、分户主(存货单位)、分批次登账，同批到达规格形式相同、单价不同的货物也应该分列。

2) 立卡

物资入库码垛时，应按入库单所列内容填写卡片，卡片用来直接反映该垛商品的品名、规格、单价、进出动态。

3) 建档

商品验收入库后，在登账立卡的同时，须建立商品档案。商品档案应一物一档，同批次、同生产厂(出品者)归入同一档案。

商品入库必须把好“三关(数量关、质量关、单据填制关)”；坚持验收、复查制度，确保入库商品的准确，为商品的保管提供有利条件。

11.1.2 商品在库

商品在库管理主要是指对商品进行合理地保存和经济地管理，将商品存放在合适的仓库位置。商品在库管理主要包括分区分类、选择货位、货位编号、商品堆码与苫垫、盘点及仓库安全管理。

1. 分区分类

商品分区就是根据仓库的建筑、设备等条件，将库房、货棚、垛场划分为若干保管商品的区域，以适应商品储存的需要；商品分类就是按商品大类、性质和商品的连带性将其划分成若干类，分类集中存放，以利于收发货与保管业务的进行。分区分类主要有按照商品种类和性质、按照商品发往地区、按照商品危险性质3种方法。

2. 选择货位

选择货位就是在分区分类保管的基础上，具体落实每批入库商品的储存点。合理选择货位，必须遵循“安全、优质、方便、多储、低耗”的原则，即确保商品安全，方便吞吐发运，力求节约仓库容量。

3. 货位编号

货位编号是在商品分区分类储存的基础上，将仓库范围的房、棚、场以及库房的楼层、仓间、货架、走支道等按照地点和位置顺序编列号码，以便商品进出库按号存取，其工作内容包括标记位置、货位画线、编号秩序。货位编号应做到标记明显易找，编排规矩有序。

4. 商品堆码与苫垫

商品堆码是入库商品堆存的操作及其方式、方法的总称，其主要方法有散堆法、货架堆码法和垛堆法。堆码时要注意以下几个方面：①不得超出库房最大负荷量；②“五距(墙距、柱距、灯距、垛距、项距)”符合安全要求；③符合商品性能和保管要求。

苫垫分为苫盖和垫底两种方式。苫盖主要有苫布(篷布、塑料布等)苫盖法、席片苫盖法、竹架苫盖法、隔离苫盖法。垫底主要有露天货场垫底和底层库房垫底两种方法。

5. 盘点

商品盘点是指对库存商品进行账(商品保管账)、卡(货卡)、货(库存商品)三方面的数量核对工作。商品盘点包括日常盘点、临时盘点和定期盘点。盘点的流程为盘点准备、料仓清理、盘点实施、结果分析处理。

6. 仓库安全管理

仓库安全工作是仓库管理工作的重要组成部分，包括做好治安保卫工作、消防安全工作、防台风和雨湿工作、安全作业工作等。

11.1.3　商品出库

商品出库是仓储业务的最后一个阶段，一般包括核单备料、复核、包装、点交、登账、现场和档案清理的过程。

1. 核单备料

发放商品必须有正式的出库凭证，保管员接到出库凭证后，应仔细核对，这就是出库管理的核单工作。具体要求如下：审核出库凭证的合法性和真实性；核对商品品名、型号、规格、单价、数量、收货单位、到站、银行账号、出库凭证的有效期等。

在对“商品调拨通知单”所列项目进行核查之后，才能开始备料工作。备料时应本着“先进先出、易霉易坏先出、接近失效期先出”的原则，根据领料数量下堆备料或整堆发料。备料的计量实行“以收代发”，即利用入库检验时的一次清点数，不再重新过磅。

2. 复核

为防止差错，备料后应立即进行复核。出库的复核形式主要有专职复核、交叉复核和环环复核。除此之外，在发货作业的各道环节上，都贯穿着复核工作。例如，理货员核对单货，守护员(门卫)凭票放行，账务员(保管会计)核对账单(票)等。复核的主要内容包括品种数量是否准确、商品是否完好、配套是否齐全、技术证件是否齐备、外观和包装是否完好等。

3. 包装

出库货物的包装应便于装卸和搬运。严禁互相影响或性能互相抵触的商品混合包装；包装后，要写明收货单位、到站、发货号、本批总件数、发货单位等。

4. 点交

商品经复核后，如果是本企业内部领料，则将商品和单据当面点交给提货人，办清交接手续；如果是送料或将商品调出本企业办理托运的，则与送料人员或运输部门办理交接手续，当面将商品交点清楚。交清后，提货人员应在出库凭证上签章。

5. 登账

点交后，保管员应在出库单上填写实发数、发货日期等内容，并签名。然后将出库单连同有关证件资料，及时交给货主，以使货主办理货款结算。保管员把留存的一联出库凭证交给实物明细账登记人员登记做账。

6. 现场和档案清理

现场清理包括清理库存商品、库房、场地、设备和工具等；档案清理是指对收发、保养、盈亏数量和垛位安排等情况进行分析。

在整个出库业务程序过程中，复核和点交是两个最为关键的环节。复核是防止产生差错的必不可少的重要措施，而点交则是划清仓库和提货方两者责任的必要手段。出库作业时出现无单提货、单货不符、包装损坏、货未发完、货已错发、提货数与实际数不符及退货等问题时要及时处理。

实训项目一

调查一个流通型企业仓库，了解其仓储作业流程。

实训任务：

(1) 指出该企业的主要业务。

(2) 描述该企业仓储业务特点。

(3) 绘制该仓储业务流程图。

11.2　仓储基本作业操作

任务目标

- 掌握仓储基本作业管理流程
- 熟悉仓储入库作业基本工具设计
- 熟悉仓储在库作业基本工具设计
- 熟悉仓储出库作业基本工具设计

11.2.1　仓储基本作业流程

1. 仓储入库作业流程(见表11.1)

表11.1　仓储入库作业流程

步骤	仓储部经理	入库主管	入库专员	检验人员	相关部门
进行入库准备					(1)发出接货通知
	(4)审批	(2)明确到货货品信息 (3)制订入库计划			
		(5)到货处理安排	(6)进行货品入库准备工作		
货品接运		(7)制订进货计划	(8)协助运输部接货		
			(9)进行接运记录		
货品验收			(10)审核入库单		
			(11)核对货品数量	(12)货品质量验收	
				(13)是否合格(合格转到上角标为1的操作，不合格转到上角标为2的操作)	
货品堆码		(14)^{1}是：签收收货单		(14)^{2}否：存入暂存区	(15)^{2}进行处理
		(15)^{1}安排货物储位	(16)^{1}货物堆码上架		
登记库存台账			(17)^{1}填写货物明细卡		
			(18)^{1}更新库存台账		(16)^{2}更新财务库存

2. 仓储在库作业流程(见表11.2)

表11.2　仓储在库作业流程

步骤	总经理	仓储部经理	存储主管	仓储管理员
制定制度		(1)制定仓储管理制度		
	(2)审批	(3)组织执行制度	(4)货品验收入库	(4)配合货品入库

(续表)

步骤	总经理	仓储部经理	存储主管	仓储管理员
货品保管检查			(5)货物巡检	(5)货品在库保养与维护
			(6)仓库安全检查	(6)库存货品检查
			(8)检查货物保管记录	(7)货品保管记录
货品异常分析			(9) 是否存在异常	
			(10)^{1}是，异常原因分析	
			(11)^{1}提出问题处理措施	
货品异常解决		(13)^{1}否，汇报	(12)^{1}是否解决	
	(15)^{1}审批	(14)^{1}提出解决方案	(16)^{1}异常解决	(10)^{2}否，资料归档
			(17)^{1}资料归档	(13)^{2}是，资料归档

3. 仓储盘点作业流程(见表11.3)

表11-3 仓储盘点作业流程

步骤	仓储部经理	仓储部	盘点工作小组
盘点准备		(1)组建盘点工作小组	
		(2)制订盘点工作计划	(2)协助
	(3)审核		
货品盘点实施		(4)指导盘点工作	(5)清点盘点现场
			(6)制定盘点货物明细表
			(7)进行货物清点
盘点核对分析		(8)出具货品库存表	(8) 核对库存
	(11)审批	(10)审核	(9)编制库存货品盘点差异表
		(12)追查差异原因	
盘点异常处理	(14)审批	(13)调整库存账目，进行盈亏处理	
		(15)统计分析与检讨	

4. 仓储出库作业流程(见表11.4)

表11.4 仓储出库作业流程

步骤	总经理	仓储部经理	出库主管	接货员
制定出库管理办法		(1)制定出库管理办法		
	(2)审核	(3)进行出库管理	(4)接受核对出库凭证	(4)提交出库凭证
			(5)了解出库货品	
出库准备		(6)制订出库计划	(7)准备出库设备	
			(8)拣选、分类	
			(9)整理待出库货品	
出库检验			(10)准备合格证、说明书等材料	(11)点清应收货品数量
				(12)进行货品质量检验
			(14)^{2}否，调换货物，重新检验	(13)是否合格
办理出库手续	(16)^{1}审批	(15)^{1}审核	(14)^{1}是，办理出库手续	(15)^{1}签字确认
			(17)^{1}进行出库登记	

11.2.2 仓储入库作业常用表格设计

仓储入库作业常用表格有仓库提货单、入库单、入库日报表、入库交接单、验收单和物品入库检验表等，具体设计如表11.5～表11.10所示。

表11.5 仓库提货单

单位：吨　　　　年　月　日

交货仓库		联系人			电话			
提货单位		联系人			电话			
提货数量	(大写) 万 仟 佰 拾 个		万	千	百	十	个	(小写)
备注								

储运部：(盖章)　　负责人：　　经办人：

表11.6 入库单

编号：　　　　入库日期：　年　月　日

编号	货物名称	型号	数量			单价	金额	付款方式		备注
			进货量	实点量	量差			转账	现付	

审核人：进货人：仓库管理员：

表11.7 入库日报表

年　月　日

验收单号	品名	规格	代码	数量	单价	金额	供应商	请购单编号	备注

表11.8 入库交接单

进仓编号：

交货方：　　　　收货方：

货名	件数	重量	外包装类型	备注
交货方或收货方盖章	进门确认盖章			

送货人：　　　　日期：

表11.9 验收单

供货单位： 验收日期： 年 月 日

货物类别		货物数量		货物金额	
承运单位		供货商		起运地点	
检验情况记录					
验收量	单价	总价	合格量	合格率	出厂合格证明
检验员		日期		进账	
备注					

表11.10 物品入库检验表

类别： 年 月 日

物品名称	物品标准	抽样方法	检验项目	检验方法	合格标准

11.2.3 仓储在库作业常用表格设计

仓储在库作业常用表格有货卡、物品保管清单、库存表、盘点单和查库记录，具体设计如表11.11～表11.15所示。

表11.11 货卡

品名： 规格：

年		摘要	收货数量	发出数量	结存数量
月	日				

表11.12 物品保管清单

年 月 日

编号	货物名称及规格	包装形式	件数	新旧程度	体积(长×宽×高)	重量/千克	保险/保价
备注							

表11.13　库存表

编号：　　　　　　　　　　　　　　　　　　　　　　　　　　　　　报告月份：　　年　月　日

品名	规格	单位	上月结存			本月收入			本月发出			本月结存		
			数量	单价	金额	数量	单价	金额	数量	单价	金额	数量	单价	金额

表11.14　盘点单

盘点范围：　　　　　　　　　　　　　　　　　　　　　　　　　　　盘点日期：　　年　月　日

负责人	盘点项目			数量					
	品种	入库	出库	账面数量	盘点数	量差	批次	票号	出库率
备注									

表11.15　查库记录

仓库名称：

序号	时间	物品号	查库情况	数量	保管员	处理意见	检查员

11.2.4　仓储在库作业常用表格设计

仓储出库作业常用表格有出货单、出库单、退货单和物品报废单，具体设计如表11.16～表11.19所示。

表11.16　出货单

表单编号：　　　　　　　　　　　　　　　　　　　　制表日期：
客户编号：　　　　　　　　　　　　　　　　　　　　名称：

货品编号	色别	尺寸	数量

表11.17　出库单

客户名称				发货日期			
发货仓库				提供单号			
仓库地址							
品名	货号	单位	单价	数量	金额	包装	备注

仓储主管：　　　　　　　　　　仓库管理员：　　　　　　　　　　提货人：

表11.18　退货单

编号：　　　　　　　　　　　　　　　　　　　　　填写日期：　　年　月　日

序号	货物编号	品名	单位	退仓数量	实收数量	备注

制表：　　　　　　　　　　　　　　　审核：

表11.19　物品报废单

编号：　　　　　　　　　　　　　　　　　　　　　填写日期：　　年　月　日

仓库名称			仓库编号		
报废项目	物品名称	数量	色泽	尺寸规格	说明
处理方式：					

审核人：　　　　　　　　　　　　　　填表人：

实训项目二

模拟仓储入库作业操作

1. 入库准备

将学生分成A、B、C、D四个小组，每个小组分别对应四个仓库，每个小组对应选出仓库主管、仓库管理员、检验人员，根据实际工作程序、内容、要求，使每个人都明确自己的角色，然后模拟仓储入库作业的过程。

准备好检测工具和计量工具，并将库存台账账册准备好，还要准备好实物账和货卡。

准备好单据，每个仓库都准备好验收入库单据。验收入库单据、实物账和货卡样本如图11.1～图11.6所示。

发货单位：红菱公司
发货单号：030001
合同编号：04001　　2019年05月22日　　存放仓库：供应02

物品编号	品名	规格型号	包装细数/捆	单位	单价/元	应收/元		实收/元	
						数量/支	金额/元	数量/元	金额/元
01	碳素笔	黑色	10	支	1.0	2000	2000.00	1900	1900.00
02	碳素笔	红色	5	支	0.5	1000	500.00	1000	500.00
合计						2 500.00		2400.00	

会计：李　　记账：童　　采购员：于　　制单：罗

图11.1　物品入库验收单

合同编号：04001　　2019年05月22日　　存放仓库：供应02

物品编号	品名	规格型号	包装细数/捆	单位	单价/元	应收/元	实收/元	溢余/元	短缺/元	金额/元	原因
01	碳素笔	黑色	10	支	1.0	2000	1900	0	100	100	
02	碳素笔	红色	5	支	0.5	1000	1000	0	0	0	
溢余(短缺)原因											
处理意见											

仓库主管：李　　保管：　　复核：许　　制单：罗

图11.2　物品溢余短缺报告单

仓库：供应02　　2019年05月22日　　No:

物品编号	品名	规格型号	包装细数/捆	原单位	原单价/元	数量/支	原金额/元	重估单价/元	重估金额/元	原因
01	碳素笔	黑色	10	支	1.0	2000	2000.00			
02	碳素笔	红色	5	支	0.5	1000	500.00			
审核意见				领导指示						

图11.3　物品残损变质报告单

物品品名

应收数量/支	3000	实收数量/支	2900
数量溢余原因	100		
物品品质情况	良好		
单据情况			
制单人	杨		

图11.4　验收情况记录

物品编号：　　　　　　　　　　　　　　品名：

规格型号：　　　　　　　　　　　　　　包装细数：

计量单位：　　　　　　　　　　　　　　货位号：

最高存量：　　　　　　　　　　　　　　最低存量：

年		摘要	增加	减少	结存
月	日				

图11.5　物品卡图

存放地：　　产地：　　规格：　　单位：　　编号：　　品名：

年		凭证字号	摘要	单价	增(收)加	减(付)少	结存	结存金额
月	日							

图11.6　实物账卡

2. 物品入库任务

北方公司向红菱公司采购一批碳素笔(黑)2000支、碳素笔(红)1000支，采购的货物和随货单据已到，公司的仓库保管员要办理这批货物的入库手续，单据如图11.7～图11.10所示。

随货联

发票代号1001001

发票号号0000001

开票日期：2019年5月24　　　　付款单位：北方公司

物品名称	规格	单位	数量/支	单价/元	金额							备注
					万	仟	佰	十	元	角	分	
碳素笔	黑	支	2000	1.0		2	0	0	0	0	0	
碳素笔	红	支	1000	0.5			5	0	0	0	0	
合计 人民币　(大写)贰仟伍佰元整　¥2500.00												

第四联：随货联

开票人：王　　　　收款人：刘　　　　开票单位(未盖章无效)

图11.7　红菱公司销售发票

随货联

接单票日期：2019年5月22

订单编号：020001　　业务员：NO：001

付款单位：北方公司　　客户编号：00001

产品编号	物品名称	规格型号	计量单位	数量	单价	金额	备注
01	碳素笔	黑色	支	2000	1.0	2000.00	
02	碳素笔	红色	支	1000	0.5	500.00	
合计 人民币　(大写)贰仟伍佰元整　￥2500.00							

发货审批人：良　　发货人：孙　　发货日期：2019年5月15日

图11.8　红菱公司产品发货票

发货单位：红菱公司

发货单号：03001

合同编号：04001　　2019年05月15日　　存放仓库：供应02

物品编号	品名	规格型号	包装细数/捆	单位	单价/元	应收入库	
						数量/支	金额/元
01	碳素笔	黑色	10	支	1.0	2000	2000.00
02	碳素笔	红色	5	支	0.5	1000	500.00
合计						3000	2500.00

会计：李　　记账：童　　采购员：于　　制单：罗

图11.9　北方公司物品入库通知单

地址＿＿＿＿＿　　TEL＿＿＿＿＿　　FAX＿＿＿＿＿

供应商：红菱公司　　编号：04001　　订购日期：5月14日

联系：　　传真：　　电话：　　采购员：于　　交货日期：5月22日

编号	物品名称	规格	单位	数量/支	单价/元	金额/元	备注
01	碳素笔	黑色	支	2000	1.0	2000.00	
02	碳素笔	红色	支	1000	0.5	500.00	
合计				3000		2500.00	

图11.10　北方公司物品采购单(订货合同)

实训任务：

按照下面步骤完成模拟入库操作。

(1) 各仓库派出接货员接收从红菱公司采购来的物品和相关单据。根据红菱公司采购的物品和相关单据各个仓库办理物品验收入库手续。

任务提示：办理验收入库时，把拿到的物品进行点数，并与货单和物品验收单核对，数量多出或少于的，填写“物品溢余/短缺报告单”；仔细检验物品的外包装和内在品质，若轻微质量问题，填写“物品残损变质报告单”，若是重大问题，要拒收并做好记录；按照质量合格的实收数量填制“物品入库验收单”。

(2) 各个仓库主管填写本次物品入库验收记录表，并到台前展示所在仓库验收情况。

任务提示：带上填写的单据物品验收记录表，并向组里解释验收情况。

(3) 登记手工实物账和填写制货卡。

(4) 完成入库凭证的传递工作(与财务连接传递)。

(5) 结果评价(填写表11.20)。

表11.20　小组展示评价表

名称	准确性	规范性	用时	合作协调	表达	综合评价
A仓库						
B仓库						
C仓库						
D仓库						

(6) 任务体会。

11.3　仓储成本

任务目标

- 了解仓储成本的基本构成
- 了解常规仓储成本基本计算方法
- 掌握仓储成本计算公式

仓储成本是指仓储企业在开展仓储业务活动中各种要素投入的以货币计算的总和。仓储成本是物流成本的重要组成部分，对物流成本的高低有直接影响。

11.3.1　仓储成本构成

仓储成本包括仓储设施设备成本、仓储作业成本、库存持有成本。

1. 仓储设施设备成本

仓储设施设备成本是指由于建造、购置、租赁仓储设施设备带来的成本。企业可以通过企业自有仓库、租赁仓库、公共仓库三种方式来获得仓储等设施设备。这里只研究自有仓库成本构成。自有仓库成本的构成主要有仓库设备设施的折旧费、维修与保养费等。

1) 折旧费

折旧费是指因固定资产使用磨损而逐渐转移的价值，包括有形损耗与无形损耗。有形损耗是指仓储建筑物因受风吹、雨打、日晒等侵蚀而逐渐陈旧，设施设备因使用逐渐磨损及外部事故破坏等原因而造成的损耗。无形损耗是指仓库等设施设备由于科学技术的进步而引起的使用价值的降低。

2) 维修与保养费

维修与保养费是指每年(月)提取的修理费，这些费用主要用于设施、设备的定期大修理，一般按设施、设备投资额的3%～5% 的比率提取。

2. 仓储作业成本

仓储作业成本是指由于出库和入库操作、流通加工、分拣、装卸搬运等仓储作业所带来的成本，分为直接营运费用和间接营运费用。

1) 与仓储作业直接相关的营运费用

这类费用包括材料费(包装材料、周转材料、燃料等关联的费用及工具费、器具费等)；人工费(仓储作业人员的工资、奖金、津贴、福利、住房基金、医疗基金(保险)、退休养老基金等)；一般经营费(水电费、煤气费等)；特别经费(存货流动资金占用费、存货跌价、损耗、盘亏和毁损费、存货保险费)；其他费用(折旧、利息等)。

2) 与仓储作用间接相关的营运费用

这类费用包括管理费(办公费、管理人员工资、业务处理费、培训费等)；营销费(企业宣传广告费、促销费等)；水费、煤费、电费、话费等。

3. 库存持有成本

库存持有成本，有时也简称库存成本，是指与储存的存货数量有关的成本，其包括多种不同的成本组成要素，如表11.21所示。

表11.21　库存持有成本的构成内容

项目	内容
取得成本	存货采购成本、制造存货成本
维持成本	存货资金成本、税金、保险、储存成本
风险成本	库存积压处理成本、存货损耗成本、异地调货费用
批量成本	采购批量成本、生产批量成本
缺货成本	保险存货及其成本、延期交货及其成本、失销成本、失去客户成本
在途存货成本	已订购而未到货物的成本

其中，储存成本分为变动性储存成本和固定性储存成本。变动性储存成本与存货的数量成正比，如存货占用利息费、存货的保险费等；固定性储存成本与存货的数量无关，如仓储折旧费、仓储保管人的固定工资等。

11.3.2　仓储成本计算

1. 平均仓储成本

平均仓储成本指一定时期内平均仓储一吨商品所需支出的成本额，常以月度或年度为计算时期。该指标的计算单位为元/吨，计算公式为

$$平均仓储费成本=\frac{仓储成本}{平均储存量}$$

2. 仓储收入成本率

仓储收入成本率是指一定时期内商品仓储收入中成本支出所占的比率，其计算公式为

$$仓储收入成本率=\frac{仓储成本收入}{仓储成本费用}\times 100\%$$

3. 储存保管收入(仓储费)

储存保管收入的计算公式为

$$\text{储存保管总收入}=\text{储存的吨天数}\times\text{储存费率}$$

$$\text{储存的吨天数}=\text{实际储存的吨天数}+\text{其他折合吨天数}+\text{合同差额吨天数}$$

4. 仓储费用分配率

按各类物资销售收入的比例分摊，仓储费用分配率的计算公式为

$$\text{仓储费用分配率}=\frac{\text{仓储费用总额}}{\text{各类物资销售收入之和}}\times 100\%$$

按各类物资平均储存额(量)比例计算分摊，仓储费用分配率的计算公式为

$$\text{仓储费用分配率}=\frac{\text{仓储费用总额}}{\text{各类物资平均储存量之和}}\times 100\%$$

$$\text{某类销售物资应摊仓储费用总额}=\text{某类物资销售收入}\times\text{仓储费用分配率}$$

5. 平均仓储收入

平均仓储收入是指在一定时期内仓储保管一吨商品的平均收入，通常以月为时间计量单位，其计算公式为

$$\text{平均仓储收入}=\frac{\text{仓储营业收入}}{\text{平均储存量}}$$

6. 保管成本

保管成本反映劳动生产率的高低，技术设备的利用率，材料、燃润料的消耗以及仓储管理水平的高低，其计算公式为

$$\text{保管成本}=\frac{\text{当月保管费用}}{\text{当月平均储存量}}$$

7. 仓库等设施设备的折旧率(平均年限法)

仓库等设施设备的折旧率的计算公式为

$$\text{年折旧率}=\frac{1-\text{预计净残值率}}{\text{预计使用年限}}\times 100\%$$

$$\text{预计净残值率}=\frac{\text{预计净残值率}}{\text{计提折旧基数}}\times 100\%$$

$$\text{年折旧额}=\text{固定资产计提折旧基数}\times\text{年折旧率}$$

$$\text{月折旧率}=\frac{\text{年折旧率}}{12}$$

$$\text{月折旧额}=\text{固定资产计提折旧基数}\times\text{月折旧率}$$

【例11-1】某企业的大型仓储设备原值为150 000元，预计净残值率为4%，预计使用年限为5年，若使用率高，则预计其总加工能力为60 000小时。请用平均年限法计算其年折旧额与月折旧额。

【答案】

$$\text{年折旧率}=\frac{1-\text{预计净残值率}}{\text{预计使用年限}}\times 100\%=\frac{1-4\%}{5}\times 100\%=19.2\%$$

年折旧额=固定资产计提折旧基数×年折旧率=150 000×19.2%=28 800元

$$月折旧额=\frac{年折旧额}{12}=\frac{28\ 800}{12}=2400元$$

实训项目三

某企业购买一套重型货架，账面价值为30000元，预计可使用5年，预计净残值率为4%，现已使用一年。该企业今年订购存货为4次(季度)，第一次购货为9000件，第二次购货为6000件，第三次购货为7500件，第四次购货为7500件，无安全库存。年单位产品变动储存成本为6元/件。

实训任务：

(1) 明确仓库的储存成本的构成，即存储成本=固定储存成本+变动储存成本。该企业的固定储存成本为该货架的折旧成本，因为已用一年，所以计算的折旧费用为第二年的折旧费用。

使用平均年限法计算仓库设施设备的折旧率。

(2) 明确变动储存成本的计算特点：变动储存成本=每次订货成本×每年订货次数。在一年多次进货的情况下，最终计算的是“一年内所有的批次的存货的变动储存成本之和”。

计算全年的储存成本。

11.4　仓储基本作业原则及合理化实施

任务目标

- 掌握仓储基本作业原则
- 了解仓储合理化实施方法
- 初步制定仓储合理化解决方案

11.4.1　仓储基本作业原则

1. 面向通道进行仓储的原则

为便于物品上架存放和取出，提高保管效率，物品的码放、货架的朝向应该面对通道。

2. 高层堆码的原则

使用货架等仓储设备，尽可能向高处码放，提高仓储效率，有效利用库内容积。

3. 先入先出原则

对于易变质、易破损、易腐败的物品以及机能易退化、老化的物品，应尽可能按先入先出的原则进行仓储，以便加快周转。

4. 周转对应仓储原则——根据出库频率选定位置

出货和进货频率高的物品应放在靠近出入口、易于作业的地方；流动性差的物品放在距离出入口稍远的地方；季节性物品则依其季节特性来选定放置的场所。

5. 同一性原则

为提高作业效率和仓储效率，相同品种或类似物品应放在同一位置仓储。

6. 类似性原则

类似性原则里指将类似的物品放在邻近的位置仓储。

7. 重量特性原则——根据物品重量安排仓储的位置

安排放置场所时，要把重的东西放在货架下边，把轻的东西放在货架上边，需要人工搬运的大型物品码放在腰部以下的位置，轻型物品码放在腰部以上的位置。

8. 形状特性原则——依据形状安排仓储的方法

标准形状商品应放在托盘或货架上，特殊形状的商品采用相应的器具仓储。

9. 位置标志原则

货物存放的场所要有明确的标志，以便货物的查找，提高上货和取货的速度，减少差错的发生。标志的位置要便于作业人员的视觉识别。

10. 网络化仓储原则

以货物出库方式为前提，将相关的物品(按照预计的出库货物构成确定的关联物品)码放在相近的场所，以便提高出库作业效率。

11.4.2 仓储合理化实施

1. 将静态仓储变为动态仓储

(1) 加快储存的周转速度，进而加快资金周转、提升资本效益高、降低货损、增加仓库吞吐能力、减少物流成本。而信息技术和现代物流管理技术(如采用单元集装存储、快速分拣系统)可以有效地加快仓储的周转速度，缩短操作时间。

(2) 在整个物流系统的运行过程中，许多物品动态地存在于运输车辆、搬运装卸的过程之中，也可以看作一种动态的储存，而合理物流信息技术的利用完全可以使动态仓储取代静态仓储。

(3) 对静态的仓库实行动态的技术改造。

2. 实施重点管理

采取重点管理的方法是使复杂物流系统实现合理化的手段之一。实施重点管理，一般通过ABC分类管理方法。ABC分类管理就是将库存物品按品种和占用资金的多少分为特别重要的库存(A类)、一般重要的库存(B类)和不重要的库存(C类)三个等级，然后针对不同等级分别进行管理与控制。

ABC分类管理(见表11.22)是通过对库存进行统计、综合、排列、分类，找出主要矛盾、抓住重点进行管理的一种科学有效的管理方法。通常把品种少、占用资金多、采购较难的重要物品归为A类；把品种多、占用资金少、采购较容易的次要物品归为C类；把处于中间状态的物品归为B类。对于A类物品，在订货批量、进货时间和库存储备方面采用最经济方法，实行重点管理、定量供应，严格控制库存；对于C类物品，可采用简便方法管理，如固定时间订货；对于B类物品，实行一般控制，如采取定期订货、批量供应的管理。

表11.22 ABC分类管理

分类结果	管理重点	订货方式
A类	投入较大力量精心管理，将库存压倒最低水平	计算每种物品的订货量，采用定量订货方式
B类	按经营方针来调节库存水平，例如要降低库存水平时，就要减少订货货量和库存	采用一般订货方式
C类	集中大量的订货，简单管理，增加库存储备	“双仓法”储存，定期订货

对于库存管理，ABC分类管理的应用取得了以下成效：一是压缩了总库存量；二是解放了被占用的资金；三是使库存结构合理化；四是节约了管理力量。

3. 采用有效的“先进先出”方式

“先进先出”的管理措施是一种有效控制储存物品的储存期不至于过长的方式，主要有以下几种措施。

1) 采用计算机管理

根据入库的时间记录，计算机可以自动排列出货的顺序，从而实现“先进先出”。计算机存取系统还能将“先进先出”和“快进快出”结合起来，即在保证“先进先出”前提下，将周转快的物品存放在便于存储之处，以加快周转。

2) 采用重力式货架系统

利用货架的倾斜形成自然下滑的通道，物品在通道中自行按先后顺序排队下滑，不会出现越位等现象。重力式货架系统可以从技术手段上解决“先进先出”问题，提高仓库利用率，又能使仓库管理实现机械化、自动化，是现代仓库的重要技术措施。

3) “双仓法”储存

“双仓法”储存是指给每种被储物准备两个仓位或货位，进行轮换存取，再配以在一个货位中取尽才可补充的规定，保证“先进先出”的储存方式。这种方法在管理上比较简单，设备投入、管理投入都比较低，但是库存水平比较高，适合于资金占用量不大、经常使用又无须进行重点管理的物资。

4. 提高储存密度，提高仓容利用率

提高储存密度，提高仓容利用率的主要目的是减少储存设施的投资，提高单位存储面积的利用率，以降低成本、减少土地占用。提高储存密度，提高仓容利用率的方法有3种：①采取高垛的方法，增加储存的高度。具体方法是采用高层货架仓库、采用集装箱等。②缩小库内通道宽度以增加储存有效面积，采用窄巷道式货架，配以轨道装卸车辆，以减少车辆运行宽度要求；采用侧叉车、推拉式叉车，以减少叉车转弯所需的宽度。③减少库内通道数量以增加储存有效面积。具体方法是采用密集型货架、可进车的可卸式货架、各种贯通式货架、不依靠通道的桥式吊车装卸技术等，如密集式仓库的应用。

5. 采用有效的储存定位系统

采取计算机储存定位系统，尤其对于存储品种多、数量大的大型仓库而言，已经成了

必不可少的手段。计算机储存定位系统根据事先货物入库信息，引导入库货物存放在就近且易于存取位置，或根据入库货物的存放时间和特点，指示合适的存储货位。这种方式可以充分利用每一个货位，而不需专位待货，有利于提高仓库的储存能力。

6. 采用有效的监测清点方式

对储存物品数量和质量的监测不仅是掌握仓储基本情况的必需手段，也是科学库存控制的必需手段。监测清点库存的有效方式主要有以下几种。

1) “五五化”堆码

储存物堆垛时，以“五”为基本计数单位，堆成总量为“五”的倍数的垛形。堆码后，有经验者可快速目测出数量，大大加快了人工点数的速度。

2) 光电识别系统

在货位上设置光电识别装置，通过该装置对储存物品的扫描，自动显示出储存物品的准确数目。这种方式不需人工清点就能准确掌握库存的实际数量。

3) 条码识别技术

在储存物品上设置条码，清点库存时识别装置自动将条码识别结果输入计算机，计算机则会自动做出存取记录。

7. 采用现代储存保养技术

现代储存保养技术是防止储存损失、实现储存合理化的重要措施。

1) 气幕隔潮技术

在潮湿地区或雨季，若室外湿度高且持续时间长，仓库内如想保持较低的湿度，就必须防止室内外空气的频繁交换。“气幕”就是在库门上方安装鼓风设备，使之在门口处形成一道气流。由于这道气流有较高压力和流速，能形成一道气墙，可有效阻止库内外空气交换，防止湿气侵入。气幕还具有良好的隔热功能，能保持室内的适宜温度。

2) 气调储存技术

气调储存技术是通过调节和改变环境空气成分，抑制储存物品的化学变化和生物变化，抑制害虫生存及微生物活动，从而达到保持被储存物品质量的目的。气调储存对于具有新陈代谢作用的水果、蔬菜、粮食等物品的长期保质、保鲜储存很有效。

3) 塑料薄膜封闭技术

用塑料薄膜封垛、封袋、封箱，可有效地阻隔内外空气交换，完全隔绝水分。在封闭环境内如果再加入杀虫剂、缓蚀剂或某种抑制微生物生存的气体，则其内部可以长期保持这种物质的浓度，形成一个长期稳定的小环境。

8. 采用集装箱、集装袋、托盘等运储装备一体化的方式

这种方式通过物流活动的系统管理，使储存、运输、包装、装卸实现了一体化，更重要的是促使整个物流系统的合理化。

9. 虚拟仓库和虚拟库存

虚拟仓库和虚拟库存是虚拟经济的一种形式。通过某种方式形成所需要的资源，而仓库中不一定保有，这种社会资源就相当于一个庞大的仓库所具有的库存储备，由于它具有虚拟性，所以称之为虚拟仓库和虚拟库存。

实训项目四

食品、生物药品等对温度有特殊要求的货物需要采用冷藏库储存。

实训任务：

(1) 同学们分组讨论自己家的冰箱里的商品(如蔬菜和水果)是如何储存的？

(2) 根据本节所学知识，设计出冰箱合理储存方案。

实训项目五

组织学生实训，3人一组，形成饮料商品供应链：1人做零售商、1人做经销商、1人做生产商。零售商从经销商进货、经销商从生产商进货、生产商自行启动生产；所有的进货(生产)时间为2天，老师可作为顾客，预计平均每天购买饮料10罐；开始时每个零售商库存饮料30罐。其他条件见表11.23。

表11.23 实验资料

类别	买入价/罐/元	卖出价/罐/元	每天单位库存成本/罐/元	每次订货成本/罐/元	每罐延迟销售成本/罐/元
零售商	2.0	3.0	0.1	2.0	0.1
经销商	1.5	2.0	0.02	3.0	0.1
制造商	1.1	1.5	0.01	3.0	0.1

实训任务：

老师可根据课堂时间控制操作天数，最后剩余的商品按进价的50%清算。操作结束后，学生计算自己的利润。

第12章　运输管理实务

12.1　运输资源管理

问题引导

小王是招商局物流集团北京有限公司资源管理部的资源主管，主要负责仓储资源和车辆资源管理，负责编制和每月定期向集团公司运管中心报送物流项目资源台账；组织物流运作项目资源方案设计，负责编制项目物流资源需求计划，根据需求计划和物流项目运作情况，编制整个物流项目年度、季度和月度资源需求计划，并监督物流资源的实施过程，灵活组织(指导)物流资源调配和配置。

每月25号，小王需要对现在正常运行的某饮料项目物流资源编制下个月台账。该物流项目是综合物流项目，涉及仓储服务、城市配送及干线公路运输服务。

思考：招商局物流集团北京有限公司的运输资源管理内容。

任务目标

- 了解运输资源基本构成
- 掌握运输资源管理的内容及原则
- 了解运输资源管理目标

12.1.1　运输资源基础知识

运输资源是指形成和保障货物运输能力的相关服务设备与设施，包括线路、货运站、货场设施、专用线、各种运输工具、信息、人力等。

运输是物流各环节的主要部分，运输方式有公路运输、铁路运输、船舶运输、航空运输、管道运输等。以招商局物流集团北京有限公司为例，其是一家以公路运输为主的第三方物流企业，公路运输资源主要是指公路运输所涉及的设施与设备，公路运输设施与设备包括货运站(场)及运输车辆，其运输资源基本构成如图12.1所示。

1. 货运站(场)

货物运输站(场)是指以场地设施为依托，为社会提供有偿服务的具有仓储、保管、配载、信息服务、装卸、理货等功能的综合货运站(场)、零担货运站、集装箱中转站、物流中心等经营场所，简称“货运站(场)”。

货运站(场)是货物运输过程中进行货物集散、暂存、装卸搬运、信息处理等活动的场所，具有运输组织、运输装卸储存及运输综合服务的核心功能。

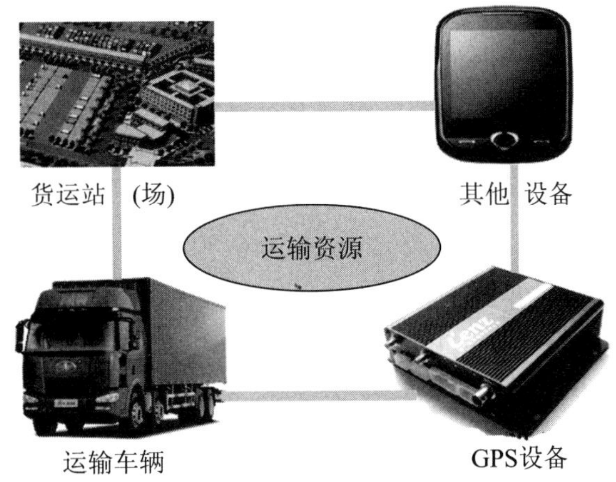

图12.1 公路运输资源基本构成

2. 货运车辆

货运车辆是公路运输作业的主要运输工具，车辆统计按照车辆核心参数数据进行。货运车辆核心参数包括车型结构、车辆载重及车厢尺寸。

12.1.2 运输资源管理原则

运输资源管理一般是指根据运输生产经营活动的需要，对运输场站设施、运输工具、维修设备、消耗材料等资源实施计划、组织、协调、控制等职能，使其达到合理配置、有效利用的活动过程。

招商局物流集团北京有限公司运输资源主要为货运车辆。该公司货运车辆按照资源所有权划分为自有车辆和外协车辆，按照车辆型号划分为金杯、4.2米厢式货车、9.6米厢式货车、12.5米厢式货车及其他车辆，其他车辆包括9.6米仓栅货车及16.5米厢式货车等。招商局物流集团运输资源管理原则及其内容如下所述。

1. 主要原则

(1) 公司运输和运输调度的集中管理。

(2) 原材料库、成品库和设备备件库的统一管理。

(3) 厂内的装卸搬运统一管理。

(4) 附件分拣统一管理。

(5) 建立公司内的物流信息收集和处理体系。

2. 实施原则

(1) 成品运输、返品运输的原则：总运输成本最低，单批次运输最大化，以降低运输成本。

(2) 省外成品库的原则：不设保管员，由物流服务商依据物流管理部的指令收货、保管、发货。这样能有效控制库存，减少库与库之间的二次调拨和多次运输，责任明确，简化操作流程，精减人员，降低成本。

(3) 本地成品库的原则：设专职保管员，设发货员，取消本地外租成品库。

(4) 设备备件库的原则：按照工装库管理方式。

(5) 附件分拣、打包的原则：根据成品发货计划进行附件的分拣打包。

(6) 信息体系建设的原则。

物流管理部掌握相关的物流信息：对于原材料采购信息，物流信息计划专员在ERP系统中查看；对于质检信息，保管员在ERP系统中查看；对于到货信息、在途信息，物流信息计划专员通过采购员获取并将其整理成表格；对于库存信息，物流信息计划专员从ERP系统中查看结算库存信息和生产消耗信息整理，进而出实际库存的信息(已入账的、实际存在的、可供生产使用的原材料库存信息)；对于生产需求信息，物流信息计划专员在ERP系统中查看；对于东西厂半成品调拨需求信息，车间提前半天提报给物流信息计划专员；对于成品的报工信息，物流信息计划专员在ERP系统中查看；对于成品销售信息，信息计划专员通过各个销售营业厅成品采购订单获取；对于成品的返品信息，物流信息计划专员通过各个销售营业厅获取；对于成品库存信息，物流信息计划专员在ERP系统中查看。

物流管理部落实销售计划，制订生产计划、采购计划、成品发货计划、附件分拣计划、运输计划、成品调拨计划、原材料调拨分配计划、东西厂半成品调拨配载计划：生产计划根据销售计划和库存信息在ERP系统中制订；采购计划根据生产计划，结合ERP系统的采购建议书制订；成品发货计划根据销售计划和成品库存信息制订；附件分拣计划根据成品发货计划制订；运输计划根据成品发货计划制订；成品调拨计划根据销售计划和成品库存信息制订；原材料调拨分配计划根据生产信息和库存信息制订；东西厂半成品调拨配载计划依据车间提报的半成品配送需求信息和生产需求信息制订。

12.1.3 运输资源管理目标

招商局物流集团运输资源管理的总体目标有两点。

1. 公司的管理层全面了解公司的实时运作信息

这些信息主要包括网络运营情况的实时运作信息、网络运营节点的实时资源信息、网络运营节点的实时财务信息、网络运营节点的实时客户服务信息。

2. 对公司网络的运营进行有效地监控

实时监控集团整个网络运营的主要内容包括以下两部分：分发中心运作区域的实时监控和运输车辆的实时监控。这些监控主要保证集团公司的整个网络的顺畅运营，充分利用集团公司网络现有的条件，达到最大效益。

实训项目一

(1) 调查一家中小型运输企业。

(2) 了解该企业的运输资源的基本构成。

(3) 分析该企业运输资源管理的原则。

实训任务：

(1) 给出所调查的企业名称、规模、运输经营范围。

(2) 绘制该企业的运输资源基本构成表(自行设计)。

(3) 分析该企业运输计划制订的原则依据。

12.2 运输组织合理化

问题引导

沃尔玛公司是全球最大的商业零售企业，在物流运营过程中，尽可能地降低成本是其经营的哲学。沃尔玛有时采用空运，有时采用船运，还有一些货物采用卡车公路运输。在中国，沃尔玛百分之百地采用公路运输，如何降低卡车运输成本，组织合理化运输是沃尔玛(中国)物流管理面临的重要问题。

思考：合理化组织沃尔玛公司(中国)的运输？

任务目标

- 熟知运输组织合理化的内容
- 了解沃尔玛公司组织合理化运输的有效措施
- 理解运输合理化的影响因素

12.2.1 运输组织合理化内容

1. 合理选择运输方式

每种运输方式都有着各自的适用范围和不同的技术经济特征，选择时应进行综合分析和比较。首先要考虑运输成本的高低和运行速度的快慢；其次考虑货物的性质、数量的多少、运距的远近和货主需要的缓急程度。

2. 合理选择运输工具

根据不同商品的性质、数量及对温度、湿度等的要求，选择不同类型、吨位的车辆。

3. 正确选择运输线路

在组织运输时，一般选择直达、快速的运输线路，尽可能缩短运输时间。按照货物的合理流向，选择最短路径，避免迂回、倒流等不合理运输现象发生，提高里程利用率，从而达到节省运输费用、节约运力的目的。

4. 提高货物包装质量并改进配送中的包装方法

货物运输线路的长短、装卸操作次数的多少都会影响货物的完好程度，所以应合理地选择包装材料，以提高包装质量。另外，有些商品的运输线路较短，且要采取特殊放置方法，如烫好的衣服要垂挂运输，则应改变相应的包装。货物包装的改进能有效减少货物损失、降低运费支出、降低商品成本。

5. 混合配送，减少运力投入

混合配送的优势就是将多家需要的同一品种货物和一家需要的多品种货物进行配装，避免一家提货或送货车船回程空驶现象的发生，以达到运输工具的重量和容积得到充分合理利用。例如，在铁路运输中，采用整车运输、整车拼装、整车分卸及整车零卸等措施，均可提高实载率。

6. 采用大吨位运输工具

在运输量等条件许可的情况下，尤其在长距离运输中，尽可能采用大吨位的运输工具，可大大降低运输费用。具体做法有以下几点。

(1) 在铁路运输中，根据机车的运载能力，加挂车辆，增加运输量。

(2) 在内河运输中，利用拖船和驳船，组成大吨位顶推船队。这种运输的优点是航行阻力小，顶推量大，速度快，运输成本低。

(3) 在公路运输中，根据汽车的运载动力，加挂拖车增加运输量。

7. 利用社会运输系统

利用社会运输资源将运输服务外包或与其他企业合作，降低运输工具空载率。

8. 发展直达运输

直达运输是追求运输合理化的重要手段，通过减少中转环节及换装，达到提高送达速度、节省装卸费用、降低货损货差的目的。

9. 提倡合装整车运输

合装整车运输又称为“零担拼整车中转分运”，主要用于杂货的运输。例如，在组织铁路货运时，由同一发货人将不同品种发往同一站点和同一收货人的零担货物，由物流企业组配在一个车皮内，以整车运输的方式，托运到目的地；或者把同一方向不同到站的零担货物，集中组配在同一个车辆内，运到一个适当车站，然后再中转分运。合装整车运输有以下几种具体方法：①零担货物拼整车直达运输；②零担货物拼整车接力直达或中转分运；③整车分卸；④整车零担。

采用合装整车运输，可提高运输工具的使用效率，减少部分运输费用，可取得较好的经济效益。

10. 充分利用运输工具装载能力

充分利用运输工具装载能力的具体做法有以下几点。

(1) 轻重货物搭配。轻重货物搭配可以充分利用运输工具的容积和载重量。例如，海上运输矿石、黄沙等重货时，在舱面捎运木材、毛竹等货物；铁路在运输矿石、钢材等重货时，可在上面搭运较轻的农副产品等货物。

(2) 注重装载堆码技术。根据车船的货位情况及不同货物的包装形状，采取各种有效的堆码方法装载，如平装、补装、骑装、套装、紧密装载等堆码技术，以提高运输效率。

12.2.2 沃尔玛组织合理化运输的措施

(1) 沃尔玛使用一种大约有16米加长货柜的卡车，比集装箱运输卡车更长或更高。卡车被装得非常满，产品从车厢的底部一直装到最高，这样做有助于节约成本。

(2) 沃尔玛的车辆都是自有的，司机也是公司的员工。沃尔玛的车队大约有5000名非司机员工，有3700多名司机，车队每周运距可达7000～8000公里。

沃尔玛公司认为，保证运输安全是节约成本的重要环节。沃尔玛的口号是“安全第一，礼貌第一”，而不是“速度第一”。在运输过程中，卡车司机们都非常遵守交通规则。沃尔玛定期在公路上对运输车队进行调查，卡车上面都带有公司的号码，调查人员如果看到司机违章驾驶，就会根据车上的号码报告，以便进行惩处。沃尔玛认为，卡车不出事故，就是节省公司的费用，就是最大限度地降低物流成本，由于狠抓了安全驾驶，运输车队已经创造了300万千米无事故的纪录。

(3) 沃尔玛采用全球定位系统对车辆进行定位，因此在任何时候，调度中心都知道这些车辆在什么地方，离商店有多远，还需要多长时间才能到商店，这种估算可以精确到小时，这大大提高了整个物流系统的效率，有助于降低成本。

(4) 沃尔玛的物流部门，24小时工作，无论白天或晚上，都能为卡车及时卸货。另外，沃尔玛的运输车队还进行夜间运输，从而做到了当日下午集货，夜间异地运输，翌日上午即可送货上门，保证在15～18个小时内完成整个运输过程，这是沃尔玛在速度上取得优势的重要措施。

(5) 沃尔玛的卡车把产品运到商场后，商场可以把产品整个卸下来，而不用对每个产品逐个检查，这样就节省了很多时间和精力，加快了沃尔玛物流的循环过程，从而降低成本。这里有一个非常重要的先决条件，那就是沃尔玛的物流系统能够确保商场所得到的产品与发货单是完全一致的。

(6) 沃尔玛的运输成本比供货厂商自己运输产品的成本要低，所以厂商也使用沃尔玛的卡车来运输，从而做到了把产品从工厂直接运送到商场，大大节省了产品流通过程中的仓储成本和转运成本。

沃尔玛的集中配送中心把上述措施有机结合，做出最经济合理的安排，从而使沃尔玛的运输车队能以最低的成本、最高的效率运行。

12.2.3 运输组织合理化影响因素

运输组织合理化的影响因素有很多，综合来说有以下几种。

(1) 企业应尽可能就近运输，避免舍近求远。

(2) 物流部门应尽量减少装卸、搬运、转运等中间环节，尽可能组织直达、直接运输，使货物不进入中转仓库，而由产地直达运销地或客户，减少运输环节。

(3) 根据不同货物的特点，分别利用铁路、水运或汽车运输，选择最佳的运输路线，并积极改进车船的装载方法，提高技术装载量，使用最少的运力来运输更多的货物，提高运输生产效率。

(4) 尽量减少客户等待时间，使物流工作满足客户需要，这也是赢得客户满意的重要因素。这就要求加快货物运输，尽量压缩待运期，避免大批货物长期徘徊、停留在运输过程中；积极节约运输成本，提高运输效益。

在日常工作决策中，运输的成本、速度和一致性是最有可能影响运输合理化的三个因素。最低的运输费用并不意味着最低的运输成本，最低的运输总成本也并不意味着合理化的运输，运输的合理化关系着其他物流环节设计的合理化。因此，首先应站在整个物流系统一体化的高度，综观全局，再针对运输的各个具体环节进行优化，最终达到合理化。

实训项目二

分析沃尔玛组织合理化运输的措施，沃尔玛的物流运输解决方案是如何利用运输合理化的影响因素的？

实训任务：

(1) 简述物流运输合理化的途径和“五要素”。

(2) 通过该案例分析，对照12.2.3，沃尔玛的合理化运输是如何实现的？

(3) 简评“尽可能实现大批量运输，避免小批量、多批次运输就是提高物流运输效率、节约物流成本”这句话的合理性。

实训项目三

小邓是某公司调度部门新入职的员工，现公司要将不同物品发送不同地区(见表12.1)，请你协助小邓选择最合适的运输方式？

表12.1　不同物品发送不同地区的运输方式

货物种类	起点至终点	运输方式
1000吨石油	大庆—大连	
500000吨石油	伊朗—日本	
两箱急救药品	上海—南昌	
一吨河鱼	郊区—市区	
8000吨煤	大同—杭州	
2600束鲜花	广州—天津	
5000吨海盐	天津—广州	
1000吨大米	武汉—南京	
5万立方米木材	伊春—北京	
20吨日用品	合肥—廊坊	

实训任务：

(1) 分析货物特征及运输量。

(2) 考查运输起点至终点距离、运输设施条件和运输环境特点。

(3) 根据货物运输需求，以及运输方式的成本差异，给出你认为合适的运输方式。

12.3　货物运输的组织

问题引导

2007年7月，大连国际信托投资公司与日本东京昭和海运株式会社经营的“光荣斯倍加”轮承运的从日本进口的12 093条轮胎严重变形，部分烧毁。经查，“光荣斯倍加”轮装载的从日本购进的旧轮胎分别为68 900条和2000条(两个申请人)；该轮同行次载运的货物还有钢管、树油脂等；几种货物混积，并有部分旧轮胎靠近机舱，部分积载在深舱。

思考：本次货损的原因是什么？如何避免货损的发生？

任务目标

- 了解货物的一般特点
- 了解货流的基本要素及影响因素
- 掌握货物运价的计算

12.3.1　货物的一般性能

凡需要运输的一切原料、材料、商品、半成品及其他物品均称为货物。需要运输的货物，种类繁多，且各自都具有不同的物理和化学性质，这就是货物的性能。货物的物理性能包括比重、硬度、熔点、燃点、导热性、导电性、可塑性、易碎性等；化学性能则包括氧化、化合、腐蚀、易腐等性能。货物的一般性能有以下几种。

1. 耐温性

耐温性是指物体在外界温度变化时，不致破坏变质或显著降低其使用价值的能力。例如皮革受热会降低其抗张力；橡胶受热老化后会降低或丧失其弹性；易腐物质受热极易变质；人造纤维和塑料受到高热时，其成分和结构会遭到破坏，这些都是耐温性不好的表现。

2. 耐湿性

耐湿性是指物体对水分或潮湿的抵抗能力。例如化学肥料、水泥、农药、粮食受潮湿后，会结块甚至变质；纺织纤维受潮后，强度、柔软性减弱，或发生变色。

3. 脆弱性

物体受外力冲击及荷重时易于变形或破碎，称为脆弱性。例如玻璃、陶瓷、搪瓷制品、保温瓶等。

4. 互抵性

两种物质各自的性质相互抵触，相互产生有害的作用，称为互抵性。例如纯碱与耐火砖、金属与酸类等。

5. 易腐性

某些物质在一般温度和一定条件下，由于本身的物理或化学变化而迅速腐坏的性质，称为易腐性。例如鲜肉、鱼、水果、蔬菜等都具有易腐性。

6. 自燃性

物质不需与火源接触，仅由于氧化作用就会燃烧的性能，称为自燃性。例如黄磷、硝化纤维(含胶片)、油布、油纸等都具有自燃性。

7. 易燃性

物质本身易然，且能发出可燃气体，当其与空气混合后接触火星时就会燃烧的性能，称为易燃性。易燃货物可分为液体、固体、气体三种，易燃液体有汽油、柴油、酒精、甲苯、松节油等；易燃固体有镁粉、铝粉、红磷、火柴等；易燃气体有煤气、氢气、乙烷等；遇水燃烧的有金属钠。

8. 腐蚀性

某些物质破坏其他物质的特性，称为腐蚀性。例如硫酸、硝酸、盐酸、烧碱、生石灰等都具有腐蚀性。

9. 毒害性

某些物质内部含有有毒元素或有毒气体，侵入人的呼吸器官或接触眼睛与皮肤后，危害人体健康的性能，称为毒害性。例如生漆、氰化钠、农药、氯仿等都具有毒害性。

10. 爆炸性

某些物质经受外界高热、点火、碰撞等会引起燃烧爆炸的性能，称为爆炸性。例如黑色火药、硝化甘油、雷管、炮弹、发令纸、爆竹、硝酸钾、压缩气体、液化气体等都具有爆炸性。

11. 放射性

某些物质能够放射出人们感觉器官不能察觉到的、穿透力很强的射线，这种特性称为放射性。例如铀、镭、夜光粉、独居石、锆英粉等都具有放射性。

凡是自燃性、易燃性、腐蚀性、毒害性、爆炸性、放射性的货物，都属于危险品货物。《危险货物分类和品名编号》(GB 6944—2012)，将危险货物按其主要特性和运输要求分成9类20项。第1类为爆炸品，第2类为气体，第3类为易燃液体，第4类为易燃固体、易于自燃的物质遇水放出易燃气体的物质，第5类为氧化性物质和有机过氧化物；第6类毒性物质品和感染性物质，第7类为放射物质，第8类为腐蚀性物质，第9类为杂项危险物质和物品，包括危害环境物质。危险性货物在运送和保管中可能会影响人身安全或破坏运输工具、建筑、道路，因此此类货物的运输、装卸、仓储都有较一般货物更为严格的规定。

12.3.2 货物运输之货流

1. 货流的基本要素

货流是指在一定时间内，一定数量的货物通过公路运输沿某一方向移动所形成的物流，它包括货物的类别、流量、流向、运距、流时5个方面的因素。

1) 货物的类别

(1) 按照运输和保管条件不同，货物分普通运输货物和特殊运输货物。

普通运输货物即在运输过程中不需用特种结构的车辆载运的货物，如一般的钢铁、木材、煤炭、日用工业品等；特殊运输货物是指在运输过程中需要特种结构车辆载运、采取特殊措施照料运送的货物，此类货物包括超限货物(长超出14米或宽超出3～5米或高超出3米或重量超出20吨、鲜活易腐货物(鱼、肉、蔬菜、水果等)、危险品货物。

(2) 按照货物的比重情况，凡1千克的货物体积超过4立方分米的，称为轻浮货物(或每立方米货物重量不足333千克)，反之，称为实重货物。

(3) 按照装卸条件分类，货物分为计件货物、散装货物和灌注货物。有包装的计件货物一般都有标准包装规格和标准件重；无包装的计件货物(如钢锭、铝锭、枕木、水泥构件及其制品等)都有较好的耐温耐湿性。散装货物如煤炭、黄沙、卵石、焦炭、矿石等。灌注货物一般是液态货物，例如汽油、氨水、植物油等，这类货物都灌注于铁桶或塑料容器之中。

2) 流量

流量又称运量，是指某种运输方式在一定时间内运送货物的数量，用“吨”表示。

3) 流向

流向是指货物流动的方向，在某一线路的任一区段，其货运量大的方向，称为该路段的货流顺向；反之，称为货流逆向。

4) 运距

运距是指货物自起运地到卸货地之间的里程。

5) 流时

流时是指货物运输的时间。

货物的五个要素变化受货流规律的影响。

2. 货流的影响因素

1) 影响货流类别、流量、运距的因素

(1) 工农业生产和基本建设规模。流量的增长与工农业的生产、基本建设的规模成正比。产品流量的大小用产品运输系数表示，其计算公式为

$$产品运输系数=\frac{运量}{生产量}$$

产品运输系数越大，表明该产品的流量越大；反之，则越小。

(2) 运输系数也受物质生产结构、生产力布局、货物构成及运输方式，构成的影响。生产集中而消费分散的产品，运输系数较高，反之，则较低；生产力布局合理，使生产接近原材料、燃料产地和消费地区，运距就短，反之，运距就长；货物的种类分布不同也影响运输距离，如南粮北运、西气东输等；而运输方式的技术经济特征及其负担能力，决定着货运量在各种运输方式间的合理分配。

2) 影响货流流向的因素

货流在方向(空间)上是不平衡的，在汽车货物运输过程中可用回运系数和里程利用率来说明，其计算公式为

$$回运系数=\frac{空车方向货流量}{重车方向货流量}$$

$$里程利用率=\frac{重驶行程}{重驶行程+空驶行程}\times 100\%$$

回运系数和里程利用率越趋于1越好，但一些去矿区的车辆或者一些专用车，往往回空运输；调度不合理也会造成回空运输。

3) 影响货流流时的因素

各种运输方式的货运量在时间上是不均衡的。货物的生产或是货物的消费是有季节性的，如甘蔗、水果，粮食、棉花、烤烟、木材、化肥、农药的生产和消费引起运量季节性的变化。货物运输要减少季节影响，需要与供应链中的上下游企业做好联系。

一般用运量波动系数(β)来反映货流在时间上的不均衡性，其计算公式为

$$\beta=\frac{Q_{忙}}{Q_{均}}$$

式中，$Q_{忙}$表示一年中最高一天的货运量；$Q_{均}$表示全年平均每昼夜的货运量。

运输时间的不均衡性更增加了运输方向的不均衡，组织均衡运输是运输生产组织必须研究的问题。

4) 衡量货物运输的主要指标

货物运输工作量的统计指标有货物运量和货物运输周转量。货物运量指一定时间内运送的货物数量。货物周转量(P)是指一定数量的货物(Q)被运送一定距离(L)后所完成的运输工作量，其计算公式为

$$P=QL$$

12.3.3 公路货物运输运价管理

1. 公路货物计费重量及计价标准

运输价格对托运人和承运人都非常重要，双方要了解公路运费的计算方法，以便在运输交易时做参考。公路货物计费重量及计价标准如表12.2所示。

表12.2　公路货物计费重量及计价标准

类别	运输方式	计价标准
计量单位	整批货物运输	______元/吨·千米
	零担货物运输	______元/千克·千米
	集装箱运输	______元/(箱·千米)
	包车运输	______元/(吨位·小时)
计费重量	一般整批、零担货物	按毛重计算，一般以起运地过磅重量为准
	整批轻泡货物	按车辆标记吨位计算重量
	零担运输轻泡货物	以货物包装最长、最宽、最高部位尺寸计算体积，按每立方米折合333千克计算重量
	包车运输的货物	按车辆的标记吨位计算重量
	散装货物	按体积，根据规定的重量换算标准计算重量
	同规格的成包成件货物	根据某一标准件的重量计算全部货物重量
	拼装分卸的货物	按最重装载量计算重量

2. 公路货物计费里程

公路货物运输计费里程以千米为单位，尾数不足1千米进整为1千米。计费里程的确定标准如表12.3所示。

表12.3　计费里程的确定标准

运输方式	计费里程
货物运输的计费里程	按装货地点至卸货地点的实际载货的营运里程计算
同一运输区间有两条(含两条)以上营运路线可供行驶时	按最短的路线计算计费里程或按承、托双方商定的路线计算计费里程
拼装分卸的货物	从第一装货地点起至最后一个卸货地点止的载重里程
城市市区里程	按当地交通主管部门确定的市区平均营运里程计算；当地交通主管部门未确定的，由承、托双方协商确定
因自然灾害造成道路中断，车辆需绕道而驶的	按实际行驶里程计算

3. 计时包车货运计费时间

计时包车货运计费的时间确定有以下几个标准。

(1) 计时包车货运计费时间以小时为单位，起码计费时间为4小时；使用时间超过4小时，按实际包用时间计算。

(2) 整日包车，每日按8小时计算；使用时间超过8小时，按实际使用时间计算。

(3) 时间尾数不足半小时的舍去，达到半小时的进整为1小时。

4. 公路货物运输运价分类

1) 基本运价

以普通中型吨位车辆在正常营运路线从事长途整车运输一等货物的运价为基本运价，包括整批货物基本运价、零担货物基本运价和集装箱基本运价。

2) 普通货物运价

我国将公路运输的普通货物，根据各类货物运输组织工作的难易程度不同，分为一等货物、二等货物和三等货物三个等级，并实行分等计价。

3) 特种货物运价

特种货物运价分为长大笨重货物运价、危险货物运价、贵重和鲜活货物运价4类。

除此之外还有快运货物运价、集装箱运价、包车运价、非等级公路货物运价、出入境汽车货物运价等。

5. 公路货物运输的其他费用

(1) 调车费。应托运人的要求，车辆调出所在地而产生的车辆往返空驶产生的费用，称为调车费。

(2) 延滞费。车辆按约定时间到达约定的装货或卸货地点，因托运人或收货人造成车辆和装卸的延滞产生的费用，称为延滞费。

(3) 装货(箱)落空损失费。应托运人要求，车辆开至约定地点装货(箱)落空造成的往返空驶里程，按其运价的50% 计收装货(箱)落空损失费。

(4) 排障费。运输大型、特型笨重物件时，因对运输路线的桥涵、道路及其他设施进行必要的加固或改造所发生的费用，称为排障费。

(5) 车辆处置费。应托运人要求，运输特种货物、非标准箱等需要对车辆改装、拆卸和清理所发生的工料费用，称为车辆处置费。

(6) 道路阻塞停车费。汽车货物运输过程中，如发生自然灾害等不可抗力造成的道路阻滞，无法完成全程运输，需要就近卸存、接运时，卸存、接运费用由托运人负担。

(7) 检验费。在运输过程中国家有关检疫部门对车辆的检验费以及因检验造成的车辆停运损失，称为检验费。

(8) 装卸费。

(9) 通行费。

(10) 保管费。

6. 公路运费费用结算

首先要确定所运货物等级和计费重量，其次是核查货物的计费率，再次是计算计费里程，最后是其他杂费的核算。公路运费计算公式为

运费=(货物计费重量×计费里程×运价率)+(货物计费重量×计费里程×运价率×加成率)

运费=(货物计费重量×运价率)+(货物计费重量×运价率×加成率)

这两个公式的区别在于，前者是以“吨·千米”计费，后者以“吨”计费，另外，若是车辆无法计算里程或者车辆速度难以测定时，按时间计费。

① 整批货物运费的计算公式

整批货物运费(元)＝吨次费(元/吨)×计费重量(吨)+整批货物运价(元/吨·千米)×计费重量(吨)×计费里程(千米)+货物运输其他费用(元)

② 零担货物运费计算公式

零担货物运费(元)＝计费重量(千克)×计费里程(千米)×零担货物运价(元/千克·千米)+货物运输其他费用(元)

③ 集装箱运费计算公式

重(空)集装箱运费(元) = 重(空)箱运价(元/箱·千米) × 计费箱数(箱) × 计费里程(千米)+箱次费(元/箱) × 计费箱数(箱)+货物运输其他费用(元)

④ 包车运费的计算公式

包车运费(元) = 包车运价[元/(吨·小时)] × 包用车辆吨位(吨) × 计费时间(吨)+货物运输其他费用(元)

其中，整批、零担货物运价按货物运价价目计算，集装箱运价按计价类别和货物运价价目计算，包车运价按照包用车辆的不同类别制定。

由以上公路货物运费的计算公式可以看出，公路货物运输费用包括基本运费和其他费用，计算公路货物运输基本运费，关键在于明确公路货物运输的运价价目、计费重量(箱数)，计费里程(时间)。公路货物运输的其他费用计算公式为

吨次费 = 吨次费率 × 计费重量

箱次费 = 箱次费率 × 计费箱数

装卸费 = 装卸费率 × 毛重 × 装卸次数

返程空驶调车费 = 基本运费 × 调车费率

保价费 = 保价费率 × 货物价值

【例12-1】某公司欲将一批仪器设备由北京发往上海，这批设备的总重量为2867.8千克，另外，这批货物的货值为2.5万元，该公司希望为货物进行保价运输，保价费率为3%。

经查《中国交通营运里程图》，北京至上海的营运里程为1243千米，按照规定，当前的零担运输指导价为0.46吨·千米，另外，经查“公路普通货物运价分等表”机器设备属于三等货物，因此，其运价为0.46 × (1+30%)=0.598(元/吨·千米)，经商定，按运价的50%收取返程空驶调车费。计算本批货物运输的总运费。

【答案】由于货物的重量小于3吨，故此批货物的运输属于零担运输。

(1) 本批货物的重量为2867.8千克，按照零担运输计费重量的规定，本批货计费重量为2868千克。

(2) 基本运费=2868 × 1243 × (0.598 ÷ 1000)=2131.82=2132元。

(3) 返程空驶调车费=2132 × 0.5=1066元。

(4) 保价费=25000 × 0.003=75元。

(5) 总运费=基本运费+返程空驶调车费+保价费=2132+1066+75=3273元。

【例12-2】某公司欲将5吨变性淀粉由北京发往广州。这批货物的货值为1.5万元，该公司希望为货物进行保价运输。

经查中国交通部核发的《中国交通营运里程图》，北京至广州的营运里程为2172千米。按照规定，当前的整批货物运输指导价为0.3吨·千米，另外，经查“公路普通货物运价分等表”变性淀粉属于三等货物，因此，其运价为0.3 × (1+30%)=0.39(元/吨·千米)，经双方商定，按运价的50%收取返程空驶调车费。计算本批货物运输的总运费。

【答案】由于货物的重量大于3吨，故此批货物的运输属于整批运输。

(1) 本批货物的重量为5吨，故计费重量为5吨。

(2) 基本运费=0.39×5×2172=4235.4=4235元

(3) 运距25千米及以下为短途。25千米以内，吨次费为3元，25千米以上的，每15千米递减0.20元，且费用递减到235千米为止。运距超过235千米的，不计吨次费。因此，本次运输不应收取吨次费。

(4) 返程空驶调车费=4235×0.5=2117.5=2118元。

(5) 保价费=15000×0.003=45元。

(6) 总运费=基本运费+返程空驶调车费+保价费=4235+2118+45=6398元。

实训项目四

1. 某货主托运一批瓷砖，重4538千克，承运人公布的一级普货费率为1.2元/吨·千米，吨次费为16元/吨，该批货物运输距离为36千米，瓷砖为普货三级，计价加成30%，途中通行收费35元。请计算货主应支付多少运费？

2. 某商人托运两箱毛绒玩具，每箱规格为1.0米×0.8米×0.8米、毛重185.3千克，该货物运费率为0.0025元(千克·千米)，运输距离为120千米。计算货主应支付多少运费？

3. 某人包用运输公司一辆5吨货车5小时40分，包车运价为12元(吨·小时)，应包用人要对车辆进行了改装，发生工料费120元，包用期间运输玻璃3箱、食盐3吨，发生通行费70元，行驶里程总计136千米。请计算货主应支付多少运费？

4. 沈阳有一批纸品350箱，每箱体积为20厘米×30厘米×40厘米，每箱重量5千克。目的地是哈尔滨，试计算运价(沈阳至哈尔滨564千米)。

实训任务：

(1) 确定货物运输方式、货物等级。

(2) 确定计费重量、货物的计费率、计费里程、其他杂费。

(3) 明确货物运输方式的运价计算公式，计算总运价。

12.4 货物运输的案件处理

问题引导

某货轮在某港装货后，航行途中不慎发生触礁事故，船舶搁浅，不能继续航行。事后船方反复倒车，致使船底划破，海水渗入船内，造成船货部分损失。之后，船长将船拖至就近港口的船坞修理。前后花了10天，共支出修理费5000美元，增加各项开支(包括员工工资)共3000美元。次日，又遇恶劣气候，使船上装载的某货主的部分货物受损。

思考：从货运保险义务方面分析，以上损失各属于什么性质？在投保了平安险的情况下，被保险人可就哪些损失向保险公司提出赔偿要求？为什么？

任务目标

- 了解运输管理相关法律法规
- 了解货物运输合同纠纷案件处理方法

12.4.1 物流相关法律法规

1. 水路运输方式下适用的法律法规和国际公约

水路运输方式包括国际海上运输、沿海和内河运输，适用的国内法律、法规和国际公约有《中华人民共和国海商法》《中华人民共和国合同法(运输合同分章)》《中华人民共和国海运条例及实施细则》《国内水路货物运输规则》《危险货物道路运输规则》《中华人民共和国国际货运代理业管理规则及实施细则》《统一提单的若干法律规定的国际公约》(海牙规则)、《修改的统一提单的若干法律规定的国际公约议定书》(海牙维斯比规则)、《联合国海上货物运输公约》(汉堡规则)及《联合国多式联运公约》等。

2. 陆路运输方式下适用的法律法规和国际公约

陆路运输方式有铁路和公路运输，陆路运输对货物在陆地内的流通起着重要作用，铁路和公路运输又有自己的运行特点。公路运输方面适用的国内法规有《中华人民共和国公路法》《汽车货物运输规则》《集装箱汽车运输规则》《汽车危险货物运输规则》；适用的国际公约有《国际公路货物运输合同公约》《国际公路车辆运输公约》。铁路运输方面适用的国内法规有《中华人民共和国铁路法》《铁路货物运输管理规则》；适用的国际公约有《国际铁路货物联运协议》《铁路货物运输国际公约》。

3. 航空运输方式下适用的法律法规和国际公约

航空货物运输方面适用的国内法律法规有《中华人民共和国航空法》《中国民用航空货物国际运输规则》。航空货物运输适用的国际公约有《华沙公约》《海牙议定书》《瓜达拉哈拉公约》。

4. 多式联运方式下适用的法律法规和国际公约

我国有关多式联运法律法规有《中华人民共和国海商法》第四章“海上货物运输”、交通主管部门制定的《国际集装箱多式联运管理规则》。适用的国际公约有《联合国国际货物多式联运公约》、国际商会制定的《联运单证统一规则》。

12.4.2 货物运输合同纠纷案件处理

1. 承运人的损害赔偿责任

1) 归责原则

承运人承担货物损害赔偿责任不以主观上是否存在过错为要件，而仅以货物在运输过程中发生毁损、灭失为要件，采取严格责任原则。

承运人证明货物的毁损、灭失是因不可抗力、货物本身的自然性质或者合理损耗以及托运人、收货人的过错造成的，不承担损害赔偿责任。

2) 举证责任

托运人对其与承运人存在运输合同关系，以及货物在运输过程中发生毁损、灭失承担举证责任；承运人对《中华人民共和国合同法》规定的免责事由承担举证责任。

3) 赔偿额的确定

(1) 约定标准。当事人在运输合同中已明确约定了赔偿数额或计算方法的，应按照当事人的约定确定赔偿数额。

(2) 法律规定的补充标准：一是允许当事人通过协商签订补充协议；二是不能达成补充协议的，按照合同有关条款或者交易习惯确认；三是依照上述方式仍不能确定货物毁损、灭失的赔偿额的，按照交付或者应当交付时货物到达地的市场价格计算。

(3) 法律、行政法规规定的特殊确定标准。由于当事人对运输过程中货物毁损、灭失风险承担上存在差异，故法律、行政法规(如《中华人民共和国铁路法》、《中华人民共和国民用航空法》)针对具体运输方式的赔偿限额和计算方法有特别规定的，从特别规定。但由于承运人的故意或者重大过失造成的，不适用赔偿限额的规定。

(4) 承运人制订的有关赔偿金额的格式条款被认定为无效的，按照交付或者应当交付时货物到达地的市场价格计算。

2. 托运人的违约责任

(1) 未按约定时间和要求向承运人交付货物或者有关文件的，依据《中华人民共和国合同法》的约定承担继续履行、支付违约金、赔偿损失等民事责任。

(2) 违反运输危险品的规定，应当采取补救措施、支付违约金、赔偿实际损失。

(3) 未妥善包装货物致他人财产、人身损害，应承担损害赔偿责任。

(4) 收货人不明或者收货人拒绝受领货物的，托运人应当承担责任。

3. 收货人责任

(1) 未付清应由其支付的运费及其他运输、保管费用的，应支付该费用并缴纳滞纳金。

(2) 逾期提取货物的，应支付保管费。

(3) 受领货物的过程中导致运输工具、设备或者第三人的货物发生毁损、灭失的，应当赔偿承运人或者第三人的损失。

12.4.3 货物运输事故案例分析

【例12-3】某货物从天津新港运输到新加坡，在航行中航船货物起火，大火蔓延到机舱，船长为了船货的安全决定采取紧急措施，往舱中灌水灭火，火遂被扑灭，但由于主机受损，无法继续航行，于是船长决定雇用拖轮，将货船拖回新港修理，检修后，重新驶往新加坡。事后调查，这次事件造成的损失如下：①1000箱货物被烧毁；②600箱货物由于灌水灭火受到损失；③主机和部分甲板被烧坏；④拖船费用；⑤额外增加的燃料和船长、船员的工资。

从上述情况和各项损失的性质来看，哪些属单独海损，哪些属共同海损，为什么？

【答案】(1) 以上各项损失，属于单独海损的有①③；属于共同海损的有②④⑤。

(2) 本例涉及海上损失中部分损失的问题，部分损失分两种，一种是单独海损，一种是共同海损。所谓单独海损，指损失仅属于特定方面特定利益方，并不涉及其他货主和船方。所谓共同海损，是指载货船舶在海上遇到灾害、事故，威胁到船货等各方面的共同安全，为了解除这种威胁，维护船货安全使航程得以继续完成，船方有意识地、合理地采取措施，造成某些特殊损失或支出特殊额外费用。构成共同海损必须具备以下条件：①共同海损的危险必须是实际存在的，或者是不可避免而产生的，不是主观臆测的；②为消除船、货共同危险而采取的措施，必须是有意的和合理的；③必须是属于非正常性质的损失；④费用支出是额外的。

(3) 结合本例，①③损失是由于货船火灾导致，属意外事故，故为单独海损；②④⑤损失由船长为避免实际的火灾风险而采取的合理避险措施而造成，属于非正常性质的损失，费用支出也是额外的，故属于共同海损。

【例12-4】某载货船舶在航行过程中突然触礁，致使部分货物遭到损失，船体个别部分受损，船板产生裂缝，急需补漏。为了船货的共同安全，船长决定修船，为此将部分货物卸到岸上并存舱，卸货过程中部分货物受损，事后统计这次事件造成的损失如下：①部分货物因船触礁而损失；②卸货费、存舱费及货物损失。

从以上各项损失的性质来看，各属于什么海损？

【答案】(1) 以上各项损失，属于单独海损的是①；属于共同海损的是②。

(2) 本例涉及海上损失中部分损失的问题，部分损失分两种，一种是单独海损，一种是共同海损。所谓单独海损，指损失仅属于特定方面特定利益方，并不涉及其他货主和船方。所谓共同海损，是指载货船舶在海上遇到灾害、事故，威胁到船货等各方面的共同安全，为了解除这种威胁，维护船货安全使航程得以继续完成，船方有意识地、合理地采取措施，造成某些特殊损失或支出特殊额外费用。构成共同海损必须具备以下条件：①共同海损的危险必须是实际存在的，或者是不可避免而产生的，不是主观臆测的；②为消除船、货共同危险而采取的措施，必须是有意的和合理的；③必须是属于非正常性质的损失；④费用支出是额外的。

(3) 结合本例，①损失是由于货船触礁导致，属意外事故，故为单独海损；②该损失由船长为避免实际的船板裂缝风险而采取的合理避险措施而造成，属于非正常性质的损失，费用支出也是额外的，故属于共同海损。

【例12-5】某外贸公司按CIF贸易术语出口一批货物，装运前已向保险公司按发票总额的110%投保平安险，6月初货物装妥顺利开航。载货船舶于6月13日在海上遭遇暴雨，致使一部分货物受到水渍，损失价值2100美元。数日后，该轮又突然触礁，致使该批货物又遭到部分损失，价值达8000美元，试问，保险公司对该批货物的损失是否赔偿，为什么？

【答案】(1) 保险公司对于该批货物的损失应该赔偿。

(2) 涉及保险理赔问题，现行的中国人民保险公司的《海洋运输货物保险条款》规定平安险的主要保险责任范围有8项，其中第2项：“由于运输工具遭受搁浅、沉没、触礁、互撞、与流冰或其他物体碰撞，以及失火、爆炸等意外事故造成货物的全部或部分损失。”第三项：“在运输工具已经发生搁浅、触礁、沉没、焚毁等意外事故的情况下，货物在此前后又在海上遭受恶劣气候、雷电、海啸等自然灾害所造成的全部损失。”

(3) 结合本例，触礁是因为意外事故导致的，应予赔偿；遇暴风雨受损的2100美元，是在运输途中由于自然灾害造成的部分损失，但又因该批货物是在触礁意外事故前造成的，所以保险公司对上述两项损失都要赔偿。

实训项目五

我国某外贸公司与荷兰进口商签订一份皮手套合同，价格条件为CIF鹿特丹，向中国人民保险公司投保了一切险，生产产家在生产的最后一道工序将经过高温处理的成品手套检验后，用牛皮纸包好装入双层瓦愣纸箱，再装入20尺的集装箱，货物到达鹿特丹后检验结果表明：全部货物湿、霉、变色、沾污，损失价值达80 000美元。据分析，该批货物的出口地不异常热，进口地鹿特丹不异常冷，运输途中无异常，完全属于正常运输。

实训任务：

(1) 保险公司对该项损失是否赔偿，为什么？

(2) 进口商对受损货物是否支付货款，为什么？

(3) 你认为出口商应如何处理此事？

实训项目六

李华是某公司的采购主管。2019年10月，李华到山西考察期间，在山西运城某供应商处订购了一批教学模拟设备，准备通过铁路将该设备以篷车装运至山东分公司。他作为办理发货人在货物单“到站”栏里的到站名称填写为济南铁路局“黄台”站，并在办理完托运手续，交付一切费用后带着“领货凭证”返回单位等候催领通知。但小李在运到期限内未收到货物，经电话查询得知货物被发到湖北“黄石”。经过一番折腾，小李终于收到这批价值23万元的货物。但货物运到时间比正常时间晚了20天，而且货物表面有磨痕。

如果你是小李，该怎么挽回自己的损失？

实训任务：

(1) 分析事故发生的原因，找出应获赔偿的范围。

(2) 详细分析事情经过；确认具体的延期天数；确认货物损害的程度；计算出延期费用及货物损害赔偿费用；得出总赔偿费用。

(3) 给出经验总结：在运输市场中进行有关的运输业务或托运货物业务时需要注意的问题。

第13章　配送与配送中心管理实务

问题引导

在美国电影《火拼时速II》中，唠叨鬼詹姆斯有一个绰号叫7-11，意思是他能从早上7点起床开始一刻不停地唠叨到晚上11点睡觉。其实7-11这个名字来自遍布全球的便利名店7-11，以此命名的原因是这家便利店在美国建立初期的营业时间是从早上7点到晚上11点，后来这家商店发展为全球最大的便利连锁店，在全球20多个国家拥有2.1万家左右的连锁店。

一家成功的便利店背后一定有一个高效的物流配送系统。7-11从一开始采用的就是在特定区域高密度集中开店的策略，在物流管理上也采用集中的物流配送方案，这一方案每年能为7-11连锁店节约相当于商品原价10%的费用。一家普通的7-11连锁店一般只有100～200平方米大小，却要提供2000～3000种食品，不同的食品有可能来自不同的供应商，运送渠道和保存方式的要求也各有不同。每一种食品又不能短缺或过剩，而且还要根据顾客的不同需要随时调整货物的品种，这些都对连锁店的物流配送提出了很高的要求。

思考：7-11如何进行有效的物流配送？

13.1　配送

任务目标

- 理解配送作用
- 了解配送时需要注意事项

13.1.1　配送作用

配送在物流实践中具有以下几点作用。

- 有利于物流活动实现合理化。
- 完善了运输和整个物流系统。
- 提高了末端物流的效益。
- 通过集中库存使企业实现低库存或零库存。
- 简化事务，方便用户。
- 提高供应保证程度。

● 为电子商务的发展提供了基础和支持。

13.1.2 配送注意事项

1. 交接要认真

在交接处理物流物品时，工作人员要做到单货同时发运、中转交接；在各环节交接时，工作人员要认真点验、勾挑核对，确保路单与实物相符；工作人员在核对的同时要检验物流物品外包装是否完好，避免出现误交、漏交以及货物的损毁、丢失等问题。一旦发现问题，工作人员须在路单上批注，向业务处理上一环节缮发验单后，将邮件继续发往前途(协议客户另有约定的，则按约定条款办理)。对发现的问题及处理情况要及时反馈收寄局。

2. 配送要及时

(1) 配送时限方面。遵照物流项目运营方案的要求，在规定时限内及时配送。

(2) 配送方式方面。采取“电话预约，送货上门”，即与收件人电话预约配送时间，配送员在预约时间内按寄件人指定地址配送，包括短距离搬运、送上楼等服务。

(3) 规范作业方面。配送过程中，配送员应统一着装，做到服装整洁，精神状态良好，服务言行文明大方，与客户交接物品时主动、热情、礼貌。配送后，配送员适时征询客户意见和建议，还可替客户代办邮政业务等。

3. 签收要严格

在配送物品时，配送人员要确认收件人身份无误后再办理交接签收手续。交接时，配送人员要与收件人当面对物流物品进行清点、验收。双方确认后，由收件人在配送单上签署“四要素”，即将收件人姓名、身份证号码、物流邮件总件数、收货具体时间(含年、月、日、时、分)，分别填入相应栏目，做到字迹清晰易辨认。收件人签收时，也可采用经双方认可并已备案的“收货专用章”或其他约定方式。对协议寄件人要求的“企业回单”，应按项目运营方案的有关条款办理签收手续。

实训项目一

荔枝是生鲜商品中最难做的一个品类，不适合常温储存，也不合适冷藏储存，怕积压，最佳食用期为24小时内，最长不能超过48小时。像荔枝这种不适合入库冷藏的水果，先采摘后销售会降低新鲜度，只能在积聚起购买力之后，在有限的时间内对需求加以满足，这是个短平快的过程。

实训任务：

(1) 在冷链解决方案中有哪些环节，如何做到相辅相成？

(2) 如何对荔枝的配送环节进行设计？

实训项目二

(1) 查询资料，寻找一个企业，调研其出库发送环节，了解出库作业的内容和作业流程，能够根据拣货通知安排货物拣取，做好发货准备。

(2) 查询资料，寻找一个企业，调研送货回单环节，了解配装、送货的作业内容和单据处理方法，能够根据卸货顺序配装货物，制定路单并处理退货作业，签收回执。

实训任务：

(1) 货物出库待发：详细说明任务，根据任务界定，制定流程并说明作业内容。

(2) 送货处理：详细说明货物情况、客户情况，下发路单等资料，组织学生分析作业内容，制定流程，说明处理过程。

(3) 3人一组，分组研究讨论并进行实训演练；按任务完成流程并写出报告。

13.2　配送调度作业

任务目标

- 熟悉配送的调度作业
- 配送车辆的调度管理技能
- 了解调度评价指标

13.2.1　配送调度作业概述

配送调度作业是仓储配送作业的准备工作，其主要内容是通过合理调度车辆与人员、合理安排车辆积载和配送线路以提高车辆利用率，降低配送成本，满足客户服务需求。

1. 配送调度作业在仓储作业中的地位

配送调度作业是配送过程的“中枢神经”，调度作业的好坏影响着配送车辆的利用率、配送成本的高低，以及能否满足客户提出的配送服务需求等。

2. 配送调度作业设备

配送调度作业涉及的设备主要有电脑、打印机等。

13.2.2　配送调度作业流程

配送调度作业的流程如图13.1所示。

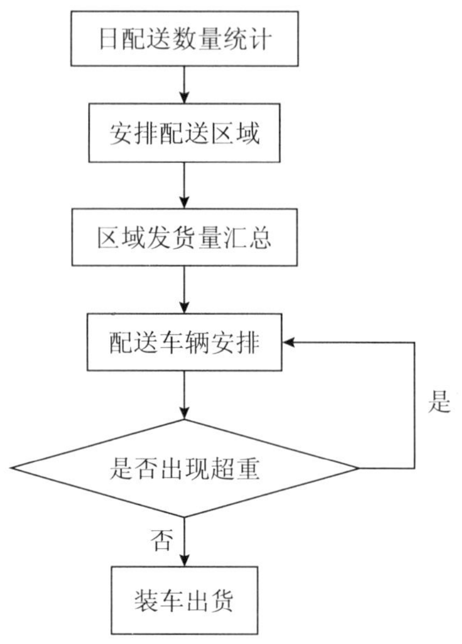

图13.1　配送调度作业流程

1) 日配送数量统计

调度员统计当天要货客户的名称与数量，并根据发货单信息统计每个客户所需配送的货品数量。

2) 安排配送区域

按照业务量或行政区原则划分配送区域。

3) 区域发货量汇总

按照确定的配送区域汇总各个配送区域货品的总量。

4) 配送车辆安排

根据各区域的货品总量安排配送车辆。装车时调度员需要检查车辆计划装载量是否超出车辆的额定载重及体积；如果出现超载，要调整装载计划以满足发货需要。

5) 装车出货

配送员在货品装车后依照指定配送线路实施配送作业。

13.2.3　配送调度作业管理技能

1. 配送车辆调度原则

1) 合适原则

(1) 合适的车型。配送调度人员首先根据货品的规格计算出各个配送区域的货品重量与体积，再考虑路线因素、货品的性质和包装等，最后确定车型和车辆数量。

(2) 合适的车辆来源。调度人员确定车型及车辆数量后，即可开始确定车辆来源。如果有车源供应商，即可直接安排好装车时间、地点等；如果没有固定的车源供应商，要立即寻找车源以满足配送需要。

2) 邻近区域调度原则

邻近区域图示见图13.2。例如当日A2区货品配送量超载，需要调整其货品数量，则安排A1或A3区域送货车辆协助装运，或者B2区域送货车辆顺路协助配送。

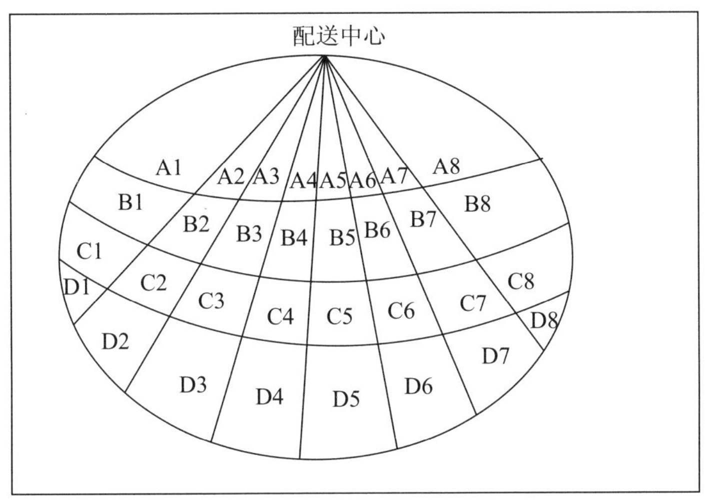

图13.2　邻近区域图示

3) 最小成本原则

假设配送成本的大小顺序：由较远区域配送车辆代送成本小于由侧面区域车辆代送成本，而由侧面区域配送车辆代送成本又小于安排车辆专送成本。如图13.2所示，若A2区域货品过少，首先选择B2区域配送车辆代送，这是最小成本的配送调度；其次是选择A3区域配送车辆代送成本最高的调度方式是安排一辆货车单独运送A2区域货品。

4) 车辆最大容积原则

车辆最大容积原则是指调整后的配送货品体积、重量不得超过配送车辆可承载的最大容积、重量。

2. 配送车辆模式

划分配送区域并统计各个区域配送的货品总量以后，需根据客户的具体位置、沿途的交通状况等选择配送距离短、时间消耗少、成本支出低的线路。配送车辆模式有两种。

1) 直送式配送

直送式配送是指由一个供应点对一个客户的专门送货。其基本条件是客户需求量接近或大于可用车辆额定装载重量或装载体积，或根据货物的性质、形状需要专门派车一次或多次配送。因此，在直送情况下，货品配送路线优化就是选择最短的配送线路，以节约时间、降低成本和提高效率。

2) 分送式配送

分送式配送是由一个供应点对多个客户共同送货。其基本条件是同一线路上所有客户需求量之和不大于一辆车的额定装载重量和装载体积，且所有客户的货品性质、形状等均不需要单独派车配送。实施配送时，一辆车装载所有客户的货品，沿着规划好的线路依次将货品送达客户。对于分送式配送，可以采用节约里程法确定最佳配送路线。

在配送规划方案评选时，要拟订配送路线方案并提出车辆配送路线及车型等具体参数；对各方案的数据进行计算，如配送距离、配送成本、配送行车时间等。

3. 车辆配装方法

将不同顾客、不同容积和重量的货物进行合理组配装载，使所装货品尽可能达到货车的载重和装满货车的有效容积，提高运输效率。

4. 车辆调度注意事项

- 应考虑车辆的维护保养需求。
- 应考虑线路总行驶里程，防止驾驶人员过度疲劳。
- 对配送有特殊需求的客户，规划线路时优先考虑。

5. 评价指标

车辆调度的好坏直接体现在配送的成本上。因此，除了对车辆评价外，还可以用配送成本费用相关指标来进行衡量，常用的评价指标有每吨公里配送成本、平均每车次配送成本、每公里配送成本等。相关计算公式为

平均每车次配送吨公里数=配送总距离×配送总量÷配送总车次

空车率=空车行驶距离÷配送总距离×100%

每吨公里配送成本=配送总成本÷配送总重量÷配送总距离

平均每车次配送成本=配送总成本÷配送总车次

每公里配送成本=配送总成本÷配送总距离

实训项目三

我们常通过“饿了么、百度、美团”叫外卖，订单以人工派单或系统派单的形式分发出去，有时由代理商选择，有时骑手抢单。

实训任务：

(1) 外卖派单基于哪些信息进行派送？

(2) 如何对外卖派单进行调度？

实训项目四

(1) 查询资料，确定一个企业，了解配送的调度作业流程。

(2) 了解企业配送任务，配送线路、货物资料等信息。

实训任务：

(1) 根据客户订单进行调度作业流程说明。

(2) 根据客户配送车辆调度原则，调度车辆和选择配送车辆模式，完成配送规划方案的设计。

(3) 3人一组，分组讨论并进行实训演练，完成任务，写出报告。

13.3　配送营运管理

任务目标

- 理解并掌握签收作业的概述、流程和管理
- 理解并掌握收退作业的概述、流程和管理
- 理解并掌握核单作业的概述、流程和管理

13.3.1　签收作业

1. 签收作业概述

配送车辆将货品送达客户后，客户相关人员根据订单核对货品、清点数量、检查包装和质量，经检查核对无误，在送货单上签名确认，若发现差异，须进行差异处理，这个过程被称为签收作业。

2. 签收作业流程

签收作业可分为门店卸货作业和门店清点作业两个流程。

1) 门店卸货作业流程

门店卸货作业流程如图13.3所示。

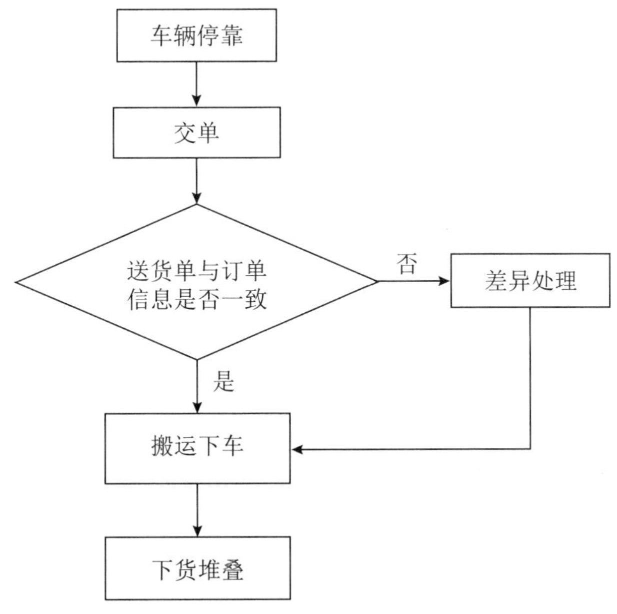

图13.3　门店卸货作业流程

2) 门店清点作业流程

门店清点作业流程如图13.4所示。

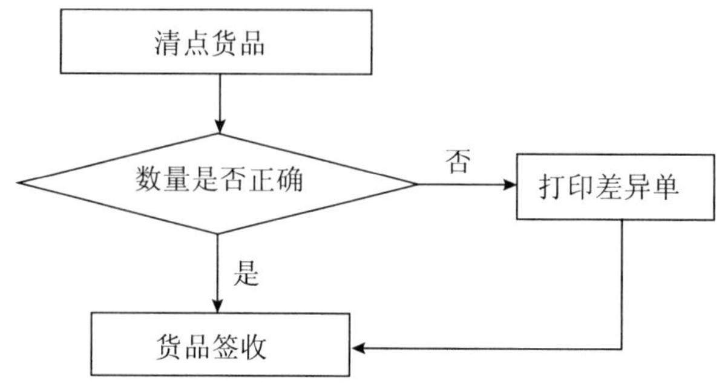

图13.4　门店清点作业流程

(1) 清点货品，即配送员协助客户收货人员检查货品品种、规格、数量是否正确。若发现货品数量与单据信息不一致，配送员与门店收货员进行差异处理，打印或填写差异单。

(2) 货品签收，即确认货品无误后，配送员请客户收货人员在出车单上签名确认。

3. 签收作业管理技能

1) 下货堆叠

零散货品要分开堆放；整箱货品分排堆栈；要注意货品包装的承载重量，做到“重不压轻”“大不压小”；要考虑货品名的性质，特殊货品(如冷冻货品等)要单独堆放，且尽量减少货品非低温环境放置时间。

2) 交货对点

客户和收货人员应先对贵重货品进行对点交接，以降低风险，然后再对其他普通货品进行清点；开箱核对订单明细，包括货品名称、数量等，并检查货品质量。

3) 注意事项

注意货品的安全性；注意交接的单据是否完整；经双方确认无误后，配送员和门店收货员在送货单上要签名确认。

13.3.2　收退作业

1. 收退作业概述

收退作业是指经过一系列清点、核对、检查等程序，配送员将客户退货品和相关单据带回配送中心的过程。

1) 收退作业在仓储作业中的地位

收退作业是逆向物流的一部分。将差异货品正确、安全地返回配送中心是仓储业务和物流服务的重要组成部分。收退作业的质量不仅影响着客户服务满意度，还关系着物流企业本身物流成本和效益的高低。

2) 收退作业设备

收退作业涉及的设备包括搬运设备(如手推车)和包装容器(如物流箱)。

2. 收退作业流程

收退作业包括在店验收和入库交接两个子过程。

1) 在店验收

在店验收作业流程如图13.5所示。

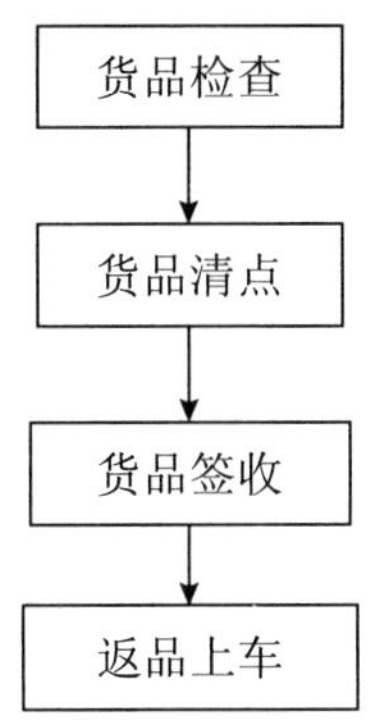

图13.5　在店验收作业流程

(1) 货品检查，即配送员检查客户退回的货品是否符合物流中心退货相关规定，如保质期、外包装等。

(2) 货品清点，即配送员对符合物流中心退货要求的货品依照退货单，检查货品名称、数量、规格是否与退货单信息一致；若不一致，拒绝接受退货。

(3) 货品签收，即经双方确认货品无误后，配送员在退货单上签名确认。

(4) 返品上车，即配送员将所收退回货品进行简单包装，并分别在退回货品上做简单标示，搬运上车，以方便识别不同客户退回的货品。

2) 入库交接

入库交接作业流程如图13.6所示。

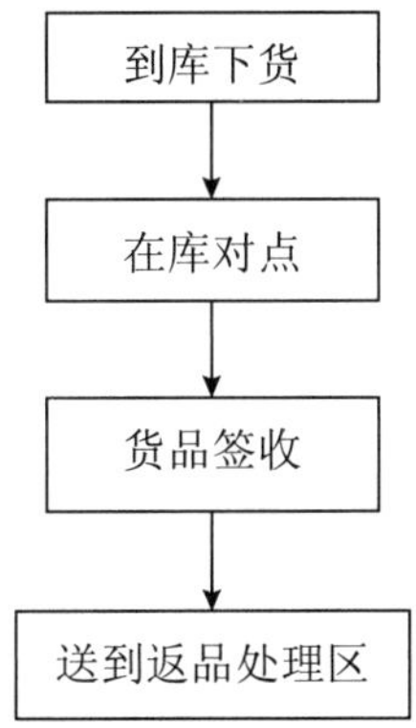

图13.6　入库交接作业流程

(1) 到库下货，即配送车辆返回配送中心后，配送员按不同客户逐次将退回的货品和回收的物流箱搬运下车。

(2) 在库对点，即退货收货员根据退货单信息检查货品和物流箱数量与规格是否正确。

(3) 货品签收，即确认货品无误后，退货收货员在退货单上签名并按规定保留相应单据存根。

(4) 送到返品处理区，即将退回的货品送到返品处理区。

3. 收退管理技能

门店退货是退货的主要组成部分，门店退货的原因很多，但并不是所有的货物都可退。退货过程中货品发生异常是在所难免的，对这些问题应该进行具体分析，主要有以下几点注意事项。

(1) 退货封箱前要将退货单放在退货门店对应的物流箱里。

(2) 把退货货品按照供应商、日期、货品状态分类整理装箱。

(3) 在包装箱上注明供应商名称、货品条码、生产日期、数量。

13.3.3 核单作业

1. 核单作业概述

核单作业是装车出货后，由于种种原因，客户并不一定能如数收到发出的货物，这就需要对出车回单进行处理，将实际客户收货信息输入系统，这也是汇总配送差异情况的过程。

2. 核单作业流程

核单作业流程如图13.7所示。

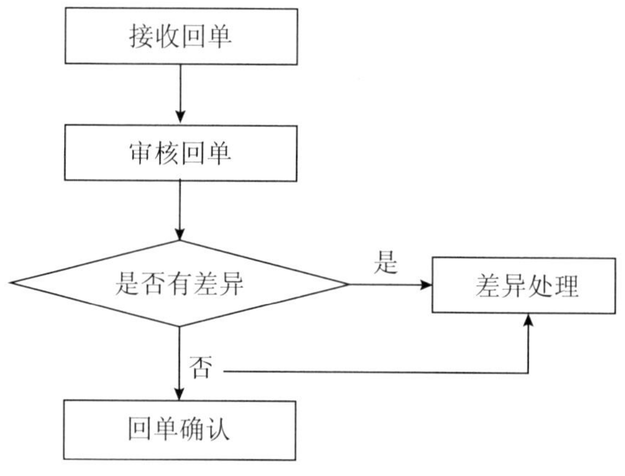

图13.7 核单作业流程

(1) 接收回单，即配送结束后，配送员将客户回单交信息中心，由信息员接收回单。

(2) 审核回单，即信息员核对系统记录及出车回单中的客户收货数据是否存在差异；若有差异，进行差异处理。

(3) 差异处理，即信息员结合相关部门(配送、运输)寻找差异原因，录入差异信息。

(4) 回单确认，即信息员在信息系统内进行回单确认。

3. 核单作业管理技能

1) 核单作业的要点

- 在核单实践中，要审核回单是否正确，是否为客户确认的有效回单，回单是否完整、齐全。
- 审核回单发现存在差异时，找配送员进行差异处理，追究相关责任。

- 回单审核完毕必须及时在系统中做相应处理。

2) 评价指标

对于核单的评价，企业可以用核单时间来进行考核，核单时间就是从信息员接收回单开始，到信息员在信息系统内进行回单确认为止的时间；也可以用差异发现率来考核，差异发现率是发现差异数的比率，这个指标不仅能对信息员进行考核，也可以对配送员进行侧面评价。

实训项目五

(1) 查询资料，了解企业配送的营运管理流程。

(2) 月末，沃尔玛购物广场武汉光谷分店对食品类的方便食品进行到货查收，经核实，发现如下情况：①1个小类商品有短缺现象；②6件商品塑料包装发生破裂，有变质现象。

实训任务：

(1) 写出企业签收商品的内容，并做出流程图。

(2) 做出收退、核单的相关流程。

(3) 根据上述案例做出商品短缺和破损变质的处理方案。

13.4　配送中心作业管理

任务目标

- 理解配送中心定义
- 了解并掌握配送中心业务流程

问题引导

某配送中心的配送员小王给一家小超市送货，小王说："张老板，我来给您送货啦！"超市老板生气地说："你们公司送货怎么这么慢！这批货昨天就应该送到的！你看，顾客买不到东西都去隔壁店了！"小王说："我们公司那边有点问题，所以才送晚了，又不是故意的，你发什么火呀！"然后，张老板气呼呼地点货，可这一点他更生气了："怎么搞的，你送来的货跟我的订单根本就不一样啊！你看，我要的是150毫升的饮料，你送的是500毫升的；这个也不对，我要30瓶，你只拿了20瓶！真是乱七八糟的！公司这样送货，我怎么做生意呀？算了，我要退货。"

这个案例中，配送中心的分拣配货作业管理和配送服务都存在很多问题，这不仅损害了公司的声誉，使客户流失，也使合作伙伴遭受了损失。

思考：如何才能避免出现上述问题？

13.4.1 配送中心定义

配送中心是接受并处理末端用户的订货信息，对上游运来的多品种货物进行分拣，根据用户订货要求进行拣选、加工、组配等作业，并进行送货的设施和机构。配送中心从供应者手中接受多种大量的货物，进行倒装、分类、保管、流通加工和信息处理等作业，然后按照众多需要者的订货要求备齐货物，以令人满意的服务水平进行配送。

13.4.2 配送中心业务流程

配送中心内部分为销售、分拣、库存、财务、采购5个部门。配送中心销售部门将销售单报送给库存管理部门；库存管理部门按照销售单据查对库存，若库存不足，列示出短缺的货物清单，报送给采购部门；采购部门填写采购单据，报送给供应商，进行提货，并支付现金，供应商开具发票，采购部门将发票递交给财务部门入账。具体流程如图13.8所示。

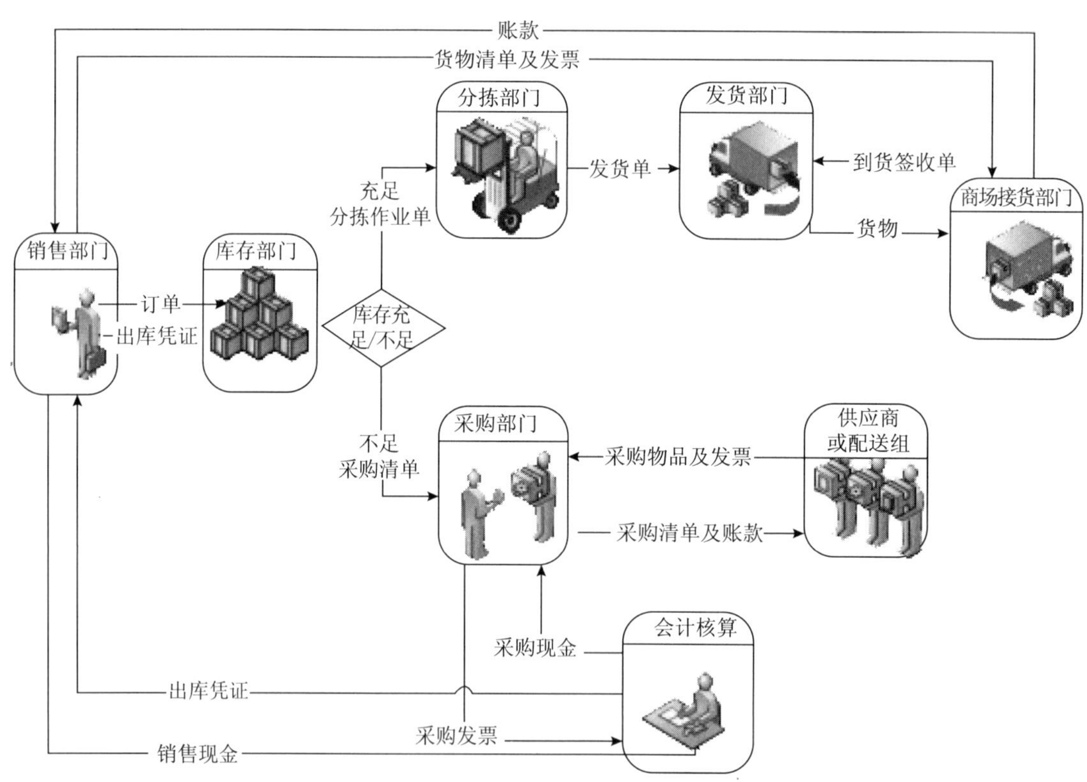

图13.8 配送中心业务流程

实训项目六

娃哈哈郴州销售处是娃哈哈郴州区域总代理、总经销，负责郴州的娃哈哈产品市场推广和销售，并自主配送。

该销售处的产品主要有596毫升的矿泉水、500毫升绿茶、500毫升红茶、500毫升及

1.25升的营养快线，以及相关的促销品和赠品。

销售处和仓库都在郴州五岭市场，仓库面积50平方米，物流人员3人，包括仓管1人，司机1人，主管1人。

娃哈哈郴州销售处仓库配送流程如下所述。

(1) 根据销售情况，向公司订货，接收货物并储存。

(2) 业务员接受客户订单，发给仓库办公室。

(3) 仓库调度订单客户，拣取货物。

(4) 根据调度单，司机和送货员装车送货。

(5) 返回，若有退货则进行退货处理。

(6) 回单，制定当日配送汇总表。

实训任务：

(1) 以郴州小商品配送中心为工作平台，在设定的现代化设施设备等工作环境下，设计配送中心作业流程和各环节内容。

(2) 依据配送中心的作业流程，说明如何完成各个环节的作业与计划以及组织执行。

实训项目七

美国沃尔玛配送中心是由沃尔玛公司独资建立的，专为本公司的连锁店按时提供商品，以确保各个连锁店稳定经营。该中心的建筑面积为12万平方米，总投资7000万美元，有职工1200多人；配送设备包括200辆车头、400节车箱，13条配送传输带，配送场内设有170个接货口。该中心24小时运转，为分布在纽约州、宾西法尼亚州等6个州的沃尔玛公司的100家连锁店配送商品。配送中心完全实现了装卸搬运机械化，其全面采用叉车、托盘作业系统，并配以蓄电池拣选搬运车等。

配送中心的交叉输送的作业方式非常独特，且效率极高，进货时直接装车出货，没有入库作业与分拣作业，从而降低了成本，加速了流通。800名员工通过24小时倒班完成装卸搬运配送。

实训任务：

(1) 根据美国沃尔玛配送中心实例理解配送中心的定义。

(2) 说明配送中心在沃尔玛整个物流体系中的作用。

(3) 对相关企业进行配送中心业务流程的设计。

13.5　配送中心规划

任务目标

- 了解物流配送中心的规划原则
- 掌握物流配送中心的规划流程

13.5.1 配送中心的规划原则

1. 作业管理原则

作业管理包括入库作业管理、保管作业管理、拣选作业管理、加工作业管理、出库作业管理以及信息系统管理。这几个作业管理原则的确定对规划物流配送中心非常重要，它们决定了物流配送中心的物流量，是建设物流配送中心的基础参数。这几个作业管理囊括了物流配送中心的主要作业内容，包含进货、搬运、储存、装卸、拣选、流通加工、包装、配送、信息处理以及与供货商、销售商的连接方式等内容。

2. 价值工程原则

价值工程在于找到功能和成本的最佳平衡点，物流配送中心涉及的成本包括前期建设成本和后期配送成本。在建设高性能物流配送中心和提供高质量配送服务的同时，还必须考虑建设成本和后期配送成本，不能一味追求性能的极致而不考虑成本。物流配送中心的建设必然会耗费巨资，首先对多个规划方案进行比较，找到一个最低成本方案，其次对后期配送成本进行分析预测，找到一个相对合算的配送方式，最后找到一个前期建设成本和后期配送成本的最佳平衡点。

3. 软件硬件配套原则

物流配送中心的运作离不开物流软件和物流硬件。在现代物流配送中心的运作过程中，各种软件起着非常关键的作用。近年来，物流领域出现了各种各样的使用软件，如何对其进行选择是个很困难的问题。在选择前，企业必须对将要建设的物流配送中心的多方面进行切合实际的综合论证，合理选择先进的物流软件，充分发挥物流配送中心高效率、多功能的特点。物流硬件主要是指货架、叉车等物流设施。硬件的选择要根据实际情况，以满足物流作业要求、与物流软件相配套为原则。

4. 未来扩展原则

随着时间的推移，物流市场需求是不断变化的，物流配送中心的规模也是不断发展的。在物流配送中心的规划过程中，必须考虑到未来的发展前景，所建设的物流配送中心必须能适应物流量增大、经营范围扩展变化的需要。

13.5.2 综合超市配送中心布局规划流程

配送中心的布局规划就是根据物流作业量和物流流程，确定各功能区域的面积和各功能区域的相对位置，最后得到配送中心的平面布置图的过程。

1. 配送流程分析

综合超市配送中心以生鲜食品配送为主要经营业务，其配送中心的主要作业活动包括入库、仓储、拣取、流通加工、配货、出货、配送等。根据食品种类的不同，可将配送流程分为4类。

第一类，保质期较短或对保鲜要求较高的食品，如点心类食品、肉制品、水产品，要求能够快速送货，因此这类食品的配送过程中不存在储存程序，在收货之后紧接着便是分拣工序和配货等工序，其配送流程为收货、配装、送货。

第二类，保质期较长的食品在备货后安插储存工序，有的食品安排在冷库中储存。这类食品的配送流程与干货的配送流程差不多，为收货、存储、配装、送货。

第三类，需要加工的食品。这类食品大量集中到库后，先进行初加工，包括将大块的货物分成小块，对货物进行等级划分，例如，给蔬菜去根、去老叶，鱼类去头去内脏，配制成半成品等，然后再进行储存，最后配送。这类食品的配送流程为收货、加工、储存、配货、配装、送货。

第四类，特殊食品。有些产品为了提高商品周转速度，提高商品鲜度，虽由配货中心向供应商订货，但是供应商不是将商品发给配送中心，而是将商品直接发给各个超市(酒店等)，这是流程最短的一种商品配送方式。这类食品的配送流程为配送中心订货、超市收货。

综合超市的配送中心在布局规划时，首先应将具有相同流程的生鲜食品作为一类，分析每类物料的作业流程，做出配送中心作业流程表(见表13.1)。表中用英文字母标明食品种类，有阿拉伯数字标明每组货物的作业顺序。

表13.1 配送中心作业流程表

作业类别	A	B	C	D	…
收货	1	1	1		
储存		2	3		
分拣		3	4		
流通加工			2		
配装	2	4	5		
送货	3	5	6		
特殊作业				1	

注：1，2，3，4，5，6表示流程的先后顺序

2. 作业区域设置

配送中心的作业区域包括物流作业区及外围辅助活动区。物流作业区的业务如装卸货、入库、订单拣取、出库、出货等，通常具有物流相关性；而外围辅助活动区如办公室、计算机室、维修间等，则具有工作相关性。

该综合超市配送中心的主要作业区域包括收货区、储存区、理货区、配装区、流通加工区、发货区、办公区等。

1) 收货区

在这个作业区内，工作人员须完成接收货物的任务和货物入库之前的准备工作，如卸货、检验等。因货物在收货区停留的时间不长，并处于流动状态，因此收货区的面积相对来说都不算太大。收货区的主要设施有用于验货电脑和卸货工具。

2) 储存区

储存区分类储存着验收后的货物。储存区一般都建有专用的冷藏库(温度在0℃以上)、冷冻库(温度在零下18℃左右)，并配置各种设备，包括各种货架、叉车、起堆机等。

由于货物在这个区域停留的时间不确定，并要占据一定空间，因此相对而言，储存区所占的面积比较大，是该配送中心的主体部分。有的储存区与收货区连在一起，有的与收货区分开。

3) 理货区

理货区是配送中心人员进行拣货和配货作业的场所，其面积大小取决于配送中心的类型。例如，向多家用户(超市)配送多种商品的配送中心，因按小批量、多批次的方式进行配送，拣选货和配货工作量大，所以这类中心的拣货和配货区域的面积较大。

4) 配装区

由于种种原因，有些分拣出来并配备好的货物不能立即发送，而是需要集中在某一场所等待统一发货，这种放置和处理待发货物的场所就是配装区。在配装区内，工作人员要根据每个门店的位置、货物数量进行分放、配车，并确定单独装运还是混载同运。

因货物在配装区内停留时间不长，货位所占的面积不大，所以配装区的面积比储存区小得多。需要注意的是，配装作业常融合于其他相关的工序中。此外，因配装作业主要是分放货物、组配货物和安排车辆等，在这个作业区除了配装计算工具和小型装卸机械、运输工具以外，没有什么特殊的大型专用设备。

5) 流通加工区

流通加工区是对生鲜食品进行整理加工的场所，如对蔬菜去老叶、清洗等，对鱼类剖腹、去鱼鳞等。流通加工区的大小与超市生鲜食品的加工量有关，生鲜食品加工量直接取决于其加工的深度、加工的品种以及超市的销售量。一般来说，生鲜食品经营规模越大，流通加工区所占的面积越大。

6) 发货区

发货区是工作人员将组配好的货物装车外运的作业区域。许多企业和配送中心的配货区和发货区往往是可以共用的。

7) 办公区

办公区包括处理营业事务和内部指挥管理的场所。办公区可集中在配送中心的某一方位，也可以分散设置。

3. 配送中心平面布置

配送中心的平面布置方法有两种，即流程性布置法和活动相关性布置法。流程性布置法以物流移动路线和物流相关表为主要依据，适用于物流作业区域的布置；活动相关性布置法是根据各区域的综合相关表进行布置，一般用于整个区域或辅助性区域的布置。配送中心的区域布置可以用绘图方法直接绘成平面布置图；也可以将各功能区域按面积制成相应的卡片，在配送中心总面积图上进行摆放，以找出合理方案；还可以采用计算机辅助平面区域布置技术进行平面布置。平面布置可以做出几种方案，最后通过综合比较和评价选出最佳方案。

根据物流相关表和活动相关表，探讨各种可能的区域布置组合后，就完成了各区域的概略配置；再将各区域的面积置入各区相对位并作适当调整，减少区域重叠或空隙，即可得到面积相关配置图；最后调整部分作业区域的面积或长宽比例后，即可得到作业区域配置图，如图13.9所示。

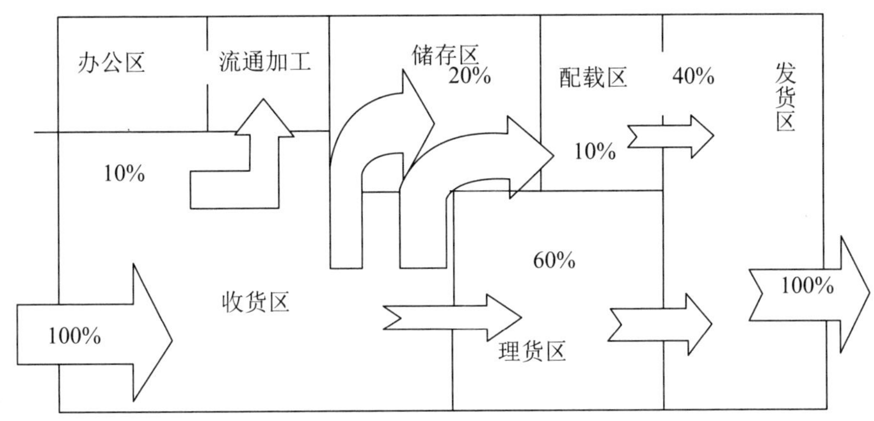

图13.9　作业区域配置图

实训项目八

(1) 前期准备工作：以小组为单位，进行网上和社会调研，收集配送中心基本规划资料，了解配送中心建设的步骤；

(2) 整理归纳所收集的配送中心基本规划资料；

(3) 分析基本规划资料，确定设计年度，并通过定量的预测方法(如指数平滑法、趋势外推法等)预测配送中心未来的物流量；

(4) 根据资料确定配送中心的基本功能。

实训任务：

(1) 了解配送中心内部的主要设施区域，根据资料列出配送中心的主要区域，画出商品流程与设施配置相关的线路图；

(2) 完成配送中心的各功能区域的相对位置的初步布置规划方案；

(3) 根据配送中心设计的原则以及给定的资料，画出配送中心的平面布置图。

(4) 3人一组，分组讨论并进行实训演练；查询资料，完成相应流程，并写出报告。

实训项目九

由于便利店的店面小，其物流中心配送具有如下特征：主要以拆零配送为主，拆零比率高达90%；配送商品以小批量、多批次为主；配送周期短，1天1配或2天1配等。在对便利店物流中心进行规划时，首先应参考一些便利店物流行业的标杆，比如美宜佳物流、可的物流、全家物流等，再加入便利店自身的业务特性，形成最终方案。

实训任务：

(1) 美宜佳物流、可的物流、全家物流等物流企业都是什么运作模式？

(2) 加入便利店自身的业务特性，规划便利店物流中心的配送方案。

第14章　电商物流技术实务

问题引导

物流科技是一块大蛋糕

物流科技是一块大蛋糕，有着将近5000亿元规模的市场空间，物流无人时代来了！

申通“小黄人”分拣18 000件/时，节省人力70%。

京东昆山无人分拣中心分拣能力达到9000件/时，节省180人力/场地。

苏宁AGV机器人将人工效率提高近7倍，节省人力40%～50%。

菜鸟智能机器人与拣货员配合1小时的拣货数量比拣货员单独作业增加300%以上。

亚马逊Kiva机器人作业效率比原来提升2～4倍，行进速度达48千米/小时。

百世快递自动分拣线设备自动充电；包裹自动靠边，自动居中；AGV自动调度、自动避让导航系统；RFID识别正常发货订单，自动装车。

思考：没有分拣员、没有拉货员，全程无人操作的分拣中心，你相信吗？

14.1　自动分拣系统

任务目标

- 熟悉自动分拣系统的特点及工作原理
- 掌握自动分拣系统作业流程
- 了解目前配送中心自动分拣系统的基本结构

14.1.1　自动分拣系统概述

随着电子商务的突飞猛进，作为整个仓储运营系统的重要环节——拣选技术飞速发展，从过去的拣货单拣货到PDA(Personal Digital Assistant，掌上电脑)拣货，从RFID技术到语音拣货系统，从穿梭车类货到人拣选系统到类似Kiva机器人的自动拣货，日新月异。

1. 自动分拣系统定义

自动分拣系统是先进的配送中心所必需的设施条件之一，它配有机电一体化控制系统、计算机网络及通信系统等，同时匹配立体仓库和各种自动化的搬运设施(如叉车)。自动分拣系统具有较高的分拣效率，通常每小时可分拣商品6000～12 000箱。

2. 自动分拣系统的特点

- 能连续、大批量地分拣货物。
- 分拣误差率极低。
- 分拣作业基本实现无人化。

3. 自动分拣系统的组成

自动分拣系统一般由控制装置、分类装置、输送装置及分拣道口组成。

1) 控制装置

控制装置的作用是识别、接收和处理分拣信号。分类装置根据分拣信号的指示，按商品品种、商品送达地点或货主的类别对商品进行自动分类。

2) 分类装置

分类装置的作用是根据控制装置发出的分拣指示，当具有相同分拣信号的商品经过该装置时，装置启动，使其改变在输送装置上的运行方向，进入其他输送机或进入分拣道口。分类装置的种类有推出式、浮出式、倾斜式和分支式等。

3) 输送装置

输送装置的主要组成部分是传送带或输送机，其主要作用是使待分拣商品通过控制装置、分类装置，并输送装置的两侧。一般输送装置要连接若干分拣道口，使分好类的商品滑入主输送机(或主传送带)，以便进行后续作业。

4) 分拣道口

分拣道口是已分拣商品脱离主输送机(或主传送带)进入集货区域的通道。分拣道口一般由钢带、皮带、滚筒等组成滑道，商品从主输送装置通过滑道滑向集货站台，工作人员在集货站台将该道口的所有商品集中，或入库储存，或组配装车。

计算机网络将这4部分装置联结在一起，再配合人工控制及相应的人工处理环节就构成了完整的自动分拣系统。

14.1.2　自动分拣系统种类

自动分拣系统的核心就是自动分拣机，自动分拣机有以下几种类型。

1. 转向轮分拣机

转向轮分拣机是利用分拣轮和货物底面的摩擦力将货物分拣出去的输送机，从分拣形式上来说，它属于被动分拣，如图14.1所示。

2. 条板倾斜式分拣机

条板倾斜式分拣机是一种特殊型的条板输送机，商品装载在输送机的条板上，当行走到需要分拣的位置时，条板的一端自动升起、倾斜，从而将商品移离主输送机，如图14.2所示。

3. 滑块/推块式分拣机

滑块/推块式分拣机是一种特殊形式的条板输送机，由链板式输送机和具有独特形状的滑块在链板间左右滑动进行商品分拣的推块等组成。其工作方式是将商品侧向逐渐推出，属于主动式分拣，如图14.3所示。

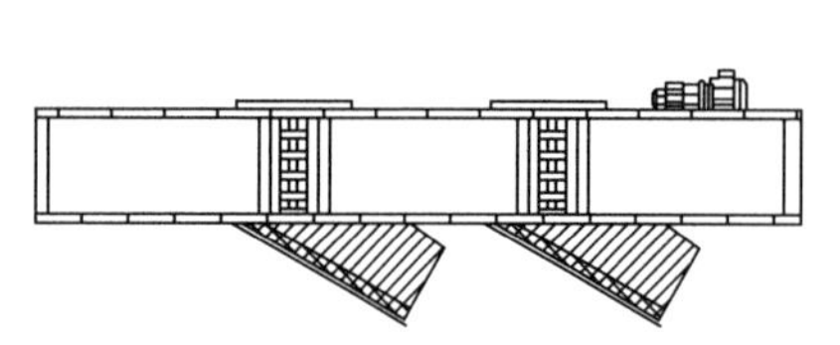

图14.1　转向轮分拣机

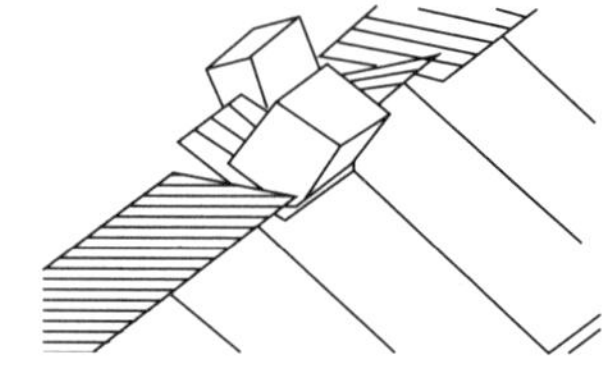

图14.2　条板倾斜式分拣机

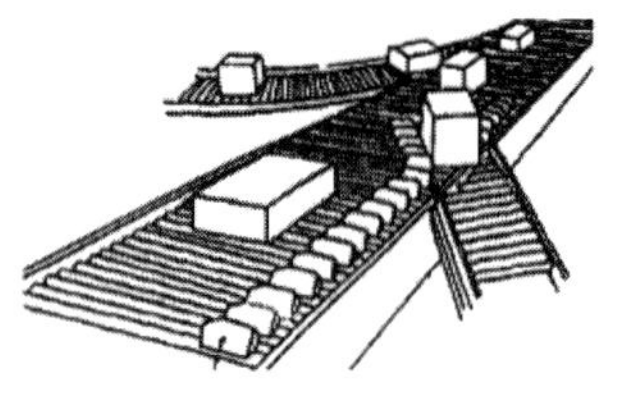

图14.3　滑块/推块式分拣机

4. 挡板式分拣机

挡板式分拣机其工作原理是用挡板(挡杆)挡住向前移动的商品，利用输送机对商品的摩擦力，使商品沿着挡板表面移动，从而让货物滑入分拣道口，如图14.4所示。

5. 翻盘式分拣机

翻盘式分拣机其工作原理是在商品需要分拣时将装载商品的托盘按照一定的轨迹倾翻，从而让商品凭借自动重力划入分拣道口，如图14.5所示。

6. 浮出式分拣机

浮出式分拣机是把商品从主输送机上托起，从而将商品引导出主输送机的一种结构形式，如图14.6所示。

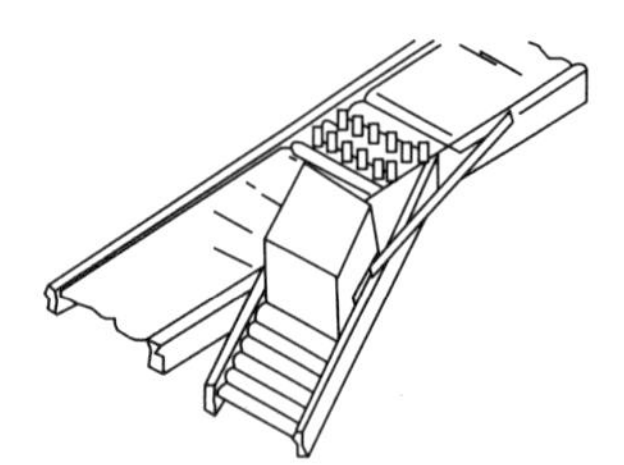

图14.4　挡板式分拣机

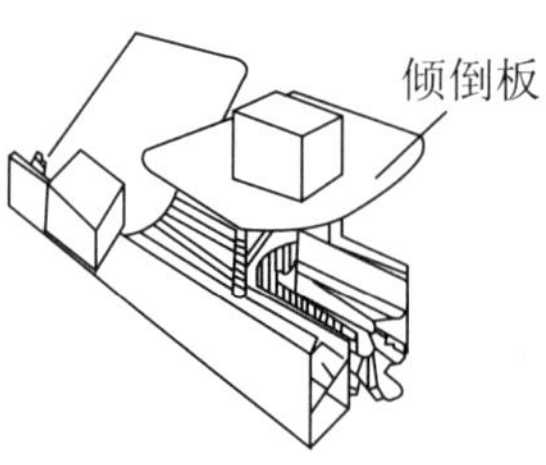

图14.5　翻盘式分拣机

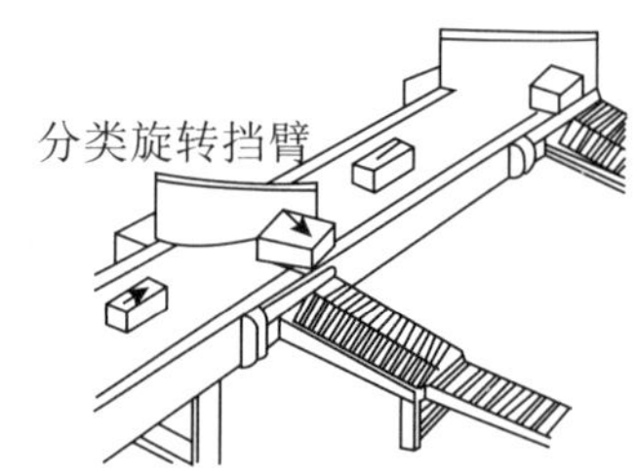

图14.6　浮出式分拣机

14.1.3　自动分拣系统作业流程

自动分拣系统作业主要包含发货计划、确定拣选技术、输出拣货清单、确定拣货路线、分派拣货人员、拣取商品、分类集中几个步骤。

1. 发货计划

发货计划根据顾客订单编制而成。订单是指顾客根据其用货需要向配送中心发出的订货信息。配送中心接到订货信息后需要对订单的资料进行确认、存货查询和单据处理，根据顾客的送货要求确定发货日程，最后编制发货计划。

2. 确定拣选技术

拣选技术通常有按照订单拣选(Order Picking)、按照批次拣选(Batch Picking)、按照流程拣选(Flow Picking)三种方式。

1) 按照订单拣选

按照订单拣选是指分拣人员按照一份订单所列商品及数量，将商品从储存区域或分拣区域拣取出来，然后集中在一起的拣货方式。这是仓储作业最早的拣选方式，在今天的电商仓储中应用比较广泛。

这种作业方法简单，接到订单可立即拣货，作业前置时间短，作业人员责任明确。它主要适用于拣选区域小、SKU(Stock Keeping Unit，库存量单位)少、订单行多、订单量少、订单前置时间(Lead Time)短的作业场景。按照订单拣选过程如图14.7所示。

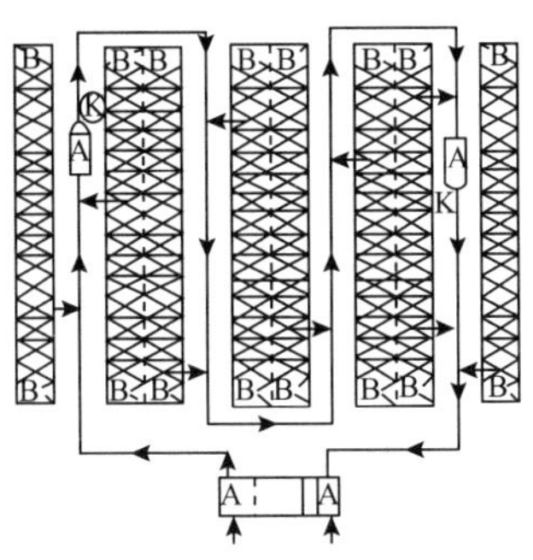

图14.7　按照订单拣选示意图

2) 按照批次拣选

按照批次拣选是指将多张订单集合成一批，按照商品品种类别加总后再进行拣货，然后依据不同客户或不同订单分类集中的拣货方式。

按照批次拣选作业可以缩短拣取商品时的行走时间，增加单位时间的拣货量，是目前大部分电商通用的一种拣选方式。它适用于SKU种类多、订单行少、订单量又比较大的作业场景。它的缺点是订单前置时间长，有停滞时间产生。

3) 按照流程拣选

按照流程拣选是指拣货人员一边拣货一边处理新产生的订单，在走过的路径中把所有可以拣选的商品全部拣选出来。由于按照流程拣选可以不断地优化，所以是理论上拣选效率最高的拣选方法。

按照流程拣选适用于海量的SKU(通常是百万级以上的)、订单行少、仓储面积比较大的作业场景。

3. 输出拣货清单

配送中心将客户订单资料进行计算机处理，生成并打印出拣货单。拣货单上标明储位，并按储位顺序来排列货物编号，如表14.1。作业人员根据此清单拣货可以缩短了拣货路径，提高拣货作业效率。

表14.1　拣货清单

<table>
<tr><td colspan="4">拣货单号码：</td><td colspan="5">拣货时间：</td></tr>
<tr><td>用户名称：</td><td></td><td></td><td></td><td colspan="5">拣货人员：</td></tr>
<tr><td></td><td colspan="5">审核人员：</td><td></td><td></td><td></td></tr>
<tr><td></td><td colspan="5">出货日期：　年　月　日</td><td></td><td></td><td></td></tr>
<tr><td rowspan="2">序号</td><td rowspan="2">储位号码</td><td rowspan="2">商品名称</td><td rowspan="2">商品编码</td><td colspan="3">包装单位</td><td rowspan="2">拣取数量</td><td rowspan="2">备注</td></tr>
<tr><td>整托盘</td><td>箱</td><td>单件</td></tr>
<tr><td></td><td></td><td></td><td></td><td></td><td></td><td></td><td></td><td></td></tr>
<tr><td></td><td></td><td></td><td></td><td></td><td></td><td></td><td></td><td></td></tr>
</table>

4. 确定拣货路线及分派拣货人员

配送中心根据拣货单所指示的商品编码、储位编号等信息，能够明确商品所处的位置，确定合理的拣货路线，安排拣货人员进行拣货作业。

5. 拣取商品

拣取的过程可以由人工或机械辅助作业或自动化设备完成。

(1) 通常小体积、小批量、搬运重量在人力范围内，拣出货频率不是特别高的商品，拣货人员可采取手工方式拣取。

(2) 体积大、重量大的商品，拣货人员可以利用升降叉车等搬运机械辅助作业；

(3) 出货频率很高的商品，拣货人员可以采用自动拣货系统。

6. 分类集中

拣取的商品要根据不同的客户或送货路线进行分类集中。流通加工类商品还需根据加工方法进行分类，加工完毕再按一定方式分类出货。

实训项目一

(1) 调查某配送中心(具有自动分拣系统)。

(2) 了解该配送中心自动分拣系统的基本构成。

(3) 调查国内外著名的自动分拣系统(五大品牌)。

实训任务：

(1) 给出所调查的配送中心名称、规模、主要业务。

(2) 指出该配送中心的自动分拣系统的类型，绘制自动分拣机的结构图。

(3) 绘制国内外著名的自动分拣系统的分析表。

14.2 自动化立体仓库实务

任务目标

- 掌握自动化立体仓库的基本构成
- 了解自动化立体仓库的种类及应用特点
- 案例分析企业自动化立体仓库的建设规划

14.2.1 自动化立体仓库构成

1. 自动化立体仓库

自动化立体仓库是指在不直接人工干预的情况下，能自动地存储和取出物料的仓库系统。它由多层货架构成，通常是将物料存放在标准的料箱或托盘内，然后由巷道式堆垛起重机对任意货位实现物料的存取操作，并利用计算机实现对物料的自动存取控制和管理。自动化立体仓库是当前技术水平较高的仓储形式，广泛应用于机械、家电、汽车、食品、烟草等行业。

立体仓库设备可充分利用仓库的有效面积和储存空间，使货物储存集中化、立体化，提高空间利用率；实现仓库作业的机械化、自动化，提高工作效率。货架-托盘系统有利于商品的保管和搬运。计算机控制和管理的作业过程和信息处理迅速、准确，可提高仓库的管理水平。

2. 自动化立体仓库的基本组成

自动化立体仓库系统主要由立体货架、托盘、巷道堆垛机、输送设备、AGV系统、存储设备、自动控制系统、通信系统和监控系统等部分组成，如图14.8和14.9所示。

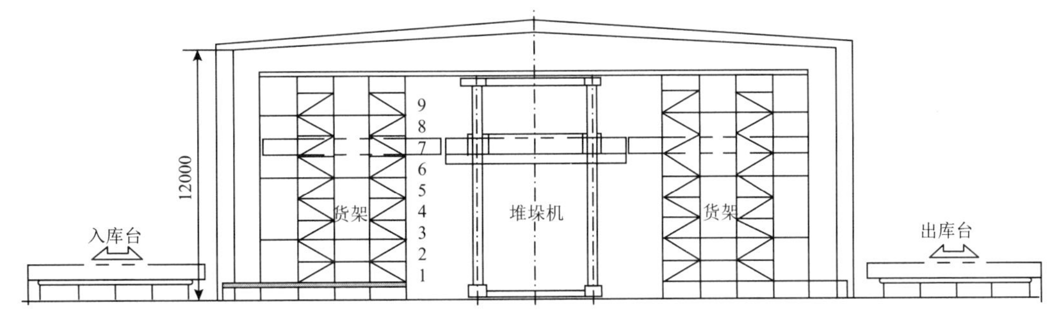

图14.8　自动化立体仓库截面图

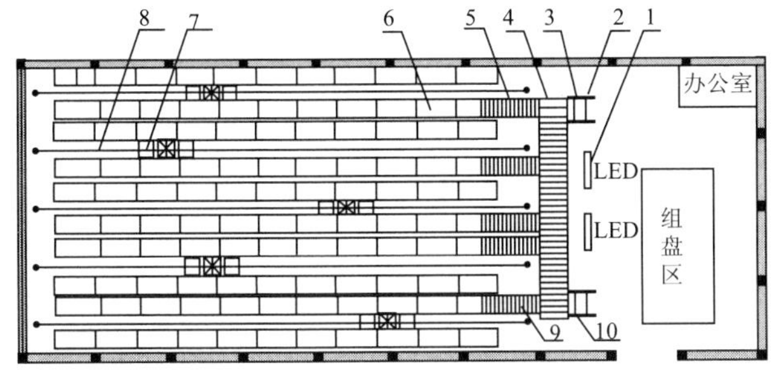

1-计算机控制管理系统
2-链式输送机
3-卸货平台
4-辊式输送机
5-链式输送机
6-货架系统
7-巷道式输送机
8-堆垛机轨道
9-链式输送机
10-卸货平台

图14.9　自动化立体仓库平面图

1) 立体货架

立体货架是用于存储货物的钢结构，目前主要有焊接式货架和组合式货架两种基本形式。

2) 托盘(货箱)

托盘是用于承载货物的器具，也称工位器具。

3) 巷道堆垛机

巷道堆垛机是用于自动存取货物的设备，按结构形式分为单立柱式和双立柱式；按服务方式分为直道式、弯道式和转移车式。

4) 输送设备

输送设备是指货物存取机作业范围以外的输送设备，主要负责将货物运送到堆垛机或从堆垛机将货物移走。常见的输送设备有辊道输送机、链条输送机、升降台、分配车、提升机、引导车、穿梭车、铲车等。

5) AGV系统

AGV系统即自动导向小车，根据导向方式分为感应式导向小车和激光导向小车。

6) 自动控制系统

自动控制系统把自动化立体仓库的一切设备有机地联系在一起，使各设备按照预定的程序和要求运作，形成一个自动控制系统。

14.2.2 自动化立体仓库类型

1. 按建筑形式分类

自动化立体仓库按照建筑形式可分为整体式和分离式两种。

1) 整体式(见图14.10)

整体式自动化立体仓库是指货架除了存储货物以外，还作为建筑物的支撑结构，构成建筑物的一部分，即库房—货架一体化结构。一般整体式自动化立体仓库的高度在12米以上。这种仓库结构重量轻，整体性好，抗震性能高。

2) 分离式(见图14.11)

分离式自动化立体仓库是指仓库建筑物结构与货架是相互独立的。分离式自动化立体仓库的高度在12米以下，但也有15米至20米的。这种仓库大多利用原有建筑物做库房，或在厂房和仓库内单建一个高货架。

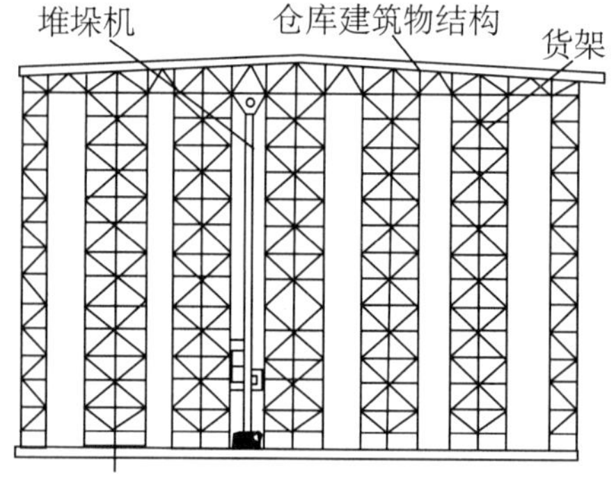

图14.10 整体式自动化立体仓库结构

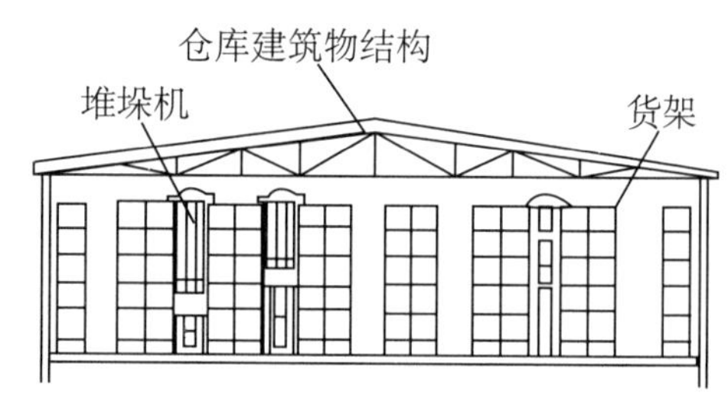

图14.11 分离式自动化立体仓库结构

2. 按货物存取形式分类

自动化立体仓库按照货物存取形式可分为单元货架式、移动货架式和拣选货架式。

3. 按货架构造形式分类

自动化立体仓库按照货架构造形式可分为单元货格式、贯通式、水平旋转式和垂直旋转式。

14.2.3 自动化立体仓库设计

自动化立体仓库的设计主要包括以下几个方面：确定仓库形式、作业方式和机械设备参数；确定货物单元形式及规格；确定库容量(包括缓存区)；库房面积与其他面积的分配。

自动化立体仓库的形式一般都采用单元货格式，如果存储的货物品种单一或很少，而且货物批量较大，也可以采用重力式货架或者其他形式的贯通式，其作业方式(是否需要拣选作业)由出入库的要求(整单元或零散出入库)决定。下面我们重点分析确定货物单元形式及规格的设计。

1. 确定货物单元尺寸

在确定货物单元时，应尽量采用《包装——单元货物尺寸(GB/T 15233—2008)》推荐的尺寸，以利于与其他物料搬运和运输机械相匹配。货物单元的标准尺寸为800毫米×1000毫米、1000毫米×1200毫米。

2. 货格尺寸

在货物单元尺寸确定后，就可确定货格尺寸。在自动化立体仓库设计中，根据货物单元确定货格尺寸是很重要的内容，它直接关系到仓库的面积和空间利用率，也关系到仓库能否顺利地存取货物。货格尺寸取决于在货物单元四周需要留出的净空尺寸和货架构件的有关尺寸。净空尺寸包括货架、堆垛机运行轨道、仓库地坪的施工、安装精度以及搬运机械的停止精度等。货格尺寸的计算公式为

货格尺寸=装载单元货物尺寸+间隙尺寸(+托盘尺寸)

3. 货架高度(H)

货架尺寸由以下4个参数中的3个来确定：仓库长度(或货架列数)、仓库宽度(或巷道数)、仓库高度(或货架层数、货架高度)、仓库容量(或总货位数)。

自动化立体仓库的主要参数是货架高度，货架最佳高度直接影响占地面积、长度、宽度、起重运输机械设备装载效率以及技术经济指标的选择。实践证明，货架最佳高度取决于储存量，当储存量为1000～1500吨时，高度为12.6米；当储存量为6000吨以上时，高度为16.2米。一般货架高度以10～20米为宜。

4. 货架长度(L)

若仓库作业主要是堆垛机上、下货，则货架的最佳通道长度在80～120米之间。为保证堆垛机的托架垂直和水平移动操作平稳，则货架高度(H)和货架长度(L)的比值在1/6～1/4之间。

设库存量为N个货物单元，巷道数为A，货架垂直方向上的层数为B，货格宽度为W，则每排货架在水平方向上的列数D的计算公式为

$$D = \frac{N}{2AB}$$

则货架总长的计算公式为

$$L=WD$$

5. 确定搬运设备

自动化立体仓库要根据仓库的规模、货物的品种、出入库频率等选择合适的机械设备，并确定这些设备的主要参数。在总体设计开始阶段，仓库货架尺寸和搬运机械速度都未最后选定，作为初步估算，可以考虑每台堆垛机每小时平均出库或入库30～40个货物

单元。

6. 巷道数估算

在单元货格式仓库内，一般是每个巷道安装一台起重机，所以起重机台数也就是巷道数。但如果仓库储存量比较大，而要求的出入库频率并不高，则起重机台数和货架巷道数会比较少，使得每个巷道所拥有的货位数过多，因而货架的高度和长度偏大，一般认为，一个巷道的货位数在1500～2000之间为宜。

7. 总体宽度

在确定了巷道数之后，立体仓库的总体宽度就可以大概确定了。巷道的宽度应保证搬运机械能安全地在巷道内高速穿行。一般情况下，巷道宽度为搬运机械总宽度再加上150～400毫米，无轨搬运机械取大值。

实训项目二

蒙牛乳业(马鞍山)有限公司在马鞍山投建的冰淇淋、液体奶、现代牧场等项目是集团公司南下战略的重要步骤，其建设自动化仓库系统基础设施的具体内容如下所述。

库房尺寸(单位：米)：76.2(长)×43.7(宽)×16.4(屋架下弦高)；存放物品：液态奶制品等；单元货物(单位：米)：2.38(长)×1.2(宽)×1.725(高)，1000千克；货架规模：20(排)×32(列)×6/7/8/9(层)，10368个货位；有轨巷道堆垛机10台；出入库输送机系统2套和有轨自动分配车3台(双工位)；机器人码垛输送系统1套和机器人3台；入库条形码自动识别(含RF收货)和出库LED显示屏校验系统；系统三级在线联机控制(Ethernet网络、工业Ethernet网络)；计算机管理信息系统(WMS)。

实训任务：

(1) 完成蒙牛乳业(马鞍山)自动化立体仓库的设计方案。

(2) 分析蒙牛乳业(马鞍山)采用自动化立体仓库的优越性。

14.3 RFID在物流领域的应用

任务目标

- 掌握RFID的基本结构及工作特点
- 了解RFID在仓储、运输、配送等物流领域的应用
- 熟悉RFID技术的相关设备的类型及其作用

在电子商务、交通运输及信息技术等行业快速发展的带动下，物流行业也进入了自动化和智能化高速发展的时代，人们对获取物流信息的便捷性、及时性和准确性有了更高的要求。以条码技术、磁条磁卡技术、IC卡技术、光学字符识别、射频技术、声音识别及视觉识别等集计算机、光、磁、物理、机电、通信技术为一体的自动识别技术在物流管理领域得到了迅猛发展。下面主要介绍一下射频识别(RFID)技术在物流领域的应用。

14.3.1　RFID技术概述

1. 认识RFID

射频识别(Radio Frequency Identification，RFID)技术，是一种非接触式的无线自动识别技术，可通过无线电信号识别特定目标并读写相关数据，通过电磁传播和电磁感应来实现空间通信。

一个基本的 RFID系统是由电子标签(应答器)、阅读器、天线三个部分组成，如图14.12所示。电子标签由耦合元件组成，其芯片有存储识别物品标识信息的功能，而且每个标签都有唯一的 UID (User Identifier，用户标识符)编码，有效地实现了数据的保密性和唯一性；阅读器是识别电子标签的设备，主要用于读取数据；天线主要负责阅读器和电子标签之间射频信号的传输。

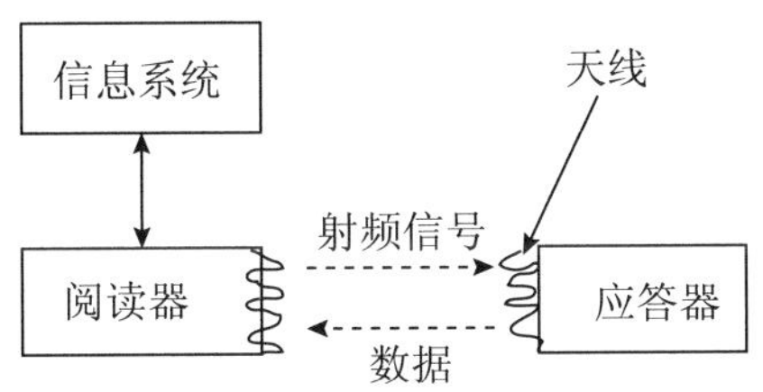

图14.12　RFID系统结构图

RFID系统的主要工作原理是标签在进入磁场范围时，接收阅读器所发射的射频信号，利用感应电流将芯片内部所存储的信息发出，或者是芯片自动发射包含标签内部信息的频率信号，阅读器经过对标签所发信号的获取以及解码后，将其上传至信息系统内进行相应的数据处理，RFID工作示意图如图14.13所示。

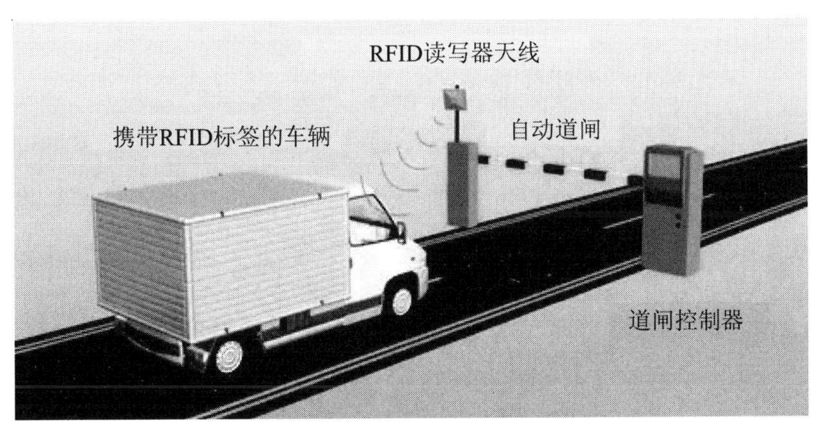

图14.13　RFID工作示意图

2. RFID技术主要特点

目前，RFID技术成为物流行业快速发展的一项识别技术，其具有如下特点。

(1) 非接触远距离信息读取，数据的记忆容量大。一维条形码的容量是50字节(B)，二维条形码最大可储存2～3000字节(B)，RFID最大容量则有数兆。

(2) 具有极强的穿透性能和无屏障阅读特点。在被覆盖的情况下，RFID能够穿透纸张、木材、塑料、玻璃、塑料、布料等物体。

(3) 抗污染性和耐久性强。RFID能在粉尘以及油污等恶劣环境阅读标签，对电磁、水、高温、高湿有一定防护能力，可以在雨雪、风沙、冰雹以及雾霾等天气下工作。

(4) 有数据读取快、设备小型化以及多样化等优势。RFID可同时辨识读取数个标签，并且阅读速度极快，大多数情况下不到100毫秒。RFID在读取上不受标签尺寸大小与形状限制。

(5) 信息更改便捷，使用寿命长，安全性能高。RFID标签则可以重复地新增、修改、删除以往RFID卷标内储存的数据，方便信息的更新。由于RFID承载的是电子式信息，其数据内容可经由密码保护，使其内容不易被伪造及变造。

14.3.2 RFID走进智能物流时代

目前，“智能物流”已经从最初的概念逐步走向实际应用，自动识别技术在仓储、运输、包装及配送等物流环节上都能大显身手，帮助物流企业实现信息化、自动化和智能化。

RFID 技术能够准确高效地实现物流过程中数据信息的采集，有效完成货物入库、出库、货品跟踪、订单控制及车队管理等工作，不仅能够降低企业的运行管理成本，提高工作效率，更能为物流业的发展带来积极深远的影响。

1. RFID技术在零售环节的应用

在零售商的库存管理方面，RFID技术可以对库存进行及时补货，对运输、库存进行快速追踪，在提升效率的同时减少信息的错误率。零售商利用RFID技术可以实现在收银时进行自动扫描与计费，也可以实现对商品有效期加以实时的监控。尤其在超市中，RFID技术可以取代以往的物流跟踪所进行的人工干预，同时生成准确的信息数据，具有极大的发展潜力和吸引力。

2. RFID技术在仓储环节的应用

RFID核心是使每件商品都有自己特定的信息，这样可以很容易实现从商品入库到商品出库过程中的商品的识别、定位、追踪、存取、出库的信息收集和整理。

1) RFID的入库业务

仓库进出口的RFID读写器能自动读取货物的信息，保证货物及时入库。货物送到指定的库区后，读写器会再次进行扫描和核对，并将信息传递到仓储管理系统。RFID入库业务使得仓储库区储位不再由调度员安排，而是由系统进行分配；货物入库和上架通过读写器扫描，提高了准确率。

2) RFID的盘点业务

在盘点作业时，通过RFID阅读器读取货物的信息，并与系统的货物进行比对，可以查清楚货物的数量、种类、质保期等信息，实现商品自动登记，使库存信息更加准确。

3) RFID的出库业务

货物出库时，系统会根据取货单自动调出货物的相关信息，确定货物的库区和货位，然后用带扫描器的叉车取下货物，或者用手持的RFID进行货物扫描。RFID阅读器对出库的货物进行核对，提高了检验的效率，降低了失误率。

3. RFID技术在运输环节的应用

在运输过程中，RFID技术可以将货物或运输车辆上所贴标签进行识别，从而实现对其跟踪。RFID接收器常常安装于运输线监测点以及车站、机场或码头等地点。信息接收器将采集的信息通过卫星传输至调控中心，并储存于中心数据库。

1) 集装箱的识别

RFID自动识别系统可完成装箱点数据输入、集装箱信息实时采集和自动识别；通信系统可完成数据无线传输；集装箱管理信息系统信息查询服务。例如，港口集装箱管理系统可以监测、记录经过闸口的集装箱、托运车辆、事件发生时间、操作人员、集装箱堆放位置等信息，并能实现通过两维集装箱堆场地图显示放箱、找箱等功能。

2) 高速公路自动收费

RFID自动识别系统射频卡一般在车的挡风玻璃后面，天线架设在道路上方、距收费口约50～100米处，当车辆经过天线时，车上的射频卡的相关信息被头顶上的天线接收，判别车辆是否带有有效的射频卡。进入自动收费口的车辆，养路费款被自动从用户账户上扣除，且用指示灯及蜂鸣器告诉司机收费是否完成，不用停车就可通过。

3) 车载货物追踪系统

车载货物追踪系统由4个子系统组成。

(1) RFID信息读取子系统。这个子系统承担着货物电子标签信息的实时读取、判断货物状态、丢失报警等功能。

(2) GPS管理及定位子系统。这个子系统主要承担GPS数据接收解析和车辆管理等任务。

(3) GPRS通信子系统。这个子系统主要承担车载终端和监控中心无线通信的功能，包括命令数据的接收、解析、发送等任务。

(4) GIS及物流管理子系统。这个子系统主要实现地图操作、地图编辑以及地物数据查询功能；客户资料管理、驾驶员管理、车辆管理和货物管理等功能。

4. RFID技术在配送环节的应用

在物流配送中心管理过程中，RFID技术与收货计划、装运计划以及取货计划等结合，应用于入库、检验、整理、补充货物、自动分拣、订单处理、配送等关键的业务上，优化了配送核心的业务流程。

1) 入库和检验

当贴有射频标签的货物运抵配送中心时，入口处的RFID阅读器将自动识读标签，系统会自动更新存货信息，并根据订单自动进行货物验收入库，省去了烦琐的检验、记录、清点等人力工作。

2) 整理和补充货物

装有移动阅读器的运送车自动对货物进行整理，根据系统的指示将货物运送正确的位置，同时将存货清单更新，记录货品位置。存货补充系统在存货量不足时，自动向管理中心发出申请。

3) 自动分拣

RFID分拣系统首先要依据订单处理系统输出的分拣单进行分拣作业，将货物及分类信息输入自动控制系统；然后，自动分拣系统将货物信息进行自动化处理，并形成数据指令传输至分拣机；之后，分拣机利用条码技术、RFID技术等自动识别装置，对货物进行自动化分类拣取，当货物通过移载装置移至输送机上时，由输送系统移至分类系统；最后由分类道口排出装置按预先设置的分类要求将配送货件推出，完成分拣作业。

4) 订单填写

通过RFID系统在管理中心的订单填写，将发货、出库、验货、更新存货目录整合成一个整体，最大限度地减少了错误发生率，同时大大节省了人力。

5) 货物出库运输

当货品在配送中心出库，经过仓库出口处阅读器有效范围时，阅读器自动读取货品标签上的信息，不需要扫描出库货物大大提高了整个运输过程的速度，同时所有货物都避免了条码不可读和存放位置错误，准确率也大大提高。

实训项目三

意大利服装物流商应用RFID技术加快配送速度

LTC S.Y. i是意大利一家第三方物流公司，专门为服装公司履行订单。该公司在其佛罗伦萨的仓库和履行中心采用一套RFID阅读器设施，追踪该中心处理的多家生产商的贴标货品。

LTC的IT部门采用Impinj Speedway阅读器，搭建一套含8支天线的门式阅读器和一套4支天线的通道阅读器。通道阅读器被金属栅栏包围着，这确保了阅读器只读通过的标签，而不是邻近其他服装的RFID标签。

当产品从生产点送到LTC仓库时，那些RFID贴标的产品被送到一个特定的卸载点，在那里，工人将货盘移经门式阅读器。非RFID贴标产品则被送到其他卸载区，在那里，工人采用条形扫描仪读取单件产品的条码。

当产品的EPC Gen2标签被门式阅读器成功读取完后，产品被送到仓库里指定的位置。LTC向生产商发送一张电子收据，并在其数据库里存储产品的SKU码(写入RFID标签里)。

当收到RFID贴标产品的订单时，LTC根据订单将正确的产品放入货箱里，将它们运到位于发货区附近的通道阅读器。通过读取每件产品的 RFID标签，系统识别产品，确认它们的正确性，并打印包装清单，放置在货箱里。LTC信息系统升级产品状态，指示这些产品已被包装，准备运出。

采用RFID系统后，LTC产品包装清单的生成时间减少30%。在货物接收方面，处理同样数量的货品，公司现在只需要采用一个员工就可以完成过去5个人的工作量；过去120分钟的工作现在只需 3 分钟就可以完成。

实训任务：

(1) 请说明Impinj Speedway阅读器、门式阅读器、通道阅读器、EPC Gen 2 标签、SKU码的含义，以及这些在LTC公司配送中的作用。

(2) 试试绘制LTC公司运用RFID技术配送的流程图。

14.4　自动包装技术

任务目标

- 了解电商包装新趋势及其特点
- 明确绿色包装的基本原则和意义
- 掌握智能包装的基本技术构成

14.4.1　电商包装新趋势

2017年全球智慧物流峰会上，马云说，2017年到2020年，中国每年将产生1000亿只包装，相当于每天3亿个包裹。如果说2003是中国电商元年，那么2018就是中国电商包装元年，面对如此巨大的市场，未来，中国电商包装将是机遇与挑战并存。

1. 电商包装新特点

传统电商包装的“保护产品、方便储运、促进销售”三大功能中的“促进销售”功能在未来电商包装中将被弱化。无论是购物形式、商品展示形态，还是消费者的购买行为，网上购物与实体店购物大相径庭，两者商品的包装设计自然也有很大不同。

1) 防护功能

初级包装的防护功能将更加科学合理，品牌商将更多考虑初级包装的运输防护功能以减轻电商物流包装设计的压力，电商包装“质量、成本、效率”的不平衡压力将有望以初级包装的防护功能升级而得到解决。

2) 提升物流效率

电商包装将成为物流诚信的载体，纸板、纸箱制作生产过程中需要调整产品的属性参数，以便和未来的需求相适应。社会公众都可以注册或签约成为电商平台区域化兼职送货员，社会化送货员将通过电商包装媒介形成“人—物品—人”的新型社会交互关系。

3) 绿色包装

绿色包装是指在满足“更高效率、更低资源消耗、更好包装质量”基础上的包装绿色化。未来，电商包装将从目标关注的“材料是否绿色”过渡为“包装是否绿色”。需要注意的是，绿色包装不等于绿色包装材料。

2. 电商包装设计标准

电商包装的设计需要处理好以下三组关系。

- 产品防护目标、电商环境以及电商包装防护要求的关系；
- 初级包装、次级包装、三级包装的关系；
- 从品牌商到各网点的一次包装和从各网点到消费者的二次包装的关系。

3. 电商包装在技术层面要有新突破

电商包装在技术层面的新突破主要体现在以下几个方面。

(1) 借助大数据从品牌商到各网点的一次包装链条变长，同时二次包装路径变短，电商和电商包装就在消费者身边。

(2) 软基础设施完成基础上的电商包装设计更加科学，电商包装要充分满足包装与产品、包装与人、包装与环境的关系及要求。

(3) 第一阶段包装以绿色化为主，第二阶段以次级包装回收复用为主的格局将逐步形成。

(4) 强化纸箱包装的“保护产品”的功能。社会要求快递发出到收到的时间越短越好，运输时间的缩短意味着对纸箱保护产品的要求更高。同时，大量堆积的纸箱在送达消费者过程中需要便于分拣、装卸和运输，“方便储运”的功能也需要加强。

14.4.2 现代物流包装技术

1. 绿色包装技术

从技术角度讲，绿色包装是指以天然植物和有关矿物质为原料研制成对生态环境和人类健康无害，有利于回收利用，易于降解、可持续发展的一种环保型包装，也就是说，包装产品从原料选择、产品的制造到使用和废弃的整个生命周期，均应符合生态环境保护的要求，从绿色包装材料、包装设计和大力发展绿色包装产业三方面实现绿色包装。

绿色包装有两个方面的含义：一个是保护环境，另一个就是节约资源。它包括以下含义：实行包装减量化；包装易于重复利用、易于回收再生；包装废弃物可以降解腐化；包装材料对人体和生物无害无毒；包装制品从原材料采集、材料加工、制造产品、产品使用、废弃物回收再生，直到最终处理的全过程均不应对人体及环境造成公害。

绿色包装设计一般遵循的原则是所谓的3R原则，即Reduce(减少包装)、Reuse(重复再利用包装)、Recycle(回收包装及掩埋和处理)。

2. 智能包装技术

物流信息化发展的一个基础条件就是包装的智能化，因为在物流活动过程中，大部分信息传递是通过包装呈现的。智能包装技术体现为利用新型的包装材料、结构与形式对商品的质量和流通安全性进行积极干预与保障；利用信息收集、管理、控制与处理技术完成对运输包装系统的优化管理等。智能包装可分为功能材料型智能包装、功能结构型智能包装及信息型智能包装。

1) 功能材料型智能包装

功能材料型智能包装是指通过应用新型智能包装材料，改善和增加包装的功能，以达到和完成特定包装的目的，通常采用光电、温敏、湿敏、气敏等功能材料、包装材料复合制成。它可以识别和显示包装微空间的温度、湿度、压力以及密封的程度、时间等一些重要参数。这是一种很有发展前途的功能包装，对于需长期贮存的包装产品尤为重要。

2) 功能结构型智能包装

功能结构型智能包装是指通过增加或改进部分包装结构，而使包装具有某些特殊功能和智能型特点。功能结构的改进往往从包装的安全性、可靠性和部分自动功能入手，这种结构上的变化使包装的商品使用更加安全和方便简洁。

功能结构型智能包装最有代表性的是自动加热和自动冷却包装。这两种包装都是增加了包装的部分结构，从而使包装具有部分自动功能。

自动加热型包装是一种多层、无缝的容器，以注塑成形的方法制成，容器内层分成多个间隔，产品可实现自我加热。它的加热原理：当使用者拿下容器上的箔，并按压容器底部时，容器内的水及石灰石便会产生化学反应，发放热能，进而使产品加热。

自动冷却型包装内置一个冷凝器、一个蒸发格及一包以盐做成的干燥剂，冷却时由催化作用所产生的蒸气及液体会贮藏于包装的底部。这种技术也可应用于普通容器，它能在几分钟内将容器内物品的温度降低至17℃。

这两种智能自动型包装适合野外作业人士使用，例如探险、单车、钓鱼爱好者等。

3) 信息型智能包装

信息型智能包装是以计算机和通信技术为核心，结合机械、光学、化学等一系列学科，共同完成的对商品信息进行存储、对食品质量安全指示、对商品流通实时监测的过程的智能化包装技术。

信息型智能包装技术主要是指以反映包装内容物及其内在品质和运输、销售过程信息为主的新型技术。这项技术包括两方面：其一，商品在仓储、运输、销售期间，周围环境对其内在质量影响的信息记录与表现；其二，商品生产信息和销售分布信息的记录。

信息型智能包装技术的基本技术为条形码、RFID技术、TTI(Time-Temperature Indicator)热敏标签技术。信息型智能包装巧妙地将动力学、微生物、化学等知识应用于商品的监测环节，准确反馈商品的环境信息及自身质量变化。

信息型智能包装技术是最有发展活力和前景的包装技术之一。信息型智能包装的发展和应用，对现代化物流提供了关键性支持，使得物流业在效率上得到了极大地提高。

实训项目四

瑞士邮政包裹快件将进入智能时代

瑞士邮政被誉为世界上服务最好的邮政企业，它在全国各地拥有3600个服务网点，员工近4万人，每天处理信件1000万封，包裹60万件，为提供更优质的现代化服务。2016年3月2日，瑞士邮政(Swiss Post)宣布开始建立全国性LoRa网络。

“LoRa技术可以以极小的功耗、极低的成本把各种类型的终端(车辆、包裹、信盒等等)接入网络，这将使瑞士邮政为客户提供的服务更加新颖和智能。随着各类传感器尺寸不断微型化，成本不断降低，一个前所未有的商业机会正在来临。”瑞士邮政介绍。

这项技术有助于安全运输，瑞士邮政解释说：“敏感货物可以配备一个传感器，当货物未经允许被打开时，或者当药用包裹温度高于设定的警戒温度时即触发警报，这将保证有价值或敏感货物的安全运输。此外GPS传感器还可以帮助追踪货物的运输轨迹，以及确定货物被打开的确切位置。”

“LoRa的覆盖距离可以达到5到15千米，当然这个数据不是绝对的，因为还受地形等因素影响。按照我们的应用场景，传感器或终端设备发送的数据量很小、频率很低，一节充电电池可使用5年。”瑞士邮政说道。

资料来源：Augtek. 瑞士邮政建立物联网，包裹快件将进入智能时代.[EB/OL].中国包装印刷产业网，[2016-03-23][2019-06-24].http://www.ppzhan.com/news/detail/45269.html.

实训任务：

(1) 分析瑞士邮政的智能包裹技术的原理。

(2) 包裹快件进入智能时代对电商物流行业带来的影响。

参考文献

[1] 陈言国. 国际物流实务[M]. 北京：清华大学出版社，2016.

[2] 李海民，纪付荣. 国际物流运输实务[M]. 北京：清华大学出版社，2015.

[3] 张海燕，吕明哲. 国际物流[M]. 大连：东北财经大学出版社，2014.

[4] 朱新民. 物流运输管理[M]. 大连：东北财经大学出版社，2014.

[5] 李蔚阳，杨俊，杨丽娜. 物流管理基础[M]. 北京：北京大学出版社，2010.

[6] 李严峰. 物流运作管理[M]. 北京：机械工业出版社，2008.

[7] 赵道致，王振强. 采购与供应管理[M]. 北京：清华大学出版社，2012.

[8] 胡洪. QR—供应链体系构建的大趋[J]. 铁路采购与物流，2014(8)：56-57.

[9] 曹翠珍. 供应链管理 [M]. 2版. 北京：北京大学出版社，2016.

[10] 陈建岭. 供应链管理[M]. 北京：北京大学出版社，2016.

[11] 周兴建，张北平. 现代仓储管理与实务[M]. 北京：北京大学出版社，2014.

[12] 吴健. 现代物流学[M]. 北京： 北京大学出版社，2011.

[13] 张亮. 物流学[M]. 北京：人民邮电出版社，2015.

[14] 修桂华，王淞春. 物流信息系统与应用案例[M]. 北京：清华大学出版社，2015.

[15] 王超，高扬，刘超. 物流绩效评价研究现状及趋势[J]. 中国流通经济，2017，31(3)：16-24.

[16] 蒋长兵. 物流概论[M]. 2版. 北京：电子工业出版社，2014.

[17] 梁军，王刚. 采购管理[M]. 2版. 北京：电子工业出版社，2011.

[18] 张浩. 采购管理与库存控制[M]. 北京：北京大学出版社，2017.

[19] 李育蔚. 物流精细化管理全案[M]. 北京：人民邮电出版社，2014.

[20] 罗振华，等. 采购实务[M]. 2版. 北京：北京大学出版社，2017.

[21] 赫皓，陈燕，史艳红. 采购运营管理[M]. 大连：大连理工大学出版社，2011.

[22] 陈庄，毛华扬. ERP原理与应用教程[M]. 2版. 北京：电子工业出版社，2006.